Research Methodology   A Do-It-Yourself Guide

혼자 쓰는
연구 논문

연구방법론 ────

김아영 · 차정은 · 이채희 · 주지은 · 임은영 공저

학 지사

저자 서문

　이 책은 이화여자대학교 교육심리학과와 심리학과에서 약 20년간 재직하고 은퇴한 책임 저자가 그동안 학부와 대학원에서 연구방법론을 강의하면서 만들어 놓았던 강의 개요들을 중심으로 대학원에서 측정과 통계, 연구방법론을 전공한 제자들이 살을 붙이고 다양한 내용을 추가하여 한 권의 책으로 만든 것이다.

　이 책의 구성은 1장과 2장의 사회과학연구 전반에 대한 개관에 이어, 3장에서는 과학적 연구에서 필수적인 도구와 관련된 측정과 검사를 다루었다. 특히 집필진이 심리측정학적 배경을 가진 사람들로 구성되었기 때문에 3장은 다른 방법론 관련 저서에 비해 심리측정과 검사에 많은 지면을 할애하였다. 과학적 연구의 특징인 객관성의 확보는 자료수집에서부터 시작해야 한다는 집필진의 철학이 반영되었다고 할 수 있다. 4장과 5장은 기술적 연구방법을 양적 연구와 질적 연구의 방법으로 나누어, 4장에서는 기술적 연구의 대표적 방법인 조사연구를 포함해서 최근에 유행하는 빅데이터 분석까지 다양한 방법론을 다루었다. 5장에서는 근자에 사회과학연구에서 점점 영역을 확장하고 있는 질적 연구방법론을 다루었고 말미에는 두 가지 접근 방법을 동시에 한 연구에서 적용하는 혼합방법 연구에 대해 간략히 소개하였다. 6장에서는 전통적인 실험연구를 수행하는 연구자에게 필요한 내용을 가능한 다양한 분석방법을 포함하여 제공하고자 노력하였다.

　이 책의 또 다른 특징은 7장, 8장, 9장에 있다고 할 수 있다. 이 세 개의 장들은 연구논문을 혼자 쓰는 초보자를 위해 특별히 도움이 되도록 구성하였다. 7장에서는 양적 연구방법에서 사용되는 다양한 통계적 분석방법을 개관하고, 이어서 8장에는 7장에서 소개한 분석방법을 사용한 실제 연구 논문들을 선택하여 관련 부분을 발췌 및 제시함으로써 실증 연구 논문에서 통계분석방법과 결과를 어떻게 제시하는가를 보여 주고자 하였다. 8장에서 소개된 연구 예들은 모두 적어도 저자 중 한 사람 이상이 관여한 연구 논문이다. 사용된 연구가 모두 완벽한 예제이기 때문에 선택된 것은 아니고, 저작권 문제가 발생하는 것을 줄이기 위한 목적과 혹시라도 미처 고려하지 않아 완벽하지 못한 내용을 포함한 타 저자의 논문을 제시했을 때 발생할 수 있는 저자들에게 끼칠 수 있는 피해를 배제하기 위한 목적에서였다. 마지막으로 9장에서는 연구 논문을 작성할 때 연구절차마다 포함시켜 기술해야 할 내용을 구체적인 예를 들어 제시하고, 틀리기 쉬운 내용과 누락되기 쉬운 내용을 상세하게 기술하고 이를 확인할 수 있는 평가표까지 포함시켜 혼자 연구 논문을 작성하는 사람들의 실질적인 참고서가 될 수 있도록 하였다.

근 30년 동안 교육과 심리학 관련 글을 쓸 때마다 느끼는 것이고 여전히 해결되지 않는 어려움은 용어의 선정이었다. 사회과학 방법론에 많은 부분을 차지하는 통계학 관련 용어에 대한 합의가 이루어지지 않은 것은 저자들 사이에서도 일치하지 않는 부분이 많아서 통일해야 하는 것이 큰 과제였다. 결론적으로 교육과 심리학에서 가장 흔히 사용되는 용어를 선택하려고 노력하였으나 이런 선택도 여전히 저자들의 주관적인 견해일 수 있다. 따라서 문제가 될 수 있는 용어나 개념은 가능한 한 원어를 병기하였다.

이 책에서는 교육학, 심리학, 사회학 등의 사회과학 분야에서 경험적 연구를 혼자 수행해 보고자 하는 초보연구자부터 자신의 학문적 영역에서는 충분한 연구경험이 있지만 사회과학의 다른 영역에서의 연구가 필요한 경험자들까지 누구나 도움을 받을 수 있도록 연구 수행과 논문 쓰기의 실질적 가이드를 제공하는 것을 목적으로 삼았다. 따라서 이론적 설명은 최소화하고 가능한 한 많은 실례를 포함시키고자 노력하였다. 이러한 원대한 포부를 가지고 시작했지만 사회과학이라는 다양한 학문영역에 포함된 방대한 내용을 충분히 다루기에는 저자들의 역량이 부족하다는 것을 절감하면서 첫술에 배부르지 않다는 말을 위로 삼아 출간을 강행하였다. 이 책이 경험 과학적 연구를 수행하는 많은 초보연구자가 독자적인 연구 수행에서 오는 좌절과 스트레스를 해소하는 데 조금이라도 도움이 될 수 있기를 기대한다.

마지막으로, 초고를 검토해 준 이화여대 대학원 심리측정 박사과정의 임경민, 정년퇴임하는 지도교수와 함께 힘을 모아 집필한 차정은, 이채희, 주지은, 임은영 박사들, 그리고 좋은 책이 나오도록 애써 주신 학지사 임직원께 고마움을 전한다.

2015년 12월
저자 대표 김아영

제2장 📊 연구 절차 _ 35

제3장 📊 측정과 검사 _ 73

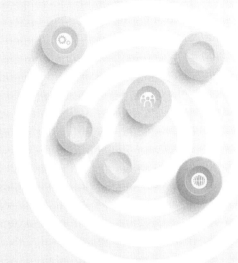

제1장
과학적 연구 개관

이 책은 혼자서 연구를 수행하고 논문을 작성하는 것을 돕기 위한 가이드를 제공하는 것이 목적이다. 이러한 목적을 달성하기 위해 제1장은 연구방법론 전반에 대한 개관으로부터 시작하기로 한다.

사람들은 살면서 전문적인 활동 상황에서는 물론 사소한 일상생활에서 발생하는 크고 작은 문제에 접하게 된다. 이러한 문제를 해결하기 위해서는 우선 그 문제의 본질에 대한 이해가 있어야 한다. 그 문제는 아주 일반적인 자연의 섭리 혹은 진리에 대한 이해에 관한 것일 수도 있고 때로는 아주 주관적인 개인의 경험과 관련된 것일 수도 있다. 일단 문제의 속성이 밝혀지고 나면 그 문제를 해결하기 위한 방법을 찾게 된다. 어떤 방법은 자연의 진리를 탐구할 때 적용하는 것과 같은 과학적인 접근이고, 어떤 방법은 그렇지 않은 비과학적인 접근일 수 있다.

문제해결을 위한 접근은 문제의 답을 찾기 위해 필요한 자료를 어떻게 수집할 것인가로 연결된다. 따라서 연구는 문제해결을 위한 자료 수집을 어떻게 진행하느냐에 따라 과학적 접근과 비과학적 접근으로 나뉠 수 있다. 과학적 접근은 문제의 답을 찾기 위해 체계적으로 탐색하고 체계적인 전략을 사용하는 것이며, 이처럼 과학적 방법을 통해 문제에 대한 답을 찾는 것을 과학적 연구(scientific research)라고 한다. 비과학적 접근은 직관이나 개인적 경험 혹은 상식을 사용하거나 권위자의 설득을 따르는 것이며, 비과학적 방법으로는 종교나 초자연적 힘에 의지하거나 아니면 문제해결을 포기하고 문제 상황에 순응하는 대처방식 등을 예로 들 수 있다. 그러나 비과학적인 접근에 근거한 해결 방안은 다른 조건이나 상황에 대해서는 일반화하기가 어렵다. 반면에 과학적 자료수집 방법, 즉 관찰, 조사, 실험, 검사 등을 통해 얻은 객관적 자료에 근거한 해결 방안은 일반화가 가능하다. 따라서 심리학이나 교육학과 같은 사회과학이 진정한 의미의 과학이 되기 위해서는 순수과학 혹은 자연과학적 연구방법을 적용할 필요가 있다.

I 　📊 과학적 접근

　　과학적 연구는 사실(facts)을 찾아내고 이 사실에 의미를 부여하고 사실들 간의 관련성을 찾아내기 위한 이론을 개발하는 것이 핵심적인 목적이다. 이론을 개발하기 위해 적용하는 추론방식은 크게 귀납적 추론(inductive reasoning)과 연역적 추론(deductive reasoning)으로 나눈다. 연역적 추론은 그리스 철학자 Aristotle의 삼단논법에 기초한 것이다. 연역적 추론은 어떤 현상에 대한 논리적 추론으로 일반적인 가설(hypothesis)을 설정해 놓고 자료 수집을 통해 그 가설이 맞는지 틀리는지를 확인하여 이론을 개발하는 하향적(top-down) 접근이다. 가설이란 어떤 사실이나 현상에 대한 잠정적 설명이다. 따라서 이러한 잠정적 설명은 실증적 자료를 통해 검증되어야 이론(theory)이 될 수 있다.

　　예를 들어, 심리학 연구에서의 연역적 추론은 신행동주의 심리학자 Hull의 학습이론 수립 과정을 대표적인 예로 뽑을 수 있다. Hull은 그 당시 제시되었던 선행연구 결과들과 원리들을 중심으로 논리적 추론을 통해 학습에 관한 16개의 공준(공리, postulates*)을 설정한 후 실험을 통해 하나씩 검증해 나감으로써 그의 학습이론을 수립했다. 이와 같은 Hull의 접근은 특별히 가설적 연역법(hypothetical deduction) 혹은 논리적 연역법(logical deduction)이라고도 부른다(Hergenhahn, 1988). 심리학이나 교육학 연구영역에서 수행하는 양적 연구, 특히 실험연구는 연역적 추론방법의 적용이라고 할 수 있다.

---

* 현대 과학적 논의에서 '공준(postulate)'은 기본 전제가 되는 명제를 의미하는데, 한국에서는 가끔 'axiom'을 지칭하는 '공리'로 번역하는 경우가 있다. 그러나 'axiom'은 증명할 필요가 없는 자명한 명제를 의미하고, 'postulate'는 증명할 수 없지만 필요한 명제, 즉 가정을 의미한다. 이런 측면에서 보면 Hull이 자신의 학습이론을 수립할 때 만들어 놓은 16개의 'postulate'는 현대 연구방법론적 입장에서 보면 사실상 hypothesis에 더 가깝다고 볼 수 있다.

연역적 접근의 단계를 보면 우선 관심의 대상이 되는 현상에 관한 이론이나 이를 설명할 수 있는 지식을 토대로 가설을 설정한다. 그다음 경험적 자료를 수집하고 그 자료가 가설이나 혹은 가설에 근거한 예측(prediction)이 맞았다고 확인해 주는지 아니면 틀렸다고 거부하는지에 대한 결정을 한다. 만약 가설이 맞았다고 확인이 되면 그 가설을 설정할 때 도입한 이론은 다시 한 번 검증되어 강력한 이론이 되고, 이러한 확인 과정이 다양한 상황의 연구에서 반복되면 그 이론은 법칙(law of nature) 혹은 진리(truth)가 되는 것이다.

Aristotle 이래 오랫동안 연역적 추론방법이 주도하던 과학적 연구는 17세기에 Francis Bacon이 관찰의 중요성을 강조하면서 귀납적 추론방법으로 주의가 전환되었다. 귀납적 추론은 상향적(bottom-up) 혹은 자료주도적(data-driven)이라고 할 수 있는 접근으로 어떤 현상에 관한 낱개의 사실이나 관찰 결과들에 근거해서 일반적 결론인 이론을 도출하는 접근이다. 즉, 관심의 대상이 되는 현상을 체계적으로 관찰한 자료를 모아 그 결과 속에서 하나의 일반적인 원리를 찾아내는 것이다. 사회과학, 특히 교육이나 심리학 분야에서 새로운 현상에 대한 이론들은 귀납적 접근을 통해 수립되는 경우가 많다. 즉, 새로운 현상에 대한 관찰 자료나 면접을 통해서 얻은 내용들에 대한 질적인 분석결과를 요약하면 새로운 가설이 만들어질 수 있고 이와 같은 새로운 가설은 다시 경험적 자료 수집을 통해 연역적으로 검증될 수 있다.

귀납적 접근은 많은 심리학 이론이 탄생되는 데도 공헌을 하였는데, 예를 들어, Pavlov의 고전적 조건화 이론은 개의 소화 실험을 위해 반복적으로 먹이를 주고 난 후에 개를 관찰하던 중 심리적 현상(psychic phenomenon)을 발견하여 만들어진 이론이고, Skinner의 강화이론은 쥐들의 지렛대 누르기 행동을 반복해서 관찰한 결과 만들어진 이론이다.

그러나 현대의 과학적 연구에서 순수한 의미의 연역적 접근이나 귀납적 접근은 찾아보기 어렵다. 대부분의 학문영역에서는 이미 다양한 이론 발전이 진행되었기 때문에 연역적 접근과 귀납적 접근이 끊임없이 상호작용함으로써 이론 발전을 주도해 나가고 있다고 보는 것이 타당하다.

과학적 연구를 하는 목적은 크게 두 가지로 분류할 수 있다. 첫째는 현상에 대한 새로운 이론을 개발하거나 기존의 이론을 정련시키고 수정하기 위한 목적이 있고, 둘째는 개발된 이론의 현실적용 가능성과 효과에 대한 탐색을 위한 목적이 있을 수 있다.

세상에서 벌어지는 많은 현상을 명확하게 기술하고 왜 그런 현상이 발생하는지에 대한 이유를 설명하기 위해서는 이론이 필요하다. 정확한 이론은 현상과 관련된 인과관계를 설명해 주고, 미래에 대한 예측을 가능하게 하여, 앞으로 발생할 일들에 대한 통제를 가능하게 한다. 이와 같은 이론이 만들어지기 위해서는 관찰된 경험적 자료를 객관적으로 수집해서 분석하는 과학적 연구가 필요하다. 또한 기존에 이미 제시된 이론들이 현상을 설명하고 예측하는 데 정확하지 않은 경우, 그 이론을 수정하고 보완하여 이론을 정련시키는 일을 하는 것이 과학적 연구다.

다양한 이론이 현상을 설명, 예측할 수 있다는 사실을 알아내고 나면 그러한 정보를 현실에서 문제해결을 하는 데 활용할 수 있는 방안을 고안해 내는 것은 중요한 일이다. 예를 들어 학생들의 학습에 대한 내재동기와 관련된 이론이 수립되었다면, 학생들의 학업에 대한 내재동기를 평가할 수 있고, 학업동기 유발에 문제가 있는 것으로 평가된 학생들을 대상으로 그 이론에 근거한 내재동기 향상 교육 프로그램을 개발하는 것이 가능하다. 이렇게 내재동기 향상 프로그램이 개발되면 과연 그 효과가 있겠는가에 대한 확인 작업이 뒤따라야 한다. 경험적 연구는 개발된 프로그램의 효과 검증을 위해 자료를 수집하여 효과가 나타났는지 확인하는 기능을 한다.

과학적 연구는 다음과 같은 특징을 가지고 있다. 첫째, 과학적 연구는 **체계적**(systematic)인 절차를 따라야 한다. 둘째, 연구문제나 가설의 수립이 **논리적**(logical)인 근거에 기초해야 한다. 셋째, **경험적**(empirical)이어야 한다. 다시 말해서 가설이나 이론의 검증이 실증적인 자료에 근거해야 한다. 넷째, **축소적**(reductive, 환원적)이어야 한다. 즉, 복잡한 현상들을 단순한 요소들로 분해해서 접근해야 한다는 의미다. 다섯째, 과학적 연구는 **반복가능**(replicable)해야 한다. 즉, 같은 연구를 다른 연구자가 했을 때도 같은 결과가 나타나야 한다. 이러한 반복가능성은 이론의 개발과 정련에 필수적인 특징이다. 여섯째, **전파가능성**(transmittable)이 있어야 한다. 과학적 연구결과는 다른 사람들과 공유할 수 있도록 기록되고 전파되고 보존되어야 한다.

1. 이론의 본질

이론(theory)이란 개념, 원리, 관련성들로 구성된 틀을 사용해서 현상이나 현상들의 관계를 기술하고(describe) 설명하고(explain) 예측하는(predict) 잠정적인 **진술문**(statement) 혹은 진술문들의 세트다. 이론이란 용어는 좁은 의미와 넓은 의미로 사용될 수 있는데, 좁은 의미의 이론은 현상이나 현상들의 관계에 대한 잠정적인 진술문이라고 할 수 있고, 이러한 진술문들이 모여서 보다 일반적이고 광범위한 현상들을 설명하기 위해 조직화되면 이는 광의의 이론 혹은 **이론적 틀**(theoretical framework)이 된다. 예를 들어, '내재동기이론'에서 내재동기란 개인이 어떤 행동을 하는 이유가 그 과제 자체에 대한 흥미나 관심과 같은 내적 요인 때문에 생기는 동기를 말하는데, 내재동기이론가들에 따라 다양한 요인을 중심으로 '인지평가이론' '과정당화이론' '몰입상태이론' 등이 제시되고 있다. 여기서 '내재동기이론'의 이론은 넓은 의미의 이론 혹은 이론적 틀을 말하고 '인지평가이론'이나 '과정당화이론'에서의 이론은 좁은 의미의 이론을 말한다.

이론은 세 가지 기능을 한다. 첫째, 현상을 기술하고 설명한다. 다시 말해서 현상을 기술하는 것에만 머무는 것이 아니라 왜 그런 일이 생기는지에 대한 인과관계를 설명할 수 있다. 둘째, 현상에 대한 인과관계를 알면 어떤 조건에서 그 현상이 발생하는지를 알고 예측할 수 있다. 따라서 셋째, 이론을 알면 그 현상이 발생하게 혹은 발생하지 못하게 통제할 수 있다. 예를 들어, 강화이론에 따르면 정적인 강화, 즉 칭찬은 수행을 증진시킨다. 칭찬을 받으면 그 행동에 대한 자신감이 생기고 긍정적인 정서가 유발되어 계속 그러한 상태를 경험하고자 더 열심히 그 행동을 하게 된다는 것이다. 강화이론을 통해 칭찬이 수행의 증진을 가져올 것이라는 것을 예측할 수 있고, 따라서 연구자는 원하는 행동을 계속 발생시키기 위해 칭찬을 하거나 행동을 중단시키기 위해 칭찬을 중단하면 된다. 즉, 현상에 대한 예측과 통제가 가능함을 알 수 있다.

이론은 위에서 설명한 것과 같은 세 가지 기능을 한다. 그러나 사회과학 영역에서 이론이라고 불리는 것들 중에는 이 세 가지 기능을 제대로 하지 못하는 경우도 있다. 예를 들어, 많은 연구자가 심리학계에서 '정신분석이론'이 이론의 세 가지 기능을 할 수 있는가에 대해 문제를 제기한다. 정신분석이론에 따르면 강박증이 생기는 원인은 항문기에 너무 엄격한 배변훈련으로 리비도가 충족되지 못하여 성격형성에 부정적인 영향을 미쳤기 때문이다. 그렇다면, 어릴 때 겪은 엄격한 배변훈련이 이후 누구에게나 강박증을 유발한다고 예측할 수 있는가? 강박증을 예방하기 위해서는 엄격한 배변훈련만 피하면 되는가? 이러한 질문에 대한 답은 부정적이다. 다시 말해서, '정신분석이론'은 현상을 설명하고 예측하고 통제할 수 있다는 이론의 기능을 제대로 하지 못하기 때문에 과학적 이론이라고 볼 수 없다는 평가를 받는 것이다.

2. 이론의 특성

이론이 모든 관련된 가능한 현상을 다 설명할 수 있어야 한다는 생각은 잘못된 것이다. Popper(1959)는 과학은 이론을 수립하고 그것을 끊임없이 반증(falsification)하려는 시도를 통해서 발전한다고 했다. 즉, 하나의 이론이 수립되면 이것은 계속적인 경험적 연구에 근거한 증명과 반증을 통해 법칙이라는 확고한 지위를 얻게 되거나, 아니면 틀린 것으로 확인되어 폐기된다. 혹은 부적절한 부분에 대한 수정이나 부족한 부분에 대한 보완이 이루어지면 계속 유용한 이론으로 남아 있을 수도 있다. 초기 심리학의 이론들 중에는 반증하는 경험적 연구결과들로 수정, 보완을 한 것들이 많이 있다. 예를 들어, 초기 학습된 무기력이론에서는 모든 실패경험이 부정적이고 무기력을 학습하게 한다고 했으나, 실패경험도 긍정적인 효과를 초래할 수 있다는 경험적 연구들이 나타나면서 건설적 실패이론을 파생시켰다(Clifford, 1984).

또한 모든 이론이 기능할 때 동일한 수준으로 효과적인 것은 아니다. 그러므로 이론은 다양한 측면에서 평가되어야 한다. 이론은 그것이 다루는 내용의 범위(scope)라는 측면에서 볼 때 매우 미시적인 이론일 수도 있고 거시적인 이론일 수도 있다. 예를 들어, 인간의 기억이나 정보처리 과정에 관한 이론들은 미시적인 이론이라 할 수 있는 데 반해 Piaget의 인지발달이론은 인간 발달의 다양한 측면과 전체 과정을 다 설명하기 위해 만들어진 거시적인 이론이라고 하겠다.

다음으로, 이론은 현실과의 관련성의 측면에서 평가될 수 있는데, 어떤 이론은 실험실에서는 효과적으로 기능하지만 현실에서 일어나는 현상들을 설명하기 위해 적용할 때는 맞지 않는 경우가 있다. 즉, 실험실의 결과를 현장으로 일반화할 수 있는 정도가 이론마다 다르다는 것이다. 좋은 이론은 이와 같은 현실적용 가능성 혹은 생태학적 타당성(ecological validity)이 높아야 한다.

또한 이론은 간명(parsimonious)해야 한다. 다시 말해서 단순해야 한다는 것이다. 즉, 좋은 이론은 현상을 설명하고 예측하기 위해 최소한의 개념이나 가정들만 필요로 한다. 심리학 이론들 중에는 자극-반응의 연결로 행동을 설명하는 행동주의이론과 이와는 달리 다양하고 복잡한 내용들로 구성된 Piaget의 인지발달이론이 대표적으로 서로 다른 간명성 정도를 나타내는 이론들이라고 할 수 있다.

이론이 얼마나 오랜 기간 유지될 수 있는가를 결정하는 데는 그 이론이 기초하고 있는 가정(assumption)의 역할이 크다. 여기서 가정이란 그 이론이 성립하기 위해 필요한 전제조건으로 증명을 필요로 하지 않는다. 가정은 강한 가정과 약한 가정으로 구분해 볼 수 있는데, 강한 가정이란 특별한 조건이나 전제를 포함하고 있어서 보편적인 것으로 수용되지 못하는 가정을 의미한다. 따라서 강한 가정을 많이 포함하거나 강한 가정에 기초한 이론은 반증가능성이 높아서 오래 지속되지 못한다. 반면에, 모든 사람이 수용할 수 있는 약한 가정에 기초한 이론은 오래 유지될 수 있다. 예를 들어, 귀인이론(attribution theory)에 따르면 '실패를 능력 부족으로 귀인하는 사람은 노력 부족으로 귀인하는 사람보다 실패경험 후에 학습된 무기력에 잘 빠진다.' 이러한 진술은 '모든 사람은 자신의 행동결과에 대한 원인을 찾는다.'는 것이 전제되어야 하고 또한 모든 실패에 대해 일관성 있는 귀인을 하는 성향, 즉 귀인양식(attribution style)을 가지고 있다는 것을 전제로 해야 한다. 즉, 귀인이론은 인간은 모든 행동에 대해 원인을 찾으려 하고 또한 특정한 귀인양식을 따른다는 다소 강한 가정에 기초한 이론이다. 그러나 사람들은 어떤 분야의 실패에 대해서는 능력 부족을 원인으로 지각하지만 어떤 분야의 실패에 대해서는 노력 부족을 원인으로 지각할 수 있다. 실제로 귀인양식이론은 이후 연구들에서 일관된 경험적 결과의 지지를 받지 못하고 이러한 예측은 틀렸다는 반증 자료들로 인해 더 이상 타당한 이론으로 수용되지 못하게 되었다.

마지막으로, 해당 영역에서 많은 후속연구를 발생시킬수록 발견적 가치 혹은 방향제시적 가치(heuristic value)가 높은 유용한 이론이라고 할 수 있다. 이런 측면에서 볼 때 수없이 많은 연구를 발생시킨 Piaget의 인지발달이론은 발견적 가치가 매우 높은 이론의 예라고 하겠다.

1. 기초연구 대 응용연구

연구 유형의 분류는 다양한 방식으로 접근할 수 있다. 가장 단순한 분류방식은 앞에서 거론한 과학적 연구의 기능에 따른 분류방법이다. 과학적 연구는 이론을 개발하고 문제해결을 위한 방안을 찾기 위한 것으로, 이러한 기능에 비추어 연구의 유형을 분류할 수 있다. 이 분류방식에 따르면 학술적이고 과학적인 이론 개발을 위한 기초정보를 제공하고, 이에 근거해 새로운 이론을 개발하고, 기존의 이론을 검증하고, 보다 정확한 예측을 위해 구체적인 조건을 포함시켜 정련시키고, 부적절한 부분을 수정하기 위해 수행하는 연구는 **기초연구**(basic research)라고 한다.

반면에, 이미 개발된 이론에 근거해서 교육이나 임상 또는 산업장면과 같은 실제적인 상황에서 문제해결 방안을 찾거나 효과적인 프로그램을 개발하고 그 효과를 검증하기 위해 수행하는 연구는 **응용연구**(applied research)라고 한다. 예를 들어, 학업수행을 향상시키는 것으로 제안된 자기조절학습이론에 근거하여, 다양한 학습전략의 사용을 권장하는 학업향상 프로그램을 개발하고 학생들에게 직접 프로그램을 실시한 집단과 그렇지 않은 집단의 학업 향상 정도를 비교하여 프로그램의 효과성을 검증하기 위해 수행하는 연구는 응용연구의 대표적인 실례가 될 수 있다. 다시 말해서 실제 문제 상황에서 이론의 적용으로 문제를 해결하거나 상황의 진행과 결과를 개선하기 위한 목적에서 수행하는 연구를 응용연구라고 한다. 대표적인 응용연구의 예로는 **실행연구**(action research)와 **평가연구**(evaluation research)가 있다. 실행연구는 원래 양적 연구에서 주로 활용되었는데 최근에 질적 연구에서 더 큰 관심을 가지고 활용하고 있어서 다음 절에서 자세히 다루기로 한다.

평가연구는 현장에 도입된 프로그램을 평가하거나, 연구의 성과를 평가하고, 학교나 기관을 평가하기 위한 목적에서 수행된다. 평가연구는 특히 교육현장에서, 교수와 학습 향상을 위해 도입된 프로그램이 과연 효과가 있었는가를 평가하기 위한 목적에서 광범위하게 수행되고 있다.

2. 양적 연구 대 질적 연구

다음으로, 연구를 위한 자료수집의 대상이 양적인 것이냐 질적인 것이냐에 따라 크게 양적 연구(quantitative research)와 질적 연구(qualitative research)로 나눌 수 있다. 양적 접근과 질적 접근은 상호 대립적인 것이 아니며 연구에서 알아내려는 것이 무엇이고 그 목적을 달성하기 위해서 어떤 접근이 더 효과적이냐의 시각으로 보아야 할 것이다. 이런 맥락에서 보면 최근에 주목받고 있는, 하나의 연구에서 두 가지 접근방법을 모두 적용하는 혼합방법 연구(mixed methods research)를 연구 유형 분류 체계에 포함시키는 것은 당연한 것이다.

사회과학 영역에서의 양적 연구와 질적 연구를 비교하면, 우선 양적 연구는 1800년대 초반에 프랑스 철학자 Auguste Comte가 주창한 논리적 실증주의(logical positivism)에 근거를 두는 접근이며, 행동을 이해하기 위한 방법으로 관찰과 추론을 중시한다. 이에 비해 질적 연구는 1900년대 초반에 Max Weber와 Margaret Mead 등이 주창한 접근으로 자연주의적이고 구성주의적인 접근이다(Cohen, Manion, & Morrison, 2011). 따라서 양적 연구는 가치중립적(객관적)이고, 연역적 접근을 주로 하고, 연구자와 연구대상자를 독립적인 주체로 보는 것에 비해 질적 연구는 가치지향적(주관적)이고, 귀납적 접근을 하며, 연구자와 연구대상은 상호의존적인 주체로 본다. 적용하는 연구방법론 또한 차이가 있어서 양적 연구는 실험과 조사에 의한 자료수집과 수집된 자료의 수량화와 통계적 분석을 중시하는 데 비해 질적 연구는 직접 및 참여관찰과 면접을 통해 자료를 수집하고 내러티브 자료의 내용분석과 자세한 기술을 중요시한다.

두 접근방법에는 각각 제한점이 있다. 양적 연구는 연구대상이 되는 변수 외에 포함된 다른 변수들의 통제가 어렵고, 결과의 타당성 확보가 어려우며, 개인의 특성을 무시하고 평균적인 집단 특성에 초점을 두는 것이 문제점으로 지적된다. 반면, 질적 연구는 자료 축적에 많은 시간이 소요되고 수집이 어려우며, 자료수집의 표준화된 절차가 없어 신뢰성 확보가 어려우며, 연구결과가 제한적 표본에 의존하므로 일반화가능성이 부족한 점이 문제점으로 지적된다.

이러한 문제점을 극복하기 위해 최근에는 하나의 연구에서 이 두 가지 접근을 병행하는 혼합방법 연구가 도입되어 적용되고 있다. 혼합방법에는 양적 연구나 질적 연구 중 한 가지를 주로 하고 다른 방법을 보조적인 수단으로 사용하는 접근방법과 두 가지 방법을 동일한 비중을 두어 결과를 통합하는 접근방법이 있다. 혼합방법 연구에 대해서는 제5장에서 좀 더 자세히 다룰 것이다.

3. 기술적 연구 대 실험연구

연구 유형을 분류하는 또 다른 체계는 연구결과 얻고자 하는 것이 무엇인가, 즉 연구 목적이 무엇인가를 중심으로 분류하는 방식이다. 이 방법에 따르면 관심의 대상이 되는 사건이나 상황을 정확하게 기술하여 파악하는 것이 목적인가 아니면 어떤 현상에 대한 인과관계를 파악하려는 것이 목적인가에 따라 기술적 연구와 실험연구로 나누어 볼 수 있다. 또한 인과관계에 대한 파악을 위해 실험을 수행하기는 하지만 실험연구에서 갖추어야 하는 모든 조건을 갖추지 못한 유사실험연구(quasi-experimental research) 혹은 준실험연구도 있다.

1) 기술적 연구

기술적 연구(descriptive research)는 관심의 대상이 되는 연구 주제의 현 상태를 파악해서 체계적으로 기술하고 요약하는 것이 목적이다. 기술적 연구는 현상에 대한 인과관계를 파악하는 것보다는 특정한 사실이나 현상을 있는 그대로 정확하게 기술해서 현황을 파악하는 것이 목적이다. 따라서 실험연구가 아닌 대부분의 사회과학에서 수행하는 연구들은 기술적 연구라고 할 수 있다. 기술적 연구는 다양한 형태로 진행될 수 있는 방법들을 포함하고 있으며 실험연구와 대조적으로 비실험적 연구(non-experimental research)로 분류하기도 한다. 예를 들어, 학생들의 학업성취도와 관련이 많은 개인차 변수가 무엇인가를 알아보고자 할 때, 특정 사회적 사건이나 사안에 대한 여론을 알아보고자 할 때, 선거철에 특정 정당에 대한 시민들의 태도를 알아보고자 할 때 등 현재 상태를 파악하고자 할 때 이러한 연구를 수행할 수 있다. 이 중 특별히 사회적 현황을 알아보기 위한 목적에서 진행하는 경우를 조사연구(survey study)라고도 부른다.

기술적 연구는 자료수집의 형태에 따라 다양한 방식으로 진행될 수 있다. 기술적 연구는 대표적인 자료수집 방법으로 관찰(observation), 면접(interview), 설문조사(questionnaire survey), 문화기술지(ethnography) 수집 등이 있으며, 양적·질적 연구방법 모두에서 사용되는 방법들을 적용한다.

2) 실험연구

실험연구(experimental research)는 어떤 현상에 대해 원인으로 추정되는 처치를 실험집단에 실행한 후 그 결과에 기초해서 인과관계를 확인하는 접근방법이다. 인과관계를 확실히 파악하기 위해서 실험연구에서는 처치를 받는 실험집단과 처치를 받지 않는 통제집단(control group)을 두어 처치효과를 비교한다. 다시 말하면, 실험연구에서는 원인으로 추정되는 독립변수(independent variable)에 조작(manipulation)을 가해서 그 결과로 나타나는 종속변수(dependent variable)에서의 변화를 관찰함으로써 처치효과, 즉 독립변수의 원인으로서의 기능을 확인하는 것이다.

실험연구에서는 독립변수의 효과가 종속변수에 미칠 때 그 사이에서 효과를 중재하는 다양한 가외변수(extraneous variable)들에 대한 통제가 필수적이다. 이러한 가외변수들의 효과를 통제하지 못하면 나타난 결과가 독립변수에 대한 조작에 의한 것이라고 확신하기 어렵기 때문이다. 따라서 가외변수를 통제하기 위한 다양한 기법과 처치 효과를 탐색하기 위한 다양한 설계방법이 고안되었다.

실험연구를 수행할 때 독립변수의 효과를 검증하기 위해 연구자는 연구대상자들을 실험집단과 통제집단으로 나누어야 한다. 이때 집단을 어떻게 나누느냐가 매우 중요한데 실험집단과 통제집단에 배정할 때 참여자들의 개인적 특성이 연구결과에 영향을 미칠 수 있기 때문이다. 이러한 영향을 배제하기 위해 두 집단에 포함될 사람들을 무선배정(random assign)해야 한다. 이처럼 참여자들을 무선배정한 실험을 특별히 진실험연구(true experimental research)라고 부르기도 하는데, 이는 참여자들을 실험집단과 통제집단에 무선적으로 배정함으로써 실험 시작 전에는 두 집단의 특성이 동일할 것이라고, 즉 종속변수에 대한 측정을 한다면 같은 평균을 보일 것이라고 가정할 수 있게 한다. 따라서 만약 실험 후에 두 집단의 종속측정치에서 차이가 발생했다면, 이것을 처치효과 때문이라고 추정할 수 있는 것이다. 그러나 만약 실험 처치를 시작하기 전에 두 집단이 어떤 특성에서 차이가 있는지에 대한 확인을 하지 못했다면 실험 후에 측정된 두 집단의 측정치에서의 차이를 실험 처치만의 효과라고 말하기는 어려울 것이다. 실험연구에 대한 자세한 내용은 제6장에서 다룰 것이다.

3) 유사(준) 실험연구

진실험연구에 필요한 조건들을 갖추지 못하는 경우, 가능한 한 진실험연구의 조건과 유사하게 만들려는 시도를 하는 연구를 유사실험연구 혹은 준실험연구라고 한다(Campbell & Stanley, 1963). 연구참여자들을 두 집단에 무작위로 배정하는 것이 불가능해서 이미 구성되어 있는 집단, 즉 기존집단(intact group)을 각각 실험집단과 통제집단으로 사용하는 경우이거나, 혹은 독립변수의 조건을 연구자가 원하는 대로 조작하여 처치하지 못하고 주어진 조건을 그대로 사용해야 하는 경우, 즉 조작불가능한(non-manipulative) 독립변수를 포함하는 경우를 유사실험연구라고 한다. 예를 들어, 어느 교사가 자신이 개발한 공부방법의 효과를 검증하기 위해 실험을 하려고 한다고 가정하자. 그 교사는 자신이 가르치고 있는 학교의 학생들을 대상으로 실험을 계획하고 있다. 진실험연구를 위해서는 실험집단과 통제집단에 포함시킬 학생들을 무선적으로 선정하거나 실험을 원하는 학생들을 무선적으로 두 집단 중 하나에 배정해야 한다. 그러나 현실적으로 학교현장에서 무선적으로 두 집단을 구성하는 것은 어려운 일이다. 따라서 이 교사가 자신이 가르치는 학급을 실험집단으로 하고 또 다른 학급을 통제집단으로 삼아 실험을 진행하려고 한다면, 이는 유사실험을 설계하는 것이다. 이 교사는 또한 개발한 공부방법의 효과와 더불어 이 공부방법의 효과가 남학생과 여학생들에서 차이가 나타는지도 알고 싶어 한다. 이런 경우 성별이라는 독립변수의 효과를 확인하기 위한 실험을 진행해야 하는데, 성별은 연구자가 조작할 수 있는 독립변수가 아니고 이미 조건이 주어진, 조작이 불가능한 변수이므로 유사실험을 수행하는 상황이다.

실생활 장면에서 실험을 수행해야 하는 경우는 불가피하게 무선배정이나 독립변수의 조작이 불가능한 경우가 많고, 특히 학교장면에서 수행하는 실험연구는 교실을 단위로 하는 유사실험연구로 진행할 수밖에 없는 경우가 많다. 이처럼 무선적으로 선정하지 못하고 실험집단과 효과를 비교하기 위해 도입된 집단은 통제집단이라고 하기보다는 비교집단(혹은 대조집단, contrast group)이라고 부르는 것이 적절하다.

1. 인과비교 연구

인과비교 연구(causal-comparative research)는 'ex post facto(사후)' 연구라고도 하는데 이미 나타난 결과에 대해 기존의 자료를 조사하고 분석함으로써 가능한 원인을 찾아내어 인과관계를 파악하는 것을 목적으로 한다(Isaac & Michael, 1995). 이미 존재하는 자료를 분석하기 때문에 기술적 연구 유형으로 취급할 수도 있지만 인과관계에 대한 파악을 목적으로 하므로 실험연구로 볼 수도 있다. 그러나 실험연구는 통제된 조건에서 나타나는 새로운 자료를 수집하는 반면 인과비교 연구는 과거에 수집된 자료를 사용한다는 점에서 차이가 있다.

예를 들어, 비행문제로 징계를 받은 학생들이 많은 한 고등학교를 대상으로 지난 몇 년간의 학생부를 분석하여 비행문제의 발생 원인을 찾아내기 위해 분석할 수 있다. 이 때 비행과 관련이 있는 문제행동으로 음주 여부, 흡연 여부, 가정의 형태, 부모의 사회경제적 지위의 수준 등에 따라 비행문제의 발생 정도를 비교함으로써 가장 영향력 있는 원인을 찾을 수 있을 것이다.

인과비교 연구는 기존에 수집된 자료를 분석하기 때문에 새로운 자료를 수집하는 노력을 줄일 수 있다는 장점이 있으나, 독립변수에 조작을 가하거나 가외변수를 통제하는 것이 불가능하기 때문에 결과적으로 나타난 인과관계가 타당한가에 대한 확신이 없다는 단점이 있다. 다시 말해서 관찰된 현상이 발생한 것이 그 원인 때문인지 아니면 조사되지 않은 다른 원인 때문인지를 알기가 어렵다는 것이다. 또한 실험집단과 통제집단을 나눌 때 무선배정이 불가능하다는 점도 인과관계에 대한 확실한 결론을 내기 어렵게 만드는 요인 중 하나다.

2. 발달연구

심리학에서는 인간 행동의 변화를 연구한다. 행동의 변화는 다양한 원인에 의해 나타날 수 있지만 단순히 시간의 흐름에 따라 나타나는 변화도 있다. 발달심리학에서는 기본적으로 나이가 다르고 성장이나 성숙 수준이 다른 개인들에서 차별적으로 나타나는 행동변수에 관심을 갖는다. 발달연구(developmental study)는 시간의 흐름에 따른 성장의 패턴이나 순서 혹은 변화를 탐색하는 것을 목적으로 삼는다. 따라서 발달연구는 지적 발달이나 정서나 사회성 발달과 같은 다양한 차원에서의 변화나 진전 상태에 관심을 갖게 된다. 발달연구는 자료수집 방법에 따라서 종단적(longitudinal) 접근과 횡단적(cross-sectional) 접근으로 나눌 수 있다.

1) 종단적 연구

종단적 성장연구에서는 동일한 개인들의 발달의 여러 단계에 걸친 행동의 변화를 수집하여 변화의 정도와 유형을 연구한다. 종단적 연구에서는 같은 개인들로 구성된 집단이 일정 기간 동안 연구대상이 된다. 종단적 연구 설계는 연구대상을 선정하는 방법에 따라 다음과 같이 세 가지 유형으로 구분할 수 있다.

(1) 패널연구

패널연구(panel study)란 고정된 대상으로부터 반복적으로 동일한 내용을 조사해서 변화의 양상을 확인하고자 하는 종단적 연구의 한 가지다. 예를 들어, 하나의 모집단으로부터 표본을 선정하고 연구기간 동안 각기 다른 시점에서 동일한 대상을 반복적으로 조사하여 변화를 연구하는 접근방법이다.

초기 심리학 분야에서 진행된 대표적 종단연구들은 패널연구의 예라고 할 수 있다. 예를 들어, 미국 스탠퍼드 대학교의 Lewis Terman이 1921년 영재아동 1,528명을 대상으로 시작한 'Genetic Studies of Genius' 연구는 아직도 진행되고 있는 장기 종단연구다(Woolfolk, 2007). 그 외에도 1928년부터 시작된 'Berkeley Growth and Guidance Studies' 또한 대표적 발달종단연구 중 하나다(이성진, 2005). 한국에서 수행된 발달연구 분야의 장기종단연구로는 서울대학교의 이성진이 1975년부터 한국행동과학연구소를 중심으로 시작한 「한국아동의 종단적 연구」가 있으며 이를 위한 자료수집이 30년 이상 진행되었다(이성진, 2005). 또한 한국에서는 최근에 정부출연 연구기관들을 중심으로 패널데이터 수집이 시작되어 현재는 거의 모든 연구소에서 자체적으로 패널데이터 수집을 진행하고 있다. 가장 먼저 시작한 것은 2001년부터 시작한 한국고용정보원의 청년패널이고, 이후 청소년정책연구원의 한국청소년패널, 한국교육개발원의 「한국교육종단연구」를 위한 패널데이터를 포함해서 수많은 패널데이터가 수집되고 있다.

패널연구의 장점은 동일한 대상을 연구하므로 특성이나 행동의 변화를 주목할 수 있고 변화의 원인 탐색이 가능하다는 것이다. 그러나 연구의 기간이 길어지면 대상자들의 탈락으로 표본이 줄어드는 단점이 있다. 또한 동일한 측정도구를 반복적으로 사용해야 하기 때문에 발생하는 문제들이 있는데 첫째, 같은 척도를 반복적으로 실시할 때 발생하는 연습효과나 기억효과가 변화를 제대로 탐지하지 못하게 할 수도 있고, 둘째, 기간이 길어짐에 따라 측정 내용이 시대적 변화를 반영하지 못할 수 있다. 이런 경우, 측정하고자 하는 심리적 요인에 대한 타당한 측정도구로서의 기능에 문제가 있을 수 있다.

(2) 동년배연구

또 다른 유형의 종단적 연구에서는 구성원이 같은 특정 모집단을 일정 기간 동안 반복적으로 연구하지만 매번 다른 표본을 대상으로 한다. 예를 들어, 중학생의 흡연에 대한 태도가 성장함에 따라 어떻게 변화하는지를 알고 싶은 경우 현재 중학교에 다니는 1학년생들을 대상으로 표본을 하나 선정해서 흡연에 대한 태도 척도를 실시한다. 그리고 그다음 해에 2학년이 된 이 학생들 중에서 다시 표본을 선정해서 같은 척도를 실시한다. 동년배연구(cohort study)에서는 이와 같은 방식으로 매년 같은 전집으로부터 다른 표본을 선정해서 얻은 태도 척도에 대한 반응의 변화를 조사함으로써 시간의 흐름에 따른 동년배집단의 태도 변화를 알아볼 수 있다. 이 방법은 매년 같은 학생들을 추적해서 동일한 척도를 실시할 때 발생하는 단점을 보완할 수 있다. 즉, 패널연구에서는 같은 학생들을 추적하는 것이 번거롭기도 하고, 또 반복적인 측정을 거부하는 학생들도 생길 것이다. 그러나 동년배집단을 사용하면 동시대를 사는 사람들이 갖는 일반적인 특성은 유사할 것이므로 동일한 전집으로부터 매번 다른 표본을 선정해서 나타난 결과는 시간의 흐름에 따른 변화임을 추론할 수 있다.

(3) 경향연구

같은 전집을 대상으로 같은 주제를 장기간 반복해서 연구하지만 전집의 구성원은 변할 수 있고, 표본도 매번 다른 접근방법이다. 경향연구(또는 추세연구, trend study)에서는 전집의 구성원이 바뀌어도 전집 내의 구성원들의 특성은 별로 다르지 않을 것이라는 가정하에서 무선표집 방식을 통해 주기적으로 전집으로부터 표본을 선정해서 조사한다. 예를 들어, 한국 기업 CEO들의 기업윤리에 대한 생각이 향후 10년 동안 어떻게 변화할 것인가를 파악하고자 한다면, 매년 같은 시기에 전경련에 등록된 CEO 명단에서 무선적으로 100명씩 추출하여 표본을 구성한다. 이렇게 구성된 표본은 그 시기의 한국 기업 CEO 전집을 대표하므로 이들을 대상으로 설문을 실시하여 분석하면 CEO들의 기업윤리에 대한 생각의 변화를 알 수 있을 것이다.

2) 횡단적 연구

횡단적 연구 설계에서는 행동의 발달에 따른 변화를 탐색하기 위해 일정 시점에서 여러 연령의 아동들을 동시에 조사해서 변화의 정도와 유형을 간접적으로 비교한다. 즉, 서로 다른 발달 단계에 있는 아동들을 한 시점에서 동시에 조사하는 방법이다. 패널연구와 같은 종단적 연구에서는 동일한 참여자들을 시간의 흐름에 따라 반복적으로 관찰해 나가기 때문에 다양한 변수의 발달 진전 상황을 조사할 수 있는 반면, 횡단적 연구에서는 제한된 요인들에 대한 내용만을 연구할 수 있다는 한계가 있다. 또한 횡단적 연구에서는 여러 연령수준의 연구참여자 집단들을 표집해서 비교하기 때문에 표집 과정 중에 발생하는 집단들 간의 차이와 발달에서의 차이가 혼입될 가능성이 높다.

횡단적 접근을 통해 발달의 변화를 조사하는 경우 동년배집단(cohort) 효과를 염두에 두고 해석해야 한다. 횡단적 접근에서의 기본 전제는 연구를 수행하는 시점에서 표집된 집단들의 특성이 발달이 진행된 미래의 시점에서도 동일하다는 것이다. 예를 들어, 발달에 따른 인터넷 중독 정도의 차이를 조사하기 위해 현재 초등학교 6학년과 중학교 3학년에 다니는 학생들을 대상으로 표집해서 인터넷 중독 정도를 조사하여 비교하고자 한다면, 현재 초등학교 6학년생들이 중학교 3학년이 되었을 때 현재 중학교 3학년생들과 동일한 심리·사회·문화적 특성을 가지고 있을 것이라고 가정할 수 있어야 한다는 말이다. 만약 인터넷 중독 정도가 사회·문화적 환경의 영향을 많이 받는 특성이라고 하면 횡단적 접근을 통해 나타난 결과는 3년 후에 현 초등학교 6학년생들이 중학교 3학년이 되었을 때 얻어질 수 있는 결과와 다를 것이므로 이런 접근은 타당하지 못한 결과를 제공할 것이다.

3) 동년배집단 계열설계

발달에 따른 변화 추세를 확인하기 위해서는 종단적 연구방법이 이상적이기는 하지만 종단적 연구는 시간과 노력이 많이 드는 제약이 있으며 또한 시간의 흐름에 따라 발생하는 참여자 탈락률의 증가가 문제가 된다. 특히 장기종단연구의 경우는 연구결과를 얻기까지 걸리는 시간이 매우 길다는 점이 가장 큰 제한점이다. 따라서 종단적 연구와 횡단적 연구 방법을 혼합해서 설계할 수 있다. 이러한 접근을 **동년배집단 계열설계** (cohort sequential design) 혹은 단기종단연구라고도 한다.

동년배집단 계열설계에서는 한 시점에서 출생연도가 다른 몇 개의 집단을 동시에 표본으로 추출해서 몇 년에 걸쳐 추적연구를 수행한다. 다시 말해서 현재 중학교 1학년, 2학년, 3학년생 집단을 각각 선정해서 이들을 5년 내지 10년간 주기적으로 조사를 한 후에 발달 경향을 비교하는 것이다. 이러한 접근은 시간에 따른 변화와 동년배집단에서의 차이를 모두 반영하지만 종단적 연구와 같은 긴 시간을 투자하는 것을 줄일 수 있다는 장점이 있다. 〈표 1-1〉는 다양한 발달연구 유형에 따른 다수의 자료수집 시점에 포함된 표본의 구성을 보여 준다. 각 표본을 구성하는 참여자들은 패널설계처럼 동일한 경우도 있고 그렇지 않은 경우도 있다.

〈표 1-1〉 발달연구 유형에 따른 자료수집 시점과 표본 예시

| 연구 유형 | 종단적 설계 | | | 횡단적 설계 | 복합적 설계 |
	패널설계	동년배설계	경향설계		동세대집단 계열설계
시점 1	중 1[a]	중 1[a]	중 1[a]	중 1[a], 중 2[b], 중 3[c]	중 1[a], 중 2[b], 중 3[c]
시점 2	중 2[a]	중 2[b]	중 1[b]		중 2[a], 중 3[b], 고 1[c]
시점 3	중 3[a]	중 3[c]	중 1[c]		중 3[a], 고 1[b], 고 2[c]

주: 위첨자로 표시한 문자가 같은 것은 동일한 표본임을 나타냄.

3. 실행연구

이론의 개발과 정련 및 수정에 목적을 두는 기초연구는 실용적인 기능을 잘 하지 못한다. 따라서 이론이 개발되면 그 이론을 현장에 적용하여 실질적인 변화를 유도하기 위한 목적에서 실행연구를 수행할 수 있다. 실행연구는 주로 교육현장에서 일하는 현장전문가들이 자신의 교수활동이나 학생들의 학습을 증진시키기 위해 문제점을 찾아내고, 새로운 기술이나 접근방법을 개발하여 교실이나 현장에서 직접 적용함으로써 문제를 해결하고자 수행하는 연구 유형이다. 실행연구는 수집하는 자료의 유형과 특성에 따라 양적 연구와 질적 연구 접근 모두에서 수행될 수 있다.

최근에 많은 관심을 받고 진행되는 유형의 실행연구는 Kurt Lewin(1948)에 의해서부터

시작되었다고 볼 수 있다(Lodico, Spaulding, & Voegtle, 2006 재인용). Lodico 등(2006)에 의하면 Lewin은 기존의 교육적 실천에 도전하는 한 가지 방식으로 사회적 실천을 유도하는 연구의 필요성을 주장하면서 교육자들이 자신의 교육실천을 향상시키기 위한 연구에 참여할 것을 권장했다.

실행연구는 일반적으로 비판적 실행연구(critical action research)와 실제적 실행연구(practical action research)로 구분할 수 있다. 비판적 실행연구는 현재 진행되고 있는 교육적 실제의 문제점을 찾아내어 전반적인 교육 실제를 향상시키기 위한 새로운 프로그램이나 방법을 개발하고 도입하는 것이 목적이고, 실제적 실행연구는 교실이나 학교 상황에서 수행되어 교사 개인의 교육실천에서의 문제를 확인하고 해결방법을 찾는 것이 목적이다(Lodico et al., 2006). Lodico 등이 제시한 실행연구의 일반적인 특징은 다음과 같다.

첫째, 실행연구는 실무-연구자(practitioner-researcher) 자신의 교육 상황, 즉 교실이나 학교, 상담실 속에서 자신의 문제를 중심으로 공동연구자들과의 협력하에 진행하게 되므로 실무자는 연구에 적극적으로 참여하게 된다. 둘째, 실행연구는 교육을 진행하는 과정에 관련된 다른 교육자나 연구자들과 협력적으로 진행한다. 셋째, 실행연구는 교육실천을 변화시키고 향상시키기 위해 실행하는 것에 초점을 둔다. 넷째, 실행연구는 계속적인 작업으로 자료수집, 반추 그리고 실행 과정이 몇 회기에 걸쳐 반복적으로 진행된다.

실행연구는 충분한 관찰과 성찰을 통해 연구문제를 명확히 하고, 적절한 실행계획을 수립해서 필요한 경우 공동연구자들과 협력해서 실시한 후, 그 결과를 교수나 학습을 증진시키는 데 사용하는 일련의 과정을 통해 진행할 수 있다(Lodico et al., 2006). 실행연구는 교육실천가들 사이에서 사용이 계속 증가하는 추세이며, 특히 질적 연구에서 현장관찰이나 면담을 통한 자료수집 후에 얻은 결과에 기초해서 현장에 도움이 될 수 있는 개입을 위해 활용되고 있다.

핵심 개념

귀납적 추론, 연역적 추론, 가설적 연역법, 경험적, 축소적, 반복가능성, 전파가능성, 이론적 틀, 예측, 인과관계 설명, 반증, 생태학적 타당성, 간명성, 발견적 가치, 방향제시적 가치, 기초연구, 응용연구, 실행연구, 평가연구, 독립변수 조작, 종속변수, 통제집단, 무선배정, 진실험연구, 기존집단, 비교집단, 인과비교 연구, 종단적 발달연구, 횡단적 발달연구, 패널연구, 동년배연구, 경향연구, 동년배집단 계열설계, 비판적 실행연구, 실제적 실행연구, 실무-연구자

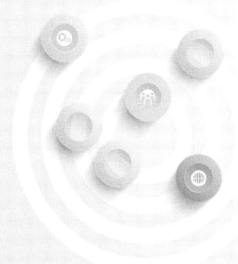

제2장
연구 절차

과학적 연구는 객관적이고 체계적이어야 하는 특성을 가지고 있다. 따라서 어떠한 연구든 일정한 방법과 절차를 따르게 된다. 연구의 전체 단계에 포함되는 세부적인 절차는 이 책의 전체에 걸쳐서 해당 장과 절에서 설명될 것이므로 이 장에서는 연구의 일반적인 절차를 개관할 것이다. 그다음 연구문제와 가설에 대해 설명하고 이를 도출하기 위한 이론 탐색 방법과 경험적 연구를 위한 표본선정 방법을 설명할 것이다. 마지막으로 인간을 대상으로 하는 사회과학연구에서 필수적으로 고려해야 하는 연구윤리에 대해 살펴볼 것이다.

I 📊 과학적 연구 절차 개관

1. 연구문제 선정

연구문제를 선정하는 것은 연구의 전 과정을 통해 가장 어려운 단계라고 할 수 있다. 어떤 주제를 가지고 어느 정도의 범위를 어느 정도 구체적으로 다룰 것인가에 따라 후속 절차가 결정될 것이므로 연구자는 이 첫 단계에서 다양한 측면을 고려하고 신중하게 연구문제를 결정해야 한다.

2. 문헌 고찰

연구문제가 결정되면 연구에서 다룰 변수들을 선정하고 변수들 간의 관계를 보여 주는 가설을 수립해야 한다. 연구의 가설은 이론적 배경과 선행연구 결과에 근거해서 수립해야 하기 때문에 관련된 문제를 다룬 이론에 대한 공부와 선행연구들에 대한 철저한 탐색이 필요하다. 탄탄한 이론적 배경에 근거하지 않은 가설은 검증되기 어렵고, 또 경험적으로 검증이 된다고 해도 원인에 대한 설명이 쉽지 않기 때문에 **이론적 설명** 혹은 **논리적 근거**(rationale)를 위한 문헌 고찰은 연구의 성패를 가르는 중요한 단계다.

3. 가설 수립

연구문제가 선정되고 관련 이론적 배경에 대한 탐색이 이루어지면 연구자는 귀납적 혹은 연역적인 논리를 적용해서 연구결과를 예측할 수 있다. 즉, 이 단계는 연구자가 연구문제와 관련된 변수들 간의 관계에 대한 기대나 예측을 가설의 형태로 만드는 단계다. 따라서 가설을 수립하기 위해서는 연구문제와 관련된 변수들을 확정하고, 명명하고, 조작적 정의를 내려야 한다.

4. 연구설계

연구문제가 확정되고 가설이 수립되면 연구방법을 구상해야 하는 연구설계 단계로 들어간다. 연구설계 단계에서는 연구대상, 구체적인 자료수집 방법과 연구도구를 결정하고, 연구대상 선정방법, 연구실시 방법 등에 대한 구체적인 계획을 수립한다.

연구설계 단계는 양적·질적 연구방법을 결정하고, 양적 연구 중 실험연구, 유사실험연구, 기술적 연구 등의 다양한 방법 중에서 어떤 방법을 사용할 것인가를 결정해야 하며, 질적 연구에서는 자연관찰, 참여관찰, 체계적 관찰 등의 관찰 연구방법들, 그리고 면접을 사용할 경우에도 구조화된 면접, 비구조화된 면접, 초점집단 면접 등의 다양한 방법 중에서 어떤 방법을 사용할 것인지를 결정하는 단계다.

5. 도구 선정 및 제작

어떤 연구방법을 사용할 것이냐에 따라 연구도구를 결정해야 한다. 양적 연구를 계획하는 경우 조사연구를 할 것인지 실험연구를 할 것인지에 따라 연구도구 준비가 달라진다. 조사연구를 할 경우는 관찰을 위한 도구, 인터뷰를 위한 질문, 혹은 자기보고식 설문지를 제작해야 한다. 때로는 개인의 심리적 특성을 측정해야 할 경우 직접 척도를 제작해야 할 필요도 있다. 실험연구를 할 경우는 실험 장치나 도구를 제작해야 한다.

6. 파일럿 연구 실시

연구설계가 결정되고 실험이나 조사를 통해 자료수집에 대한 준비가 되면 연구방법과 절차, 도구가 제대로 기능하는지를 확인하기 위한 사전 실험이나 자료수집이 선행되어야 한다. 이와 같이 본 실험 전에 연구방법을 확인하고 실험의 경우 실험 조작이 제대로 이루어질 것인지를 확인하기 위한 준비연구를 파일럿 연구(pilot study)라고 한다. 파일럿 연구는 실험의 조작이 제대로 기능하는지를 확인하기 위한 목적뿐만 아니라 사용할 측정도구나 설문지 등이 타당하고 신뢰할 만한지 확인하는 데도 사용할 수 있다.

일반적으로 파일럿 연구는 예비연구의 형태로 일회 시행으로 끝날 수도 있지만 상황에 따라서는 여러 번에 걸쳐 시행할 수도 있다. 이와 같은 파일럿 연구는 실험의 효과와 타당성을 증진시키고 측정도구의 양호도를 향상시켜 연구결과의 타당성을 높이는 데 필수적인 단계다.

7. 자료수집과 통계적 검증

파일럿 연구결과를 분석해서 전체적인 연구설계에 문제가 없음이 확인되면 본 연구를 위한 자료수집을 실시한다. 자료가 수집되면 연구문제에 대한 답을 얻거나 연구가설을 검증하기 위해 통계적 분석을 수행한다. 통계적 분석을 통한 가설검증은 연구결과의 일반화를 위해 필요한 절차로 표본 자료에서 얻어진 분석결과를 어느 정도까지 일반화할 수 있는가와 관련된 문제다.

8. 연구보고서 작성

앞 장에서 과학적 연구의 특징 중 한 가지가 전파가능성이라고 했다. 전파가능성이란 개인이 수행한 연구결과는 그 분야에 관심이 있는 모든 연구자에게 알려서 지식을 공유하는 것이다. 따라서 연구자는 자료수집과 분석이 끝나서 중요한 결과를 도출하면 이를 타인과 공유하기 위한 연구보고서를 작성해야 한다.

연구보고서는 연구계획과 실행을 단계별로 자세히 기술하고 연구결과를 제시하고 결과에 대한 논의를 포함해야 한다. 대부분의 전문 학술단체나 기관에서는 자체적으로 만들어 놓은 연구보고서 작성방법이 있어서 이에 따라 작성하게 되어 있다. 연구보고서 작성에 관해서는 제9장에서 자세히 다룰 것이다.

Ⅱ 📊 연구문제와 가설

자신의 주요 관심 영역에 대한 연구를 진행하고 있는 연구자들에게 연구 주제와 그에 따른 연구문제를 찾아내는 것은 크게 어려운 일이 아니겠지만, 초보 연구자들에게는 무엇을 연구할 것인가를 결정하는 것이 가장 어려운 문제일 것이다. 연구문제를 확인하고 구체화하는 것은 특별히 정해진 규칙이나 방법이 있는 것은 아니다. 연구의 영역에 따라, 주제에 따라, 연구 유형에 따라 천차만별일 수 있다. 그럼에도 불구하고 초보 연구자들을 위한 일반적인 가이드라인이 있다면 연구문제를 설정하는 데 도움이 될수 있을 것이다.

연구문제를 결정할 때 흔히 범하는 오류를 미리 아는 것이 도움이 될 수 있다. Isaac과 Michael(1995)이 제기한, 문제를 구성할 때 흔히 범하는 오류의 몇 가지를 살펴보면 다음과 같다.

- 잘 정의된 계획이나 목적 없이 나중에 뭔가 의미 있는 것을 찾아낼 수 있을 것이라고 희망하면서 자료수집을 먼저 진행한다.
- 이미 존재하는 자료의 일부를 가지고 의미 있는 연구문제를 끼워 맞추려고 시도한다.

- 목표를 너무 일반적이거나 애매한 말로 정의해서 결과의 해석과 결론을 인위적이고 타당하지 못하게 만든다.
- 해당 주제에 대한 기존의 전문적 문헌을 검토하지 않고 연구를 시작한다.
- 확고한 이론적 혹은 개념적 틀에 기초하지 못한 연구를 수행한다.
- 연구에서 나타난 결과를 달리 설명할 수 있고, 연구자가 내린 해석과 결론에 도전할 수 있는 경쟁 가설을 예상하지 못한다.

이와 같은 오류는 비단 초보 연구자들에만 해당하는 사항이 아니고 다년간의 연구경력을 가진 사람들도 의도하지 않게 범할 수 있는 오류이므로 모든 연구자는 이러한 오류를 범할 가능성에 항상 주의를 집중할 필요가 있다.

1. 문제 발견

연구문제를 발견하기 위해서는 한 주제에 깊이 빠져야 한다. 즉, 관심의 대상이 되는 주제와 관련된 다양한 유형의 연구 논문들을 읽으면서 해당 주제에 대해 이제까지 진행되어온 연구의 흐름을 파악하고 결과를 통합하면서 충분한 지식을 쌓아야 한다. 또한 현실에서 관심 주제와 관련된 현상을 관찰하고 기존의 이론으로 설명이 가능한지 연결시켜 본다. 어느 정도의 기본적인 지식이 축적되면, 그다음으로 해당 주제를 다룬 최신 연구 논문들을 비판적 시각을 가지고 정독한다. 특히 연구결과에 대한 논의 부분에서 연구자가 제시하는 제한점이나 후속연구를 위한 제언 등을 주의 깊게 살피면 다음 단계의 연구가 무엇이 될 수 있을 것인가에 대한 아이디어를 얻을 수 있다.

기본적인 주제가 정해지면 해당 영역의 전문가에게 비판적 피드백을 구하고 의논하는 것은 효과적인 접근이 될 수 있다. 대부분의 초보 연구자는 해당 연구 주제에 대한 많은 정보를 갖고 있지 못하기 때문에 이미 많은 연구가 진행된 연구이거나 계속적인 연구의 가치가 별로 없거나 연구가 불가능한 주제인가 등에 대한 판단이 어렵다. 따라서 전문가의 조언을 구하는 것은 매우 중요한 절차의 하나다. 또한 전문가와의 논의 속에서 연구문제를 실현 가능한 것으로 구체화할 수도 있다.

연구문제를 선정하고 구체화하는 일은 초보 연구자에게는 또 다른 도전이다. 초보 연구자는 연구문제와 관련된 문헌이나 선행연구를 검토하면서 수많은 관련 변수를 발견할 것이다. 그리고 이러한 관련 변수들이 모두 중요해서 자신의 연구에 다 포함시켜야 할 것이라고 생각하게 된다. 따라서 문헌 탐색이 진행될수록 연구문제의 범위를 점점 더 확장시켜야 할 것 같은 압박을 경험하게 된다. 그러나 어떠한 연구 주제도 한 번의 연구에서 모든 탐색이 끝날 수 있는 것이 절대 아니기 때문에 아주 구체적인 문제를 최소한의 범위에서 탐색하는 것으로 시작하는 것이 현명하다.

2. 연구문제의 특징

연구문제는 특정 영역의 맥락 속에서 발생하는 현상이나 현상들 간의 관계에 대한 질문으로 구체화되어야 하며 경험적 방법, 즉 실증 자료를 통해 답을 찾는다. 연구문제는 연구의 유형에 따라 구체성 정도에서 차이가 있다. 보통 이론적 근거가 부족하고 경험적 연구가 많이 수행되지 않은 새로운 연구 주제에 대한 탐색을 위한 연구, 혹은 민족지학적 연구에서는 보다 일반적인 **연구문제**(research question), 즉 의문문의 형태로 진술하게 된다. 이에 비해 실험적 연구와 같이 이론적 근거를 가지고 연구를 수행하려는 경우에는 그 이론에 근거해서 변수들 간의 관계를 잠정적으로 추정하는 **연구가설**(research hypothesis)을 생성하게 된다.

연구문제는 어디까지나 객관적이고 논리적이며 경험적 자료를 통한 검증이 가능해야 하기 때문에 연구자의 도덕적인 판단이나 윤리적 입장이 드러나서는 안 된다. 따라서 태도나 수행에 관한 질문보다 이상이나 가치에 관한 질문은 연구하기가 어렵다. 예를 들어, '사람은 부모의 은혜에 감사할 줄 알아야 하나?' '거짓말은 어느 정도까지 받아들일 수 있나?'와 같은 윤리나 도덕적 판단에 관한 질문은 객관적으로 검증하기가 어려운 연구문제다.

결론적으로 좋은 연구문제는 경험적 자료수집을 통해서 검증 가능해야 하며, 이론적으로 의미 있는 것인 동시에 실질적으로도 의미 있는 것이어야 한다. 특히 심리학이나 교육학 분야의 연구결과는 개인의 삶이나 교육현장에 의미 있는 시사점을 제공할 수 있는 것이어야 한다.

3. 연구문제의 모형

연구문제는 목적에 따라 여러 가지 형태로 제시될 수 있는데 대표적인 형태로는 대립적(conflict) 상황, 정련(elaboration)이나 세련(refinement)을 위한 상황 그리고 비평

(critique)을 위한 상황으로 나누어 볼 수 있다.

1) 대립적 상황

첫째, 하나의 현상을 설명하는 데 서로 상반된 예측을 하는 두 가지 이상의 이론이나 가설이 있는 경우, 둘째, 이론이 예측하는 것과 자료가 불일치하는 경우, 셋째, 두 가지 이상의 자료 세트가 불일치하는 경우, 넷째, 이론과 현실이 불일치하는 경우가 있다. 이럴 때는 어느 경우가 맞는지를 알아내기 위해 경험적 연구를 수행할 수 있다.

2) 정련 및 세련을 위한 상황

첫째, 어떤 현상을 설명하기 위한 이론이나 모델을 정련시키기 위해서, 둘째, 예언방정식이나 공식을 정련시키거나 보다 세부적인 사항을 포함시켜 세련된 공식을 만들기 위해서, 셋째, 어떤 개념이나 연구결과에 대한 정련을 위해서, 넷째, 자료에서 얻은 결과를 세련시키기 위해서 자료를 재분석하거나 반복수행을 하는 경우가 있을 수 있다.

3) 비평을 위한 상황

연구는 또한 비평의 목적에서 수행할 수 있다. 즉, 특정 연구에서 사용된 절차나 도구에 대한 비평 그리고 자료 분석에 대한 비평을 하고 보다 나은 대안을 제시하기 위한 목적에서 수행할 수 있다.

4. 가설 수립

연구 주제를 탐색하기 위해 구체적인 문제가 확인되면 주제와 관련된 이론과 선행연구들에 대한 탐색이 진행된다. 이와 같이 탐색된 이론적 배경은 연구문제에 대한 답을 예측할 수 있게 한다. 이러한 예측을 진술문의 형태로 기술한 것이 연구가설이다. 가설은 문제의 상이한 측면들 사이에 어떤 관련성이 있을 것인지를 규정하는 것으로 일반적으로 '만약 ~라면, ~일 것이다.'의 형태로 제시된다. 연구가설은 경험적 자료를 통해 검증이 가능해야 한다. 연구문제에 대한 이론과 선행연구들의 검토결과가 타당하다면 그에 대한 해답은 예측이 가능할 것이고 가설로 진술될 수 있게 되는 것이다.

연구가설은 연구문제에 대한 기대 혹은 구체적인 결과에 대한 예측(prediction)을 말한다. 연구가설 외에 가설검증을 위한 경험적 연구에서는 자료수집 결과를 통계적으로 분석해야 한다. 이때도 가설이 사용된다. 통계적 가설은 영가설(null hypothesis)와 대립가설(alternative hypothesis)로 나누어서 제시된다. 영가설은 귀무가설이라고도 부르는데 실험처치 효과가 없을 것이라는 것을 기준으로 실험처치 효과가 있을 때 기대할 수 있는 결과를 대립가설로 제시하는 방식을 취한다.

5. 변수

과학적 연구에서 연구문제는 연구 가능한 특성들에 관한 질문으로 자료수집을 통해서 답을 찾을 수 있다. 이러한 질문에 답하기 위해서는 질문과 관련된 변수를 명확하게 정의해야 한다. 변수(variable, 변인이라고도 함)란 변화하는 값을 갖는 특성 혹은 요인을 의미한다. 심리학에서 다루는 특성들은 추상적인 개념들인 경우가 많다. 이러한 추상적인 개념은 이론에서부터 도출되어 직접 관찰할 수 없는 가설적인 개념인 구인(construct)이라고 불린다. 그리고 구인은 조작적 정의(operational definition)를 내려서 관찰가능한, 즉 측정 가능한 형태인 변수로 만들어서 연구한다. 예를 들어, 내재동기는 동기 상태를 나타내는 구인이다. 학생이 과제 자체가 재미있어서 공부를 한다면 그 학생은 공부에 대한 내재동기를 가지고 있다고 말한다. 이때 내재동기는 학생이 공부하는 것이 얼마나 재미있다고 생각하는가를 보고한 정도를 가지고 측정할 수 있다. 또한 시키지 않아도 스스로 공부하는 정도, 여러 가지 활동을 선택할 수 있는 경우에 공부를 선택하는 정도 등으로 내재동기라는 구인을 조작적으로 정의하여 측정할 수 있다.

변수는 두 가지 이상의 범주로 구성되거나 혹은 점수의 연속체로 구성될 수 있다. 예를 들어, 성별이라는 변수는 남자와 여자라는 두 가지 범주 내에서 변할 수 있다. 반면에, 지능이라는 변수는 지능검사 점수로 구성된 연속체 위에서 다양한 값으로 변할 수 있다. 남자 혹은 여자는 성별이라는 변수의 수준(level)을 나타내고, 지능지수 100 혹은 120 등은 지능이라는 변수의 수준을 나타낸다. 과학적 연구에서 변수는 기능에 따라 다음과 같이 여러 유형으로 구분할 수 있다.

1) 독립변수

독립변수는 어떤 현상의 원인이 되는 요인을 의미하며 실험연구에서는 처치변수 (treatment variable)를 의미하며 자극을 제공하는 변수다. 연구자가 자신의 관심이나 의도에 따라 실험에서 포함시킬 독립변수의 수준을 결정할 수 있는 경우에 조작가능(manipulative) 독립변수라고 하고 조작이 불가능한 경우는 조작불가능(non-manipulative) 독립변수라고 한다. 예를 들어 다양한 교수방법이 과학 문제해결능력에 미치는 영향을 알아보기 위해 실험을 하려고 한다고 가정하자. 연구자는 다양한 교수방법 중에서 이번 실험에서는 직접강의식과 토론식을 비교하고자 한다. 물론 교수방법에는 이 두 가지 외에도 절충식이 있을 수 있고 또 시청각 자료를 활용하는 방식, 문제풀이 위주의 방식 등 다양한 방식이 있을 수 있으나 이 연구자는 이번 연구에서는 직접강의식과 토론식만을 비교하려고 한다. 이 연구의 경우 교수방법이라는 독립변수는 두 가지 수준으로 구성된 조작 가능한 독립변수다. 반면에, 이 연구자가 성별에 따라 교수방법에서 차이가 나타나는가를 확인하고자 해서 성별을 연구에 또 다른 독립변수로 포함시키고자 한다면, 이 경우 성별은 조작이 불가능한 독립변수다.

2) 종속변수

종속변수는 말 그대로 독립변수에 종속된 변수다. 즉, 독립변수의 결과로 나타나는 결과(outcome)변수로 효과(effect)변수라고도 한다. 또한 연구의 유형에 따라서는 준거(criterion)변수로 불리는 경우도 있다. 종속변수는 독립변수의 처치결과로 나타나는 것으로 양적 연구에서는 이를 측정하기 위한 도구가 필요하다. 앞의 연구 예에서 교수방법에서의 차이가 과학 문제해결능력에 미치는 영향에서 차이가 있는지를 확인하기 위해서는 과학 문제해결능력이라는 종속변수를 측정하기 위한 검사나 평가도구, 즉 종속측정도구(dependent measure)가 필요하다. 또한 종속변수의 측정결과인 **종속측정치**는 자료분석의 대상이 되는 관찰치들이다.

3) 가외변수

실험연구에서는 독립변수와 종속변수 간의 인과관계를 파악할 수 있다. 그러나 독립변수와 종속변수 간에는 무수히 많은 다른 변수들이 개입될 수 있다. 이와 같이 두 변수들 간의 관계에 영향을 줄 수 있는 모든 변수를 가외변수 혹은 외재변수(extraneous variable)라고 부른다. 가외변수들이 실험에 개입되면 종속변수에서의 차이가 독립변수 때문이라고 확실히 말할 수 없기 때문에 연구자는 가외변수들의 영향을 가능한 한 통제하도록 노력해야 한다.

4) 중재변수

앞에서 거론한 가외변수들 중에서 특별히 독립변수의 종속변수에 미치는 효과를 중재하는 것으로 추정되는 중재변수(intervening variable)들이 있을 수 있다. 이러한 변수들의 존재는 연구결과가 나온 후에 드러나는 경우가 많다. 예를 들어, 교수방법의 효과에 관한 실험의 예에서 연구자는 이론과 선행연구 결과에 근거해서 토론식 방법이 강의식 방법보다 문제해결능력의 향상에 더 효과적일 것이라는 가설을 설정했다. 그런데 연구결과에서 두 교수방법에서 차이가 없는 것으로 나타났다고 가정하자. 이런 경우 연구자는 왜 이런 연구결과가 나왔는지에 대해 원인분석을 해야 한다. 원인분석을 한 결과 두 처치집단, 즉 독립변수의 두 수준에 해당하는 강의식 수업집단과 토론식 수업집단에 배정된 학생들의 과학 성취수준에서 차이가 있었던 것을 미처 확인하지 못한 사실을 발견했다. 우연히도 강의식 수업집단의 학생들이 토론식 수업집단에 비해 과학 성취도 수준이 높았던 것이다. 따라서 토론식 수업의 효과가 강의식 수업보다 우수했음에도 불구하고 과학 문제해결능력 점수의 집단 평균점수는 비슷하게 나온 것이다.

이처럼 독립변수와 종속변수 사이에서 처치효과를 중재하는 변수들의 존재는 교육이나 심리학 연구에서 흔히 나타나는데, 연구자들은 주로 종속변수에 영향을 주는 것으로 추정되는 내적 심리적 속성들에 관심을 갖게 된다. 이러한 중재변수의 존재가능성이 예측되면 연구자는 후속연구에서 이 변수들의 효과를 통제하거나 매개변수(mediating variable)나 조절변수(moderating variable)로 포함시켜 효과검증이 가능하도록 실험설계를 해야 한다.

5) 통제변수

통제변수(control variable)는 독립변수의 종속변수에 대한 효과를 분명히 하기 위해 종속변수에 영향을 주어 혼입효과(confounding effect)를 초래할 것으로 추정되는 중재변수를 동일한 조건으로 만들어 놓은 것을 말한다. 앞의 연구 예에서와 같이 강의식과 토론식 수업집단에 배정된 학생들의 사전 과학 성취도 때문에 원래 가설에서 예측했던 것과 다른 결과가 나타난 것을 확인하면 연구자는 후속연구에서는 두 집단에 포함될 참여자들의 과학 성취도 수준을 동일하게 만들어서 사전 과학 성취도의 효과가 차별적으로 나타나는 것을 방지할 수 있다. 즉, 학생들의 과학 성취도 점수를 미리 입수하여 일정 수준의 성취수준을 보이는 학생들만 실험에 참여시킬 수도 있고, 아니면 과학 성취도 점수가 가장 높은 점수부터 가장 낮은 점수까지 나열해서 홀수 등수와 짝수 등수의 학생들로 실험집단을 나누면 실험에 들어가기 전의 두 집단의 과학 성취도 평균점수는 동일하게 된다. 이처럼 사전에 과학 성취도 수준을 동일하게 만들면 과학 성취도 수준은 통제변수가 되는 것이다.

많은 교육관련 연구에서 학생들의 사전 성취수준이나 지능수준 등의 개인차 변수들은 실험연구의 내적 타당성을 확보하기 위해서 통제해야 한다. 만약 이러한 종속변수에 영향을 미칠 가능성이 있는 개인차 변수들을 통제하지 못하고 실험을 진행하면 그 실험결과는 혼입효과 때문에 타당한 결과라고 보기 어렵다.

통제변수를 두는 것 외에 혼입효과를 방지하기 위한 또 다른 방법은 실험집단들에 연구참여자들을 배정할 때 무선배정(random assignment) 방식을 사용하는 것이다. 무선배정 방법은 통제변수들을 따로 고려하는 수고를 하지 않고 다양한 개인적 특성을 가진 참여자들이 실험집단들에 골고루 배정될 수 있게 만드는 효과적인 방법이다. 통제변수에 대한 또 다른 처리방법으로 통계적 기법을 이용해서 해당 변수의 효과를 통계적으로 통제하는 공분산분석(covariance analysis) 기법을 사용할 수도 있다. 예를 들어 사전검사 점수를 공변량(covariate)으로 설정하고 사후검사 점수에 대한 공분산분석을 수행함으로써 사후검사 점수에서 사전검사 점수의 효과를 분리해 내는 방법이다. 이 방법에 대한 자세한 내용은 제6장과 제7장에서 다룰 것이다.

6) 매개변수

앞서 거론했던 중재변수를 다루는 한 가지 방법으로 독립변수의 종속변수에 대한 효과를 중간에서 변화시키는 제3의 변수로 매개변수를 연구설계에 포함시킬 수 있다. 매개변수는 독립변수와 종속변수 모두와 관계가 있는 심리적 변수들로 양적 연구에서 매개효과를 검증할 경우에는 회귀분석이나 경로분석, 구조방정식모형 등 고급 통계분석 기법을 활용할 수 있다.

예를 들어, 어느 연구자가 폭력에 노출된 경험이 불안증상과 밀접한 관계가 있을 것임을 예측하였다. 그는 또한 이러한 폭력에 노출된 경험과 불안증상의 관계를 자기개념이 매개할 것이라고 예측하였다. 이러한 관계를 그림으로 표현하면 [그림 2-1]과 같다. 만약 폭력에 노출된 경험이 개인의 자기개념에 영향을 주고 자기개념이 불안증상의 정도에 영향을 주는 것이라면 여기서 자기개념은 매개변수의 기능을 하는 것이다.

독립변수, 매개변수, 종속변수 간의 관계의 예

7) 조절변수

중재변수의 효과를 다루는 또 다른 방법은 독립변수와 상호작용하여 종속변수에 영향을 미치는 효과를 조절하는 조절변수로 취급하는 것이다. 조절변수의 효과는 실험연구에서 주요 독립변수와 함께 집단의 특성을 또 하나의 독립변수로 포함시켜 상호작용효과를 탐색함으로써 확인할 수 있다.

독립변수와 조절변수 간의 상호작용 효과는 몇 가지 통계적 기법을 통해 검증할 수 있다. 첫째는 분산분석 기법을 사용하는 것이다. 앞의 연구 예에서 폭력에 노출된 경험이 불안증상에 미치는 효과가 성별에 따라 다르게 나타난다면 성별은 조절변수의 기능을 하는 것이다. 이런 경우 성별을 제2의 독립변수, 즉 조절변수로 포함시켜 연구한다. 이러한 설계를 그림으로 표현한 것이 [그림 2-2]에 제시되어 있다.

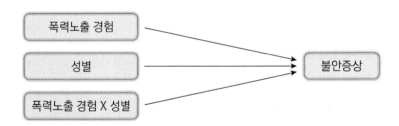

[그림 2-2] 성별을 조절변수로 포함시켜 상호작용 효과를 확인하는 설계

둘째는 위계적 회귀분석을 사용하는 방법이다. 앞의 분산분석 방법에서는 성별에 따라 집단을 나누어서 제2의 독립변수로 취급해서 상호작용 효과를 확인했다. 그러나 위계적 회귀분석에서는 성별을 가변수(dummy variable)로 하여 폭력노출 경험과의 상호작용항을 만들어서 회귀모형에 단계적으로 포함시켜 가며 설명분산의 양이 통계적으로 유의하게 증가되는가를 검증한다. 만약 조절변수가 성별과 같은 질적 변수가 아니

고 자기개념 점수와 같은 양적 변수라면 자기개념 점수를 그대로 사용해서 상호작용항을 만들어 회귀모형에 포함시켜 가며 분석하면 된다.

세 번째 방법은 최근에 주목을 받고 있는 **공분산 구조방정식모형**(covariance structural equation model)을 사용하는 것이다. 이 방법은 폭력노출 경험, 자기개념, 불안증상을 구조모형에 동시에 포함시켜 인과모형을 상정하여 모형의 적합도와 경로계수의 유의도 검증을 통해 조절효과를 검증하는 방식이다. 구조방정식모형을 활용하는 경우에는 [그림 2-3]과 같이 도식화한다.

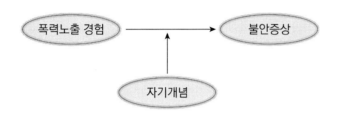

[그림 2-3] 구조방정식모형을 사용한 조절효과 분석에 대한 도식

이제까지 다양한 변수의 유형에 대해 살펴보았다. 변수는 과학적 탐색에서 핵심적인 개념이므로 다양한 유형의 변수 개념과 기능을 정확히 파악하는 것은 유능한 연구자의 기본을 갖추는 것이다.

III 📊 문헌 탐색

연구 주제에 대한 문헌 탐색은 연구의 방향과 범위, 구체성을 결정하는 중요한 단계이기 때문에 가능한 한 다양한 출처를 광범위하게 탐색할수록 안전할 것임은 말할 필요가 없다. 관심의 대상이 되는 연구 주제와 관련하여 어떠한 이론과 기존의 선행연구들이 있는가에 대한 정보의 출처와 유형은 매우 다양하다.

1. 정보출처의 유형

문헌 탐색을 위해 활용할 수 있는 정보출처는 아래에 제시된 것과 같은 것들이 있다. 여기 제시된 것은 대부분의 연구자가 참고할 수 있는 정보출처들을 총망라한 것으로 이들 중에서 어느 한 가지에 집중하기보다는 가능한 한 다양한 출처에서 얻은 정보를 종합하는 것이 필요하다.

- 전공 서적(교과서, 전공별 전문서적)
- 전문학술지(경험적 논문, 검토논문, 요약논문, 비평 등)
- 학위논문(석사, 박사 학위 논문)
- 기관보고서(정부기관, 정책연구소, 정부출연 연구기관, 대학 연구소 등)
- 웹사이트
- 신문, 잡지
- 전문가와의 개인적 교신, 면담, 강의 등

연구 주제에 관련된 이론에 관해 아직 기본적인 지식이 부족할 경우 기초이론 탐색에 편리한 것은 전공 교과서나 전공 도서다. 전공 교과서나 도서는 가장 기초가 되는 이론에서부터 이론 발전에 큰 공헌을 한 핵심적인 경험적 연구 논문들을 인용하면서 내용을 설명하기 때문에 초보 연구자가 기초적인 연구의 틀을 잡는 데는 필수적인 정보출처다.

이에 덧붙여서 전문학술지 논문을 탐색하면 보다 구체적인 이론적 배경을 접할 수 있을 뿐만 아니라 수행하고자 하는 연구가 타당한지, 이미 많은 연구가 진행된 주제인지, 어떤 문제점은 없는지 등에 대한 정보를 얻을 수 있다. 특히 **검토논문**(review paper)이나 메타분석을 적용해서 수행한 **요약논문**(summary paper)은 한 가지 주제에 대한 집중적인 탐색을 시도해서 요약 제시해 주기 때문에 유용한 정보원으로 기능한다.

해당 이론에 대한 기본적인 지식은 갖추고 있으나 최근까지 진행된 경험적 연구의 동향이나 결과를 알고 싶은 경우는 전문학술지 논문을 중심으로 선행연구를 탐색하는 것이 효과적이다. 전문학술지를 탐색할 때는 학술지의 성격을 알아볼 필요가 있다. 먼저 전문가들의 심사를 거쳐서 출간되는 학술지인지 아닌지에 따라 논문의 수준이 크게 다를 수 있기 때문에 학술지의 수준을 확인해야 한다. 심사 과정을 거치지 않고 출간되는 학술지는 논문의 질적 수준에 대한 확인이 없기 때문에 질적 수준이 미달되는 연구들도 실릴 가능성이 많다. 또한 심사를 거치는 학술지도 얼마나 엄격한 심사기준을 갖추고 있는가에 따라 논문의 수준은 다양하기 때문에 미국과 유럽에서는 각 학문분야에서 전문학술지에 대한 평가결과가 반영된 학술지의 인용지수(impact factor)를 산출하고 제공한다. 국내에서는 한국학술연구재단에서 학술지에 대한 질적 평가 결과에 따라 등재 여부를 결정하여 발표하므로 이를 확인할 수 있다. 이와 같은 전문학술지의 논문들은 도서관이나 주관 학회의 인터넷 홈페이지를 통해서 혹은 데이터베이스를 운영하는 기관의 홈페이지에서 직접 탐색하고 내려받을 수도 있다.

그다음으로 관련전공의 학위논문이나 학술대회 발표 자료가 유용한 정보출처가 될 수 있다. 학위논문 중에는 박사학위와 석사학위 청구논문을 도서관이나 인터넷 데이터베이스에서 찾을 수 있다. 다만 학위논문이나 학술대회 발표 자료는 아직 객관적인 검증이 잘 안 된 경우도 있기 때문에 신중을 기하는 것이 필요하다.

또 다른 출처로는 정부기관이나 전문연구기관의 연구보고서가 있다. 예를 들어, 교육관련 주제는 교육부나 **한국교육개발원, 한국교육과정평가원, 청소년정책연구원** 등 각종 정책연구원들을 비롯한 정부출연 기관들의 연간 보고서나 연구프로젝트 보고서 등에서 많은 정보를 제공한다.

최근에는 웹사이트에서 온라인 출처를 통해서 정보를 얻는 방법이 많아지고 있다. 그러나 웹사이트에 있는 논문이나 연구는 개인이 올린 검증되지 않은 정보들이 많기 때문에 편파적인 자료일 가능성이 많다는 점을 명심해야 한다. 웹사이트를 활용한 탐색에 대해서는 다음에 자세히 다루기로 한다. 그 밖에도 신문이나 잡지를 통해서도 문헌 탐색이 가능하고, 때로는 전문가와의 개인적 교신이나 면담, 강연, 토론회 등을 통해서도 필요한 정보를 얻을 수 있다.

2. 웹사이트와 온라인 데이터베이스

현대인의 일상생활에서 점점 인터넷을 떼어 놓고 생각하기가 어려운 상황으로 가고 있는 것처럼 학문 연구에서도 인터넷의 역할은 엄청나게 진화되었다. 단순히 이메일을 통해 다른 연구자들과의 교류가 시작된 것은 별로 오래전의 이야기가 아닌데, 지금은 연구 자료 탐색을 포함한 거의 모든 학술활동이 인터넷을 통해 가능하게 되었다. 도서관이나 공공기관 혹은 전문 학술단체는 물론이고 심지어는 개별 연구자들도 대학의 홈페이지나 개인 홈페이지를 개설해서 연구보고서나 연구업적을 올려놓아 필요한 사람들이 열람하고 논문을 내려받을 수 있게 하고 있다. 이로 인해 예전에는 정기적으로 발행되는 인쇄된 학술지를 보기 위해 도서관을 찾아가야 하던 번거로움이 사라지고 언제 어디서나 개인용 컴퓨터나 심지어 스마트폰을 통해 문헌을 탐색하는 것이 가능해졌다.

교육과 심리학을 포함한 사회과학 연구를 다루는 대표적인 데이터베이스로는 대한민국 국회 도서관 웹사이트, 한국교육학술정보원(KERIS)이 운영하는 RISS(Research Information Sharing Service)와 한국학술정보(주)에서 운영하는 KISS(Koreanstudies Information Service System), 미국의 Institute of Education Sciences의 ERIC(Education Reources Information Center), 미국심리학회(APA)에서 제공하는 저널 원문 제공 서비스인 PsychARTICLES와 PsycINFO 등이 대표적이라고 할 수 있다. 물론 이러한 사이트 이외에 학문분야와 연구 주제에 따라 다양한 무료와 유료 사이트가 대부분의 도서관 웹사이트에서 제공하는 데이터베이스들에 포함되어 있어서 편리하게 활용할 수 있다.

최근에는 인터넷의 검색 엔진의 활용이 증가되고 있다. 예를 들어 Google, Yahoo, Daum, Naver 등과 같은 국내외 포털사이트에서 키워드를 사용해서 검색하면 엄청난 양의 정보가 제시된다. 특히 Google Scholar는 학술논문을 찾기 위해서 특화된 웹사이트로 전문 학술지나 책, 논문, 기술보고서 등을 검색하는 데 매우 효율적이다. 이러한 다양한 온라인 탐색은 연구자들이 최신 연구동향을 파악하여 학문적 지평을 넓히고, 세계 여러 나라의 연구자들과의 직접적인 교류도 가능하게 하는 장점이 있다. 그러나 인터넷에는 잘 정리되지 않고 검증되지 않은 방대한 자료가 함께 저장되어 있기 때문에 연구자들은 웹상에서 접하는 자료의 타당성과 신뢰성에 대한 평가를 할 수 있는 능력을 갖추어야 한다. 이러한 측면이 초보 연구자들에게는 큰 제약이 될 수 있다는 점을 간과해서는 안 된다. 따라서 웹사이트에서 자료를 검색하고 사용하기 위해서는 다음과 같은 내용들을 확인하고 평가할 필요가 있다(Cohen, Marion, & Morrison, 2011).

- 사이트의 목적이 개인의 연구 주제와 어느 정도 관련되어 있고 적절한가?
- 자료의 신뢰성과 출처가 확실한가?
- 자료의 내용이 최신 정보이고, 적절하며, 적용범위가 어느 정도인가?
- 자료가 믿을 만한 기관에서 나온 것으로 신뢰할 수 있고 합법적인 것인가?
- 자료가 올바르고 정확하고 완성도가 있고 공정한가?
- 제시된 자료가 객관적이고 정밀한가?
- 자료에 포함된 저자를 확인할 수 있는가?

- 저자가 그 분야의 권위자인가?
- 저자의 소속기관이 전문기관인가?
- 인용한 참고문헌의 출처가 확실한가?
- 저자의 개인적 주장이나 검증되지 않은 자료인가?

웹사이트 자료를 논문이나 보고서에 인용할 때도 인용출처(도메인명이나 웹주소)와 인출한 날짜를 분명히 밝혀서 참고문헌 목록에 포함시켜야 한다. 인출한 날짜를 보고해야 하는 이유는 웹사이트는 수시로 정보 갱신이 가능하므로 인출날짜에 따라 자료의 내용이 다를 수 있기 때문이다.

3. 문헌 정리

논리적 근거에 따라 연구가설을 설정하기 위해서는 많은 양의 학술논문을 탐색해야 한다. 연구 주제에 따라서 검토해야 하는 학술논문의 양은 차이가 있을 수 있으나 교육이나 심리학을 포함하는 사회과학 분야에서 수행하는 경험적 연구에서는 다수의 논문에 대한 검토가 요구된다. 검토한 논문들을 차후에 효과적으로 활용하기 위해서는 체계적인 관리가 필요하다. [그림 2-4]에는 학술논문을 정리 요약하는 데 사용할 수 있는 요약표의 예제가 제시되어 있다.

요약표의 내용으로는 연구 논문의 중요한 측면을 모두 포함시켜서 원논문을 다시 읽지 않아도 내용을 기억하고 필요한 정보를 사용하고 인용하는 데 불편함이 없도록 정리해 두는 것이 핵심이다. 또한 논문을 읽을 때 떠오르는 의문점과 이에 대한 비판적 사고와 새로운 연구 아이디어를 기록해 놓는 것도 차후에 도움이 될 수 있다. 논문의 출처를 명확하고 자신이 주로 적용하는 참고문헌 작성법에 준해서 기록해 놓으면 필요할 경우에 쉽게 사용할 수 있다. 이러한 요약표는 노트나 인쇄물로 철해 놓을 수도 있고, 컴퓨터에 서식을 만들어서 파일형태로 저장해서 관리할 수도 있다.

연구 논문 요약표

주제: _____   요약일: _____

세부주제: _____

저자: _____

논문 제목: _____

_____

출처: _____

연구유형/모델: _____

연구문제(가설/문제): _____

_____

_____

연구참여자: _____

도구/재료: _____

_____

_____

절차: _____

변수:

    독립: _____

    종속: _____

    통제: _____

    매개/조절: _____

    중재: _____

결과: _____

_____

_____

결론 & 논의: _____

_____

_____

비판 & 함의: _____

_____

My Comment: _____

[그림 2-4] 연구 논문 요약표 예제

Ⅳ 표본 추출

과학적 연구에서 연구대상을 선정하는 **표본 추출**(sampling) 또는 **표집**(標集)은 연구결과의 유용성과 일반화 가능성 등 연구의 성패를 좌우하는 매우 중요한 과정이다. 표본 추출 문제는 연구자의 시간과 노력 그리고 경제적인 부담까지 고려해야 하는 절차이기 때문에 신중한 사전 계획에 기초해서 진행해야 한다. **표본**(sample)은 연구자의 연구에 사용할 대상이 되는 개인들로 구성된 집단으로 연구결과를 일반화할 전체집단, 즉 **모집단** 혹은 **전집**(population)의 일부분이다. 예전에는 심리학이나 교육학에서도 자연과학에서 사용하는 **피험자**(subject)라는 용어를 사용하였으나 최근에는 인간을 대상으로 하는 연구에서는 **참여자**(participants)라는 용어를 사용할 것이 권장된다(American Psychological Association, 2006). 사회과학의 연구는 실험연구뿐만 아니라 조사, 관찰, 면담, 검사 등의 다양한 방식으로 자료수집이 진행될 수 있기 때문에 피험자라는 용어는 부적절한 경우가 많아서 연구참여자라는 용어가 보다 일반적이고 적절하다. 또한 인간에 대한 존엄성을 지키자는 의도도 있는 것으로 해석할 수 있다.

표본 추출은 연구의 목적, 유형, 방법론, 도구 등에 따라 결정해야 한다. 어떤 특정한 모집단의 실태를 파악하는 조사연구의 경우는 가능한 한 모집단을 잘 대표하는 대표적인 표본이 필요할 것이고 또한 표본에서 얻은 결과를 전체 모집단의 특성으로 일반화하여 설명하기를 원한다면 확률을 사용한 통계적 일반화가 가능한 확률표집 방법을 사용해야 할 것이다. 또한 모집단의 구성이 동질적이냐 이질적이냐에 따라 표본 추출방법과 표본의 크기도 달라질 것이다. 즉, 모집단이 이질적인 몇 개의 하위 집단으로 구성되어 있다면 이를 잘 대표할 수 있는 층화유층표집 방법을 선택하는 것이 필요하지만, 모집단이 비교적 동질적이라면 큰 표본을 확보하는 것이 필수적인 것은 아닐 것이다.

실험연구의 경우는 모집단을 대표하는 표본을 확보하기보다 무선화 절차를 통해서 주어진 표본을 처치조건에 무선적으로 배정하는 것이 중요하다. 무선화 절차를 통하면 통계적 추론을 통해 연구결과를 모집단에 일반화할 수 있기 때문이다. 이처럼 표본 추출방법과 크기에 영향을 미치는 요인은 상황에 따라 달라지기 때문에 이 절에서는 다양한 표집방법을 비롯해 표본을 추출할 때의 고려사항을 소개할 것이다.

1. 표집방법

표집방법은 우선 질적 연구냐 양적 연구냐에 따라 방향이 크게 달라진다. 질적 연구의 목적은 자연스러운 맥락 속에서 개별 사례를 탐색하는 것이 주요 관심사이므로 연구결과를 연구참여자 이외의 대상으로 일반화하는 것에는 상대적으로 관심이 적다. 반면에, 양적 연구에서는 연구에 참여한 표본으로부터 얻은 결과를 표본이 추출된 모집단으로 일반화하는 것에 관심을 둔다. 표본에서 얻은 결과를 모집단에 일반화하기 위해서는 대표표본을 선정하기 위해 무선 표집법을 사용하는 확률표집법을 적용해야 한다. 그러나 질적 연구에서는 비확률표집법의 적용이 일반적이다. 이처럼 질적 연구와 양적 연구에서의 표본 추출은 근본적으로 다른 절차와 기준에 따라 진행된다.

1) 양적 연구에서의 표본 추출

(1) 확률표집법

확률표집법(probability sampling)은 일정한 확률에 의하여 표본을 추출하므로 표본 오차계산이 가능하여 **모수치**(population parameter)에 대한 통계적 추론을 가능하게 한다. 확률표집법에는 몇 가지 유형이 있는데 모든 유형에서 무선 선정 절차를 기본으로 한다.

단순무선표집(simple random sampling)　　　용어가 의미하는 바대로 가장 단순한 무선표집방법으로 모집단에 속한 사람들이 뽑힐 확률이 모두 같은 복권추첨과 같은 방식이다. 이 방식에서는 표본에 포함될 가능성이 순전히 우연요인에 의해서만 결정되므로 편파성의 개입가능성이 적고, 따라서 모집단을 잘 대표하는 표본 추출이 가능하다는 장점이 있다. 예를 들어, A대학교를 대표하는 200명 정도의 대표 표본을 선정한다고 하자. 단순무선표집 방법을 적용하기 위해서는 우선 A대학교 전체 학생들의 명단이 있어야 한다. 이 대학교의 전체 학생 수가 2만 명이라면 이들의 이름을 적은 쪽지를 통 속에 넣고 한 번에 한 명씩 뽑아서 이름을 적고 다시 통 속에 넣고 다음 학생을 뽑는 방식으로 200명을 선정하는 방법이다. 이러한 복권추첨 방법을 대신할 수 있는 또 한 가지 방법은 난수표를 사용해서 각 학생에게 숫자를 배정하여 표본에 들어갈 학생들을 선정하는 것이다. 이와 같은 단순무선표집을 위해서는 모집단의 전체 리스트를 확보해야 하므로 현실적으로 실행하기 어려운 경우가 많다.

체계적 표집(systematic sampling)　　단순무선표집 방법의 현실적 어려움을 극복하기 위해 약간의 수정된 절차를 사용하는 표집방법이다. 체계적 표집방법은 표본에 포함된 대상을 모집단 리스트로부터 무선적으로 추출하는 대신 체계적으로 추출하는 방법이다. 앞의 예를 다시 적용해 보면, A대학교 학생 2만 명의 명단을 입수하여 매 100번째에 해당하는 학생을 뽑아서 200명으로 구성된 표본을 얻을 수 있다. 만약 100명으로 구성된 표본이 필요하다면 매 200번째 학생을 뽑으면 된다. 이러한 절차를 적용하기 위해서는 물론 모집단 리스트가 무선적이라는 가정을 할 수 있어야 한다.

층화(유층)무선표집(stratified random sampling)　　모집단의 구성이 동질적이 아니고 다양한 특성을 가진 소집단으로 구성되어 있는 경우 단순무선표집이나 체계적 표집 방법으로 추출된 표본은 모집단 전체를 잘 대표하는 표본이 되기 어려울 수 있다. 층화무선표집 방법에서는 모집단을 동질적인 소집단들로 나누어서 각 소집단을 대표하는 구성원들을 무선적으로 추출하는 방법을 적용한다.

　A대학교의 대표 표본을 선정하는 예를 다시 보면, 대학교는 서로 특성이 다른 단과대학들로 구성되어 있고 단과대학별로 학생 수도 많이 다를 수 있다. 이런 경우 단순무선표집으로 표본을 선정하게 되면 전공에 상관없이 모든 개별 학생이 표본에 선정될 확률은 같기 때문에 결과적으로 추출된 표본은 단과대학의 규모를 반영하지 못하는 표본이 된다. 따라서 A대학교를 잘 대표할 수 있는 표본을 구성하기 위해서 각 단과대학의 학생 수에 비례하는 인원을 미리 정해 놓고 단과대학별로 무선표집을 하는 방식을 층화무선표집이라고 한다. 다시 말해서, 층화무선표집은 모집단을 동질적인 소집단 층으로 나누어서 표집하여 합치는 것이다. 만약 A대학교에는 5개 단과대학이 있는데 각 대학의 학생 수의 비율이 40%, 30%, 20%, 10%라면 80명, 60명, 40명, 20명씩 뽑아서 200명으로 구성된 표본을 얻을 수 있다. 이렇게 구성된 표본은 A대학교의 학생들을 잘 대표하는 대표표본이라고 할 수 있다. 만약 단과대학 내에서도 전공별로 이질적인 특성을 가지고 있을 것으로 판단되는 경우는 다시 층을 나누어서 표집하는 3단계 층화표집을 실시할 수도 있다.

　층화무선표집 방법은 전국의 학생들을 대상으로 교육관련 연구를 하는 경우에 가장 많이 적용하는 방법으로 전국을 행정구역으로 나누고 다시 교육청이나 학교 혹은 학급 단위로 층을 나누어 학생 수에 비례하는 표본을 선정할 수 있다. 이 방법은 무선표집 방법과 다음에 소개할 군집표집 방법을 혼합한 방법이라고 할 수 있다.

군집표집(cluster sampling)　　　이 방법은 모집단의 규모가 매우 크고 유사한 특성을 가진 소집단으로 나눌 수 있는 경우에 적용할 수 있는 방법이다. 모집단의 규모가 크면 단순무선표집이나 체계적 표집 방법의 적용이 용이하지 않은 경우가 많다. 이런 경우에는 유사한 특성을 가진 것으로 가정할 수 있는 소집단을 표집 단위로 해서 무선적으로 표본을 선정하는 것이 현실적이다. 예를 들어 한국 초등학교 6학년생들의 학업동기 수준을 동기 척도로 구성된 설문지를 사용해서 평가하고자 할 때 학생을 표집 단위로 하여 무선표집을 한다면 표집 절차부터 설문지 실시까지 엄청난 노력과 비용이 소요될 것이다. 이러한 비용과 노력을 줄일 수 있는 방법은 학교를 기본 단위로 하는 군집표집을 통해 학교를 선정하여 설문지 실시를 하는 것이다. 군집표집 방법은 표집 단위를 얼마나 세밀하게 나누느냐에 따라 모집단의 특성을 잘 대표하는 표본이 될 수도 있고 아니면 특정 속성을 지닌 지역 특성이 지나치게 반영된 편파적인 표본이 될 수도 있다.

(2) 비확률표집법

　확률표집법은 기본적으로 모집단으로부터의 무선 추출을 가정하기 때문에 표본결과를 모집단으로 일반화하는 것에 관심이 있는 연구에서 사용한다. 반면에, 개별 연구자들의 소규모 연구에서는 잘 알려진 특정 집단을 대상으로 연구문제에 대한 답을 찾기 위한 목적에서 표집을 진행할 수 있다. 이런 경우 연구자들은 자신이 쉽게 접근 가능한 모집단에서 무선 표집이 아닌 목적적 표집을 통해 연구대상을 확보하기도 한다. 무선 표집이 아닌 이러한 경우는 확률을 통한 추론이 불가능하기 때문에 **비확률표집법**(non-probability sampling)이라고 한다. 비확률표집법은 수학적 확률에 따르지 않고 표본을 추출하기 때문에 모집단의 구성요소들이 표본으로 추출될 확률을 알 수 없고 따라서 확률적 통계처리가 불가능하므로 결과를 일반화하는 데 한계가 있다. 그럼에도 불구하고 실시방법의 편이성 때문에 많은 소규모 개별 연구에서 적용하는 방법이며, 다양한 유형으로 나누어 볼 수 있다.

편의표집(convenience sampling)　　　임의표집(casual sampling)이라고도 하는 방법으로 연구자가 쉽게 접근할 수 있는 연구대상을 선정하는 방법이다. 예를 들어, 초등학생을 대상으로 연구하고자 하는 경우 연구자의 개인적 친분이 있는 학교 교사를 통해 그 학교 학생 중에서 연구대상을 확보하는 방법이다. 편의표집에 의한 표본을 대상으로 한 연구결과는 해당 표본이나 그와 유사한 집단에 대해서만 연구결과를 일반화할 수 있다는 큰 제한점을 가지고 있다. 만약 연구의 목적이 결과에 대한 일반화가 포함되어 있다면 편의표집법은 부적절한 방법이지만, 그 표본이 추출된 집단에서의 문제해결이나 의사결정에 관한 것이 목적이라면 편의표집도 가능할 수 있다. 또한 편의 표집은 사례연구에서 적용할 수 있는 표집방법이다.

목적적 표집(purposive sampling)　특정한 목적을 가지고 연구대상을 선정하는 방법으로, 대표성을 확보하기 위해서, 특수하고 특이한 문제나 사례에 초점을 맞추기 위해서, 상이한 근원으로부터 점차적으로 자료를 누적시켜서 이론을 생성하고자 할 때 사용하는 표집방법이다(Teddlie & Yu, 2007). 예를 들어, 고등학생들의 학업에 대한 동기를 측정하기 위한 척도개발 연구를 하고 있다고 가정하자. 예비검사를 통해 최종 문항들을 선정해서 구성한 본 검사를 실시하여 하위 척도들과 전체 척도의 신뢰도와 타당도를 확인하고 학생들의 검사결과를 해석하기 위한 규준까지 만들 계획을 하고 있다. 규준 제작을 위해서는 전국의 고등학생들을 어떤 방식으로 표집할 것인가가 중요한 문제다. 층화무선표집을 할 수 있으면 가장 바람직하겠지만 현실적으로 어려움이 있다면 목적적 표집을 고려할 수 있다. 즉, 전국의 행정구역을 크게 나누어서(예를 들어, 영남, 호남, 충청, 강원, 수도권 등) 각 지역의 학생이나 학교특성(특히 학업동기와 관련된 것으로 나타나는)을 조사하고 그러한 특성들을 골고루 포함시킬 수 있는 학교들을 찾아서 표본으로 선정하는 것이다. 이렇게 선정된 표본에는 평균적으로 학업성취도가 높은 학교와 낮은 학교, 부모의 교육열이 높은 학교와 낮은 학교, 가정의 사회경제적 지위가 높은 학교와 낮은 학교 등이 고르게 포함될 가능성이 커져서, 학업에 대한 다양한 동기수준을 가진 학생들로 구성된 표본을 구성할 수 있을 것이기 때문이다.

목적적 표집방법은 질적 연구에서도 많이 사용하는 방법으로 다양한 유형으로 나누어 볼 수 있다. 질적 연구에서 사용하는 목적적 표집방법에 대한 자세한 내용은 다음의 질적 연구에서의 표집 부분에서 설명하기로 한다.

2) 질적 연구에서의 표집

질적 연구에서 가장 흔히 사용되는 표본 추출방법은 목적적 표집이라고 할 수 있다(Lodico et al., 2006). 비확률표집 방법인 목적적 표집은 연구자가 관심을 갖는 특정한 문제를 가장 잘 드러낼 수 있고 가장 많은 정보를 얻을 수 있는 대상을 의도적으로 찾아서 연구대상으로 삼는 방법이다. 질적 연구에서 적용할 수 있는 목적적 표집방법도 연구의 목적과 상황에 따라 매우 다양한데 Lodico 등(2006)이 제안한 대표적인 목적적 표집방법을 소개하면 다음과 같다.

- 편의(convenience)표집: 쉽게 구할 수 있는 표본을 사용하는 것으로 가장 바람직하지 않은 방식
- 결정적 사례(critical case)표집: 핵심사항을 극적으로 보여 줄 수 있는 표본 추출방법
- 극단적 사례(extreme case)표집: 극단적인 사례를 대표하는 사람들을 선정하는 방법
- 동질적(homogeneous) 표집: 유사한 속성을 가진 사람들만 선정하는 방법
- 집중(intensity)표집: 특정 사안에 대한 강한 감정을 가진 사람들을 선정하는 방법
- 최대 다양성(maximum variation) 표집: 연구대상이 되는 쟁점에 대해 다른 견해를 가진 개인들이나 연구되고 있는 득성의 가능한 한 넓은 범위를 대표히는 사람들을 선정하는 방법
- 목적적 무선(purposeful random)표집: 목적적 표집방법의 한 가지를 사용해서 표집한 후, 무선화 절차를 적용해서 최종 연구대상을 선정하는 방법
- 눈덩이(누증, snowball) 또는 연결망(network) 표집: 연구대상이 되는 특성을 가진 참여자들을 선정하고 그들과 유사한 특성을 가진 다른 사람들을 추천하도록 부탁해서 얻는 방법
- 전형적 사례(typical case)표집: 어떤 방식으로도 비전형적인 특징이 전혀 없는 규준집단을 대표하는 개인들로 구성하는 방법
- 이론중심(theory-based) 표집: 연구자가 참여자를 특정하고 자료를 분석한 후 이론적 틀이 출현함에 따라 다음으로 누구를 선택할지를 결정해서 선정하는 방법

질적 연구에서는 대부분 장기간에 걸쳐 소수 인원을 대상으로 자료수집을 하게 되기 때문에 연구대상 선정에 특히 더 신중을 기하게 된다. 위에서 제시한 다양한 방법 중에서 자신의 연구 목적에 맞는 표집방법을 선택하는 것이 필요하다.

2. 표본 크기의 결정

연구대상을 몇 명으로 해야 하느냐는 경험적 연구를 수행하는 연구자들이 가장 많이 고민하는 문제이지만 정답이 있는 문제는 아니다. 연구의 내용과 목적, 대상에 따라 좀

더 많은 표본이 필요한 경우도 있고 작은 표본으로도 충분한 경우도 있다. 조사연구의 경우 표본은 모집단의 특성을 대표하는 것이 중요하기 때문에 모집단의 크기나 특성이 표본의 크기를 결정하는 데 영향을 미친다. 그러나 실험연구의 경우는 표집대상으로부터 무선 표집을 하거나 실험대상에 대한 무선 배정 절차를 적용해서, 즉 무선화 절차를 통해 실험처치 조건을 결정하기 때문에 표본의 크기를 결정하는 데 모집단의 크기를 별로 신경 쓰지 않게 된다. 여기에서는 표본 크기를 결정할 때 고려해야 할 다양한 요인을 살펴보기로 한다.

1) 경제적 요건

경험적 연구에서 자료수집은 많은 시간과 노력을 필요로 하기 때문에 그에 상응하는 경비가 소모된다. 표본을 크게 하면 그만큼 시간이 오래 걸릴 것이고 많은 비용이 들게 된다. 그러므로 연구에서 사용할 수 있는 전체 비용을 고려해서 표본의 크기를 결정할 수밖에 없다. 조사연구에서는 모집단을 잘 대표할 수 있는 표본을 선정하는 것이 연구 결과의 타당성을 결정하기 때문에 주어진 경제적 조건을 고려해서 표본결과의 정확도를 높일 수 있는 방법을 마련하는 것이 필요하다.

2) 모집단의 크기와 동질성

일부 연구자는 표본의 크기가 모집단의 크기에 따라 달라져야 한다고 주장하기도 한다. 예를 들어, Lodico 등(2006)은 모집단의 수가 200명 이하면 전수조사를 하는 것이 좋고, 400명 정도면 50%, 1,000명 정도면 20%, 5,000명 이상이면 350에서 500명 정도의 표본이 적절하다고 제안한다. 반면에, 김현철(2000)은 모집단의 특성이 매우 동질적이라면 작은 표본을 대상으로 자료수집을 해도 타당한 결과를 얻을 수 있다고 주장한다. 다시 말해서, 표본의 크기는 연구대상으로 삼는 특성과 관련된 모집단의 특성이 동질적이냐 이질적이냐에 따라 영향을 받는다는 것이다. 모집단이 동질적이면 표본이 클 필요가 없지만 이질적인 특성을 가진 사람들이 포함되어 있다면 각각의 특성을 가진 사람들을 표본에도 포함시켜야 하므로 상대적으로 표본의 크기는 커야 할 것이다.

모집단의 동질성은 예비조사를 실시하거나 선행연구 혹은 기존에 조사된 관련 자료를 통해 파악할 수 있으며 모집단의 특성에 대한 정보가 없는 경우는 충분한 크기의 표본을 확보하는 것이 타당한 연구결과를 얻는 데 필수적이다.

3) 연구 변수의 수와 범주 수

연구의 유형에 따라 필요한 표본의 수는 달라질 수 있다. 실험연구의 경우 독립변수의 처치수준(포함된 범주)이 몇 개냐가 표본 수를 정하는 데 영향을 미치게 되는데, 많은 연구자가 하나의 처치수준에 적어도 10개의 사례는 포함시키는 것이 안정적인 결과를 얻을 수 있다고 본다. 또한 실험연구에서는 처치집단의 수, 실험결과의 통계적 검증력, 유의도 수준 그리고 효과크기(effect size) 간의 관련성을 계산해 놓은 Cohen(1988)의 연구결과를 활용해서 일정 수준의 통계적 검증력을 확보하려면 각 처치집단에 몇 명의 사례가 필요한지를 사전에 확인하고 표본의 크기를 결정하는 방법을 사용하기도 한다. 요즈음은 G*power와 같은 컴퓨터 통계 프로그램을 사용해서 필요한 사례 수를 계산하는 방법도 가능하다(http://www.gpower.hhu.de).

일반적으로 조사연구와 같은 기술적 연구에서는 동시에 많은 연구 변수를 포함시키고, 따라서 각 연구 변수 속에 포함된 범주가 많아서 각 범주 내의 개인들의 평균적인 특성을 대표하는 평균치를 산출하는 표본의 크기도 일정 수준을 확보해야 한다. 기술적 연구에서 사용하는 통계적 분석의 경우, 변수들 간의 관련성을 탐색하는 상관분석이나 예측을 위한 목적에서 사용하는 회귀분석에서는 표본의 크기가 작으면 산출한 결과의 오차가 크기 때문에 가능한 한 큰 표본을 확보하는 것이 연구결과의 신뢰성 측면에서 매우 중요한 일이다.

그 밖에도 표본 추출방법이나 측정도구의 신뢰도도 표본의 크기를 결정하는 데 영향을 미칠 수 있다. 즉, 층화무선표집법을 사용할 경우가 단순무선표집법을 사용할 때보다 적은 표본이 필요하고, 측정도구의 측정오차가 클수록 더 많은 표본이 필요할 것이다.

V 📊 연구계획서

연구하고자 하는 주제에 대해 어느 정도 문헌 탐색을 진행하고 나면 연구문제가 구체화되고 이 문제에 대한 답을 얻기 위해 어떤 연구를 어떻게 수행할 것인가에 대한 윤곽을 잡을 수 있게 된다. 효율적으로 연구를 진행하기 위해서는 연구수행에 대한 구체적인 계획서를 작성하는 것이 필요하다 연구계획서(research proposal)는 자신의 연구 진행을 위해서도 필요하지만 다른 목적에서도 필요하다. 예를 들어, 학위논문을 작성해야 하는 경우, 자신이 계획한 대로 연구를 진행하는 것이 적절한지에 대한 지도교수나 논문심사위원회의 검증을 받아야 한다. 다시 말해서 연구계획서 심의위원회를 통과해야 한다. 또한 국·공립, 혹은 사립 연구재단이나 기관에서 특정한 목적을 가지고 연구비를 지원하는 경우에는 연구비 수주를 위한 공개경쟁이 필요한 경우도 있다. 이런 경우 연구계획서에 대한 심사를 통해 지원여부를 결정하게 된다. 따라서 효과적인 연구계획서를 작성하는 것은 모든 연구자에게 필수적인 기술이다. 이 절에서는 연구계획서 작성방법에 대해 설명하기로 한다.

1. 연구계획서의 구성요소

연구계획서의 내용은 연구 논문, 즉 연구가 완결된 후에 작성하는 연구보고서 혹은 연구 논문과 공통점과 차이점을 갖고 있다. 공통적으로 포함해야 할 내용은 연구주제, 연구문제, 연구가설, 연구의 목적과 필요성, 이론적 배경과 연구방법 등이다. 그러나 이론적 배경과 연구방법 부분의 구체성 수준에서 차이가 있다. 연구계획서와 연구보고서의 가장 큰 차이는 연구결과와 논의 부분이다. 연구결과는 자료 수집과 분석을 해야 작성이 가능한 부분이고 논의 또한 연구결과가 얻어져야 작성이 가능한 부분이다. 연구계획서에 포함시켜야 할 구성요소를 요약하면 〈표 2-1〉과 같다.

〈표 2-1〉 연구계획서 구성요소

구분	요소
I. 제목 페이지	A. 제목 B. 저자 C. 소속
II. 서론	A. 연구목적, 중요성 및 의의 진술 B. 문헌 탐색(이론적 배경, 현재 연구 동향) C. 연구문제나 가설 진술
III. 연구내용 및 방법	A. 연구내용 B. 연구방법 　1. 연구참여자 　2. 과제 혹은 측정도구 　3. 실험설계 혹은 연구설계 　4. 연구절차 　5. 자료분석 방법
IV. 연구결과의 기여 및 활용도	A. 예상되는 결과 B. 연구결과의 기여 및 활용도
V. 참고문헌	
VI. 연구진행계획	A. 연구추진 일정 B. 인력 자원 C. 소요 경비

2. 세부 내용

연구계획서의 구성요소를 보다 자세히 살펴보면, 우선 제목을 제시하는 페이지에서는 핵심주제나 아이디어를 가능한 한 단순하게 요약하고 연구에서 고려하는 주요 변수들과 이론적 쟁점을 분명하고 간단하게 제시한다. 무기명을 필요로 하는 경우에는 저자와 소속은 생략한다.

서론에서는 연구를 계획하게 된 배경정보, 변수와 용어의 정의, 주제에 적용할 수 있는 통계나 맥락적 정보, 과거 연구들의 발견에 대한 간단한 통합적 요약, 연구를 수행하는 논리 등을 포함시켜 설명하면 되는데, 구체적인 내용으로는 먼저 연구목적, 중요성 및 의의를 진술하고, 문헌 탐색결과를 간단하게 제시한다. 즉, 연구주제의 배경이 되는 이론과 선행연구를 포함하여 현재 연구 동향을 제시한 후에 연구의 유형에 따라 연구문제나 가설을 진술하면 된다.

연구내용 및 방법 부분에서는 수행하려는 연구의 단계별 구체적 내용을 제시하는데, 예를 들어 연구모형이나 단계별 절차 등을 기술하고 구체적인 연구방법을 기술한다. 상황에 따라서는 연구내용 및 방법 부분은 분리해서 작성할 수도 있다. 연구방법 부분에서는 연구참여자 또는 연구대상에 관한 표집방법을 포함해서 기관내 심의위원회(Institutional Review Board: IRB)의 허가와 관련된 사항을 확인하여 기술한다. 연구과제나 측정도구, 실험설계 혹은 연구설계, 연구절차, 자료분석 방법에 대한 계획을 기술한다. 연구방법에 관한 기술은 자세할수록 연구수행에 대한 확신을 보여 주는 것이기 때문에 가능한 한 상세히 기술하는 것이 좋다.

연구계획서에서는 아직 연구결과에 관한 내용이 없기 때문에 예상되는 결과를 기술하고, 결과의 기여도나 활용도를 제시한다. 연구비 지원신청을 위한 계획서를 작성하는 경우는 이 부분에서 특히 신뢰를 줄 수 있도록 자세히 기술하는 것이 필요하다.

참고문헌은 연구계획서 작성에서 사용한 저서나 연구목록을 중심으로 기술한다. 그러나 학술적인 연구의 경우는 앞으로 연구에서 활용할 관련 참고문헌을 목록에 포함시켜 제시할 수도 있다.

마지막으로 연구진행계획에 대해 기술해야 한다. 연구진행계획은 연구추진 일정표를 만들어서 제시하는 것이 효과적이다([그림 2-5] 참조). 학위논문의 경우는 불필요한 내용이지만 연구비 지원신청을 위한 계획서에서는 참여 인력과 경비에 대한 내용도 포함시켜야 한다. 공동연구인 경우는 연구에 참여할 인력을 중심으로 구체적인 담당 업무에 대한 설명을 포함시켜 연구팀의 연구역량에 대한 평가가 가능하게 해야 한다. 연구비 지원신청을 위한 계획서에서는 연구에 필요한 경비에 대해 자세한 예산안을 제시하는 것이 필수적이기 때문에 이에 대한 준비 또한 철저히 하는 것이 필요하다.

위에서 제시한 연구계획서의 구성요소의 대부분은 이 책의 마지막 장인 '연구보고서 작성 및 평가' 부분에서 자세히 설명할 것이므로 그 부분을 참고하면 된다.

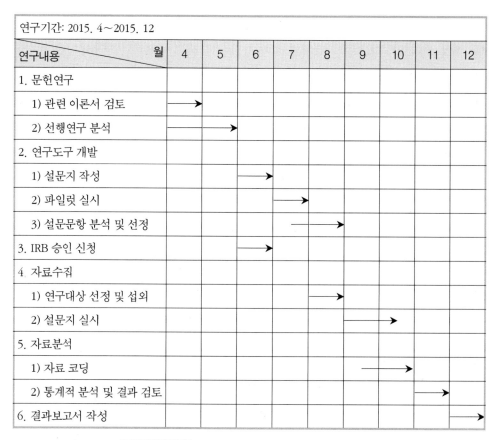

연구기간: 2015. 4~2015. 12 월	4	5	6	7	8	9	10	11	12
1. 문헌연구									
1) 관련 이론서 검토	→								
2) 선행연구 분석	——→								
2. 연구도구 개발									
1) 설문지 작성			——→						
2) 파일럿 실시				——→					
3) 설문문항 분석 및 선정				——→					
3. IRB 승인 신청			——→						
4. 자료수집									
1) 연구대상 선정 및 섭외					——→				
2) 설문지 실시						——→			
5. 자료분석									
1) 자료 코딩							——→		
2) 통계적 분석 및 결과 검토								——→	
6. 결과보고서 작성									——→

[그림 2-5] 연구추진 일정표 예시(조사연구의 경우)

VI 📊 연구윤리

1. 윤리강령

어떤 종류의 연구를 하든지 사회과학 연구자는 고려해야 할 연구윤리가 있다. 특히 경험적 연구에서는 자료수집 절차 중에 연구자가 필수적으로 지켜야 할 사항들에 관한 윤리강령(code of ethics)이 있다. 윤리강령에 포함되는 내용으로는 우선 인간을 대상으로 하는 연구의 경우, 수행 중에 참여자들에게 미칠 위험의 정도와 연구결과가 가져올

과학적 가치를 고려한 의사결정에 관한 것이 있다. 동물 연구에 대해서는 지나친 고통을 유발하는 등의 비인도적인 행위들은 제한하는 내용이 포함된다. 또한 윤리강령의 내용 중 중요한 부분은 수집된 자료에 대한 조작과 의도적인 삭제와 같은 부정행위와 타인의 자료나 업적의 무단사용인 표절, 그리고 자신의 업적의 이중게재 등과 같은 부정행위에 관한 내용들이다(Lodico et al., 2006).

대부분의 사회과학 분야의 전문 학술단체들에서는 자체적으로 윤리규정을 두고 연구자들이 연구 설계를 할 때 도움을 줄 수 있는 지침을 마련해 놓고 있다. 대표적으로 미국의 심리학회(APA)와 교육학회(AERA), 한국의 한국심리학회, 한국교육학회 등의 인터넷 홈페이지에는 각 학회가 만들어 놓은 윤리규정이 있는데 그 속에서는 연구윤리가 구체적으로 다루어진다. 심리학이나 교육학에서처럼 경험적 연구가 필수적인 학문영역에서는 연구 윤리강령의 내용으로 인간 대상 연구, 동물 대상 연구 그리고 연구 부정행위를 중심으로 지침을 구성하고 있다. 예를 들어, 한국심리학회 인터넷 홈페이지(http://www.korean psychology.or.kr)의 「한국심리학회 윤리규정」에서는 '제3장 연구 관련 윤리'를 따로 두고 자세하게 제시하고 있다. 〈표 2-2〉에 그 내용을 요약 정리해 놓은 바와 같이 연구를 위한 준비 단계에서 준수해야 할 내용, 연구수행 시 고려해야 할 내용, 그리고 연구가 종료된 후 결과를 보고하는 단계에서 고려해야 할 내용들이 포함되어 있다.

〈표 2-2〉에서 보여 준 것과 같은 한국심리학회의 연구 윤리강령 내용도 인간 대상 연구, 동물 대상 연구, 연구 부정행위의 세 가지 내용을 중심으로 다루고 있는 것을 알 수 있다. 이 중에서 동물 대상 연구는 대부분의 사회과학연구자에게 해당되는 경우가 많지 않으므로 인간 대상 연구와 연구 부정행위에 관한 내용만을 좀 더 자세히 다루하기로 한다.

〈표 2-2〉 한국심리학회의 심리학자 윤리규정 중 연구 관련 윤리

관련 단계	주제	핵심내용
연구 준비 단계	학문의 자유와 사회적 책임	연구자는 학문의 자유에 대한 기본권을 가지고 동시에 사회적 책임과 의무를 가짐
	기관의 승인	IRB(Institutional Review Board)의 허가 취득
	연구 참여에 대한 동의	자유의지로 연구에 참여, 처치가 포함된 중재연구 수행 시 미리 연구절차와 내용 공지
	연구를 위한 음성 및 영상 기록에 대한 동의	연구참여자로부터 사전동의 취득
	내담자/환자, 학생 등 연구자에게 의존적인 참여자	의존적인 참여자를 대상으로 하는 연구 수행 시 참여거부나 중단이 초래할 해로운 결과로부터 보호해야 함
	연구 동의 면제	해를 끼치지 않는 연구나 익명으로 진행되는 연구, 비밀이 보장되는 경우 등 동의가 면제되는 경우가 있음을 주지해야 함
연구 수행 단계	연구참여자에 대한 책임	사생활 보호, 자기결정권 존중, 안전과 복지 보장, 위험노출 방지, 심리적/신체적 손상이나 예상치 못한 고통 유발 경우 중단
	연구에서 속이기	정당한 사유가 있고, 속임수를 사용하지 않는 대안적 절차가 불가능한 경우만 가능
	연구참여자에 대한 사후보고	연구참여자들에게 결과와 결론에 대한 정보를 얻을 수 있는 기회 제공, 속이기와 같은 절차가 포함된 경우 사후에 알려야 함
	연구 참여에 대한 보상	연구 참여에 대한 적절한 보상을 해야 함. 그러나 지나친 금전적 보상이나 전문적 서비스 등은 금지
	동물의 인도적 보호와 사용	다른 대안이 없을 경우 과학적 지식을 얻기 위한 목적으로만 수행, 고통을 최소화하기 위해 노력
결과 보고 단계	연구결과 보고	자료조작 금지, 개인 식별이 가능한 경우 익명으로 보고, 출판결과에서 오류발견 시 적절한 조처
	표절	타인의 연구나 주장의 일부분을 자신의 것처럼 제시하지 않아야 하고, 제시할 경우 출처를 밝혀야 함
	출판 업적	결과 출판 시 저자로서의 책임, 업적 인정 관련 사항
	연구자료의 이중 출판	같은 자료의 이중 출판 금지
	결과 재검증을 위한 연구자료 공유	타 연구자의 재분석을 위한 자료 제공 의무가 있음. 제공받은 자료를 다른 목적으로 사용하려면 서면 동의를 받아야 함
	심사	학술지 투고논문, 학술발표원고, 연구계획서를 심사하는 경우 비밀을 유지하고 저작권을 존중해야 함

2. 인간 대상 연구

인간을 대상으로 수행하는 연구를 준비하는 단계에서 제일 먼저 고려해야 하는 것 중의 하나가 기관의 승인을 받는 일이다. 대부분의 종합대학에는 자체적으로 구성한 연구윤리위원회가 있고 그 속에 IRB가 있어서 연구계획서를 제출받아 내용에 대한 심사 후 허가를 해 주든지 문제가 있으면 수정 요구를 한다. IRB에 제출하는 연구계획서에는 연구목적, 연구의 의미나 공헌점, 연구참여자, 연구 절차, 연구도구와 관련된 자세한 내용이 포함되어야 한다. 특히 실험연구의 경우는 구체적인 실험 절차가 참여자에게 어떤 영향을 미칠 수 있는가에 대해 논의해야 하고, 조사연구의 경우에도 연구도구로 사용될 검사지나 설문지의 문항내용이 참여자에게 미칠 영향과 수집된 자료의 사후처리 방법에 대해서 거론해야 한다. 인간 대상 연구윤리와 관련되어 가장 보편적으로 포함되는 내용은 다음과 같다(한국심리학회, 2001; APA, 2009).

1) 주지된 동의

주지된 동의서(informed consent)는 연구의 내용과 절차, 그리고 연구 진행 중에 발생할 수 있는 가능한 위험요소에 대한 설명과 연구 진행 도중에 언제라도 중단할 수 있음을 알려 주고 참여자들이 자발적으로 연구에 참여함을 확인하는 내용으로 구성된다. 연구자는 자료수집을 시작하기 전에 이러한 내용을 알려 주고 참여자들의 동의를 서면으로 받아서 보관해 두어야 한다. 만약 연구대상이 미성년자인 경우는 부모나 보호자의 동의를 얻어야 한다. 예외적으로 교육현장에서 수행하는 일부 연구 유형은 기관 내 심의를 면제받는 경우도 있으므로 이를 미리 확인할 필요가 있다.

2) 피해로부터의 보호와 공정한 보상

인간을 대상으로 하는 연구를 수행하기 위해서는 해당 연구의 과학적 공헌 정도와 혹시라도 참여자에게 미칠 가능한 위험요소 간의 중요도를 따져 봐야 한다. 아무리 연구결과가 학문발전이나 인간 복지에 공헌을 할 수 있다고 하더라도 참여자에게 영구적인 피해를 초래한다면 그러한 연구를 진행하는 것은 정당화되기 어려운 일이다. 따라서 이러한 상황에서 어떤 판단을 내려야 하느냐에 대한 것은 계속 쟁점으로 남아 있다.

연구의 특성상 참여자들이 연구의 내용을 알게 되는 것이 결과에 오염을 초래하는 경우가 있다. 이런 경우 참여자들에게 거짓말을 하거나 속임수를 사용하는 것이 필요하다. 그러나 이와 같은 속임수는 참여자에게 부정적인 영향을 미칠 수 있기 때문에 연구가 끝나면 사후설명(debriefing)을 해 주어서 혹시 경험했을 부정적인 효과를 없애 주어야 한다.

연구에 참여하는 것이 참여자에게 미치는 영향과 관련된 쟁점은 질적 연구와 양적 연구에서 약간 다른 측면을 포함하고 있다. 질적 연구는 연구 과정 중에 나타나는 참여자의 반응을 미리 예측할 수 없다는 연구 자체의 특성 때문에 연구 참여가 참여자에게 미칠 육체적 혹은 정서적 피해에 대한 대비 방안을 마련하기가 어렵다. 이러한 특성 때문에 IRB 통과가 상대적으로 어려우므로 철저한 준비를 해야 한다.

양적 실험연구의 경우는 실험군과 통제군으로 나누어서 실험군에게만 실험 처치를 하고 아무 처치도 하지 않는 무처치 통제군(do-nothing control group)을 두는 경우가 있다. 이런 경우 통제군으로 배정된 참여자들을 그대로 두고 연구를 끝내는 것은 윤리적인 문제를 발생시킨다. 이런 문제를 해결하기 위해서는 통제군도 실험 처치와는 다른, 종속변수에 영향을 미치지 않을 활동을 하게 함으로써 통제군에 배정된 사람들의 시간투자에 대한 보상이 이루어져야 한다. 또 다른 방법은 대기자 통제군(waiting-list control group)으로 실험군의 실험이 모두 끝나고 처치효과를 검증하기 위한 자료수집이 끝난 후에 통제군에게도 실험군에서 경험한 동일한 처치를 받게 하는 방법이다. 예를 들어, 특별한 치료방법의 효과검증을 위한 실험의 경우 실험이 끝난 후에 실험군과 통제군에게 효과검증을 위한 종속측정치 수집을 한 다음 통제군에게도 같은 치료를 해 주는 것이다.

3) 비밀보장

연구에 따라서는 개인의 사적인 정보나 사생활에 관한 정보를 수집해야 하는 경우가 있다. 예를 들어, 연구대상의 인구통계학적 변수에 따른 연구변수들에서의 차이나 개인차변수들과 연구변수들 간의 관계에 관심이 있는 경우에는 이러한 정보를 요청하게 된다. 연구참여자 개개인의 정보가 중요한 연구 자료가 되는 질적 연구의 경우는 수집된 개인정보에 대한 철저한 비밀보장이 준수되어야 한다. IRB에 따라서는 연구참여자에게 연구를 위해 수집된 자료에 대한 비밀보장이 확실히 될 것이라는 약속과 더불어 수집된 자료의 폐기방법에 관한 정보제공이 요구되기도 한다.

양적 연구를 수행할 때 개별 자료보다는 집단적 특성에 관심이 있는 경우는 무기명으로 자료수집을 하면 된다. 그러나 사전 검사결과와 사후 검사결과를 비교해야 하는 연구의 경우는 참여자 개인을 식별할 필요가 생긴다. 이런 경우 참여자가 누구인지는 식별되지 않지만 사전 자료와 사후 자료의 짝을 맞출 수 있는 개인 식별 코드를 부여하는 방법을 사용할 수 있다.

3. 연구 부정행위와 부적절행위

연구에서의 부정행위는 실증 자료와 관련된 행위와 연구보고서 작성 시 발생하는 행위 그리고 연구수행 자체와 관련된 행위로 나누어 볼 수 있다. 여기서는 한국심리학회 홈페이지(http://www.koreanpsy-chology.or.kr/aboutkpa)에 게시된 연구 진실성과 관련된 규정을 중심으로 살펴보기로 한다.

경험적 연구에서는 실질적인 자료수집과 이에 대한 분석이 핵심적인 부분을 차지하므로 연구 자료를 다루는 데 있어서 지켜야 할 사항들이 많다. 우선 존재하지 않는 자료나 결과를 허위로 만들어 내는 위조행위가 있다. 또한 자료를 인위적으로 조작하고 임의로 변형시키거나 삭제하여 결과를 원하는 방향으로 왜곡하는 것은 변조행위다.

연구보고서를 작성할 때에 유의해야 할 부정행위로는 표절과 이중출판 행위가 있다. 이미 발표되었거나 출간된 타인의 연구내용의 전부 또는 일부를 인용 없이 사용하거나 다른 형태로 변화시켜 사용하는 것을 표절이라고 한다. 표절은 타 언어로 출간된 것에 대해서도 같은 기준이 적용된다. 그리고 이미 출간된 자신의 논문을 다른 경로를 통해 반복적으로 출간하는 행위, 즉 이중출판도 부정행위의 일종이다.

연구결과를 학술지에 발표할 때 연구에 참여하지 않은 사람을 저자로 포함시켜 표시하는 경우, 연구비 부당 사용, 연구결과에 대한 과장된 홍보 등을 모두 부적절행위로 규정하고 있으므로 부당행위나 부적절행위를 하지 않도록 각별히 유의해야 할 것이다.

최근 한국 사회에서 연구윤리와 관련된 쟁점들이 크게 공론화된 경우가 자주 발생되어 2007년 교과부와 학술단체총연합회에서 연구윤리 지침을 만들어 학술연구자들에게 주지시키고 있다. 특히 공공부문과 학계에서 연구 부정행위가 적발된 경우가 있어 사회적으로 큰 물의를 빚기도 하였다. 따라서 학문적 연구를 수행하는 연구자들은 위조, 변조, 표절, 중복출판 등의 부정행위를 정확하게 인지하고 이러한 행위를 하지 않도록 유의할 것이 강조되고 있다. 초보 연구자의 경우 의도하지 않은 부적절한 행위를 할 가능성이 있기 때문에 각별히 주의를 기울여야 할 것이다.

파일럿 연구, 연구문제, 연구가설, 대립적 상황, 정련, 비평, 예측, 구인, 조작적 정의, 변수의 수준, 조작가능 독립변수, 조작불가능 독립변수, 준거변수, 종속측정치, 가외변수, 중재변수, 매개변수, 조절변수, 통제변수, 혼입효과, 무선배정, 공분산분석, 공분산 구조방정식모형, 표본추출, 표본, 모집단, 확률표집법, 모수치, 단순무선표집, 체계적 표집, 층화 무선표집, 군집표집, 비확률 표집법, 편의표집, 임의표집, 목적적 표집, 윤리강령, 기관내 심의위원회(IRB), 주지된 동의서, 사후설명, 무처치 통제군, 대기자 통제군, 위조행위, 변조행위, 표절, 이중출판

제3장
측정과 검사

사회과학이 진정한 의미의 과학이 되기 위해서는 과학적 연구방법을 적용해서 실증적 자료를 수집하여 연구문제에 대한 답을 찾고, 반복적으로 확인하고, 일반화해서 이론을 수립해야 한다고 했다. 이와 같은 실증적 연구방법에서 측정은 객관적이고 정확한 자료수집을 위한 필수적 과정이다. 측정을 위해서 고안된 도구를 검사(test)라고 한다. 심리학과 교육학에서는 다양한 인간의 특성을 측정하기 위해 심리검사를 고안해서 경험적 연구를 위한 개인의 행동 표본을 수집하는 데 사용한다. 이처럼 사회과학에서 인간의 심리적 속성에 대한 측정과 검사에 대해 연구하는 학문을 **심리측정학**(psychometrics)이라고 한다. 이 장에서는 심리측정학적 기초를 중심으로 사회과학의 실증연구에서 필요한 방법론을 개관하기로 한다.

I 측정

　측정(measurement)의 사전적 정의를 살펴보면 '규칙에 의거해 형상에 수치를 부여하는 과정이나 행위' 또는 '어떤 계기나 장치를 사용하여 재다.' '길이나 무게 따위를 재어서 정함'으로 물리적인 환경에서는 온도, 길이, 무게 등에 섭씨, 미터, 킬로그램과 같은 단위를 적용해서 수치를 부여하는 것이다. 비록 인간의 심리적인 특성들이 물리적인 것들과는 달리 추상적이지만 초기 심리학자들은 정신물리학(psychophysics)적 체계의 도입으로 심리적 변인들에 수치를 부여하는 심리측정학을 발전시켰다. 대표적인 심리측정학자들은 측정을 다음과 같이 정의하고 있다.

> 측정은 개인의 속성들을 나타내기 위해 체계적인 방식으로 수치(numbers)를 부여하는 것으로 수치들은 주의 깊게 규정되고 반복 가능한 절차에 따라 개인에게 부여된다(Allen & Yen, 1979, p. 2).

이와 같이 개인의 속성에 수치를 부여하기 위해 필요한 측정의 기초개념, 측정도구의 종류, 개발과 타당화에 대한 정확한 지식과 이해는 과학적 연구의 필수적인 요소다.

1. 척도

척도(scale)는 측정대상이 되는 속성을 숫자로 나타내기 위한 점수 체계를 의미한다. 척도라는 용어는 검사(test)와 혼용되고 있고 많은 심리검사는 심리척도와 같은 의미로 사용되고 있다. 미국의 AERA(American Educational Research Association), APA(American Psychological Association), NCME(National Council of Measurement in Education)가 공동으로 출간하는 교육과 심리검사 개발과 사용에서의 기준을 제시하는 Standards for Educational and Psychological Testing이라는 지침서(AERA, APA, & NCME, 2014)에서는 척도를 두 가지 의미로 사용하는데, 하나는 '측정의 어떤 차원에 대한 수치를 보고할 때 사용되는 수의 체계와 단위'이고 다른 하나는 측정에서 사용되는 '문항들이나 하위검사들의 세트'다. 이 절에서는 척도를 측정의 기본 단위로 사용할 때 척도가 갖는 위계성에 따른 특징을 살펴보기로 한다.

심리학에서 척도에 대한 연구는 주로 심리측정에 사용하는 측정단위를 물리적인 것에 사용하는 측정단위와 관련지으려는 노력에서 시작되었다. 인간의 특성을 측정한 값을 이해하고 해석할 때, 물리적 대상을 측정하는 것처럼 측정단위가 동간격을 가지고 있거나 비율을 적용할 수 있다면 점수 해석이나 비교가 쉬워질 것이다. 그러나 심리측정에서 사용되는 척도단위는 물리적 대상을 측정하는 단위처럼 동간격도 아니며 실질적으로 영점이 있는 것이 아니다. 이에 심리척도에서 단위를 동간격 단위로 만들거나 절대 영점의 개념을 적용할 수 있도록 하여 물리적 척도단위에 대응할 수 있는 단위를 만들고자 하는 노력들이 있었다(Angoff, 1984).

어떤 변수에 대한 측정결과로 나타나는 점수는 어떤 척도를 사용했느냐에 따라 그것들에 대한 수학적 조작(operation)수준도 달라진다. Stevens(1946)는 'Scales of Measurement'이라는 논문에서 변수들을 분류하는 체계를 제공했는데, 그는 수와 대상(objects or events)의 관계를 측정하기 위해 측정수준을 명명척도, 서열척도, 동간척도, 비율척도의 네 가지 척도로 유형화하였다.

2. 측정수준에 따른 척도의 종류

1) 명명척도

명명척도(nominal scales)는 연구대상이 되는 속성을 분류하기 위한 목적에서 사용하는 척도로 질적인 속성으로 구분되는 변수에 수치를 부여하는 데 사용한다. 주의할 점은 명명척도를 사용해서 수집한 자료는 단순히 대상 속성들에 이름 대신 숫자를 사용해서 구분한 것에 지나지 않는다는 점이다. 대표적인 예가 성별로, 남녀 성별을 조사하여 여자는 0, 남자는 1이라고 숫자를 부여하면 이 숫자는 크기에 대한 의미가 있는 것이 아니라, 두 성별에 대한 구분을 하는 역할만 한다. 다른 예로 인종이나 지역 등의 인구통계학적인 배경변인들을 연구할 때 명명척도를 사용해서 수량화한다. 이런 명명척도들을 사용해서 얻어진 데이터를 범주데이터(categorical data)라고도 한다.

2) 서열척도

서열척도(ordinal scales)는 측정하고자 하는 대상 속성을 상대적인 양이나 크기의 차이에 따라 순위를 매긴 척도다. 명명척도가 질적으로 다른 속성을 구분해 주는 기능만 하는 데 비해 서열척도는 양적인 크기에 대한 구분도 가능하다. 학업성취 수준에 따른 등수나 백분위(percentile rank)가 이에 속한다. 또한 '매우 반대'부터 '매우 찬성'까지 1~6점을 부여하는 평정척도를 사용해서 얻은 결과도 서열척도 점수다. 단, 서열척도에서 얻은 점수들 간의 간격은 동일하지 않다. '매우 반대'와 '반대' 사이의 상대적 거리와 '반대'와 '약간 반대' 사이의 거리는 같다고 볼 수 없다는 것이다.

3) 동간척도

동간척도(interval scales)는 척도점수들 간의 간격이 일정하다는 점에서 앞의 척도들과 구별된다. 즉, 척도점수들은 대상 속성을 구분하고, 순서를 매기는 동시에, 동일한 측정단위로 표현된다는 것이다. 그러나 동간척도에서는 절대영점이 없고 임의영점만 있다는 한계가 있다. 예를 들어, 섭씨 0도는 물이 어는 온도를 임의로 정해서 기준으로 삼은 것에 지나지 않는다. 또한 100점 만점짜리 수학시험에서 0점을 받은 학생은 그 시험에서 정한 기준에서 볼 때 0점이라는 것이지 수학능력이 아무 것도 없는 상태를 의미하는 것은 아니다. 그러나 100점과 90점 차이와 80점과 70점 차이는 적어도 이 시험점수에서는 동일한 간격이라고 볼 수 있다.

4) 비율척도

비율척도(ratio scales)는 측정을 위한 척도에서 가장 높은 수준의 척도로서 동간척도에서의 절대영점이 없다는 한세를 극복한 것이다. 아무것도 없는 상태를 의미히는 절대영점을 포함하고 있기 때문에 이 척도를 사용해서 측정한 수치들은 사칙연산, 즉 더하기, 빼기, 나누기, 곱하기의 수학적 조작을 가할 수 있으며 그 결과 산출된 숫자들이 의미를 가진다. 일반적으로 무게, 거리, 부피 등 물리적 대상을 측정하는 척도들은 비율척도다. 비율척도의 장점은 비율적인 해석, 즉 40kg은 20kg의 두 배만큼 무겁다는 해석이 가능하다.

심리학에서 다루는 대부분의 변수를 측정하기 위해 제작된 척도들은 엄밀히 말하자면 비율척도 수준은 될 수 없고 서열척도나 동간척도 수준이다. 특히 서열척도인 성격이나 태도 척도에서 얻은 점수들은 Likert 식의 총합평정척도로 구성되기 때문에 다수의 문항들에서 얻은 합산점수를 사용하는 경우에는 동간척도로 취급하는 것이 관행이다. 또한 동간척도는 절대영점이 없으나 척도 개발 시 영점기준을 결정해서 점수화함으로써 비율척도에서와 같은 수학적 조작을 가해서 평균, 표준편차 등의 통계치를 산출하는 것을 수용하고 있다.

3. 척도법

심리측정을 위한 도구를 제작하는 기법들을 **척도법**(scaling techniques)이라고 한다. 사회과학 분야에서 흔히 사용되는 대표적인 척도법으로는 Thurstone의 **짝비교척도**(paired comparisons scale)와 **유사동간척도**(equal appearing interval scale), 그리고 Likert의 **총합평정척도**(summated rating scale) 기법들이 있는데 이것들은 주로 태도나 성격, 가치

관과 같은 정의적 특성을 측정하는 데 사용된다. 그리고 제작된 태도척도가 단일차원성을 확보하고 있는가를 평가하는 데 Guttman의 스캘로그램 분석(scalogram analysis)이 활용된다(Edwards, 1957).

1) 짝비교척도

짝비교척도는 Thurstone(1927, Edward, 1957 재인용)이 비교판단법칙(law of comparative judgment)에 근거해서 태도를 측정하기 위해 고안한 척도법이다. 이 방법은 태도측정을 위한 가장 기본적인 척도제작법으로 제작 절차는 다음과 같다. 우선 비교할 태도 진술문들, 즉 문항들을 모든 가능한 조합으로 만들어서 둘씩 묶은 다음, 판단자들에게 제시하고 어느 것이 더 호의적인 내용인가를 비교시킨다. 판단자들이 비교한 결과로 나타난 빈도에 대한 통계적 분석을 통해 각 문항의 척도값(scale value)을 산출한다. 이 문항들을 수검자들에게 제시하여 동의하는 문항들의 척도값으로 개인의 태도점수를 구하게 된다.

짝비교법에서 태도를 진술하는 문항들의 가능한 쌍의 개수는 $n(n-1)/2$로 계산할 수 있다. 만약 5개의 태도 진술문의 호/불호 정도의 순위를 결정하거나 척도값을 산출하기 위해 짝비교법을 사용하게 되면 $5(5-1)/2=10$으로 10쌍을 비교하여 판단하면 된다. 그러나 비교할 항목들의 개수가 늘어나서, 예를 들어 10개의 진술문을 사용하는 경우는 45쌍을 비교해야 하기 때문에 측정대상이 누구냐에 따라 큰 부담이 될 수도 있다. 이러한 제약 때문에 짝비교법은 실제로 그다지 많이 사용되는 척도법은 아니다.

2) 유사동간척도

유사동간척도는 Thurstone과 Chave(1929)가 고안한 태도측정법으로 Thurstone 식 척도라고도 한다(Edward, 1959). 앞에서 설명한 짝비교척도는 문항 수가 많은 경우에 판단자들이 문항들의 쌍을 비교 평가하게 하는 것이 어려워서 척도 개발을 하는 데 제약이 따른다고 했다. 유사동간척도는 이러한 단점을 극복한 방법으로 몇 가지 기본 가정을 가지고 있다. 첫째, 태도는 호/오(favorable/unfavorable)의 연속체이며, 둘째, 각 태도 진술문(문항)은 연속적인 태도 연속체상의 특정 위치를 나타낸다. 즉, 척도 값을 갖고 있다는 것이다. 셋째, 각 문항은 개인의 태도의 위치를 반영한다.

태도척도를 만드는 절차는 우선 한 집단의 판단자들에게 태도 진술문들을 적어 놓은 다수의 카드를 주고 가장 호의적인 것부터 가장 비호의적인 것으로, 가운데 중립범주를 포함한 11단 척도 위에 분류하도록 한다. 이때 판단자들은 자신의 태도를 반영해서 분류하는 것이 아니라 문항내용의 호의/비호의 정도를 판단하는 것이다. 판단자들이 분류한 결과로 나타나는 빈도분포에서 그 문항의 태도 값을 계산한다. 태도척도에 포함시킬 문항을 선정할 때는 0부터 가장 호의적인 11까지를 대표하는 정수(0, 1, 2, 3, … 10, 11)에 가까운 태도 값을 가진 문항을 선택해서 최종적으로 11개의 태도 값을 가진 문항들의 세트를 구성하면 된다. 각 개인의 태도점수는 이 11개 문항 세트에서 동의한 문항들의 척도 값의 중앙치나 평균치를 계산함으로써 얻을 수 있다.

유사동간척도법으로 만든 태도척도는 0에서 11 사이의 정수를 대표하는 척도 값을 가진 문항들로 구성했기 때문에 동간척도라고 볼 수 있다. 하지만 사실상 정확하게 0, 1, 2, 3 등의 대표 값을 갖는 문항들을 얻는 것이 쉽지 않기 때문에 12개 정수와 가장 가까운 값을 갖는 문항들을 선택해서 척도를 구성하기 때문에 '동간적으로 보이는(equal appearing interval)' 척도, 즉 유사동간척도라는 명칭이 붙여졌다고 할 수 있다.

유사동간척도는 과학적인 접근이기는 하지만 제작 과정이 복잡하고 많은 노력이 투여되어야 한다. 더욱이 이렇게 어렵게 만든 척도로 측정한 결과와 Likert 식 척도로 측정한 결과가 매우 유사하기 때문에 Likert 척도가 소개되고 난 이후에는 별로 많이 사용되지 않고 있다.

3) Likert 척도

태도척도를 제작하기 위한 Thurstone 식 방법이 제작하는 데 많은 시간과 노력이 요구되는 데 비해 Likert 방식은 상대적으로 쉽게 척도를 구성할 수 있어서 현대 양적 연구에서 가장 흔히 접하는 척도 제작방법이다. Thurstone 식 방법은 태도를 하나의 심리적 연속체 위에서 정의할 수 있을 때 사용할 수 있다. 반면에, Likert 방식은 심리적 연속체를 알 수 없을 때의 척도값을 얻기 위한 것으로 각각의 태도 진술문, 즉 문항은 전체 태도의 연속체라고 가정한다. 각 척도의 점수는 각 문항에 대한 선택지의 반응으로 나타나며 선택지의 반응점수는 반응한 수검자의 비율로 결정한다. 또한 각 개인의 태도는 척도의 모든 진술문에 반응한 총합으로 결정한다.

Likert 척도를 제작하는 절차를 보면, 첫째, 예비문항들을 수집하거나 제작하여 문항 편집을 하는데 이때 반응단계 수(선택지 수)를 결정해야 한다. Likert는 원래 5단(강한 찬성, 찬성, 불확실, 반대, 강한 반대) 척도를 사용했으나 상황과 대상에 따라 2단부터 7단까지 다양한 단계 중에서 선택할 수 있다. 둘째, 척도 사용대상의 모집단을 대표할 수 있는 표본을 선정해서 예비문항을 실시한다. 셋째, 예비문항들의 양호도를 분석해서 최종 척도에 포함될 문항을 선정한다. 넷째, 각 선택지의 점수비중을 결정하는데, 1, 2, 3, 4, 5로 하는 경우가 대부분이나 2, 4, 6, 8, 10 등도 사용할 수 있다. 이는 연구의 내용과 목적에 따라 연구자가 결정하면 된다.

문항의 양호도 분석은 해당 문항과 총점 간의 상관계수를 검토하거나, 총점으로 나눈 상위 25%와 하위 25% 집단에서 해당 문항의 평균점수의 차이에 대한 유의도를 검증함으로써 가능하다. 당연히 문항-총점 간 상관은 높을수록 좋은 문항이고, 상·하 집단의 평균점수의 차이가 유의미하게 크면 좋은 문항이다. 제작된 Likert 척도의 신뢰도는 반분신뢰도나 Cronbach의 α를 계산함으로써 확인한다.

개인의 척도점수는 단순히 각 문항에서 선택한 반응점수들의 합을 구하면 된다. 이렇게 합산을 해서 태도점수를 구하기도 하지만 문항의 개수로 나눈 평균 척도 값을 구하기도 한다. 평균 척도 값의 사용은 여러 개의 척도를 동시에 사용하는 경우 문항의 개수가 달라도 직접적인 강도의 비교가 가능하다는 장점이 있다. 이때 유의할 점은 하위척도들의 비중을 고려해야 한다는 것이다. 즉, 세 개의 하위척도로 자존감을 측정하기 위한 검사를 개발하였다면 자존감 총점은 각각의 하위척도에서 나온 점수들의 총합이다. 만약 세 개의 하위척도에 포함된 문항 수가 다르다면 많은 문항을 포함하고 있는 하위척도가 자존감을 결정하는 데 더 큰 비중을 차지하는 것이다. 만약 세 개의 하위척도의 비중을 동일하게 개념화하고자 한다면 문항 수를 동일하게 해서 총점을 구해야 하지만, 비중을 달리하고자 한다면 더 중요하다고 생각되는 하위척도에 더 많은 문항을 포함시킬 수도 있다. 반면에, 자존감을 결정하는 세 개의 하위요인이 동일하게 중요하다면 문항 수를 동일하게 하든지 아니면 하위척도의 평균 척도 값을 구해서 사용하는 것이 타당하다. 만약 문항 수가 모두 같다면 평균치를 사용하거나 총점을 사용하거나 동일한 결과를 가져올 것이므로 태도 연속체상에서의 개인의 위치를 쉽게 파악할 수 있는 평균치를 사용하는 것이 편리할 수 있다.

Likert 척도를 사용할 때는 몇 가지 고려해야 할 사항들이 있다. 첫째, 반응단계가 많을수록 반응점수의 범위가 커져서 수검자들을 잘 변별할 가능성이 증가하지만 7단계 이상으로 자세하게 하는 것은 결과에 별로 영향을 미치지 못한다. 어린 아동들이나 노인과 같이 지적 능력수준이 떨어지는 대상일수록 너무 세분화된 단계는 변별기능을 잘하지 못할 뿐만 아니라 인지적 부담을 주게 되어 결과의 타당성을 저해할 수 있다.

둘째, **중립범주**에 대한 고려다. Likert가 사용한 5단계에는 가운데 중립범주가 포함되어 있다. 그러나 중립범주가 있는 문항에 대해 반응할 때와 없는 문항에 반응할 때 수검자들의 반응성실성에 차이가 있다고 주장하는 학자들이 있다(Nunnally, 1978 등). 즉, 중립범주가 없는 경우 사람들은 적어도 찬성이냐 반대냐의 방향은 결정해야 하므로 한 번 더 생각해서 반응하기 때문에 보다 성실한 결과를 가져오지만 중립범주가 있는 경우 두 번 생각할 여지를 주지 않는다는 것이다.

셋째, Likert 척도와 같은 자기보고식 척도에 반응할 때 **반응편파성**(response bias)을 초래하는 개인에 따른 **반응경향성**(response tendency)에서 차이가 발생하는데 그중에서 **묵종경향성**(acquiescence tendency)이 초기부터 가장 많은 주목을 받아 왔다. 묵종경향성 이란 긍정적인 질문에 대해 쉽게 찬성하는 경향을 의미한다. Likert 척도에서 여러 개의 긍정문항이 연속적으로 제시되면 수검자들은 별로 깊이 생각하지 않고 무조건 그렇다고 찬성하는 경향성이 높아진다는 것이다. 따라서 초기 연구자들은 이러한 묵종경향성을 줄이기 위해 긍정문항과 부정문항들을 교대로 제시하는 **균형척도**(balanced scale)를 만들었다(예: Edwards, 1959; Paulhus, 1991). 그러나 경험적 연구결과들은 긍정문항과 부정문항을 혼합해서 척도를 구성할 경우, 특히 **암묵적 부정**(implicit negation) 문항들이 포함되면 원래 의도했던 측정요인이 아닌 다른 요인을 형성하는 결과를 보고했다(김아영, 김세영, 2003; Pilotte & Gable, 1990 등). Likert 척도를 사용할 때 고려해야 할 사항에 대한 보다 자세한 내용은 McCoach, Gable과 Medura(2013)를 참고하면 된다. 그 외에도 Likert 척도의 변형된 형태를 볼 수 있는 Osgood, Suci와 Tannenbaum(1957)이 개발한 의미변별척도(semantic differential scale)가 있는데 이 방법은 제4장에서 자세히 다루기로 한다.

4) Guttman 척도법

태도 측정을 위해 제작된 태도문항들은 **단일차원성**(unidimensionality)을 전제로 해야 한다. 이것을 Guttman(1944, Edward, 1959 재인용)은 **척도화 가능성**(scalability)이라고 하고 스캘로그램 분석이라는 척도분석을 통해 확인할 수 있다고 했다. 스캘로그램 분석은 척도 제작방법이 아니라 제작된 태도척도가 단일차원성을 만족시키는가를 평가하기 위한 것이다. 척도화 가능성은 **재생성계수**(coefficient of reproducibility)에 의해서 표시되며 1.00에 가까울수록 단일차원성을 만족시키는 척도임을 나타낸다. 따라서 태도척도를 제작하고 난 후에 Guttman 척도법을 활용해서 양호도를 확인하는 것도 가능하다.

II | 📊 검사

검사(test, 시험)는 개인, 즉 수검자(examinee)의 구체적인 행동 표본을 정의하고, 표준 절차에 따라 평가하는 도구 또는 절차(AERA et al., 2014, p. 224)를 지칭한다. 이 절에서는 심리검사에 대해 개관하고 검사 개발을 위한 절차를 살펴보기로 한다.

1. 정의

운전면허시험이란 운전을 할 수 있는 능력을 갖추었는지에 대한 자격을 평가하는 것이다. 따라서 검사내용에는 운전을 할 수 있다는 것이 어떤 행동들로 구성되어 있는지 포함되어야 한다. 예를 들어 '시동을 건다.' '기어를 바꾼다.' 등의 자동차 조작에 대한 지식이 없다면 운전을 할 수 없기 때문에 시험내용에 이런 행동들에 대한 내용이 포함되어야 한다. 더불어 이와 같은 행동들을 어떻게 측정할 것인지에 대한 절차가 필요하다. 또한 운전 가능한지 여부를 결정하기 위해서는 행동을 점수화해야 한다. 이처럼 검사는 대표적인 **행동 표본**(behavior samples)을 **표준화된** 절차에 따라 수량화 또는 점수화하는 것이라 정의할 수 있다.

1) 행동 표본

검사는 지능, 성격 같은 개인의 특성을 측정하거나 개인의 스트레스 정도를 진단하거나 작업수행이나 학업성취와 같은 행동의 결과를 예측하고자 하는 데 사용목적을 둔다. 이러한 개인의 특성을 측정, 진단, 예측하고자 할 때, 관련된 모든 특성이나 행동을 측정할 수는 없다. 예를 들어 학생의 수학능력을 측정하고자 한다면 학생의 수준에 맞는 문항들로 검사를 구성해야 한다. 초등학교 학생들의 수학능력을 대표하는 행동 표본은 덧셈, 뺄셈 등의 계산능력이고 공대 학생들의 경우는 미적분 문제를 푸는 능력일 것이다. 이처럼 검사는 측정하고자 하는 대표적인 행동 표본들을 명확하고 체계적으로 정의하여 포함시켜야 한다.

2) 표준화된 절차

검사는 검사 제작부터, 시행, 점수산출, 해석 등 검사와 관련된 모든 과정에서 표준화된 절차를 따라야 한다. 검사가 만들어지면 다양한 사람으로부터 나온 결과를 비교 할 수도 있고, 동일인이 시험을 여러 번 볼 수도 있다. 이런 경우 측정오차를 배제하고 일관성 있는 점수를 확보하기 위해 수검자가 치르는 검사의 조건은 동일해야 한다. 따라서 타당한 검사 사용을 위해서는 표준화된 절차에 따라 개발하고, 실시하고, 채점해서 결과를 해석해야 신뢰성과 공정성을 확보할 수 있다.

3) 수량화와 점수화

검사결과는 측정하고자 하는 개인의 속성을 수량화하여 기술되어야 한다. 수량화와 점수화는 앞의 측정의 정의에서 나타나듯 정해진 규칙에 따라 개인의 속성에 수치를 부여하는 것으로, 이 수치를 부여하고 해석하는 것이 심리검사의 중요한 역할이다. 그 이유는 개인의 속성을 수량화함으로써 속성에 대한 해석이 쉬워지기 때문이다. 예를 들어 어떤 지능검사의 평균이 100점이고 표준편차가 15라면, 115점을 받은 사람의 지능은 높은 것이라고 해석할 수 있으며 130점을 받은 사람보다는 지능이 낮다고 해석할 수 있다.

2. 검사 유형분류

검사는 속성에 따라 다양하게 분류할 수 있다. 측정하려는 내용에 따라 인지능력 검사와 정의적 특성 검사로 나눌 수 있고, 검사 실시방식에 따라 집단검사와 개별검사, 그리고 지필검사와 수행검사로 나눌 수 있다. 또한 측정하는 방법에 따라 타인보고와 자기보고 방식으로 나누어 볼 수 있다.

1) 인지능력 검사와 정의적 특성 검사

개인의 특성을 측정하기 위한 심리검사는 크게 인지능력 검사(cognitive ability tests)와 정의적 특성 검사(affective characteristics tests)로 나누어 볼 수 있다. 인지능력이란 지적인 활동에 필요한 능력으로 학습할 수 있는 역량과 새로운 상황이나 환경에 적응하는 능력을 의미한다. 따라서 지능, 적성, 성취도 등의 인지능력을 측정하는 검사에서는 주어진 상황에서 개인이 할 수 있는 최대수행(maximum performance)에 관심을 둔다. 반면에, 정의적 특성을 측정하는 검사들은 성격, 태도 등의 다양한 심리적 특성에 관심을 두며, 주어진 상황에서의 최대수행보다는 일상적으로 나타나는 전형적 수행(typical performance)

에 대한 측정에 관심을 둔다. 따라서 정답이 없고 개인이 지각하는 해당 특성에서의 정도나 수준을 파악한다.

2) 개인검사와 집단검사

한 번에 실시하는 대상의 수에 따라 개인검사(individual test)와 집단검사(group test)로 분류할 수 있다. 개인검사는 검사자와 수검자가 일대일로 검사를 진행하는 것으로 Wechsler 지능검사나 Stanford-Binet 지능검사 등이 대표적인 개인검사다. 또한 성격을 측정하는 데 사용하는 잉크반점검사나 인물화검사와 같은 투사적 검사들은 개별적으로 실시하면서 수검자의 다양한 특징을 관찰하기도 한다. 집단검사는 지필검사의 형식으로 다수의 인원을 대상으로 동시에 실시하기 때문에 시행이 편리하고 효율적이다. 따라서 학교나 조직 장면에서 적성검사, 지능검사, 성격검사, 학업성취 검사 등이 집단검사로 많이 시행된다.

3) 지필검사와 수행검사

대부분의 심리검사는 종이에 인쇄된 검사문항들에 수검자가 필기도구를 사용해서 표시하거나 기록하는 지필검사(paper-pencil test)의 형태로 제작되어 있다. 지필검사를 사용하기 위해서는 수검자의 읽고 쓰는 능력이 있어야 한다. 해당 언어의 숙달수준이 부족한 외국인이거나 어린 아동 혹은 교육을 받지 못해서 읽기와 쓰기 능력이 부족한 경우에는 지필검사를 사용할 수 없다.

따라서 이런 상황에서 사용하기 위해 수행검사(performance test)를 개발한다. 유아용 지능검사의 경우 유아들에게 나무토막을 쌓게 하거나 퍼즐을 맞추게 하거나 그림을 그리게 하는 방식으로 지능수준을 평가한다. 또한 특수 적성검사의 일종으로 수공능력을 측정하기 위해 철사를 구부려서 주어진 모양을 만들게 해서 이를 평가하는 검사도 있다.

4) 타인보고와 자기보고 검사

검사에 대한 또 다른 분류방법은 검사자가 수검자의 행동을 관찰하여 평가하는 타인보고식 검사와 개인이 자신의 심리상태를 평가하여 보고하는 자기보고식(self-report) 검사가 있다. 타인보고식 검사는 검사자가 수검자의 행동을 관찰하여 평가하는 것으로 의사소통이 어려운 영유아를 대상으로 하는 검사들에 많이 사용된다. 예를 들어 유아들의 발달수준을 평가하기 위한 Denver 발달 판별검사나 Bayley 영유아 발달검사 등은 양육자나 교사가 유아를 관찰한 결과를 통해 평가한다. 또한 개인이 자신에 대해 보고하는 것이 객관적이지 못한 결과를 가져올 것이 예상되는 경우에 타인의 관찰을 통해 평가하는 경우가 있다. 예를 들어 인사고과 평가에서 상사나 동료가 평가하는 경우를 들 수 있다.

자기보고식은 개인이 자신의 감정, 태도, 신념, 가치, 의견 등과 같은 심리적 상태를 판단하여 보고하는 것으로 각종 성격검사, 태도 설문지 등이 대표적인 자기보고식 검사다. 자기보고식 검사들은 대개 설문지의 형태로 제작되어 많은 문항을 짧은 시간 내에 응답할 수 있기 때문에 효율적이고 경제적인 장점이 있으나 검사의 내용이나 결과의 용도에 따라서는 의도적인 반응왜곡이 가능하다는 단점이 있다. 다시 말해서 수검자가 자신을 솔직히 드러내기보다는 사회적으로 바람직한 방향으로 응답하거나 불성실하게 응답하는 등 타당하고 신뢰할 만한 자료가 되지 못할 가능성을 배제하기 어렵다는 것이다.

반응왜곡은 수검자가 검사를 실시할 때 보이는 특성으로 반응세트(response sets)와 반응경향성(response style) 효과로 나누어 볼 수 있다. 심리측정학에서 반응왜곡은 그 관심이 Cronbach(1949)로까지 거슬러 올라갈 수 있고, 그 후 심리측정학자들의 계속적인 주목을 받아 온 주제다. Cronbach(1949)는 반응세트 혹은 반응경향성을 같은 내용을 다른 형식으로 제시했을 때 일관되게 다른 반응을 만들어 내는 경향성이라고 정의했다. 반응세트와 반응경향성은 엄밀하게 구분되지는 않지만 일반적으로 반응세트는 특정 검사 실시 상황에 따라 나타나는 왜곡으로 사회적 바람직성 효과나 불성실한 무선적 반응, 의도적인 현실의 왜곡이나 위장 등의 결과다. 예를 들어 입사시험에서 인성평가를 위한 검사를 실시한다고 하면, 구직자들은 자신을 좋은 사람이고 회사가 원하는 사람이라는 식으로 위장하는 반응을 할 것임을 예측할 수 있다. 반응경향성은 검사 상황에서 비교적 일관되게 나타나는 개인의 성향으로 묵종경향성(찬성하는 경향), 충동성, 비판적 성향, 사회적 바람직성 등이 있다. 이런 성향은 개인에 따라 정도의 차이가 있는 것으로 검사결과의 타당성에 영향을 미치기 때문에 자기보고식 척도 사용에서 쟁점이 되어 왔다. 따라서 이런 경우는 타인보고에 의한 평가를 동시에 진행하여 자기보고식 검사결과의 타당성을 확인하는 것이 필요하다.

3. 검사이론

심리측정학에서 검사를 개발하고 분석할 때 적용하는 두 개의 대표적인 검사이론이 있다. 고전검사이론(Classical Test Theory: CTT)과 문항반응이론(Item Response Theory: IRT)이다. 고전검사이론은 검사의 관찰점수(observed score)에 초점이 맞추어진 이론으로 검사점수가 진점수(true score)와 오차점수(error score)로 구성되어 있다는 가정을 바탕으로 주로 검사의 신뢰도(검사-재검사 신뢰도, 동형검사 신뢰도, 반분신뢰도, 내적일치도)와 긴밀하게 연결된 이론이다. 문항반응이론은 인간의 변하지 않는 잠재능력을 가정하고 능력에 따른 각 문항의 맞출 확률을 문항모수들(난이도, 변별도, 추측도)로 정의하는 문항특성곡선(Item Characteristic Curve: ICC)에 기초해서 추정함으로써 문항과 수험자 능력의 관계를 보여 주는 수학적인 모형이다.

고전검사이론은 분석을 위해 자료수집을 한 표본이 전체 모집단의 대표 표본이라는 가정이 있어야 하고 문항과 검사에 대한 분석결과는 해당 표본에 국한된 것으로 보아야 한다. 그러나 문항반응이론에 기초한 분석결과 얻어진 문항의 특성을 나타내는 ICC는 문항 고유의 불변하는 특성을 보여 주는 것으로서 다른 표본이나 상황에서도 동일하게 적용할 수 있다. 또한 고전검사이론에 기초한 분석에서는 문항의 난이도, 변별도뿐만 아니라 척도수준에서의 평가가 가능한 반면 문항반응이론은 문항수준에서의 분석과 평가만 가능하기 때문에, 심리검사를 개발하는 경우에는 고전검사이론과 병행해서 문항수준의 양호도 평가뿐만 아니라 척도수준에서의 평가를 수행하는 것이 바람직하다.

4. 검사의 선택

경험적 연구에서 측정을 위해 검사를 선택하는 데는 몇 가지 방안이 있다. 첫째는 이미 제작된 기존 검사를 사용하는 것이다. 기존에 제작되어 표준화된 검사가 있는 경우, 그 검사의 용도, 내용, 대상 등을 확인하고 자신의 연구에 적절하다고 판단되면 사용하는 것이다. 둘째, 표준화된 검사는 아니지만 선행연구에서 이미 제작해서 사용된 검사가 있는 경우, 이 검사가 자신의 연구목적에 맞는지 확인한 후에 사용할 수 있다. 이런 경우는 자신의 연구결과를 보고할 때, 사용된 검사의 양호도, 즉 신뢰도와 타당도 증거를 보고해야 한다. 셋째, 기존에 발표된 척도에서 일부 문항을 선택해서 사용하는 경우가 있다. 이런 경우는 새로 구성한 척도의 타당성에 대한 확인이 필요하기 때문에 선택된 문항들에 대한 양호도 분석을 위한 예비연구가 필요하다. 넷째, 외국에서 개발된 검사나 발표된 연구 논문에서 사용된 척도를 사용하는 것이다. 이런 경우는 외국의 척도를 한국어로 번안해서 사용해야 하는데, 이처럼 외국 척도를 도입하기 위해서는 단순한 번역으로는 부족하고 두 문화권에서 사용할 척도들을 동등하게 만들기 위해 특별한 절차를 거쳐야 한다. 자세한 절차에 대한 내용은 다음 절에서 다룰 것이다. 마지막으로, 연구에서 사용하기에 적절한 척도를 찾지 못하는 경우 새로운 척도를 개발해야 하는 상황이 발생한다. 새로운 척도를 개발하는 일은 간단한 것이 아니고 해당 내용영역의 이론적 지식과 기술은 물론이고 많은 시간과 노력이 요구되는 전문적인 과정이므로 좀 더 자세한 내용을 다루기로 한다.

III 심리검사 개발 절차

　검사 개발은 구체적인 계획을 바탕으로 개인의 지식, 기술, 능력, 흥미, 태도를 측정하기 위해 오랜 시간과 노력이 소요되는 과정이다. 이 과정은 검사 개발을 위한 목적과 검사결과의 용도를 결정하는 계획 수립을 시작으로 문항 작성 및 척도 구성, 검사점수 설계, 신뢰도 및 타당도 증거 수집을 포함한 양호도 검증, 척도 발표 및 개정이라는 여러 단계를 거쳐 이루어진다.

　심리검사 개발계획을 세우기 전에 제일 먼저 해야 할 일은 검사의 목적과 대상 그리고 검사결과의 용도를 결정하는 것이다. 즉, 검사가 어떤 내용을 측정하려 하고, 누구를 대상으로 하며, 그 실시결과를 어디에 어떤 목적으로 사용하고자 하는가를 결정해야 한다. 이것이 결정되면 다음의 절차에 따라 검사 개발을 시작하면 된다.

1. 검사내용 결정

1) 개념적 정의와 조작적 정의

검사의 내용을 결정하기 위해서는 우선 개발하고자 하는 검사내용에 대한 개념적 정의(conceptual definition)를 내려야 한다. 이를 위해서 관련 문헌검토를 통한 이론적 근거와 경험적 증거 수집으로 개념을 명료화한다. 예를 들어, 언어능력을 측정하려는 검사를 제작하고자 할 때 '언어능력이란 주어진 단어들 간의 관계를 정확히 파악하고, 글로 표현된 지문들의 내용을 올바르게 이해하는 능력'이라고 개념적으로 정의를 내리고 이를 측정하기 위해 조작적 정의(operational definition)를 내려야 한다. 즉, 도입한 개념적 정의를 관찰 가능한 상태로 변환시켜 재진술하는 것이다. 위에 제시한 언어능력에 대해서 '단어의 뜻을 이해하는 능력, 주어진 문장의 의미를 파악하는 능력, 한 쌍의 단어들 간의 관련성을 파악하는 능력'으로 조작적 정의를 내릴 수 있다.

2) 문항내용 결정

검사내용이 결정되면 이를 반영하는 문항들을 작성해야 하는데 문항의 내용을 결정하는 데는 이론에 근거한 접근(theory-based approach), 경험에 근거한 접근(empirically-based approach), 그리고 이 두 가지를 결합한 합리적-경험적 접근(rational-empirical approach)이 있다. 이론에 근거한 접근은 측정하고자 하는 개념을 다루는 심리학 이론에 근거해서 검사의 구인과 문항내용을 결정하는 것이다. 이러한 접근으로 문항을 제작하면 문항들은 서로 밀접한 관련성을 가지고 이론적으로 분명한 의미를 갖는다. 예를 들어 지능검사를 개발할 때 일반지능이론을 도입하느냐 다중지능이론을 도입하느냐에 따라 지능검사의 하위 구인과 내용이 결정되고, 성격검사를 개발할 때 성격 5요인 이론을 도입하면 그에 따라 성격검사의 하위척도들과 문항내용이 결정된다.

반면에, 기존에 적합한 이론이 부족하거나 연구가 별로 진행되지 않은 새로운 영역에 대한 검사를 개발하고자 할 때는 현장에서 관찰한 행동 표본들을 수집해서 문항으로 구성하거나, 대상집단에게 측정하고자 하는 개념에 대한 의견을 자유반응식으로 수집해서 그 내용을 중심으로 문항을 작성한다. 이렇게 작성된 다양한 내용의 문항들로 구성된 예비척도를 사용해서 구분하고자 하는 집단들에 실시한 다음 집단들을 가장 잘 구분하는 문항들을 선정해서 척도를 구성하는 접근을 경험에 근거한 접근이라고 한다. 이 접근에서 적용하는 유일한 문항 선정기준은 준거집단과 통제집단을 변별하는 정도다(Edwards, 1970).

마지막으로, 합리적-경험적 접근은 이론에 근거해서 하위구인을 정하고 문항을 제작하여 경험적 자료를 근거로 문항을 수정하고 하위구인을 결정하는 방법이다. 즉, 구인과 문항을 논리적·합리적 개념화에 기초해서 제작하고 실시하여 요인분석과 같은 강력한 통계적 분석을 통해 선정한다. 이러한 접근방법을 사용하는 것은 검사의 실제적 적용가능성과 이론적 유의미성을 극대화할 수 있는 검사를 제작할 가능성을 높일 것으로 본다(Schwartz, 1978).

2. 척도 유형 결정

1) 척도법에 따른 유형 결정

개발할 척도의 내용이 결정되면 그다음으로 어떤 검사를 만들 것인가를 정해야 하는데 집단검사냐 개별검사냐, 타인관찰 검사냐 자기보고식 검사냐를 정해야 한다. 그다음으로 다양한 유형의 척도법 중에서 자신의 연구목적에 맞는 적절한 방법을 선택할 수 있다. 앞 절에서 제시한 대로 짝비교척도, 유사동간척도, Likert 식 척도 등과 더불어 순위척도(rank ordering scale), 의미변별법 등 다양한 척도가 있으므로 각각의 장점과 단점을 충분히 숙지하고 자신의 연구목적에 따른 척도 유형을 선택해야 한다.

2) 문항과 척도 형식에 따른 결정

자기보고식 척도 유형을 선택한 경우 고려해야 하는 것은 반응왜곡 가능성이다. 앞에서 제시한 대부분의 척도법에 근거해서 제작한 검사는 **규준적 척도**(normative scale)로, 개인이 응답한 반응점수와 타인의 점수를 상대적으로 비교할 수 있는 척도라는 것이다. 규준적 척도에서는 각 문항에 대한 응답들이 독립적이다. 따라서 모든 문항에 긍정적인 응답을 할 수도 있고 부정적인 응답을 할 수도 있어서 검사결과의 용도에 따라서 반응왜곡이 쉽게 이루어질 수 있다. 이러한 반응왜곡을 방지하기 위한 방법으로 **개인내적 척도**(ipsative scale) 혹은 **강제선택형 척도**(forced-choice format Scale)를 만들 수 있다.

개인내적(ipsative, intra-individual)이라는 용어는 Cattell(1944)이 강제선택 문항을 기술하기 위해 붙인 것이다. 즉, 한 문항에 몇 개의 선택항이 주어지고 수검자는 이 선택항 중에서 필히 하나를 선택해야 하기 때문에 강제선택형이라는 말이 붙여진 것이다. 이런 척도에서는 검사에 포함된 다른 척도의 점수에 따라 해당 척도의 점수가 영향을 받으며 전체 척도의 총점은 모든 사람에서 동일하다. 예를 들어, 내외 통제소재 성향 척도에서는 사람들이 일반적으로 경험하는 일상적인 상황에 대해 그 원인을 자신에게 돌리느냐 외부에 돌리느냐를 조사해서 내적 통제소재와 외적 통제소재 성향을 파악한다. 각 문항에서는 어떤 상황을 기술한 다음 수검자로 하여금 그런 상황에 부딪혔을 때 어떤 반응을 할 것인가를 두 개의 선택지 중에서 선택하게 한다. 즉, 길을 가다가 뚜껑이 열린 맨홀에 빠졌다고 가정하고 이런 일이 생긴 이유를 두 가지 제시한다. 하나는 뚜껑을 열어 놓은 공사 담당자 때문(외적 통제소재)이라는 대답과 길을 잘 보지 않고 지나간 자신의 부주의한 태도 때문(내적 통제소재)이라는 대답이다. 수검자는 두 개의 답 중에서 자신이 생각하기에 적절한 이유를 선택해야 한다. 이와 같은 상황을 기술한 20개의 문항으로 척도를 구성하고 내적 통제소재 대답을 선택한 개수와 외적 통제소재 대답을 선택한 개수를 세면 개인의 내적 통제소재 점수와 외적 통제소재 점수가 나온다. 각각의 점수의 크기를 비교해서 더 높은 점수를 보이는 것이 그 사람의 통제소재 성향을 나타내게 된다. 이런 경우 개인에 따라 각각의 선택 개수는 다양하겠지만 모든 개인의 총점은 20점으로 동일하다. 이러한 문항 유형을 사용한 척도에서 나온 점수를 가지고 개인 간 비교를 하는 것은 문제를 발생시킨다. 즉, 어떤 사람은 내적 20점과 외적 0점으로 내적으로 분류되지만 어떤 사람은 내적 11점과 외적 9점으로도 내적으로 분류될 수 있다. 따라서 한 개인의 내적 성향과 외적 성향의 상대적인 크기는 비교가 가능하지만 한 개인의 내적 성향 점수와 다른 사람의 내적 성향 점수를 직접 비교하는 것은 문제가 된다. 왜냐하면 둘 중의 하나를 강제로 선택해야 했기 때문에 내적 성향 점수가 외적 성향 점수보다 높아진 것이지 내적 성향 자체가 다른 사람보다 높았기 때문이라고만 볼 수는 없기 때문이다.

개인내적 척도 사용 시의 문제점은 척도의 양호도 검증을 위한 통계적 분석에서 더욱 심각하다. 척도의 점수들이 독립적이지 못한 자료로 상관분석이나 회귀분석 혹은 요인분석을 수행할 수가 없다. 즉, 요인 간 상관을 분석하면 부적 상관이 나오기 때문에 요인분석 등의 척도수준의 양호도 분석이 불가능하다. 따라서 개인의 다양한 특성 간의 차이가 만들어 내는 프로파일에 관심이 있는 상담이나 임상 장면에서 개인내적 척도를 사용하는 것이 유용할 수 있다. 결과적으로 개인내적 척도는 사회적 바람직성과 같은 반응왜곡을 줄이는 데는 기여할 수 있겠으나 개인 간 비교가 목적인 경우에는 규준적 척도로 제작하는 것이 효과적이다(Gable & Wolf, 1993).

3. 검사명세화표 구성

검사를 제작하기 위해서는 측정하고자 하는 특성, 영역, 내용, 구성에 대한 확실한 검사명세화표(test specification table), 즉 청사진(blueprint)이 있어야 한다. 검사명세화표에는 검사의 목적과 측정하고자 하는 영역에 대한 내용과 범위, 어떻게 개발하고 평가할 것인가 하는 문항의 형태, 응답척도의 단위, 시행방법, 결과 해석, 결과 활용 등이 구체적으로 포함되어야 한다. 청사진에 포함한 검사의 목적과 측정하고자 하는 내용은 제작하고자 하는 척도의 틀을 만드는 중요한 요소다.

성취도 검사의 경우는 측정하고자 하는 내용과 인지적 과정에 따라 행동목표 명세화표를 만들어서 검사에 포함될 문항의 개수와 내용을 정할 수 있다. 정의적 특성을 측정하는 검사도 마찬가지로 측정하고자 하는 구인의 하위요인 혹은 하위내용 영역을 구분하고 구인의 표현방식에 따라 인지적·정서적·행동적 과정으로 나눈 명세화표를 만들어서 문항을 만들 수도 있다(〈표 3-1〉 참조).

〈표 3-1〉 청소년용 자기개념 척도 개발을 위한 가설적 문항맵의 예

과정 내용 영역	인지적 과정		정서적 과정		행동적 과정		전체 문항 수
	문항 수	문항 예	문항 수	문항 예	문항 수	문항 예	
학업적	4	나는 마음만 먹으면 공부를 잘할 수 있다.	4	시험 때가 되면 스트레스를 많이 받는다.	4	나는 학교숙제를 잘해서 제출한다.	12
사회적	4	나는 친구들에게 중요한 사람으로 인정받는다.	4	나는 친구들이 나를 싫어할까 봐 걱정스럽다.	4	나는 친구들과 많이 어울려 다닌다.	12
신체적	3	나는 친구들보다 건강하다.	3	나는 친구들보다 잘 생긴 것 같아 자랑스럽다.	3	나는 운동경기에서 대표역할을 많이 한다.	9
	11		11		11		33

4. 문항 개발

문항 개발을 할 때는 검사 개발을 위해 작성된 검사명세화표를 바탕으로 문항의 형태(선택형, 서답형 등), 문항의 내용, 응답 척도의 단위 등을 결정하고, 작성된 문항은 전문가가 질적으로, 예비검사를 통해 양적으로 분석하여 검토, 수정한다. 예비검사에서는 보통 최종 검사본에서 필요로 하는 문항 수의 1.5~2배 정도를 제작해서 검사 사용 대상 전집을 대표하는 표본에 실시하고 통계적 분석을 수행한다.

문항 유형에 따른 작성기술은 제4장의 '설문지법'에 자세히 나와 있다. 여기서는 문항 유형 결정과 작성 시 고려할 사항과 외국에서 개발된 검사를 도입하여 사용할 때 주의할 점을 소개하고 문항의 양호도 분석방법을 알아보고자 한다.

1) 문항 유형 결정

문항 유형은 크게 **구성형 응답**(constructed response)문항과 **선택형 응답**(selected response)문항으로 나누어 볼 수 있다(Haladyna & Rodriguez, 2013). 성취도 검사와 같은 교육장면에서 사용하는 검사에서는 두 가지 유형을 자유롭게 선택해서 사용할 수 있으나, 태도나 성격과 같은 정의적 특성을 측정하는 검사에서는 대부분 Likert 척도처럼 구성된 선택형 응답문항을 많이 사용한다.

선택형 문항은 정해진 답지에서 답을 선택해야만 하는 형식의 문항으로, 진위를 선택하는 진위형(true/false) 문항과 여러 개의 정해진 답안에서 선택하는 **선다형**(multiple-choice) 문항이 대표적이다. 선택형 문항, 특히 선다형 문항은 주로 교육 현장에서 학생들의 학업을 평가하는 검사에 많이 사용되는 문항으로 답이 맞으면 1점, 틀리면 0점으로 채점하기 쉽고 시행이 쉽다는 장점이 있다. 그러나 사지선다형 문항의 경우 학생이 답을 모르더라도 맞힐 확률이 25%가 되어 추측으로 맞히는 것도 점수에는 포함될 수 있다는 단점이 있다. 또한 정답 외의 다른 선택지를 만드는 것이 쉽지 않아 시간이 많이 소요된다. 정의적 검사에서의 선택형은 Likert 유형의 척도와 강제선택형 문항이 대표적인 형태라고 할 수 있다.

구성형 문항은 **서답형 문항**으로 불리기도 하며, 단답형, 서술형, 논술형 문항 등이 대표적이다. 구성형 문항은 응답이 개방형이기 때문에, 능력시험 같은 경우 구체적인 시행 절차(시험시간, 답안의 길이 등), 채점에 대한 구체적인 명세가 필요하다. 성격검사에서 많이 사용되는데, 인터뷰, 자기소개 질문, 행동관찰 등에서 사용할 수도 있다. 예를 들어 투사적 기법에서 수검자가 애매한 그림의 형태에 응답하도록 하는 것을 구성형이라고 할 수 있다.

구성형 문항의 장점은 다양하고 창의적인 응답을 할 수 있으며 수검자를 가장 잘 대표하는 행동 표본을 얻을 수 있다는 것이다. 하지만 점수의 신뢰도와 타당도를 확보하기가 쉽지 않으며, 채점의 과정이 복잡하고 시간이 오래 걸려 채점기준을 만들고 채점자를 훈련시키는 준비 과정이 필요하다는 단점도 있다. 또한 채점기준과 채점 훈련이 완벽하다 하더라도 채점자간, 채점자내 신뢰도의 확보가 쉽지 않을 수 있다. 특히 성격검사나 임상심리 검사에서 사용될 경우 검사자의 주관성을 완전히 배제하기 힘들다.

2) 문항 작성 시 고려할 사항

문항은 검사를 구성하는 기본단위로, 문항 작성은 검사 개발의 가장 중요한 단계다. 좋은 문항을 만들기 위해서는 문항을 만드는 단계에서 질적인 분석과 통계적인 분석을 병행해야 하며, 적합하지 않은 문항은 수정하고 제외시켜 검사의 질을 높이도록 노력해야 한다. 특히 문항이 측정하고자 하는 이론이나 영역에 맞추어 작성되었다면 예비검사 후 제외되는 문항의 수를 최소화할 수 있기 때문에 새로운 문항을 다시 작성하고 검토하고 분석하는 시간과 노력을 절약할 수 있다.

정의적 척도의 문항 작성을 할 때는 인지적 · 감정적 · 행동적 측면에서 문항 작성이 가능하다는 점을 고려해야 한다. 예를 들어 자존감을 측정할 때, 개인의 자존감은 자신의 지적 능력에 대한 판단(인지적)에 근거해서 형성될 수 있고, 자신의 외모에 대한 수치심(감정적)에 영향을 받으며, 사회적 상황에서 위축(행동적)으로 표출될 수 있으므로 자존감 척도 문항들은 세 가지 과정으로 구분하여 구성할 수 있다.

정의적 척도의 문항을 작성할 때는 검사 실시대상이 누구냐에 따라 언어수준을 조정해야 한다. 특히 인지능력 수준이 낮은 어린 아동이나 노인들을 대상으로 검사를 제작할 때는 문항의 내용이 의도한 대로 이해되고 있는지를 확인하는 과정이 필수적이다. 즉, 인지타당도(cognitive validity)에 대한 증거를 수집할 필요가 있다(Karabenick, 2007). 인지타당도는 어린 아동들의 경우에만 해당하는 것이 아니고 추상적이고 복잡한 심리상태를 측정하기 위한 척도에서도 필히 검토해야 한다. 문항들을 검사 개발자가 의도한 대로 이해하고 응답했는지에 따라 검사의 구인타당도를 비롯한 다른 유형의 타당도와 신뢰도에도 영향을 미칠 것이기 때문이다.

3) 외국 척도 도입 시 고려사항

외국의 검사를 번역하여 사용할 경우 문화적 · 언어적인 차이에 의해 우리나라의 상황과 맞지 않을 수 있다. 이런 경우 번역과 역번역(back translation) 절차를 도입해서 언어가 다른 두 문화권에서 문항들이 동일하게 기능하는지 확인해야 한다(김아영, 임은영, 2003; 임은영, 1998). 역번역하는 절차는 외국어에서 한국어로 번역된 문항들을 다시 두 문화와 언어에 친숙한 이중언어자가 외국어로 번역하고 원문의 문항과 역번역된 문항을 비교하는 것이다. 만약 역번역 문항 검토 중 문항이 동일한 의미를 표현하는 것으로 보이지 않을 때는 번역과 역번역 절차의 반복을 통해 수정해야 한다. 이러한 역번역 절차는 검사의 **심리측정학적 동등성**을 확보하는 데 필수적인 과정이다.

외국 척도의 도입을 위한 번안 과정에는 학자들에 따라 약간의 차이가 있기는 하지만 몇 가지 단계가 포함된다. 먼저 두 문화권에서 개발된 도구들이 두 집단에서 일관되게 기능하고 있는지에 대한 **기능적 동등성**(functional equivalency)과 언어의 의미가 동등하게 이해되는지에 대한 **개념적 동등성**(conceptual equivalency)을 확인한다[Berry & Dasen, 1974; Brislin & Baumgardner(1971) 등]. 이 단계는 질적인 검토 위주로 진행되는데 앞서 거론된 인지타당도에 대한 확인의 일종이라 할 수 있다. 그다음으로 심리측정학적 동등성에 대한 확인이 필요한데 구조방정식모형 분석을 적용해서 **형태동일성**(configural invariance), **측정단위동일성**(metric invariance), **절편동일성**(scalar invariance) 등을 위계적으로 진행해감으로써 두 척도의 동등성 정도를 검증할 수 있다. 자세한 내용은 Bollen(1989), Kline(2011) 등 구조방정식모형을 연구하는 학자들의 책을 참고하면 된다.

4) 검사지의 구성

문항들이 만들어지면 검사지를 구성해야 한다. 문항 유형에 따라 검사지의 형태가 달라지는데, 인지능력 검사의 경우는 시험지 형태가 될 것이고 정의적 특성을 측정하는 검사의 경우는 설문지 형태가 될 것이다. 검사지를 구성할 때는 지시문을 작성하고 예제문항을 포함한 응답방법에 대한 설명이 필요하다. 또한 개인정보를 기재하기 위한 항목들을 적절히 배열해야 한다. 연구를 위한 목적에서 자료수집을 할 경우는 기명과 무기명 중 선택해야 한다. 사적이거나 민감한 사안이 포함되는 설문의 경우는 이름을 포함한 개인정보는 설문지 마지막에 배치하는 것이 반응의 왜곡을 줄일 수 있다. 미리 자신의 신상을 기록하고 나면 솔직한 대답을 하기가 어려운 경우도 발생하기 때문이다.

설문지를 구성할 때 문항들의 배치방식도 결정해야 한다. 심리적 구인들은 단일 문항으로는 정확한 측정이 어렵기 때문에 복수의 문항들로 척도를 구성해서 측정하게 되므로 당연히 이 문항들은 유사하게 된다. 따라서 여러 개의 하위척도를 동시에 포함시키는 설문지를 구성할 때 문항들의 배치를 어떻게 하는 것이 적절한가를 생각해야 한다. 하위척도별로 문항들을 배치하면 유사한 질문들이 연속적으로 제시되기 때문에 앞선 문항에 대한 반응이 다음 문항에 대한 반응에 영향을 미칠 수 있다. 다시 말해서 문항들 간의 의존성 때문에 실제 그 개인의 각 문항에 대한 태도를 정확히 반영하기 어렵다는 것이다. 따라서 여러 개의 하위척도로 구성된 검사의 문항들은 무선적으로 섞어서 배열하는 것이 보다 정확한 측정을 가능하게 한다. 특히 개별 문항의 타당성과 변별력을 파악하는 것이 중요한 검사 개발을 위해 수행하는 예비검사를 구성할 때는 더욱 그렇다.

5. 예비검사 실시 및 문항양호도 분석

문항들이 완성되면 예비검사를 실시해야 하는데 이때 특별히 고려해야 할 점이 있다. 만약 문항 수가 많은 척도를 개발해야 하는 상황이라면 예비검사에는 최종검사 문항 수의 1.5배 이상의 많은 문항이 포함된다. 따라서 수검자들이 한 번에 많은 문항에 대한 응답을 해야 하면 시간이 흐를수록 피로감 때문에 집중력이 떨어지거나 불성실한 응답을 할 가능성이 높아진다. 이런 경우 설문시의 뒷부분에 배치된 문항들에 대한 응답결과는 앞부분에 배치된 문항들에 비해 오류가 포함될 가능성이 높은 것은 당연하다. 따라서 문항 수가 많은 설문지를 통해 문항 선정을 위한 양호도 분석을 하려면 문항 배치를 달리한 복수의 설문지 유형을 제작해서 실시해야 한다. 이렇게 하면 수검자들의 문항들에 대한 반응에 포함되는 오류의 정도가 고루 퍼지기 때문에 모든 문항에 대한 양호도 분석결과가 공정하게 진행되어 타당한 결과를 얻을 가능성이 높아진다. 다시 말해서 문항들의 제시순서 효과를 **상쇄균형화**(counterbalancing) 기법을 사용해서 배제해야 한다는 것이다. 상쇄균형화에 대한 설명은 제6장에 제시되어 있다.

예비검사를 실시하고 나면 문항의 양호도를 평가해서 최종검사에 포함시킬 문항을 선정해야 하기 때문에 문항분석은 검사 개발 과정에서 매우 중요한 단계다. 문항분석은 질적인 측면과 양적인 측면 모두에서 문항의 타당성을 검토해야 한다. 질적인 측면은 문항이 측정하고자 하는 것을 포함하고 있는지에 대한 평가를 하는 것으로 내용 또는 이론 전문가들이 검토하는 것이다. 이는 검사의 내용타당도 분석과 같다.

1) 인지능력 검사의 문항분석

인지적 영역의 검사, 즉 맞고 틀리는 답이 있는 문항들은 양적인 문항분석을 통해 **문항난이도**(item difficulty), **문항변별도**(item discrimination), **문항추측도**(item guessing) 등을 확인한다. 문항분석은 앞 절의 검사이론에서 설명한 것처럼 고전검사이론과 문항반응이론을 적용해서 분석할 수 있으므로 상황에 맞게 적용해서 분석하면 된다. 문항난이도는 문항의 쉽고 어려운 정도를 가리키고, 문항변별도는 문항이 능력이 높은 사람과 낮은 사람을 구별하는 정도를 의미한다. 문항추측도는 정답을 모르는 사람이 문항을 추측으로 맞힐 수 있는 정도를 의미한다. 고전검사이론에 근거한 문항분석 방법은 검사에 참여한 수검자 집단의 특성에 따라 변할 수 있다는 단점이 있다. 예를 들어 똑같은 검사를 실시하더라도 수리능력이 높은 학생들로 구성된 집단에서 실시하면 정답률이 높아서 문항의 난이도는 쉬운 것으로 나타날 것이고 반면에 능력이 낮은 학생들로 구성된 집단에서는 정답률이 낮아 어려운 문항으로 분석될 것이다. 이와 같은 집단의 특성에 따라 변하는 문항 특성과 달리 문항반응이론에 기초한 분석에서는 수검자의 변하지 않는 잠재능력에 따라 문항의 맞힐 확률을 난이도와 변별도, 추측도를 고려하여 추정(calibration)할 수 있고 일단 추정된 문항 특성은 분석에 사용한 표본크기만 충분하면 어떤 집단을 대상으로 추정하든지 불변적이라고 가정할 수 있다.

2) 정의적 검사의 문항분석

정의적 영역 검사에서의 문항양호도 분석은 문항들 간의 상호상관을 검토함으로써 시작할 수 있다. 문항들 간에 부적 상관을 나타내거나 지나치게 낮은 상관을 보이는 문항들을 확인해서 삭제가능성을 열어 두어야 한다. 하나의 하위척도에 포함된 문항들끼리는 어느 정도의 상관(대체로 $r = .30 \sim .60$ 정도)이 있어야 내적으로 일관된 척도가 만들어진다. 그러나 너무 상관이 높은 경우(대체로 $r = .70$ 이상)는 문항의 내용을 검토해서 지나치게 유사한 내용을 측정하고 있지는 않은지 확인하고 두 문항 중 하나는 삭제하는 것을 고려할 필요가 있다. 같은 내용을 반복적으로 질문하는 것은 수검자들에게 불필요한 부담을 주어서 반응의 성실성을 해칠 수 있다.

만약 측정하고자 하는 구인이 하위구인으로 나뉘는 다차원적인 경우에는 하위구인들을 측정하는 모든 문항을 한 번에 넣고 상관분석을 해 보는 것이 필요하다. 상관분석 결과를 검토해서 해당 하위구인 속의 문항들과의 상관보다 다른 하위구인 속의 문항들과의 상관이 더 높은 문항들이 있는지 확인해야 한다. 만약 이런 문항들이 있는 것을 확인하면 이것들도 삭제대상으로 고려하든지 아니면 문항내용을 검토해서 더 높은 상관을 보이는 하위구인으로의 이동을 고려할 수 있다.

다음으로는 **문항-총점 간 상관계수**를 확인하여 해당 문항의 유용성을 확인할 수 있다. 문항-총점 간 상관은 하위척도의 내적합치도를 평가하고 문항의 변별정도를 파악할 수 있는 중요한 지표이기 때문에 세심한 검토를 요한다. 일반적으로 문항-총점 간 상관계수가 .30 이상이 되면 그 문항은 해당 구인을 어느 정도 측정하는 것으로 판단한다(McCoach et al., 2013; Nunnally, 1978). 그러나 측정하려는 구인이 개념적으로 모호하거나 추상적인 경우 혹은 다차원적인 내용이 포함되는 경우는 .30이 넘지 못해도 척도에 포함시킬 필요가 있는 경우도 있으므로 상황에 맞는 판단을 해야 한다.

통계 프로그램에서 Cronbach의 α 신뢰도를 산출할 때 문항-총점 간 상관계수도 같이 제공된다. 이때 문항-총점 간 상관계수 이외에도 각 문항마다 그 문항이 제거되었을 때 하위척도의 α 신뢰도 계수도 제공된다. 문항이 제거되었을 때의 α가 하위척도의 α보다 높으면 이 문항은 하위척도의 신뢰도를 높이는 데 기여하지 않는 문항으로 수정할지 삭제할지 검토해야 한다. 그리고 나서 요인분석(factor analysis)을 통해서 요인에 대한 문항의 부하량들을 검토해서 문항이 대표하는 요인을 제대로 측정하고 있는지에 대한 분석을 실시한다. 요인분석 절차는 척도의 구인타당도 증거 수집을 목적으로 하지만 요인분석 결과를 통해 문항의 양호도에 대한 평가를 병행할 수 있다. 요인분석은 고급 수준의 통계적 분석으로 전문적인 기술이 필요하다.

6. 최종 문항 선정 및 본검사 실시

예비검사 결과에 대한 문항분석을 수행하고 좋은 문항들을 선정하고 나면 본검사를 제작해서 실시해야 한다. 본검사는 최종적으로 만들어질 검사와 동일한 형태로 구성되어 대상 모집단을 잘 대표하는 표본을 선정해서 실시해야 한다.

본검사 자료는 문항들에 대한 양호도를 재확인하고 또한 최종 검사의 양호도 분석, 즉 신뢰도와 타당도 검증을 위해 필요하다. 따라서 본검사를 실시할 때는 검사의 타당도 증거 수집을 위해서 필요한 다른 척도나 검사들을 함께 실시할 필요가 있다. 예를 들어, 준거관련타당도 확인을 위해서는 개발하는 검사와 유사한 이미 개발된 검사를 함께 실시할 수도 있다. 아니면 예측타당도 증거를 위해서 준거로 사용할 변수를 측정하는 척도를 함께 실시할 수도 있다. 또한 표준화 검사를 제작하고자 하는 경우에는 본검사 자료는 규준 제작을 위해서도 필요하기 때문에 표준화를 대상으로 하는 모집단으로부터 충분한 크기의 대표 표본을 선정해야 한다.

7. 최종본의 양호도 분석

검사의 양호도 검증은 크게 신뢰도(reliability)와 타당도(validity) 분석으로 나누어서 진행한다. 신뢰도는 검사가 측정하고자 하는 것을 일관되고 정확하게 측정하는지 그리고 시간의 흐름에 따라서도 안정적으로 측정하는지를 의미하는 것이다. 타당도란 검사가 측정하고자 하는 것을 제대로 측정하고 있는지, 측정한 결과가 검사의 사용목적을 잘 달성하고 있는지를 의미하는 것이다. 검사는 개인의 특성에 수를 부여하여 해석하기 위한 목적에서 사용하는 것으로, 부여된 수인 검사점수가 제대로 해석될 수 있는지에 대한 과학적인 증거가 필요하고 이런 과학적인 증거는 검사의 신뢰도와 타당도를 검토 함으로써 확보할 수 있다. 신뢰도와 타당도를 검증하기 위한 구체적인 방법은 뒤의 '검 사의 양호도 분석'에서 자세히 다루어질 것이다.

8. 검사의 표준화

개발된 검사를 사용하기 위해서는 검사 시행에 대한 표준 절차가 제공되어야 한다. 검사 시행에 대한 표준 절차는 검사 실시를 위한 지시문, 시간 배정, 채점기준, 점수 해 석에 대한 가이드라인 등을 포함한다. 이는 개발된 검사의 시행과 해석에 일관성을 부 여하기 위한 것으로 궁극적으로는 검사수행에 영향을 줄 수 있는 외부적인 요인들을 통제하기 위한 것이다.

표준화(standardization) 절차에는 규준 제작이 포함된다. 즉, 검사의 대상이 되는 모집 단을 대표하는 표본의 수행결과에 기초한 새로운 점수 체계인 규준(norm)을 만들어서 검사결과에 대한 표준적인 해석을 할 수 있게 하는 것이다. 규준은 한 개인이 자신이 속한 집단의 다른 사람들과 비교하여 자신의 상대적인 위치를 파악할 수 있도록 하기 위해 만드는 점수 체계다. 따라서 규준은 비교대상 집단을 무엇으로 하느냐에 따라 성 별규준, 학년별 규준, 지역규준 등 여러 가지가 만들어질 수 있다.

IV. 검사점수 유형과 해석

검사점수는 검사를 통해 측정해서 얻어진 구체적인 수치로, 측정한 것에 대한 해석 과 직접적인 관련이 있기 때문에 심리검사 개발과 사용에서 중요하게 다루어야 할 사항이다. 검사점수는 원점수(raw score), 표준점수(standard score), 척도점수(scale score) 등으로 표시할 수 있으며 표준점수와 척도점수를 변환점수라고 한다.

이런 변환점수는 검사점수의 해석을 용이하게 해 주기 때문에 다양한 변환점수가 사용되고 있다. 예를 들어 40문항으로 이루어진 수리능력 검사에서 맞은 문항의 총합을 점수로 제공할 경우, 어느 학급에서 25점을 받은 학생의 수리능력을 상대적으로 해석하는 것은 쉽지 않다. 따라서 원점수를 표준점수로 변환하면 같은 검사를 실시한 집단 내 개인의 위치를 파악할 수 있는 추가적 정보를 얻을 수 있다. 이와 같이 원점수를 표준점수로 변환하는 것은 해석에 도움이 되는 유용한 정보를 얻기 위해 점수의 단위를 바꾸는 것이다. [그림 3-1]에는 다양한 종류의 표준점수 체계가 제시되어 있다.

대표적인 표준점수로는 Z점수, T점수, 9분점수(stanine)가 있다. Z점수는 원점수를 평균 0, 표준편차 1을 가진 정규분포로 전환한 점수로, Z점수 2점을 받은 학생의 점수는 상위 97.7% 이상에 속한다고 해석할 수 있다. T점수는 McCall이 고안한 것으로 Z점수를 평균이 50이고 표준편차가 10인 점수 체계로 변환한 것이며 이는 Z점수 체계에서 발생하는 소수점과 음수를 사용해야 하는 불편함을 해소해 준다. 9분점수는 원점수를 1에서 9까지의 점수로 변환한 것으로 정규분포를 9개 구간으로 나누어 제공하는 점수 체계다.

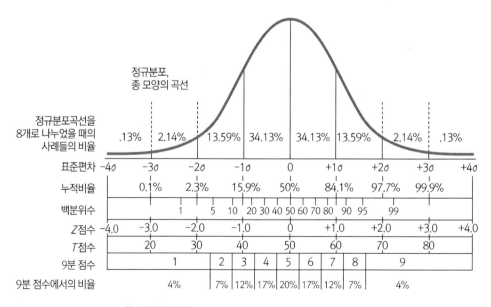

[그림 3-1] 정규분포와 다양한 표준화 점수의 예

척도점수(scaled score)는 같은 내용을 측정하지만 다른 형 검사나 다른 버전의 검사와 비교 가능한 점수를 만들기 위해 원점수를 수학적으로 변환한 점수이고 이 과정을 척도화(scaling)라고 한다. 또한 **동등화**(equating)는 같은 특성을 측정하는 다른 형 검사나 다른 버전의 검사가 서로 비교 가능하도록 같은 척도상에 놓는 과정이다. 예를 들어 공간능력을 측정하는 검사가 재개정되어 일부의 문항이 삭제되고 새로운 문항이 추가되었다고 할 때 이전 버전과 재개정 버전의 점수가 동등하다고 할 수 없다. 이 경우 이 두 버전의 점수를 동등하게 하기 위해서 동등화 과정을 거친다. 또 다른 예를 살펴보면 A형 검사가 B형 검사보다 어렵다고 할 때, 같은 원점수를 받아도 A형 검사를 본 학생의 능력이 B형 검사를 본 학생보다 높을 것이다. [그림 3-2]는 이처럼 다른 두 개의 원점수를 척도화와 동등화를 거쳐 비교 가능한 점수로 만드는 과정을 보여 준다. 우선 A형 원점수를 척도점수로 전환하고 이 A형 원점수와 척도점수를 기준으로 삼는다. 그 후 B형 검사를 수학적인 동등화 과정을 거쳐 A형의 점수에 부합하도록 조정점수를 산출한다. B형의 조정점수는 이미 A형 점수로 조정되었기 때문에 이 조정점수에 따라 척도점수를 다시 부여하면 A형과 B형은 같은 척도점수로 전환되고 이 점수들은 직접 비교가 가능해진다.

| A형 | | | B형 | | | | |
원점수		척도점수	원점수		조정점수		척도점수
45	→	200	45	⇒	43	→	199
44	→	200	44	⇒	42	→	199
43	→	199	43	⇒	41	→	198
42	→	199	42	⇒	40	→	198
41	→	198	41	⇒	39	→	197
3	→	50	3	⇒	1	→	50
2	→	50	2	⇒	0	→	50
1	→	50	1	⇒	0	→	50
0	→	50	0	⇒	0	→	50
척도화			동등화			척도화	

[그림 3-2] 원점수 척도화와 동등화하는 과정

주: Tan & Michel (2011)의 [그림 1]을 편집하여 사용함

IV. 검사점수 유형과 해석 ● ● 101

 질 높은 검사를 확보하기 위해서는 신뢰도와 타당도 분석이 필요하다. 신뢰도는 검사의 일관성(consistency), 안정성(stability), 정확성(precision)과 관련되어 있다. 타당도는 검사가 재고자 하는 것을 재고 있는지에 대한 정도를 나타내며 특히 검사점수의 용도나 해석과 밀접하게 관련되어 있다.

1. 신뢰도

 집에 있는 온도계를 사용해서 현재 기온을 측정했는데, 한 번은 28도, 한 번은 25도, 한 번은 26도가 나왔다면 이 온도계의 온도는 일관적이지 않고 정확하지 않아 신뢰하기 어렵다. 이와 같이 같은 검사를 동일인에게 반복 시행했음에도 불구하고 한 번은 낮은 점수, 한 번은 높은 점수, 한 번은 중간 점수가 나온다면 검사가 측정하고자 하는 것을 일관성 있고 정확하게 측정하는지 신뢰할 수 없게 된다.

 실질적으로 같은 검사를 동일인에게 반복 시행하여도 다른 장소, 다른 시간에 따라 점수가 달라질 수 있다. 그러나 심리검사의 경우 개인의 변하지 않는 특성을 측정한다는 점에서 검사점수의 일관성은 검사양호도를 확보하는 중요한 요소다. 또한 검사의 일관성에 영향을 줄 수 있는 측정오차(measurement error)는 측정의 정확성(precision)과도 관련이 있어서 검사의 신뢰도는 검사점수 해석에 중요한 지표가 된다.

 여기에서는 신뢰도 지표로 검사−재검사 신뢰도(test−retest reliability), 동형(평행)검사 신뢰도(parallel forms reliability), 내적일관성 신뢰도(internal consistency reliability), 일반화가능도(generalizability), 측정의 표준오차(standard error of measurement), 검사정보함수(test information function), 분류일관성(classification consistency)에 대해 설명하기로 한다.

1) 검사−재검사 신뢰도

 신뢰도를 파악하는 가장 단순한 방법은 같은 검사를 동일인에게 두 번 시행하여 두 점수의 상관을 확인하는 것으로 이와 같은 방법으로 신뢰도를 확인하는 것이 검사−재검사 신뢰도다. 검사−재검사 신뢰도의 기본 원리는 동일한 검사를 동일인에게 두 번 시행했을 때 차이가 발생한다면 그 차이는 개인의 수행이나 특성의 변화가 아닌 무선오차(random error)에서 기인한 것이라고 보는 것이다. 따라서 두 번 시행에서 얻어진 점수들 간의 상관계수가 클수록 그 검사는 시간의 흐름에 따라서도 안정적으로 측정한다는 것을 보여 주는 것이다.

검사-재검사 신뢰도는 실용적인 측면에서 두 번의 검사를 시행해야 한다는 단점이 있다. 무엇보다도 검사-재검사 신뢰도에서 가장 고려해야 할 점은 검사와 재검사 사이의 간격이다. 검사와 재검사 사이의 간격이 짧으면 기억으로 인해 재검사 점수에 영향을 미칠 수 있고, 검사와 재검사 사이의 간격이 길어지면 검사점수의 변화가 무선오차에 의한 것인지 개인의 변화에 따라 발생한 것인지 애매할 수 있다. 예를 들어 유아의 언어능력에 대한 검사-재검사 신뢰도를 산출하고자 할 때, 그 간격이 6개월을 넘는다면 아이들의 언어발달로 인해 검사와 재검사의 점수 차이가 발생할 수 있다. 그렇기 때문에 검사-재검사 신뢰도를 검사 매뉴얼에 보고할 때는 이 검사-재검사의 간격을 반드시 보고해야만 하다.

2) 동형검사 신뢰도

검사-재검사 방법은 두 번 시행해야 하는 번거로움이 있고 동시에 검사와 재검사 시기의 간격 조절에 따른 문제점이 있다. 이런 단점들을 보완해 줄 수 있는 방법이 동형검사(혹은 평행검사라고도 함) 방법으로 같은 검사를 동일인에게 두 번 시행하는 대신, 검사의 내용 및 성격이 똑같은 검사를 동일인에게 시행하여 두 동형 검사점수 간의 상관계수를 보는 것이다.

이와 같이 동형검사 신뢰도가 검사-재검사 신뢰도의 단점들을 보완해 줄 수 있더라도, 동형검사가 진정한 동형이 아니라면 검사와 동형검사 간 점수의 차이는 무선오차에서 기인한 차이라고 해석할 수 없다.

3) 내적일관성 신뢰도

내적일관성(내적합치도)은 한 개의 검사를 한 번 실시하여 신뢰도를 추정하는 것으로 반분검사 신뢰도(split-half reliability), KR-20(Kuder-Richardson formula 20), KR-21 (Kuder-Richardson formula 21), Cronbach의 α 등이 있다. 반분검사 방법에 의한 신뢰도 계산은 내적일관성 계수의 시초라고 할 수 있다. 반분검사 방법을 이용해서 신뢰도를 구하는 경우 문항 수가 반으로 줄어 신뢰도가 과소 추정될 수 있다. 이를 보정하는 방법으로 사용되는 것이 Spearman-Brown 공식이다.

반분검사 방법은 검사-재검사 방법에서 문제가 될 수 있는 검사-재검사 간의 간격 조절이나 동형검사 방법에서 발생하는 동형검사 제작의 어려움들을 보완해 준다. Cronbach의 α, KR-20, KR-21은 모든 반분 가능한 조합을 통해 내적일관성 신뢰도를 추정하는 것이다. 그러나 내적일관성 계수는 한 번 실시한 결과로부터 추정하기 때문에 시간의 흐름에 따른 측정의 안정성에 대해서는 아무런 정보를 제공하지 못한다는 제한점을 가지고 있다.

4) 일반화가능도 계수

일반화가능도 계수(generalizability coefficient)는 Cronbach가 소개한 일명 G-theory로 불리는 대안적인 신뢰도에 대한 접근방법으로 검사점수에 영향을 주는 다양한 오차분산의 근원과 기여 정도를 확인하는 것이다. 즉, 일반화가능도 이론은 검사의 신뢰도를 위협하는 다양한 오차의 원인들을 분산분석 모형을 적용해서 파악함으로써 점수의 일관성을 확인하기 위한 방법이다(Cronbach, 1984).

일반화가능도 이론에 따른 신뢰도 추정방법은 특히 수행평가나 면접평가와 같이 복수의 채점자가 있는 경우에 유용하게 사용될 수 있다. 즉, 수행결과에 대한 평가의 신뢰도를 확인할 때 결과점수의 오차분산이 어디서 가장 크게 나타났는가를 분석해 낼 수 있다. 대표적인 오차분산의 근원은 평가자, 평가시점, 평가문항, 평가환경 등이 있으며 분석결과 큰 오차의 근원으로 나타나는 요인들에 대해서는 후속 평가 상황에서 조정하거나 보완할 수 있다.

5) 측정의 표준오차

측정의 표준오차(standard error of measurement: SEM)는 신뢰구간과 함께 사용하여 개인이 받을 검사점수와 오차에 의해 발생할 수 있는 검사점수 구간을 제공한다. 그래서 측정오차는 개인의 점수해석에 유용하다. 다음 공식은 측정오차를 구하는 식으로 SD_X는 검사점수의 표준편차이고 r_{XX}는 신뢰도다.

$$SEM = SD_X \sqrt{1 - r_{XX}}$$

평균이 50이고 표준편차가 10이며 신뢰도가 .85인 검사의 경우 측정의 표준오차를 계산하면, $10\sqrt{1-0.85}=3.873$이다. 이런 경우 한 학생이 그 검사에서 받은 점수가 65점이라면 그 학생의 진짜 점수가 65점을 중심으로 ±1SEM, 즉 61.127~68.873의 구간에 있을 가능성은 68% 정도이며, ±2SEM, 즉 57.254 ~ 72.746 사이에 있을 가능성은 96% 정도라고 해석할 수 있다. 또한 SEM은 이 검사를 가지고 개인의 진점수를 추정할 때 생기는 추정오차의 정도를 나타내는 것으로도 해석할 수 있다.

6) 검사정보함수

앞에서 제시한 신뢰도의 유형은 모두 고전검사이론에 근거한 것이다. 이와 대조적으로 검사정보함수(test information function)는 문항반응이론에서 제공되는 정보로서 그 검사가 측정하고자 하는 능력범위 전체에서 얼마나 정확히 측정하고 있는지에 대한 정보를 제공해 준다. 검사정보함수는 **문항정보함수**(item information function)의 합으로 문항정보함수는 각 문항에서 능력모수(ability parameter) 추정치의 분산과 반비례 관계다. 추정치의 분산은 측정의 정확성과 관련이 있는 데, 분산이 작을수록 추정치가 정확하고 문항정보함수의 값은 커진다. 능력추정의 정확성을 보여 주는 문항정보함수 값들의 합인 검사정보함수를 통해 검사의 측정 정확성을 확인할 수 있다. 또한 검사정보함수는 분할점수를 정할 때 유용한 정보를 줄 수 있다. 능력범위 안에서 검사정보함수가 가장 높은 곳을 분할점수로 선택한다면 측정의 정확성이 가장 높은 곳에서 능력이 구분된다고 할 수 있다.

7) 평정자간 일치도

평정자간 일치도는 복수의 평정자가 채점한 점수들 사이의 일관성을 확인하는 것이다. 평정자간 일치도를 평가하는 방법으로는 평정자간 점수의 상관계수, 완전일치도(exact agreement), 근사일치도(adjacent agreement), 카파계수(Kappa coefficient) 등을 사용한다. 예를 들어, 관찰 자료에 대한 내용분석을 할 때 독립적인 두 명 이상의 평정자가 내용을 분류하기 위한 코딩을 하게 된다. 이때 코딩한 결과가 객관적이라는 것을 보여 주기 위해서는 평정자간 일치도를 계산해서 보고해야 한다. 일치도에 대한 해석에서 주의할 점은 평정자간의 일치도가 높다고 해서 신뢰도가 높다고 할 수 없다는 것이다.

2. 타당도

검사의 타당도는 검사가 측정하고자 하는 것을 제대로 측정하고 있는 정도를 의미하며, 점수 해석을 가능하게 해 주는 증거이자 이론적인 근거이기 때문에 검사를 개발하거나 평가할 때 가장 우선적으로 고려해야 하는 것이다. 또한 검사의 타당도는 그 검사의 사용목적에 비추어서 논의해야 한다. *Standards for Educational and Psychological Testing* (AERA et al., 2014)에서는 검사의 타당도를 확인하는 과정은 점수 해석을 타당하게 할 수 있는 증거를 모으는 것이라고 명시하였다. 전통적으로 타당도는 내용타당도(content validity), 준거관련타당도(criterion-related validity), 구인타당도(construct validity)의 세 가지 형태로 구분해 왔으나, 1980년 이후부터는 타당도를 형태로 구분하기보다는 점수 해석과 관련된 다양한 측면의 증거를 수집하는 방법으로 전환하였다. 또한 Cronbach나 Messick과 같은 일부 심리측정학자는 세 가지 유형의 다른 타당도의 형태보다는 구인타당도를 중심으로 다른 유형의 타당도를 단일한 개념으로 통합하면서 타당화를 척도의 목적에 맞는 점수의 해석을 가능하게 하는 증거수집으로 보고 있다(Messick, 1988, 1989). 이렇게 타당도를 단일한 개념으로 보는 견해도 있지만, 궁극적으로 타당화에 대한 증거를 모으기 위해서는 전통적인 분류방식인 내용타당도, 준거관련타당도, 구인타당도로 나누어서 접근하는 것이 편리하기 때문에 여기에서도 타당도를 세 가지 유형으로 구분하여 소개하고자 한다.

1) 내용타당도를 위한 증거

내용타당도는 검사가 측정하고자 하는 목적에 부합하고 적절한 내용을 측정하고 있는지와 관련된 타당도 증거다. 내용타당도는 문항이나 검사가 측정하고자 하는 내용과 관련이 있는지, 내용을 잘 나타내고 있는지에 대한 증거다. 예를 들어, 수학의 미적분 시험 문항은 미적분의 내용으로 구성되어야지 선형대수학 같은 문항으로 이루어져서는 안 된다. 그래서 내용타당도에 대한 확인은 주로 내용 전문가 집단에서 이루어지며 성취도 검사 같은 지식이나 기술을 측정하고자 하는 검사에서 특히 필요한 타당도다.

내용타당도는 전문가 집단에 의한 질적인 분석이 주로 이루어지고 있지만 2명 이상의 내용 전문가의 검토를 수량화한 양적 분석도 가능하다. 내용타당도지수(content validity index; Lynn, 1986)와 내용타당도비율(content validity ratio; Lawshe, 1975)이 양적 분석의 대표적인 예다. 내용타당도지수 같은 경우 내용 전문가들에게 문항들이 얼마나 내용과 관련 있는지를 평정한 결과를 의미하고, 내용타당도비율은 문항들이 검사에 필수적으로 포함되어야 하는지에 대한 전문가들의 의견을 나타낸 비율이다.

2) 준거관련타당도를 위한 증거

준거관련타당도는 검사가 수검자의 수행을 측정하고 있는지를 확인하기 위해 같은 내용이지만 이미 타당도 증거가 수집된 다른 검사나 결과를 준거로 하여 그 둘의 관계 정도를 확인하는 것으로 공인(공준)타당도(concurrent validity)와 예측타당도(predictive validity)가 있다. 공인타당도는 현재의 시점에서 이루어지는 타당도이고 예측타당도는 미래에 이루어질 행동과의 관계를 확인하는 것이다.

공인타당도의 예를 들면 새로운 영어능력검사의 타당도를 검증하기 위해 이미 타당도가 검증된 TOEFL을 활용하여 두 점수 간의 상관계수를 구함으로써 새로 개발한 영어능력검사의 준거관련타당도를 확인할 수 있다. 예측타당도의 경우 현재의 검사점수가 미래의 수행을 얼마나 잘 예측하는지를 보여 주는 타당도다. 예를 들면, 대학수학능력시험의 준거관련타당도 증거로 사용하는 준거는 그 학생의 대학 GPA가 될 수 있다. 대학수학능력은 그 학생이 대학에 들어가서 수학할 능력을 측정하는 것으로 대학수학능력시험 점수가 높다는 것은 그 학생의 GPA도 높을 것이라는 예측을 할 수 있기 때문이다.

준거관련타당도 증거를 수집할 때 주의해야 할 것은 준거로 사용할 척도나 측정도구가 얼마나 신뢰할 만하고 타당하냐를 확인하는 일이다. 만약 준거로 사용한 척도가 타당하지 않으면 개발한 척도와의 상관관계를 해석하기 어려워 준거관련타당도 증거로 불충분할 것이다.

3) 구인타당도를 위한 증거

구인타당도는 검사가 측정하고자 하는 구성요인을 제대로 측정하고 있는지를 보여 주는 타당도로 검사점수의 해석과 밀접하게 관련되어 있다. 특히 심리검사와 같이 추상적인 특성을 측정하고자 할 때 검사가 측정하고자 하는 심리적 특성을 얼마나 잘 나타내고 있는지를 확인해 주는 타당도다. 검사가 측정하고자 하는 심리적 특성을 제대로 측정해야만 검사점수에 대한 해석이 타당하기 때문에 구인타당도의 확보와 확인은 매우 중요하다.

구인타당도를 확인하는 대표적인 방법으로는 Campbell과 Fiske(1959)가 제안한 다특성−다방법(Multitrait−Multimethod) 분석이나 요인분석(factor analysis)이 있다. 다특성−다방법은 **수렴타당도**(convergent validity)와 **변별타당도**(discriminant validity)를 확인할 수 있다. 수렴타당도는 같은 구인으로 이루어진 다른 검사와의 상관이 높은지를 확인하고 변별타당도는 다른 구인으로 이루어진 다른 검사와의 상관이 낮은지를 확인하는 것이다. 요인분석은 구인타당도를 확인하는 통계적 기법으로 검사를 구성하는 요인을 찾아내기 위해서 사용되며 각 요인에 속하는 문항을 확인할 수 있다.

최근에는 구인타당도를 확인하는 방법으로 **법칙적 망조직**(nomological network) 분석을 수행하는 것을 구인타당도 검증의 최종 절차로 고려하기도 한다. 법칙적 망조직 분석은 Cronbach와 Meehl(1955)이 처음으로 주장하고 Messick(1989)과 Embretson(1983)과 같은 심리측정학자들이 중시하는 구인타당도 증거수집 방법으로, 만약 어떤 검사가 특정 심리적 구인을 타당하게 측성한나면 그 구인과 관련된 외직 요인들과의 턴턴한 관계구조가 성립될 것이라는 것이다. 그러므로 척도의 타당도 증거를 수집할 때 해당 구인과 관련될 것으로 예상되는 외적 요인들에 대한 측정을 함께 진행하고 이론적 관계구조를 상정해서 공분산구조방정식모형에 기초한 통계적 분석을 수행해서 확인할 수 있다는 것이다. 이러한 접근은 LISREL, AMOS, MPLUS 등의 구조방정식모형 분석을 위한 통계 패키지들을 활용하여 쉽게 진행할 수 있다.

VI. 심리검사의 종류

개인의 특성을 측정하기 위해 개발하고 사용하는 심리검사의 종류는 매우 다양하고 많다. 이 절에서는 대표적인 심리검사를 인지적 영역을 측정하는 검사, 정의적 영역을 측정하는 검사로 구분하여 소개하고 한국에서 개발 사용하고 있는 검사 관련 정보를 찾을 수 있는 출처를 소개하기로 한다.

1. 인지적 영역 검사

인지적 영역에 관한 검사는 **지능검사**(intelligence test)나 **적성검사**(aptitude test)와 같은

능력검사(ability test), 학업장면에서 성취수준을 측정하기 위한 **성취도검사**(achievement test)로 나누어 볼 수 있다. 지능검사는 개인의 정신능력이나 잠재력을 측정하기 위한 것이고, 적성검사는 어떤 수준으로 어떤 일을 할 수 있는지에 대한 능력을 세분화해서 측정하는 검사다. 그리고 성취도 검사는 학습이나 훈련을 통해 습득된 지식이나 기술을 측정하기 위한 검사다.

1) 지능검사

심리검사의 시작은 지능에 대한 측정으로부터 시작된 만큼 지능측정은 심리측정에서 역사적 의미를 갖는다. 19세기 후반에 Francis Galton이 반응시간과 감각 변별로 지능측정을 시도한 이후 James McKeen Cattell이 최초로 지능검사(mental test)란 용어를 사용하면서 Galton의 지능측정을 확장시켰다. 20세기에 들어오면서 프랑스의 Binet와 Simon(1905)이 정신지체아를 구별하기 위해 개발한 Binet-Simon 검사를 최초의 지능검사라고 볼 수 있고(Anastasi & Urbina, 1997 재인용), 이 검사를 기초로 스탠퍼드 대학의 Terman(1919)이 미국판인 Stanford-Binet Intelligence Scales를 발표하여 대표적인 지능검사로 자리매김하였다(김아영, 조영미, 2005 재인용). 이 검사는 4번의 개정을 거쳐 2003년 5판(SB5)이 출간되어 현재까지 사용되고 있다.

한편, Stanford-Binet 검사가 아동용으로 시작되었기 때문에 성인에게 적절한 검사의 필요성이 대두되어 1939년 David Wechsler가 Wechsler Adult Intelligence Scale (WAIS)을 개발하여 발표하고, 이후 아동용인 Wechsler Intelligence Scale for Children (WISC)과 유아용인 Wechsler Preschool and Primary Scale of Intelligence(WPPSI)도 개발되어 사용되고 있다(Anastasi & Urbina, 1997 재인용). 지능검사에서 측정하는 것이 잠재력이 아닌 학교교육의 결과로 나타나는 성취도라는 비판과 함께 전통적인 지능검사 사용과 연구에 제동이 걸렸다. Sternberg와 Gardner 같은 지능이론가들이 개인차 중심의 심리측정학에 대한 대안적 이론들을 발표하면서 지능과 그에 대한 측정연구가 새로운 국면에 들어서기 시작했다. 이와 비슷한 시기에 미국의 Kaufman과 Kaufman(1983)이 지능에 대한 인지심리학적 접근을 통합하여 신경심리학적 측면을 측정하는 하위요인을 포함시켜 개발한 Kaufman Assessment Battery for Children(KABC)이 출간되었다. KABC는 2004년 개정판이 나와 지금까지 사용되고 있다.

그 외 지능검사들로는 영유아들의 발달을 측정하기 위한 Bayley 영유아 발달검사 3판에 대해 2015년 현재 한국형 표준화 연구가 진행되고 있으며 Sternberg가 개발한 성공지능검사(Successful Intelligence Scales)와 Salovey와 Mayer가 제안한 정서지능이론에 근거한 정서지능을 측정하기 위한 연구들이 진행되고 있다.

앞에서 소개한 지능검사들은 모두 개인검사 형태이며 대부분 한국판이 제작되어 사용되고 있다. 한국판 Wechsler 검사들은 최신판들에 대한 표준화 작업이 이루어져 K-WISC, K-WAIS, K-WPPSI 등으로 출간되고 있다. KABC도 한국판 표준화 검사가 만들어져 시판되고 있다. 그러나 Stanford-Binet 검사는 1960년대 초반에 고려대학에서 고대-비네검사로 한국판을 제작했으나 현재는 사용되지 않고 있다. 상대적으로 집단지능검사는 학교장면을 제외하고는 별로 많이 사용되지 않아서 새로운 검사의 개발연구가 많이 보고되지 않고 있다.

2) 적성검사

적성검사는 개인의 능력을 측정하는 검사의 일종으로, 지능검사가 현재 개인이 갖고 있는 전반적인 능력에 관심을 두는 것에 비해 적성검사는 특정 영역의 능력들에 초점을 맞추어서 미래수행을 예측하는 것이 목적이다. 따라서 적성검사는 여러 가지 하위검사가 조합된 종합검사(test battery)로 구성된 경우가 많고, 주로 교육상담, 직업상담, 직업 배치 등에 사용된다.

적성검사의 대표적인 예로는 차별적성검사(Differential Aptitude Test: DAT), 일반적성검사총집(General Aptitude Test Battery: GATB), 군직업적성검사총집(Armed Service Vocational Battery: ASVAB) 등이 있다. GATB는 1930년에 미국의 노동부가 직업수행을 예측하기 위해 측정학자와 산업심리학자들을 고용하여 100개의 직업수행 예측을 위해 개발한 검사다. 직업 과목 훈련에 참여한 몇 천 명의 남자를 대상으로 59개의 검사를 시행하고 응답결과를 요인분석을 통해 개발하였고, 그 후 표준 규준은 정기적으로 업데이트되고 개정되고 있다. GATB는 한국에서도 1980년 이전부터 노동부에서 표준화를 시도하여 전국의 중·고등학생들을 대상으로 실시했으나 규준의 적절성 문제 등으로 새로운 적성검사로 대체되었다. 현재는 성인용 직업적성검사, 청소년용 적성검사, 중학생용 적성검사가 제작되어 노동부 홈페이지를 통한 온라인과 전국의 고용안정센터를 통한 지필검사 형태로 보급되고 있다. 청소년용과 중학생용에서는 학업분야를 추천해 준다.

직업수행의 예측뿐 아니라 학업수행 능력의 예측에도 적성검사가 사용된다. 미국의 경우 대학 입학을 위해 학생들의 학업을 예측하는 적성검사인 Scholastic Assessment Test(SAT)와 American College Test(ACT)를 대학 신입생 선발에 사용하고 있으며 한국의 경우 대학수학능력시험도 학업을 예측하는 적성검사로 볼 수 있다. 대학원의 학업수행을 예측하는 검사인 Graduate Record Exam(GRE)은 미국 대학원에서 공부할 학생을 선별하기 위한 적성검사다. 이 외에도 미국 의학대학원 학생 선발에 사용되는 Medical College Admission Test(MCAT), 법과 대학원 학생을 선발하기 위한 Law School Admission Test(LSAT)가 있다.

3) 성취도 검사

성취도 검사는 학습이나 훈련을 통해 성취된 학습성과를 측정하기 위한 검사로 주로 교육적인 상황에서 학생들의 교육수준을 진단하고 보정하기 위한 목적으로 이루어진다. 성취도 검사는 국제수준, 국가수준, 학급수준에서 이루어질 수 있다. 국제수준의 학업평가로는 OECD(Organization for Economic Co-operation and Development)가 주관하는 PISA(Programme for International Student Assessment), IEA(International Association for the Evaluation of Educational Achievement)가 주관하는 TIMSS(Trends in International Mathematics and Science Study) 등이 있어서 한국에서도 주기적으로 참여해서 학생들의 성취수준을 국제적으로 비교 평가하고 있다.

국가수준학업성취도 평가도 2003년부터 시행되어 2015년 현재 중학교 3학년, 고등학교 2학년을 대상으로 매년 시행되고 있다. 국가수준의 학업성취도는 국가의 교육과정의 질을 모니터링하고 관리하는 자료로 사용되어 국가 교육정책의 의사결정에 과학적 증거로 사용하고 있다. 또한 초·중학교 학생들을 대상으로 하는 기초학력평가도 진행되어서 기초학력이 부족한 학생들을 파악하여 학력향상지원 프로그램을 운영하고 있다.

성취도에 대한 평가는 일상적인 교실이나 수업에서 교수자가 자신의 교수활동의 효과와 학습자들의 성취를 평가하기 위해 계속적으로 실시되어야 한다. 따라서 교수자는 기본적인 성취도 검사 제작기법을 익혀서 신뢰할 만하고 타당한 평가도구를 만들어서 사용해야 할 것이다.

2. 정의적 영역 검사

정의적 영역의 검사는 개인의 성격, 태도, 흥미, 동기 등의 일상적인 기질적 특징이나 행동 패턴 등을 측정하는 검사로서 인지능력 검사와 달리 정답이 있는 문항들에 대한 수행을 측정하지 않고 전형적 수행을 측정한다.

1) 성격검사

성격에 대한 정의는 학자들마다 다양하지만, 성격검사는 각 개인의 행동이 타인과 구별되는 동시에 개인의 행동은 일관성을 가지고 있다는 것에 기초해서 개인의 특성을 파악하고 구분하고자 하는 것이다. 초기 성격검사는 정신병리학(psychopathology)에 관심을 가지고 비정상적인 행동을 측정하고자 했고, 이후 1930년대와 1940년대부터는 일반 성격에 관심을 가지기 시작했다. 초기 성격검사는 로샤(Rorschach) 검사와 같은 투사적인(projective) 도구들이 많이 개발되어 특히 임상장면에서 많이 사용되었고, 그 이후 성격검사들은 성격이론에 근거하여 특성이론과 유형론에 기초해서 설문지 형식의 객관적인 도구로 개발되어 왔다.

(1) 유형론에 기초한 검사

성격에 대한 유형론은 성격을 몇 가지 대표적인 유형으로 분류해서 접근한 Jung의 분류법에 근거해서 만든 MBTI(Myers–Briggs Type Indicator)(Myers & McCauley, 1985)가 가장 많이 알려져 있다. Jung은 성격의 유형을 외향성-내향성(I-E), 감각-직관(S-I), 사고-감정(T-F), 판단-지각(J-P)의 네 가지 차원으로 분류했다. MBTI는 이 네 가지 차원이 만들어 내는 열여섯 가지 성격 유형으로 개인을 분류한다. 성격에 대한 유형론은 현대 성격심리학 연구에서는 널리 수용되는 이론은 아니며 각 유형에서의 개인의 정도를 이해하는 특성이론이 보편적으로 수용되고 있다. 특히 발달이 진행되고 있는 학생들의 경우 유형론적 성격평가 결과는 자기충족적 예언효과를 초래할 수 있기 때문에 신중하게 사용되어야 한다. 국내에서도 MBTI가 한국판으로 표준화되어 시판되고 있다.

(2) 특성이론에 기초한 검사

특성이론에 기초한 대표적인 성격검사로는 Cattell(1965)의 16-PF(Sixteen Personality Factors Questionnaire) 검사와 5요인 성격검사들이 있다. 5요인 성격검사는 성격 특성을 성실성, 친밀성, 개방성, 외향성, 정서적 안정성의 다섯 가지 요인으로 분류하여 각각의 특성에서 개인의 정도를 측정한다. Costa와 McCrae(1985)의 Big Five 검사를 비롯해서 대상과 사용장면에 따라 몇 가지가 개발되어 있다.

또 한 가지 대표적인 성격검사로는 1939년에 미네소타 대학에서 제작한 성격측정을 위한 다면적 인성검사(Minnesota Multiphasic Personality Inventory: MMPI)가 있다. MMPI는 성격을 프로파일로 접근하는 검사로서 개인의 성격 특성을 정신병리적 증상의 정도로 진단하는 검사다. 건강염려증, 우울증, 히스테리아, 반사회성, 편집증, 강박증, 정신분열증, 경조증, 남성성-여성성, 내향성의 하위척도와 타당성 척도를 포함하고 있다. 이 검사는 주로 임상장면에서 정신적 문제를 가진 사람들을 선별하기 위한 예비검사로 활용되고 있다. 한국에서도 16-PF검사, 5요인 성격검사, MMPI-II 등이 표준화되어 광범위하게 사용되고 있다.

(3) 투사적 기법

투사적 기법으로 개발된 검사는 애매하고 모호한 자극에 대한 사람들의 반응을 확인하고 해석하는 것이다. 투사적 기법의 기본 가정은 모호하고 애매한 자극에 대해 사람들이 그들의 무의식적인 욕구, 동기, 갈등을 반영한다는 것이다. 대표적인 투사적 검사는 로샤 검사(the Rorschach), 주제통각검사(Thematic Apperception Test: TAT), 문장완성검사(Sentence Completion Tests) 인물화검사(Draw a Person Test: DPT), 집-나무-사람검사(House-Three-Person Test: HTP Test), 그림좌절검사(Picture Frustration Test) 등이 있다.

투사적 기법으로 개발된 성격검사는 임상적이고 경험적인 해석이 주로 이루어지기 때문에 검사의 타당도와 신뢰도를 확보하기 힘들다. 따라서 검사점수를 해석할 때 신중을 기해야 한다. 특히 DAP와 H-T-P 검사와 같이 그림을 그려 성격을 진단하는 경우 성격검사로 사용하기보다는 의심되는 아동의 행동이나 감정의 불안들을 선별하는 목적에서 사용하기를 권장하고 있다(Gregory, 2013).

2) 흥미검사

흥미검사는 주로 직무상황에서 개인의 직업 교육이나 직업 선택을 위한 정보를 제공하기 위해 개발하고 사용하고 있다. 흥미는 직업 선택과 매우 밀접한 관계를 가진다. 우선, 자신의 흥미와 맞는 직업을 가진다는 것은 삶의 질을 만족시켜 주고 더 나아가 흥미 있는 일은 일의 생산성을 높여 준다는 점에서 흥미검사는 직업검사와 관련되어 고용자와 고용인 모두에게 의미 있는 검사로 사용되고 있다(Greogory, 2013).

직업흥미(vocational interest) 검사로 대표적인 것은 Strong Interest Inventory-Revised (SII-R)와 Vocational Preference Inventory(VPI)가 있다. SII-R(Donnay, Thompson, Morris, &

Schaubhut, 2004)의 초판은 1927년에 발표되었다(Strong, 1927). SII-R은 5점 Likert 반응양식을 사용한 291문항으로 이루어졌으며 검사는 일반작업분류 척도(General occupation themes), 기본흥미 척도(Basic interest scale), 직업척도(Occupational scale), 개인특성 척도(Personal style scale), 행정척도(Administrative scale)로 구성되어 있다.

VPI는 Holland의 성격 유형에 기초한 직업흥미 검사다. VPI는 11개의 차원을 측정하는데, 6개의 환경-성격 차원, 5개의 추가적인 차원(자기통제, 남성성/여성성, 지위, 희귀반응, 묵종성)을 측정한다. Holland의 RIASEC 모형(1966, 1985)을 기반으로 한 6개의 환경-성격 차원은 성격 유형에 부합하는 작업과 관련된 패턴을 제시하는 것으로 Realistic(현실형), Investigative(탐구형), Artistic(예술형), Social(사교형), Enterprising(기업형), Conventional(관습형)의 여섯 가지이다. 이 여섯 가지 패턴의 조합을 통해 작업환경을 분류하는 Holland의 코드를 만들었다(Holland, 1966, 1985). 예를 들면, 조경건축사 코드는 RIA(Realistic, Investigative, Artistic), 택시운전사는 RSE, 수학 선생님은 ISC 등으로 분류하여 성격에 부합하는 작업환경을 구분하고자 하였다. VPI는 직업뿐 아니라 대학교의 전공과도 관련된 코드를 만들어서 개인의 직업흥미 유형을 제시한다.

3) 태도검사

개인의 태도는 자기 자신을 어떻게 지각하고 표상하는가를 나타내는 자기도식(self-schema)에 따라 달라지기 때문에 심리학자들은 개인차를 이해하기 위해 자기도식에 대한 관심을 가져왔다. 결과적으로 수많은 '자기(self)'에 관한 도식이 제시되었고 이러한 자기도식은 개인의 신념, 태도, 동기에 영향을 미치고 결과적으로 성취상황에서의 수행을 결정하는 데 중요한 역할을 하는 것으로 나타났기 때문에 주목을 받고 있다.

심리학 연구에서는 수없이 많은 다양한 유형의 각종 태도검사가 개발되어 개인차변인으로 연구에 사용되고 있다. 자기개념(self-concept), 자존감(self-esteem), 자기효능감(self-efficacy), 자기조절학습(self-regulated learning), 자아정체감(ego-identification), 자기결정성(self-determination), 성취목표지향성(achievement goal orientation) 등을 측정하는 검사들이 대표적인 예다.

4) 진로 관련 검사

청소년들의 발달과업 중에서 중요한 것들 중 하나는 일과 직업에 대한 이해와 자신의 능력 개발을 지향하는 것이다. 청소년들이 이러한 과업을 어느 정도 달성했느냐를 판단하기 위해 몇 가지 측면에서 진로발달에 대한 평가가 가능하다. 현재 청소년들의 진로지도와 상담을 위해 개발되어 사용되고 있는 검사들은 크게 진로성숙(career maturity)검사, 진로미결정(career indecision)검사, 진로장벽(career barrier)검사와 이 세 가지 측면을 통합적으로 접근하는 진로발달(career development)검사가 있다.

3. 심리검사 정보 출처

한국에서 개발되고 사용되는 다양한 검사는 이론에 기초해서 개발된 검사들도 있고 외국에서 사용하는 심리척도를 번안하여 사용하는 검사들도 있다. 특히 위에 소개된 다양한 심리척도는 이미 한국어 버전으로 표준화되어 사용되고 있다. 이와 관련해서 한국어로 표준화된 심리검사 및 척도에 대한 정보를 찾을 수 있는 책과 인터넷 사이트 등을 소개하고자 한다.

우선 책으로는 연구자를 위한 『최신심리척도북』(한국심리학회 심리검사심의위원회, 2011), 『심리척도 핸드북』(고려대학교 부설 행동과학연구소, 1999), 『심리척도 핸드북 II』(고려대학교 부설 행동과학연구소, 2000)에서 현재 개발되어 사용하고 있는 심리검사 도구들을 찾아볼 수 있다.

공공기관으로는 한국고용정보원에서 직업이나 진로와 관련된 다양한 심리검사 개발이 이루어져서 현재까지 사용되고 있다. 한국교육과정평가원의 경우 학생의 학습부진 등을 진단하는 진단평가들이 개발되었고 국가수준학업성취도, 대학수학능력검사를 개발 시행하고 있다. 한국교육개발원의 경우 영재 교육을 위한 영재선발 평가도구 등을 개발하여 사용하고 있다.

심리검사를 발행하는 사설기관으로는 가이던스프로(http://www.guidancepro.co.kr), 마음사랑(http://www.maumsarang.kr), 학지사 심리검사연구소(http://www.kops.co.kr), 한국심리적성검사연구소(http://www.kipat.kr/), 한국심리주식회사(http://www.koreapsy.co.kr/), 한국행동과학연구소(http://www.kirbs.re.kr) 등에서 심리척도를 개발 판매하고 있다.

외국의 경우 Nebraska 대학의 Buros Institute에서 발행하는 *Mental measurement yearbook*(http://buros.org/mental-measurements-yearbook)이나 *Tests in print*(http://buros.org/test-reviews-information)와 같은 책이나 온라인에서 정보를 찾을 수 있다.

VII 심리측정학의 최근 동향

기술이 발전함에 따라 검사영역에서도 많은 혜택과 진보가 이루어지고 있다. 우선 컴퓨터 도입으로 검사의 시행이 효율적으로 되었으며 수학적으로 추정하기 힘들어 사용이 어려웠던 심리측정 모형들의 일반적인 사용이 가능해졌다. 이 절에서는 기술 개발의 영향을 받아 최근 관심을 받고 있는 심리측정학 연구의 동향을 몇 가지 소개하기로 한다.

1. 컴퓨터화 검사

컴퓨터화 검사는 **컴퓨터기반검사**(computer based test: CBT)와 **컴퓨터적응검사**(computerized adaptive test: CAT)로 구분할 수 있다. 컴퓨터기반검사는 지필검사 대신 컴퓨터를 검사매체로 사용하여 검사가 진행되는 것이고, 컴퓨터적응검사는 수검자 개인의 능력에 따라 문항이 제공되는 것이다. 컴퓨터적응검사의 목적은 개인의 능력에 가장 맞는 개별 **맞춤형** 검사를 제공함으로써 측정의 정확성을 높이는 것이다.

컴퓨터화 검사를 시행할 때는 매체효과에 따른 점수 변화를 주의해야 한다. 특히 지필검사 대신 컴퓨터를 이용하여 검사가 진행될 때, 검사도구만을 컴퓨터로 사용한 것이기 때문에 지필검사와 비교하였을 때 검사점수나 문항 특성에서 차이가 발생하면 안된다. 그래서 컴퓨터기반검사가 지필검사를 대체할 경우에는 문항, 문항의 형태, 구성이 지필검사와 동일하여야 하고 검사매체만이 달라야 매체효과가 발생하지 않는다.

2. 인지진단모형

인지진단모형(cognitive diagnostic models: CDM)은 학생의 지식구조, 기술(skill)을 측정하기 위해 개발된 모형이다. 검사점수가 학생에게 주는 정보는 극히 제한적이다. 그래서 인지진단모형은 학생이 알고 있는 지식의 구조나 기술을 사용하는 과정에 대한 정보를 제공함으로써 교육의 환류효과를 높이기 위해 개발된 모형이다.

인지진단모형에서는 검사문항이 측정하고자 하는 특성들(지식 구조나 기술)을 Q행렬(Q matrix)로 재구조하여 학생들이 측정하고자 하는 특성의 숙달여부를 확인한다. Q행렬은 열은 측정하고자 하는 지식 구조나 기술들, 그리고 행은 검사의 문항들로 구성되어 있는 행렬로 검사의 문항이 어떤 지식이나 기술들을 측정하고 있는지 보여 주는 행렬이다. 대표적인 모형으로는 DINA(Macready & Dayton, 1977; Haertel, 1989; Junker & Sjitsma, 2001), DINO(Templin & Henson, 2006), RUM(Hartz, 2002; von Davier & Yamamoto, 2004), FUSION(Roussos et al., 2007) 모형 등이 있다.

3. 다차원문항반응모형

검사이론의 하나인 문항반응이론은 일차원성(unidimensionality)과 지역독립성(local independence)이라는 강한 가정을 기반으로 이루어진다. 일차원성 가정은 검사가 하나의 차원을 측정해야 한다는 것이고 지역독립성은 각 문항이 서로 독립적이어야 한다는 것이다. 그러나 검사들 중 일차원성 가정에 부합하지 않는 것들이 있다. 예를 들어 여러 영역에서 학생의 능력을 측정하고 싶은 경우, 학생의 능력을 여러 영역별로 추정함과 동시에 그 영역에서의 문항모수들도 추정해야 한다. 이와 같은 일차원성을 가정하지 않은 검사를 분석하기 위해 개발된 다차원문항반응모형(multidimensional item response theory)의 대표적인 예로는 Logisitic MIRT(Reckase, 1997, 2009), Bifactor MIRT(Gibbson & Hedeker, 1992) 등이 있다.

4. 자동문항생성

컴퓨터로 검사가 시행되면서 문항들의 노출 빈도가 높고 그로 인한 새로운 문항의 개발이 필요해졌다. 그러나 현재 문항 개발 작업은 문항 출제자에 의해 만들어지고 검토자에 의해 검토되고, 사전검사를 거쳐 문항의 모수가 추정되어 문항은행에 보관되는, 시간이 소요되는 일련의 과정을 거쳐야 한다. 또한 현재의 문항 개발 절차는 개발된 문항의 특성들이 개발 후에 확인되기 때문에 이상적이거나 개발자가 원하는 다양한 수준의 문항들을 개발하기 힘들다(Drasgow, Luecht, & Bennett, 2006). 이와 같은 어려움을 극복하기 위해 자동문항생성(automatic item generation)에 대한 연구가 시작되었다. 자동문항생성은 인지과학과 IRT를 사용하여 문항을 생성하는 것이다. 자동문항생성은 문항을 풀기 위해 필요한 개인의 인지적 요소를 파악하고 파악된 인지요소를 문항모형(item model)으로 만든다. 이후 문항모형과 동일하고 문항의 IRT 모수들과 동일할 것이라고 예측되는 새로운 문항을 자동적으로 생성하게 함으로써 전통적인 문항 개발보다 효율성을 높이려는 것이다. 이와 관련된 연구들은 Beja(1993), Embretson(1999), Irvine 과 Kyllonen(2002)을 참조하기 바란다.

VIII 📊 심리검사 개발 및 사용 시 고려사항

심리척도나 검사는 인간을 이해하고 진단하고 평가하는 데에 사용되기 때문에 개발과 사용에 많은 주의가 요구된다. 따라서 검사의 신뢰도, 타당도 등 앞에서 언급되었던 것들은 모두 중요하게 고려되어야 하지만 이 절에서는 검사 개발 상황에 따라 더욱 신중하게 다루어야 할 점들을 정리하고 나아가 검사점수 해석에서의 유의점들을 정리하고자 한다.

1. 척도 및 검사 개발 및 사용 계획 단계에서의 고려사항

앞 절에서 이미 언급한 바와 같이 척도와 검사를 개발하고 사용하는 상황은 세 가지로 구분할 수 있다. 첫째, 측정할 내용이나 이론에 근거하여 새로운 검사를 개발해야 하는 상황이다. 둘째, 이미 개발된 외국 척도를 번안하여서 한국판이나 한국형을 개발하는 경우다. 셋째, 현장 사용이나 연구의 필요성에 따라 이미 개발된 검사의 하위척도의 일부 또는 문항만을 선별하여 사용하는 경우다.

측정할 내용이나 구인에 관한 이론에 근거하여 검사를 개발할 경우 중요한 고려사항은 개발계획 수립과 구인타당도다. 측정내용에 근거한 검사 개발의 대표적인 경우는 성취도 검사 개발이고 이론에 근거한 검사 개발은 지능이론이나 성격이론 등 심리학적 이론에 근거한 지능검사와 성격관련 검사 개발이라 할 수 있다. 내용에 근거한 검사 개발은 내용타당도에 대한 증거수집이, 이론에 근거한 검사 개발은 내용타당도와 구인타당도에 대한 증거수집이 반드시 이루어져야 한다.

이미 개발된 검사를 사용하고자 할 때는 개발된 검사의 대상과 연구자가 사용하려는 대상이 같은지를 확인하고 대상이 다르다면 사용하고자 하는 대상을 가지고 검사의 신뢰도, 타당도가 재분석되고 보고되어야 한다. 이미 개발된 외국 척도 또는 검사를 사용하고자 할 때도 신뢰도와 타당도를 다시 분석해야 하며 역번역 절차 등을 포함한 내용타당화가 반드시 수행되어야 한다. 검사의 일부만을 사용할 경우에도 신뢰도와 타당도가 재분석되어야 한다. 〈표 3-2〉는 검사 개발 및 사용 상황에 따라 확인해야 할 사항들을 정리한 것이다.

〈표 3-2〉 검사 개발 및 사용 상황에 따른 주요 확인사항

검사 개발 및 사용 상황	주요 확인사항	상황 예
내용에 근거한 검사개발	• 내용타당도 확인	• 학업성취도 평가 • 인사 선발 및 배치
이론에 근거한 검사개발	• 내용타당도 확인 • 구인타당도 확인	• 새로운 지능검사 개발 • 새로운 성격검사 개발 • 새로운 동기검사 개발
기개발된 검사 사용	• 개발된 검사의 대상과 연구자가 사용하려는 대상 비교 검토 • 신뢰도, 타당도 재분석	• 이론 검증이나 수정을 위한 반복연구
기개발된 외국척도 사용	• 내용타당도 재분석 • 구인타당도 재분석 • 역번역	• 타 문화권에서 개발된 이론 도입을 위한 연구
검사에서 일부만을 사용	• 신뢰도, 타당도 재분석	• 이론 검증이나 이론의 현장 적용 가능성 탐색을 위한 반복연구

2. 검사점수 해석 및 사용 시 주의사항

검사점수를 해석하고 사용할 때 특별히 주의해야 할 점이 있다. 우선, 합성점수 (composit score)만으로 검사점수를 해석할 때 연구자가 개인의 특성 패턴을 간과하는 것과 관련된 문제다. 여러 개의 하위척도로 이루어진 검사의 점수 해석 시, 평균이나 총점 같은 합성점수는 각 하위척도 점수들이 보여 주는 패턴을 보여 주지 않는다. 〈표 3-3〉은 합성점수와 점수의 패턴을 보여 주는 예로, 3명의 검사 평균은 5이지만 B와 C는 뚜렷이 다른 성향을 보여 준다. 따라서 검사를 임상적인 목적으로 사용할 때는 하위척도 점수들의 패턴에 대한 해석도 고려해야 한다(Murphy & Davidshofer, 2009).

〈표 3-3〉 합성점수와 점수 패턴의 이해(Murphy & Davidshofer, 2006: 530)

개인	성숙척도	편집증 척도	건강염려 척도	평균
A	5	5	5	5
B	2	4	9	5
C	6	8	1	5

또 다른 주의사항은 연구에서 성취도 검사점수를 연구변수로 사용하는 것과 관련되어 있다. 예를 들어 수학 성취도 점수를 종속측정치로 사용하고자 할 때, 각각 다른 학교의 학기말 수학 성취도 원점수를 표준점수로 전환하여 보편적인 성취도 점수로 사용하는 경우가 있다. 이처럼 학교마다 다른 수학 시험과 평가에 기초해서 학생들의 학기말 성적이 산출된 경우 표준점수로 변환하였다고 학교들 간의 평균성취도나 개인의 성취도 점수를 종속측정치로 사용할 수 있는 것이 아니다. 이런 경우에는 연구자가 하나의 공통된 수학 성취도 검사를 다시 시행하거나 각 학교의 수학 성취도 검사를 동등화하여 사용해야 한다.

3. 검사 개발, 선택, 사용 시 고려사항

여기에서는 앞의 내용을 바탕으로 검사를 개발하거나, 기존 검사를 선택해서 사용해야 할 때, 고려해야 할 사항들을 표로 제시한다. 검사를 사용해서 연구를 진행할 때, 다음의 체크리스트들을 확인하여 연구에 적합한 검사를 개발 또는 선택하도록 한다. 체크리스트는 '검사 개발과 사용' '신규 검사 개발' '기존 검사 사용을 위한 검토' '문항양호도 검토' '검사양호도 검토'로 구분하여 제시하였다. 또한 체크리스트는 고려사항과 관련 내용들로 이루어져 있는데, 고려사항은 연구자가 체크해야 할 사항들이고 관련 내용은 체크할 내용과 관련된 진행 방향이나, 이 장에서 관련 내용을 설명한 부분들을 명시해 놓은 것이다.

1) 검사 개발과 사용 시 체크리스트

	고려사항		관련 내용
1	기존에 개발된 검사 중 동일하거나 유사한 내용을 측정하는 검사는 없는가?	없음	⇒ 2번으로
		있음	⇒ 3번으로
2	개발하고자 하는 검사가 이론에 근거한 검사인가 혹은 경험에 근거한 검사인가?	이론에 근거한 검사	근거가 되는 이론에 대한 검토 및 구인 결정
		경험에 근거한 검사	측정하고자 하는 구인과 관련된 행동이나 특성에 대한 행동표본 수집
3	동일하거나 유사한 검사가 외국 검사인가, 한국 검사인가?	외국 검사	⇒ 4번으로
		한국 검사	⇒ '기존검사 사용을 위한 검토 시 확인사항 체크리스트'로
4	한국판 번역본이 있는 경우라면 역번역 절차나 측정학적 동등성이 확보되었는가?	확보됨	⇒ '기존 검사 사용을 위한 검토 시 확인사항 체크리스트' 참조
		확보되지 않음	역번역 및 측정학정 동등성 검증 절차 실시

2) 신규 검사 개발 시 체크리스트

	고려사항	관련 내용
1	검사 대상은 누구인가?	
2	검사가 측정하고자 하는 행동, 구인에 대한 개념적 정의 및 조작적 정의는 무엇인가?	
3	문항 내용 결정을 위한 접근 방식은 무엇인가?	Ⅲ-1-1) 개념적 정의와 조작적 정의
4	어떤 척도 유형을 사용할 것인가?	Ⅲ-2. 척도유형 결정
5	검사명세화표는 제작하였는가?	Ⅲ-3. 검사명세화표 구성
6	예비문항 개발 시 다음의 사항들이 고려되었는가?	
	6-1. 예비문항은 본문항의 1.5배 이상이 개발되었는가?	Ⅲ-4. 문항 개발 Ⅲ-5. 예비검사 실시 및 문항 양호도 분석
	6-2. 예비문항 수가 많은 경우 문항 배치를 달리한 복수의 설문지 유형을 제작 실시하였는가?	
	6-3. 예비문항의 실시 대상이 검사 대상과 동일한가?	
	6-5. 예비검사 실시 시, 본검사 시행 시 고려할 문제가 발생하였는가?	
	6-6. 예비문항의 질적 및 양적 양호도 분석을 통해 최종 문항 선택이 이루어졌는가?	Ⅲ-6. 최종 문항 선정 및 본검사 실시
7	본검사와 관련하여 다음의 사항이 고려되었는가?	
	7-1. 예비검사 실시 및 분석 시 문제점이 보완된 실시 절차와 문항 구성에 따라 본검사가 구성되었는가?	Ⅴ. 검사의 양호도 분석
	7-2. 본검사 표집계획 시 검사대상 모집단을 고려했는가?	
	7-3. 본검사의 문항 양호도 검증이 이루어졌는가?	
	7-4. 본검사의 검사 양호도 검증이 이루어졌는가?	
8	검사 점수에 대한 해석 기준이 만들어졌는가?	Ⅳ. 검사점수 유형과 해석
9	검사 사용에 대한 표준 절차가 만들어졌는가?	Ⅲ-8. 검사의 표준화

3) 기존 검사 사용을 위한 검토 시 체크리스트

	고려사항		관련 내용
1	기존 검사의 대상과 연구자가 측정하고자 하는 대상은 동일한가?	동일함	⇒ 2번으로
		동일하지 않음	문항을 수정하여 사용할 것인지, 검사를 개발할 것인지 결정
2	기존 검사와 연구자가 측정하고자 하는 구인은 동일한가?	동일함	⇒ 3번으로
		동일하지 않음	신규검사 개발
3	검사 문항의 양호도가 보고되었는가?	보고됨	문항의 양호도가 적절한지 검토하고 적절하면 4번으로, 적절하지 않으면 검사의 문항양호도 분석 필요
		보고되지 않음	검사 문항의 양호도 분석 및 분석결과를 보고해야 함
4	검사의 양호도가 보고되었는가?	보고됨	검사 양호도가 적절한지 검토하고 적절하면 5, 6, 7단계로
		보고되지 않음	검사의 양호도 분석 및 분석결과 보고 필요
5	검사를 사용한 다양한 연구들의 결과는 어떠한가? 5-1. 검사를 사용한 연구들에서 검사의 양호도는 어떠한가? 5-2. 다양한 집단에서 유사한 결과가 도출되는가?		이를 통해 연구자가 사용하고자 하는 검사가 본인의 연구와 관련 있는지를 확인할 수 있음
6	검사점수 산출방법은 제시되어 있는가? 6-1. 검사점수 산출방식에 대한 상세한 방법이 제시되어 있는가? 6-2. 하위검사가 개념적으로 하나의 점수가 산출될 수 있는 경우 총점 혹은 평균 점수를 사용하는가? 6-3. 하위검사가 개념적으로 하나의 점수로 산출되지 않는 경우 각 하위검사점수는 동일한 수준으로 다루어지고 있는가? 6-4. 원점수를 변환하는 방법이 상세히 제시되어 있는가?		
7	검사점수에 대한 해석 기준(규준/준거)은 마련되어 있는가? 7-1. 원점수 혹은 변환점수에 대한 해석기준이 제시되어 있는가? 7-2. 규준집단에 대한 기술이나 준거 제작과정에 대한 기술은 잘 되어 있는가? 7-3. 검사결과표는 제공되는가? 7-4. 검사에서 측정하는 구인에 대한 설명 및 점수에 대한 해석방법 등에 대한 상세한 설명이 제공되는가?		

4) 문항양호도 검토 시 체크리스트

	고려사항	관련 내용
1	검사문항 검토 시 다음의 사항이 고려되었는가?	
	1-1. 검사대상이 이해할 수 있는 용어가 사용되었는가?	내용타당도
	1-2. 검사 문항으로 해당 구인을 잘 측정하고 있는가?	구인타당도
	1-3. 검사 문항은 적절한 난이도, 변별도 및 오답 매력도(정답이 있는 검사)나 문항-총점상관이나 요인부하량(정답이 없는 검사)을 보이고 있는가?	III-5. 예비검사 실시 및 문항의 양호도 분석
2	평정 척도를 사용하는 검사의 반응단계는 적절한가?	
	2-1. 검사대상에 따라 반응단계가 적절하게 구성되어 있는가?	I-3-3) Likert 척도
	2-2. 중립반응 단계가 필요한가?	
3	자기보고 검사의 경우 반응왜곡에 대한 조치가 포함되었는가?	
	3-1. 사회적 바람직성 척도가 포함되어 있는가?	
	3-2. 부정문항이 사용된 경우 적절하게 기능하는지 확인하였는가?	II-2-4) 타인보고와 자기보고 검사
	3-3. 반응왜곡을 확인할 수 있는 장치가 있는가?	
	3-4. 반응왜곡을 근거로 검사점수의 해석에 대한 주의를 제공하고 있는가?	

5) 검사양호도 검토 시 체크리스트

	고려사항	관련 내용
1	신뢰도 산출 및 검토 시 다음의 사항이 고려되었는가?	V -1. 신뢰도
	1-1. 검사점수의 안정성이 중요한가?	검사-재검사 신뢰도 필요
	1-2. 재검사 신뢰도의 검사-재검사 기간은 적절한가?	
	1-3. 재검사 시 동일한 검사 문항을 사용하는 경우에 검사 점수가 영향을 받았는가?	동형검사 신뢰도 필요
	1-4. 검사 문항의 유사성만을 측정하는 내적일관성 지수 산출에 문제가 없는가?	하위 구인들이 이질적인 경우에 전체 구인의 총점에 대한 내적일관도 지수를 보고해야 함
	1-5. 평정자간 일치도나 일반화가능도 지수가 필요한 상황인가?	평정자간 일치도나 일반화가능도 지수
	1-6. 개인의 검사점수의 정확도를 해석할 필요가 있는가?	측정의 표준오차가 제시되어야 함
	1-7. 검사정보함수가 제시되어 있다면 모든 점수대에서 높은 값을 보이고 있는가(규준참조검사) 혹은 특정 점수대에서 높은 값을 보이고 있는가 (준거참조검사)?	
2	검사의 신뢰도 지수를 확인했는가?	V -1. 신뢰도
	2-1. 보고된 신뢰도 지수는 .70~.95 범위 내에 있는가?	
	2-2. 보고된 신뢰도 지수가 .95 이상인가?	내적일관도가 산출된 경우라면 문항이 지나치게 많은 것은 아닌지 확인 필요
	2-3. 보고된 신뢰도 지수가 .70 이하인가?	신뢰도 산출에 영향을 미친 요소에 대한 검토 후 사용 여부 결정
3	타당도 증거수집 및 검증에 다음의 사항이 고려되었는가?	V -2. 타당도
	3-1. 검사가 다루는 내용 범위가 중요한가?	내용타당도 검토 필요
	3-2. 검사결과가 준거점수와 높은 상관을 보여야 하는가?	공인타당도 또는 예측타당도 검토 필요
	3-3. 검사의 구인타당도 검증을 위한 다양한 시도가 이루어졌는가?	구인타당도
4	검사의 타당도 증거가 충분한가?	V -2. 타당도
	4-1. 관련이 있다고 생각되는 구인과 적절한 방향으로 유의한 상관이 산출되었는가?	
	4-2. 이론이 제시하는 것과 일치되는 결과를 보이는가?	

여기에서 제시한 체크리스트들의 내용은 심리검사를 사용해서 수행하는 연구에서 확인할 필요가 있는 것들이다. 물론 여기서 제시한 내용 외에도 연구에 따라서는 추가적으로 확인할 사항들이 있을 것이나 여기서는 기본적인 것을 중심으로 연구자들에게 도움을 주고자 하였다.

핵심 개념

척도의 수준, 짝비교척도, 유사동간척도, Likert 척도, 의미변별척도, Guttman 척도법, 행동표본, 개인검사, 집단검사, 지필검사, 수행검사, 자기보고식, 반응왜곡, 고전검사이론, 문항반응이론, 문항특성곡선, 조작적 정의, 규준적 척도, 개인내적 척도, 강제선택형, 검사명세화표, 구성형 응답문항, 선택형 응답문항, 역번역 절차, 심리측정학적 동등성, 문항난이도, 문항변별도, 문항추측도, 검사 표준화, 규준, 표준점수, 척도점수, 변환점수, 동등화, 검사-재검사 신뢰도, 동형(평행)검사 신뢰도, 내적일관성, 일반화가능도, 측정의 표준오차, 검사정보함수, 내용타당도지수, 준거관련타당도, 공인(공준)타당도, 예측타당도, 구인타당도, 다특성-다방법, 수렴타당도, 변별타당도, 법칙적 망조직, 성격유형검사, 성격특성검사, 투사적 기법, 직업흥미검사, RIASEC 모형, 자기관련 검사, 진로관련 검사, 컴퓨터적응검사, 인지진단모형, 자동문항생성

제**4**장

양적 연구

사회과학 영역에서의 양적 연구는 1800년대 초반에 프랑스 철학자 Auguste Comte가 주창한 논리적 실증주의(logical positivism)에 근거를 두고 있다. 양적 연구의 특징을 보면, 첫째, 행동을 이해하는 방법으로 관찰과 추론을 중시한다(Cohen, Manion, & Morrison, 2011). 둘째, 가치중립적(객관적)이고 연역적인 접근법을 주로 사용한다. 셋째, 연구자와 연구대상자는 상호 독립적인 주체로 본다. 넷째, 양적 연구에 주로 사용되는 방법론은 실험과 조사에 의한 자료수집, 수집된 자료의 수량화 및 통계분석이다.

이 장에서는 양적 연구 중에서도 조사연구(survey research)에 속하는 방법들을 구체적으로 살펴보고자 하며 실험연구에 관해서는 제6장에서 보다 자세히 다루고자 한다.

I ｌｌｉ 설문지법

조사연구 수행 시 설문지(questionnaire)는 가장 빈번하면서도 쉽게 사용되는 자료수집 도구다. 설문지는 어떤 문제나 사물에 대해 필요한 사항을 알아보기 위해서 문항들을 만들고 이것을 체계적으로 조직하여 작성한 조사도구다. 설문지를 이용하여 자료를 수집할 때는 설문에 응답할 사람들의 입장을 충분히 고려한 후 응답자들이 마음 놓고 솔직한 반응을 할 수 있도록 작성되어야 한다. 응답자들에게서 성실한 반응을 얻어 내려면 가능한 한 심리적 거부감을 주지 않아야 한다. 따라서 설문지를 제작할 때는 문항

수를 가급적 적게 하여 필요한 내용만 묻는 것이 바람직하다. 또한 응답자의 반응에 대해 익명성을 보장하며 분석을 위해서만 사용될 것임을 사전에 공지해야 한다. 만약 응답자에 관한 다른 정보를 확인하기 위해 기명으로 자료수집이 진행되어야 하는 경우는 제2장에서 거론한 바와 같이 주지된 동의서를 준비해서 연구 참여에 대한 동의를 받고 시작해야 한다.

설문지는 응답형식에 따라 개방형의 구조화되지 않은(비구조화된, unstructured) 설문지와 폐쇄형의 구조화된(structured) 설문지로 구분할 수 있다. 비구조화 설문지는 응답자가 주어진 설문에 대해 비교적 자유롭게 반응할 수 있도록 만든 것이고, 구조화된 설문지는 반응으로서 나타날 법한 항목을 미리 여러 개의 선택지로 제작한 후 선택하게 하거나 서열을 매기도록 만든 것이다. 어떤 형식의 설문지를 사용할 것인가는 설문내용의 성격, 응답자의 수준, 반응에 대한 구조화 정도 등을 고려하여 결정한다.

1. 문항 유형

설문지는 조사하고자 하는 현상, 문제 등에 대한 태도, 의견, 경향성 등을 응답자가 잘 표현할 수 있고 응답자의 응답반응을 효율적으로 얻을 수 있는 유형으로 작성되어야 한다. 설문지의 문항 유형에는 개방형(open-ended type), 진위형(true-false type), 선택형(multiple choice type), 평정형(rating scale type), 순위형(ranking type, rank ordering type), 짝비교형(paired comparison type) 등이 포함된다.

1) 개방형

개방형 문항은 응답자가 설문에 응답할 때, 응답형식의 특별한 제한이 없이 문장형식으로 자유롭게 기술하는 문항 유형이다([그림 4-1] 참조). 이 유형은 응답자의 흥미, 태도 등 질적인 문제를 조사하거나 설문지를 제작하기 위한 예비조사 시에 자주 쓰인다. 뿐만 아니라 예상되는 응답의 범주가 너무 많거나 복합적인 내용의 응답이 예상될 때도 사용될 수 있다. 그러나 개방형 문항은 응답자들에게 비교적 많은 시간과 노력을 요구하기 때문에 불성실한 반응이나 무응답이 나올 가능성도 많다. 또한 응답이 지나치게 다양해질 수 있어서 연구자가 응답에 대한 정리와 분류에 상당한 노력을 들여야 할 때도 있다. 더욱이 개방형 문항에 답을 하려면 응답자가 자신의 생각을 말이나 글로 표현할 수 있어야 하므로 어느 정도의 발달 및 교육수준을 갖추어야 한다.

> 1. 학생의 자기주도학습을 이끌기 위한 교육부, 학교, 학생, 교사, 학부모 등 교육당사자가 해야 할 일에 대해 자유롭게 기술하시오.
>
> _____
>
> _____
>
> _____

[그림 4-1] 개방형 문항의 예

2) 진위형

진위형 문항은 어떤 설문에 대해 '예–아니요' '있다–없다' 또는 '찬성–반대'와 같이 진위를 표현하는 두 개의 선택지 중 하나의 응답 범주를 선택하게 하는 문항 유형이다 ([그림 4-2] 참조). 진위형 문항은 추상적이거나 일반적인 설문보다는 특정 경험과 관련 지을 수 있는 다소 구체적인 설문일 때 사용하는 것이 좋다. 또한 '언제나' '반드시' '절대로' 등의 표현을 쓰지 않는 것이 바람직하다. 이는 한 단어로 인해 문장의 의미가 다르게 해석될 수 있고 이로 인해 편파된 응답이 나올 수 있기 때문이다.

> 1. 다음은 당신의 생활습관에 관한 설문입니다. '예' 또는 '아니요' 중에서 하나를 선택하십시오.
>
>   1) 아침식사는 거르지 않고 한다. (예 / 아니요)
>   2) 하루에 30분 이상 걷거나 운동을 한다. (예 / 아니요)
>   3) 특별한 원인이 없는 불면증이 있을 때가 있다. (예 / 아니요)

[그림 4-2] 진위형 문항의 예

3) 선택형

선택형 문항은 연구자가 미리 상호 배타적으로 모든 응답을 포괄하는 몇 개의 선택지를 제시해 주고, 응답자에게 자신의 의견이나 태도와 일치하는 하나 또는 지정된 개수의 정답을 선택하게 하는 문항 유형이다([그림 4-3] 참조). 이러한 문항을 만들 때는 주어진 설문에 대해 어떤 반응이 가능한지 미리 충분히 조사하여 될 수 있는 한 여러 가지 가능한 반응의 내용을 선택지에 포함하도록 해야 한다. 또한 제시된 응답 이외의 답이 가능하다고 생각된다면 '기타' 선택지를 두고 해당 내용을 직접 기입하도록 한다.

---

1. 대학(원) 졸업 후 진로에 대해 어떠한 결정을 내렸습니까?

　① 이공계열 학과로의 대학원(석사 또는 박사) 진학

　② 이공계열 학과가 아닌 인문, 사회, 예체능 계열로의 대학원(석사 또는 박사) 진학

　③ 이공계열과 관련된 분야에 취업

　④ 이공계열과 관련 없는 분야에 취업 _____

　　(구체적으로 기입하여 주십시오.)

[그림 4-3] 선택형 문항의 예

4) 평정형

평정형 문항은 응답자가 가진 의견, 태도 및 경향성 등을 설문하고자 할 때 응답자가 사전에 정해진 척도에 따라 자신의 생각을 평정하도록 하는 문항 유형이다([그림 4-4] 참조). 척도는 일반적으로 2~7단계 정도가 주로 사용되며 반응단계가 많아질수록 반응점수의 범위가 커져 응답자를 잘 변별할 수 있다. 경우에 따라서는 특별한 목적을 가지고 9단계 또는 10단계의 반응단계를 사용할 수도 있는데, 다만 연구자는 반응단계를 세분화할 때 신중할 필요가 있다. 응답자의 연령이 낮을 경우, 대체로 반응단계를 많이 구분하는 것은 결과에 의미 있는 영향을 미치지 못하기 때문이다. 예를 들어, 초등학교 저학년 학생을 대상으로 7점 척도를 사용하였다 하더라도 5점 척도 정도의 효과를 나타낼 수도 있다. 왜냐하면 나이가 어린 경우 5, 6, 7점 간의 심리적 거리를 정확하게 변별하여 응답하기 어려울 수 있기 때문이다.

	전혀 아니다	아니다	아닌 편이다	그런 편이다	그렇다	매우 그렇다
1. 나는 직업을 통해 나의 능력을 발휘하고 싶다.	①	②	③	④	⑤	⑥
2. 직업 자체가 내 인생에서 의미 있는 일은 아니다.	①	②	③	④	⑤	⑥

[그림 4-4] 평정형 문항의 예

5) 순위형

순위형 문항은 설문문항에 대해 특정 기준을 제시하고 여러 개의 응답반응 간의 순서를 정하게 하는 문항형식이다([그림 4-5] 참조). 예를 들어, 응답반응이 5개라면 이 중 3개를 선정하여 1순위, 2순위, 3순위와 같이 순위를 정하게 하기도 하고 또는 5개 모두를 놓고 순서를 1순위에서 5순위까지 정하게 하기도 한다. 순위형에 대한 응답반응들은 대체로 단어나 문장으로 구성되어 있는데, 개수가 지나치게 많아지는 것은 피해야 한다. 예를 들어, 좋아하는 것 순으로 등수를 매기라고 하면 제일 좋아하는 것들이나 제일 싫어하는 것들에 대한 순위배정은 쉽고 정확할 수 있지만 특별한 선호가 없는 것들에 대한 순위배정은 일관성이 없는 반응을 도출할 가능성이 높기 때문이다.

---

1. 귀하가 현재 자녀교육에서 경제적 지원을 가장 많이 하는 순서대로 3개를 골라서 1, 2, 3으로 순서를 기입하십시오.

① 영어사교육 (   )　　　⑤ 음악교육 (   )
② 수학 · 과학사교육 (   )　　⑥ 미술교육 (   )
③ 국어논술교육 (   )　　　⑦ 체육교육 (   )
④ 도서구입 및 독서교육 (   )　⑧ 기타 _____ (   )
　　　　　　　　　　　(구체적으로 기입하십시오)

[그림 4-5] 순위형 문항의 예

6) 짝비교형

짝비교형 문항은 설문의 응답반응으로 제시된 몇 개의 단어(또는 문장)들을 상호 비교하여 응답자가 어떤 단어(또는 문장)를 더 선호하는지 판단하는 문항 유형이다([그림 4-6] 참조). 이와 같은 방법을 통해 응답자들이 선호하는 항목(단어, 문장)의 순서를 확인할 수 있다. 그러나 짝비교형은 항목이 많아지면 비교 · 판단해야 할 짝이 지나치게 많아지는 단점이 있다(제3장의 '척도법' 참조).

1. 올해 개교기념일을 맞아 각 반이 학교 주변을 다니며 봉사활동을 하기로 하였습니다. 아래의 4개의 항목 중 하나를 우리 반의 봉사활동으로 선택하고자 합니다. 여러분은 아래 6개의 답지에서 두 개의 항목 중 더 선호하는 항목에 ∨ 표시 하시면 됩니다.

> • 어린이집에서 동요 읽어 주기
> • 노인복지관에서 합창 들려드리기
> • 학교 주변 독거노인분들을 방문하여 안마해 드리기
> • 학교 주변 오물과 쓰레기 청소하기

① 어린이집에서 동요 읽어 주기 ( ) : 노인복지관에서 합창 들려드리기 ( )

② 어린이집에서 동요 읽어 주기 ( ) : 학교 주변 독거노인을 방문하여 안마해 드리기 ( )

③ 어린이집에서 동요 읽어 주기 ( ) : 학교 주변 오물과 쓰레기 청소하기 ( )

④ 노인복지관에서 합창 들려드리기 ( ) : 학교 주변 독거노인을 방문하여 안마해 드리기 ( )

⑤ 노인복지관에서 합창 들려드리기 ( ) : 학교 주변 오물과 쓰레기 청소하기 ( )

⑥ 학교 주변 독거노인 방문하여 안마해 드리기 ( ) : 학교 주변 오물과 쓰레기 청소하기 ( )

[그림 4-6] 짝비교형 문항의 예

2. 설문지 작성 시 주의사항

설문지의 문항을 작성할 때는 몇 가지 사항을 주의 깊게 살펴보아야 한다. Edward (1957)가 제안한 것으로 조사연구의 설문문항을 작성할 때 적용할 수 있는 내용과 Haladyna 와 Rodriguez(2013)가 조사연구의 문항작성 가이드라인으로 제시한 내용을 종합해서 요약하면 다음과 같다.

첫째, 한 문항은 한 가지 아이디어나 개념만 포함시켜야 한다. 문항이 한 가지 이상의 내용을 담고 있으면 응답자는 어떤 내용에 따라 응답을 해야 하는지 판단하기 어렵다. 연구자 역시 응답자의 응답이 어떤 내용을 기준으로 결정된 것인지 파악하기 어렵다. 그리고 문장은 가능한 한 단순하고 적은 수의 단어를 사용해야 하며 문장형식의 일관성이 유지되어야 한다. 특히 이중부정 문항은 응답의 어려움이 생길 수 있으므로 피하는 것이 바람직하다.

둘째, 설문에서 측정하고자 하는 것이 무엇인가에 대한 분명한 정의를 내려야 한다.

이것은 문항에 다른 해석이 가능한 단어나 개념을 사용해서는 안 된다는 의미다. 예를 들어, '최근'이라는 단어는 해석하는 사람에 따라 지난달도 될 수 있고 작년도 될 수 있다. 또한 문항에 대한 개인마다의 해석이 다를 수 있기 때문에 가능한 한 중성적 의미를 담은 진술문을 사용해야 한다. 특히 '쉽게' '자주' '매우' 등의 정도를 나타내는 수식어는 개인들 간에 해석의 차이가 클 수 있으므로 꼭 필요한 경우가 아니면 피하는 것이 좋다.

셋째, 설문문항이 답을 특정 방향으로 유도하는 듯한 느낌을 주지는 않는지 주의해야 한다. 다시 말해서 설문문항에 연구자의 감정이나 선호가 암묵적으로 반영되어서는 안 된다.

넷째, 개인의 자존심이나 감정을 자극하는 설문은 피해야 한다. 특히 우리 사회가 점점 다문화사회가 되어 가고 있는 만큼 문화차별적, 인종차별적인 내용이 담기지는 않았는지 신중하게 확인해야 한다.

다섯째, 설문 작성 시 정직한 답이 나오지 않을 것 같은 설문이나 사회적 바람직성 (social desirability)에 영향을 받을 수 있는 설문은 신중하게 제작하고 분석해야 한다. 조사결과의 용도에 따라 연구자가 사회적으로 바람직한 방향이나 비판적인 방향으로 응답을 기대한다 하더라도 응답자들이 이를 인식하지 않도록 해야 한다.

여섯째, 증거가 없는 사실에 대한 설문과 응답자와 관련해서 해당 사항이 없을 수 있는 사항에 대한 설문은 피한다.

일곱째, 설문지에 응답하기 위한 전반적 과정에 대해 표준화된 지시사항이 있어야 한다. 특히 인지능력 수준이 낮은 집단을 대상으로 하는 경우 예시문항과 응답방법에 대한 설명이 포함된 지시문을 제시해야 한다.

여덟째, 설문지에 응답할 응답자의 어휘수준을 고려해야 한다. 응답자가 이해할 수 없는 어휘를 사용하게 되면 설문에 대한 응답자의 이해 정도를 가늠하기 어렵고, 응답 결과를 신뢰하기 어렵다. 설문을 시행하기 전, 응답자와 동일한 특성을 가진 몇 명의 응답자를 표집하여 설문에 사용된 어휘의 이해 정도를 파악할 필요가 있다.

아홉째, 제3장에서도 거론한 바와 같이 Likert식 설문을 작성할 때는 일관성 있는 판단기준(anchor)이 제시되어야 한다. 또한 설문의 반응범주 개수를 결정하고, 중복되는 반응범주가 없도록 해야 한다.

3. 장단점

설문지법은 조사연구를 할 때 가장 널리 빈번하게 사용되는 방법일 것이다. 설문지는 손쉽게 제작할 수 있고 다량의 자료를 짧은 시간 내에 수집할 수 있는 장점이 있다. 반면, 정직하지 못한 응답을 통제하기 또한 어렵다. 이와 같은 설문지법의 장단점을 구체적으로 정리하면 다음과 같다.

1) 장점

설문지법의 장점을 살펴보면 다음과 같다. 첫째, 제한된 시간 내에 필요로 하는 많은 정보를 응답자에게서 얻을 수 있다. 따라서 대규모 조사연구에서 설문지를 많이 사용하게 되는데, 이 방법을 적용하는 데 있어 전문적 지식 및 훈련이 크게 요구되지는 않는다. 둘째로, 연구자가 응답자에게 미치는 영향이 적은 편이다. 관찰법이나 면접법의 경우 관찰자나 면접자의 지식, 태도, 의도가 응답자의 응답 방향에 영향을 미칠 수 있다. 그러나 설문지법의 경우 특정 반응을 유도하려는 설문이 아니라면 응답자의 응답에 크게 영향을 미치지 않는다. 셋째, 응답자의 익명성이 보장되므로 비교적 솔직한 응답을 얻을 수 있다.

2) 단점

그러나 위와 같은 장점에도 불구하고, 설문지법에는 단점 역시 많은 편이다. 첫째, 응답자의 문장이해력과 표현력에 의존하므로 이런 능력이 부족한 대상에게는 적용하기 어렵다. 그러므로 설문지법은 유아나 문맹자, 읽고 쓰는 것이 불편한 사람을 대상으로 실시하기에는 적당한 자료수집 방법이 아니다. 예를 들어, 아동에게 설문내용이 충분히 전달되지 않았다면 응답을 얻었다 하더라도 응답내용이 연구에서 필요로 하는 내용이 아닐 수 있고, 응답 자체의 신뢰도에 문제가 생길 수도 있다. 둘째, 설문지에 응답한 내용의 사실 여부를 확인하기 어렵다. 관찰법이나 면접법을 이용하는 경우, 연구자는 관찰장면과 면접장면에서 얻고자 하는 내용을 직접 관찰이나 면접을 통해 확인하게 되고 그 진위 여부를 연구자가 판단할 수 있다. 그러나 설문지의 경우, 응답자의 응답 내용에 대한 사실 여부를 확인할 수 있는 방법이 없다. 더구나 연구자가 설문지를 직접 실시하지 않은 경우라면, 응답자가 아닌 제삼자가 응답하였다 하더라도 확인할 방법이 없게 된다.

이와 같이 설문지법은 흔히 사용하는 유용한 방법인 만큼 장단점을 숙지하고 해당 연구에 설문지법을 사용할 것인지 여부를 판단해야 한다.

II ‖ 사회측정법

Moreno(1934)가 개발한 **사회측정법**(sociometry)은 집단 내 구성원들 간의 상호관계를 확인하고 측정하기 위한 방법이다(Berg, 2009). 즉, 특정 집단 내에서 한 개인이 동료들에 의해 어떻게 인지되고 받아들여지고 있는지를 평가하는 방법으로서 집단 내 구성원들 간의 역동을 조사할 수 있다. 사회측정법은 대개 새롭게 집단을 구성하거나 기존의 집단을 재조직하고자 할 때, 해당 집단에 대한 정보를 얻거나 또는 사회적 상호작용에서 도움을 필요로 하는 사람을 찾아내고 **집단역동**(group dynamics)을 진단하여 한 집단의 응집력과 인간관계를 분석하고자 할 때 이용할 수 있다(이종승, 2009). 사회측정법은 일반적으로 면접을 하거나 설문지를 사용하여 실시하며 사회측정법에 따른 조사결과는 연구대상의 관찰 자료나 다른 종류의 기록을 함께 참조하여 해석한다.

1. 설문 제작

사회측정법을 적용할 때에는 대체로 설문지를 사용하여 조사를 하게 되는데, 예를 들어, '가장 좋아하는 사람은 누구입니까?'라는 식의 직접적인 형태의 설문문항이 사용된다(그림 4-7 참조). 설문은 연구목적과 집단의 실제 상황을 잘 반영하여 만들어져야 한다. 사회측정법을 수행하기 위한 설문지는 목적이나 대상에 따라 구체적인 설문문항이 달라지지만 일반적으로 다음의 절차에 따라 만들어진다. 첫째, 응답자가 선택해야 하는 집단의 범위를 분명히 한다. 둘째, 설문은 집단의 실제 활동과 관련되어 있는 현실적이고 의미 있는 상황으로 만들어져야 하고 이와 함께 어떤 기준에 따라 선택할 것인지 혹은 선택하지 않을 것인지를 제시해야 한다. 셋째, 집단 내의 역학에 대한 부정적인 기준을 직접적으로 사용하는 것은 가급적 피하는 것이 바람직하다. 예를 들어, 싫어하는 사람, 나쁜 사람 등을 선택해야 하는 직접적인 설문은 사용하지 않는 것이 좋다.

| 학교명: _____ | | 학 년: _____ | | 성 별: _____ |
| 이 름: _____ | | 검사일: _____ | | |

아래의 설문을 읽고 여러분이 평소에 생각하고 있던 그대로 솔직하게 응답하시기 바랍니다. 여러분의 응답은 절대로 아무에게 알려지지 않고 비밀이 유지될 것입니다.

1. 오늘은 우리 학교의 소풍날입니다. 소풍 가는 버스에서
　옆자리에 앉았으면 하고 가장 바라는 친구는?　　　이름: _____
　옆자리에 앉지 않았으면 하고 가장 바라는 친구는?　이름: _____

[그림 4-7] 사회측정법 설문지의 예

2. 자료분석

사회측정법에 따라 수집된 자료를 분석하는 방법으로는 사회측정행렬표(sociometric matrices)와 소시오그램(sociogram)을 사용할 수 있다(송인섭 외, 2008). **사회측정행렬표**는 각 설문에서 응답자가 선택한 것과 선택받은 것을 행렬표에 표시하는 방법이다. [그림 4-8]은 5명의 학생들에게 가장 좋아하는 친구들을 순서대로 3명을 선택하게 한 뒤 작성한 사회측정행렬표의 예시다. 표의 열은 선택된 아동을 나타내고 행은 선택한 아동을 나타낸다. 예를 들어, A 학생은 B를 첫 번째로, E를 두 번째, D를 세 번째로 선택하였다. 사회측정행렬표를 보면 선택순위와 선택 수에 따라 교우관계 정도를 확인할 수 있다. 만약 교우관계 선택과 리더십 간에 관련성이 있다면, 5명의 학생 중에서 B 학생이 리더로 선출될 가능성이 높다.

선택된 아동

		A	B	C	D	E
선택한 아동	A		1		3	2
	B	1		2		3
	C	1	2		3	
	D		1	2		3
	E	2	1		3	

[그림 4-8] 선호아동 선택에 대한 사회측정행렬표의 예(Bordens & Abbott, 2011)

[그림 4-8]의 교우관계 패턴을 도형으로 표현하고 싶다면 [그림 4-9]와 같이 소시오그램을 사용할 수 있다. 소시오그램은 특정 주제와 관련하여 집단구성원의 선택 및 배척을 개괄적으로 나타낼 수 있는 도형적 방법으로서 집단구성원을 표시하는 기하학적 도형과 이 도형을 연결하는 여러 가지 종류의 선으로 이루어진다. 소시오그램을 적용할 때는 유일하게 한 가지 방법만 있는 것은 아니며 얼마든지 새로운 방법을 만들어 낼 수 있다.

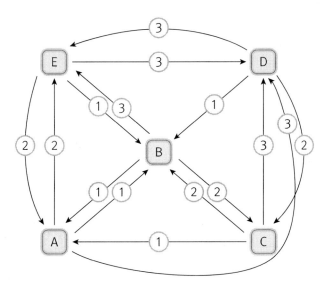

[그림 4-9] 선호아동 선택에 대한 소시오그램의 예(Bordens & Abbott, 2011)

3. 사회연결망이론

1) 사회연결망의 특성

최근 들어 사회측정법으로 수집한 자료의 분석기법으로서 사회연결망이론이 활발하게 연구되고 있다. 사회연결망이론은 사회구조의 특성을 찾아내는 방법으로서, 개별적인 속성이 아닌 관계적 속성이 분석의 대상이다(김용학, 2011). 사회연결망분석은 구조주의적 관점에서 개인 간의 관계를 네트워크 구조로 분석하는 대표적인 계량화 분석기법이며(Barabasi, 2002; Wasserman & Faust, 1994), 개개의 행위자가 독립적이기보다는 상호 의존적이라는 가정하에 서로 간의 관계에서 도출되는 특성을 분석하고자 하는 방법론이다(최수정, 정철영, 2009). 또한 사회연결망이론에 따르면 개인 간 상호작용의 연계성은 행위를 통해 (재)생산되고 유지되며, 각 개인이 맺고 있는 연계의 전체적 형태는 그들의 행위에 영향을 미친다. 사회연결망이론의 장점 중 하나는 행위자 간의 관계분석을 통해 숨어 있는 구조적인 연결 패턴을 발견하고 이를 도식화할 수 있는 것이다.

[그림 4-10]은 최연철(2012)이 또래지명법, 또래평정법과 사회연결망분석을 중심으로 또래관계를 분석한 결과 나타난 유아집단의 네트워크 구조다. 예를 들어, '좋아하는 유아 네트워크 구조'에서의 14번 유아와 '인기 있는 유아 네트워크 구조'에서의 12번 유아는 연결망에서 화살표를 많이 받고 있는 유아들로서 다른 유아들로부터 긍정적 평가를 받고 있을 가능성이 높다. 반면, '싫어하는 유아 네트워크 구조'와 '인기 없는 유아 네트워크 구조'에서의 15번 아동은 다른 유아들로부터 부정적인 평가를 받고 있을 가능성이 높다.

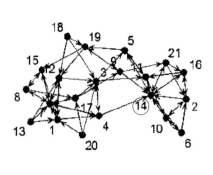

좋아하는 유아 네트워크 구조

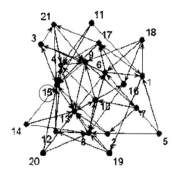

싫어하는 유아 네트워크 구조

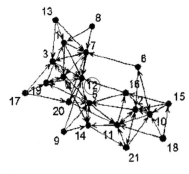

인기 있는 유아 네트워크 구조

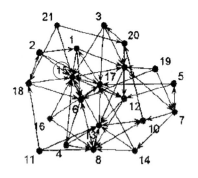

인기 없는 유아 네트워크 구조

[그림 4-10] 사회연결망 분석에 따른 집단 내 네트워크 구조들의 그림 예(최연철, 2012)

2) 사회연결망의 분석 지표

사회연결망분석에는 다양한 지표가 사용되고 있다. 그중에서도 대표적이라 할 수 있는 중심성(centrality), 밀도(density), 소속집단 분석(cohesion), 경로거리(path distance)에 대해 살펴보고자 한다.

첫째, **중심성**은 각 행위자들이 전체 연결망에서 중심에 위치하는 정도를 나타내는 지표다(손동원, 2002; Freeman, 1979; Scott, 2000). 연결망에서 중심에 위치한다는 것은 특정 행위자가 많은 타 행위자와 다양한 형태의 연계를 많이 맺고 있는 것을 의미한다. 중심성 분석에는 **연결정도**(degree), **근접도**(closeness), **매개중심성**(betweenness-centrality) 분석이 포함된다(김용학, 2011). 연결정도는 사회연결망분석 중 가장 기본적인 분석으로 행위자와 행위자가 직접적으로 연결된 관계의 총합을 근거로 산출되는 지표이고, 근접도는 특정 행위자와 다른 행위자 간의 최단경로 거리를 나타내는 지표이며, 매개중심성은 행위자들의 매개자로서의 역할 정도를 측정할 수 있는 지표다.

둘째, **밀도**는 집단 내 행위자들 간의 가능한 총 관계 수 중에서 실제로 맺어진 관계 수의 비율을 나타내는 지표다(Scott, 2000). 이는 관계를 형성하고 있는 집단의 특성을 나타내는 지표로서, 일반적으로 관찰된 밀도는 집단의 크기에 반비례한다(김용학, 2011). 밀도가 1이면 모든 행위자가 서로 연결되어 있는 상태를 의미한다.

셋째, **소속집단 분석**은 사회연결망 내에 존재하는 크고 작은 집단의 특성을 분석하는 방법으로서 연결망 내에 몇 개의 집단이 있는지, 집단의 크기는 어느 정도인지 등을 확인할 수 있는 중요한 지표다(김혜진, 2007). 이 분석에는 **구성집단**(component) 분석과 **소집단**(clique) 분석이 포함된다. 구성집단은 사회연결망 내에 있는 행위자들 끼리 하나의 연결 체계를 형성하는 집단들을 의미하는데, 구성집단에서는 연결 강도는 중요하게 다루어지지 않는다. 하나의 구성집단은 연결된 구성원이 더 이상 없는 지점에서 그 모양과 크기가 결정된다(홍정아, 2013). 소집단은 완전히 연결된 최대 하위집단으로 정의되며(김용학, 2011), 이 방법은 연결망 내에서 직접적인 관계로 이루어진 집단을 묶는 방법으로서 강한 관계에 의해 상호 연결된 행위자들의 집단을 확인하는 기법이다(정혜온, 2007).

넷째, **경로거리**는 특정 행위자와 다른 행위자 간의 관계에서 서로에게 가장 빨리 도달할 수 있는 최소 단계 수를 말한다(김용학, 2011). 경로거리가 가까울수록 사회연결망 내에서 정보를 전달하거나 특정 활동을 수행하는 데 있어 신속하고 효율적일 수 있다.

사회연결망분석은 사회측정법에서 다루고자 하는 특정 집단 내 개인 간의 상호작용, 응집력, 인간관계를 개인과 집단 측면 모두에서 접근하고 지표화하고자 한다. 사회연결 망분석에 사용되는 분석 프로그램으로는 Freeman이 개발한 UCINET, Cyram에서 개발한 NetMiner가 있고, 무료로 보급하는 것으로는 Pajek, Vision, Multinet 등이 있다(김용학, 2011).

III 의미변별법

의미변별법(Semantic Differential Technique)은 Osgood, Susi 그리고 Tannenbaum(1957)이 개발한 평정척도의 일종으로 여러 가지 사물, 인간, 사상, 사건 등과 같은 특정 대상에 관한 태도나 의견을 측정하기 위한 방법이다. 이 방법은 특정 대상에 대한 태도, 감정, 생각을 단일차원을 나타내는 연속체의 양극에 서로 반대 의미를 지닌 형용사의 쌍으로 제시한 후 그 의미를 분석함으로써 대상에 대한 태도나 의견 등을 측정한다. 이는 대상에 대한 느낌을 방향, 거리, 강도를 갖는 의미 공간상에서 표현할 수 있다는 측정이론에 근거한다.

1. 특성

Osgood과 동료들(1957)은 의미공간의 세 가지 요인을 제안하였다. 우선 50쌍의 형용사 반대어 군으로 의미변별척도를 구성하여, 정치적 개념, 인물, 일상생활, 인위적 개념, 사물의 본성의 다섯 가지 집단에 속하는 개념 백 가지를 평정하게 하였다. 그러고 나서 각각의 형용사 척도 간의 상관을 이용하여 요인분석을 수행한 후 의미공간의 요인을 결정하였다. 그 결과, 모든 개념의 의미는 '좋다-나쁘다' '유쾌하다-불쾌하다' '긍정적이다-부정적이다' 등으로 특징지어지는 평가요인(evaluate factor), '강하다-약하다' '무겁다-가볍다' '크다-작다' 등으로 특징지어지는 능력요인(potency factor), '빠르다-느리다' '적극적이다-소극적이다' '격하다-고요하다' 등으로 특징지어지는 활동요인(activity factor)의 3개 요인으로 구성될 수 있음이 밝혀졌다.

이와 같은 의미공간의 3요인은 대상에 대한 지각이 이루어지는 과정에서 나타나는 것이 아니라 의미 대상에 대한 반응 과정에서 나타나는 차원으로 반응적 특성을 갖는다(Osgood, 1962). 그러나 의미변별법을 사용한 후속 연구자들은 의미공간의 세 가지 요인은 고정된 것이 아니라 측정대상에 따라 다른 요인으로 구성될 수도 있음을 보여주었다. 예를 들어, '연인으로서의 나 (내 애인)'에 관한 의미변별척도(주현덕, 2006)는 다정함, 유사성, 집중성, 허용성, 유능함, 개방성 등의 요인으로 구성되어 있다.

2. 척도 개발

의미변별척도를 구성하고자 할 때는 형용사 쌍이 대표성과 적절성을 갖추었는지 검토해야 한다. 대표성이란 '선택한 형용사들이 측정하려는 요인을 적절히 대표하는가?'에 관한 것이고, 적절성이란 '선택한 형용사들이 측정하려는 대상이나 개념에 비추어 적절한가?'에 관한 것이다. [그림 4-11]은 '현 정부에 대한 의견'을 조사하기 위해 의미변별법을 적용해서 제작할 수 있는 평정척도다. 그림과 같이 형용사 쌍을 제시할 때 한쪽은 긍정단어, 다른 쪽은 부정단어들을 제시할 수 있으나 이럴 경우 자신이 표시한 반응결과를 보는 것이 후속 반응에 영향을 미칠 수 있기 때문에 긍정과 부정 단어들의 위치는 우선적으로 배정할 수도 있다.

의미변별척도는 특정 개인이나 집단이 한 개의 개념을 어떻게 지각하고 있느냐를 측

현 정부에 대한 의견

좋다	____:____:____:____:____:____:____	나쁘다
깨끗하다	____:____:____:____:____:____:____	더럽다
신선하다	____:____:____:____:____:____:____	고루하다
강하다	____:____:____:____:____:____:____	약하다
유능하다	____:____:____:____:____:____:____	무능하다
현명하다	____:____:____:____:____:____:____	어리석다
능동적이다	____:____:____:____:____:____:____	수동적이다
진취적이다	____:____:____:____:____:____:____	보수적이다
예민하다	____:____:____:____:____:____:____	둔감하다

[그림 4-11] 현 정부에 대한 의견을 조사하기 위한 의미변별척도

정하는 데 유용한 도구로 사용되고 있으며 점차 응용분야가 다양화되어 정신병리학, 발달심리학, 학습이론, 태도 및 가치관, 언어심리학, 커뮤니케이션 등에도 사용되고 있다(김영희, 최명선, 2001). 그러나 이 방법이 인식적이고 직관적인 분석과 해석이 많다는 점과 측정학적 측면에서 분석의 정교성이 떨어진다는 점이 지적되고 있지만, 여전히 여러 분야에서 정의적 심리 과정을 측정하는 평가도구로서 중요한 역할을 기대할 수 있는 방법인 점은 분명하다(이종승, 2009).

3. 채점과 자료분석

의미변별법에서는 대체로 5단계에서 9단계까지의 평정척도에 반응한 것을 점수화한 후 중앙치나 평균치를 사용한다. 평정척도 반응을 점수화할 때는 단극제세와 양극체세로 채점하는 두 가지 방법 중 하나를 사용하게 된다. [그림 4-12]는 7단계 평정척도를 사용한 후 이를 단극체제 또는 양극체제로 점수화한 예시다.

단극	좋다	7	6	5	4	3	2	1	나쁘다
양극	좋다	+3	+2	+1	0	−1	−2	−3	나쁘다

[그림 4-12] 의미변별법에 적용되는 단극 및 양극 점수체제의 예

〈표 4-1〉은 '현 정부에 대한 의견'을 조사한 의미분석척도에 대한 가상의 수검자 한 명의 응답 자료를 분석한 결과다. 해당 척도는 평가, 능력, 활동의 세 가지 요인으로 구성되어 있고 요인별로 3개의 문항으로 측정하고 있다. 이 표에서와 같이 요인별로 해당 문항에 대한 피험자의 응답을 기록한 후 요인별 평균을 산출하였다. 그 결과, 가상의 수검자는 현 정부에 대해 평가요인에서는 상당히 긍정적이다. 그러나 능력요인에서는 다소 부정적이며 활동요인에서는 중간정도의 평가를 하고 있다. 이와 같이 의미변별법에서의 자료분석은 개인수준에서 요인별 대표치를 산출할 수도 있고, 다시 집단수준에서도 동일한 분석을 수행할 수 있다.

〈표 4-1〉 가상적 수검자의 의미변별척도 분석결과

문항	요인		
	평가	능력	활동
1	6	2	2
2	7	3	5
3	5	2	4
평균	6	2.33	3.67

또한 개인이나 집단 수준에서 산출한 대표치를 사용하여 요인을 중심으로 프로파일을 그려 비교할 수 있다. [그림 4-13]은 '현 정부에 대한 의견'의 성별 분석결과를 평가, 능력, 활동 요인을 중심으로 프로파일화한 것이다. 현 정부에 대한 세 가지 요인에서의 남녀집단 간 차이를 한눈에 살펴볼 수 있다.

요약하면, 의미분석척도에서는 요인, 문항, 피험자 수준에서 분산이 발생하므로 요인 간, 문항 간, 피험자 간 비교가 가능하다. 또한 개인적 · 집단적 수준 모두에서 분석이 가능하다. 이렇게 산출된 다양한 수준의 대표치들(중앙치, 평균치 등)은 앞서 예시로 설명했던 프로파일 분석과 같이 평균치 비교에 활용되기도 하고, 나아가서는 군집분석을 적용하여 의미공간상에서 요인들이 서로 얼마나 떨어져 있는지 그 정도를 알아보기 위한 분석방법에 적용될 수도 있다(이종승, 2009).

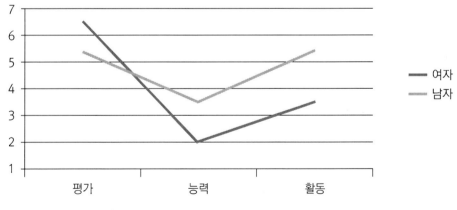

[그림 4-13] 현 정부에 대한 의견의 성별 분석결과

IV 📊 Q 기법

1. 특성

Q 기법은 W. Stephenson(1953)이 고안한 성격측정 방법으로, 여러 가지 다원적 판단, 기호 혹은 인상 등을 측정하고 기록하는 심리측정학적이고 통계적인 절차를 통틀어 말한다. Q 분류법은 다원적 자료를 분류하는 데 강조점을 두며 순위형의 변형된 형태라 할 수 있다(황정규, 1989). Q 분류법은 전통적인 분석방법에서처럼 변수 간의 상관이나 검사 간의 상관에 관심을 두기보다는, 사람 간의 상관 혹은 요인을 탐색함으로써 사람들의 유형을 분류하는 데 목적이 있다. 또한 한 개인의 두 장면(치료 전과 치료 후)에서의 차이를 비교해 보고자 하는 목적에서도 사용된다.

Q 기법은 응답자에게 많은 종류의 진술문, 그림, 어구 등을 주고 이것을 주어진 강제 정규분포에 맞추어 응답자 자신의 기호나 판단에 따라 가장 긍정하는 데서부터 가장 부정하는 데까지의 판단에 따라 분류하게 하는 방법이다. 즉, 제시된 자료에 대해 응답자가 그들의 생각과 일치하는 정도에 따라 순위를 매기는 방법이다. [그림 4-14]는 Q 표본진술문을 분류한 Q 표본분포표의 예시 자료인데, 여기서는 80개의 Q 표본 진술문을 정규분포가 되도록 각 점수에 분류한 결과를 보여 준다.

동의수준	가장 동의함 ←									→ 가장 동의 안 함	
분류 진술문 수	2	4	6	9	12	14	12	9	6	4	2
평정척도	10	9	8	7	6	5	4	3	2	1	0

⚙️[그림 4-14] 80개 Q 표본진술문 분류 시 사용할 수 있는 Q 표본분포표의 예(Kerlinger, 1986)

2. 분석 절차

Q 기법에 사용되는 통계적인 절차는 다른 기법에서의 절차와 유사한데 단지 사람을 변수로 다루기 때문에 자료의 처리방식에서 약간의 차이가 있다. 일반적으로 다음과 같은 절차를 따른다.

첫째, 연구와 관련된 진술문을 수집한 뒤 수집된 진술문들 중에 연구에 사용할 진술문만을 표집한다. 진술문 카드가 지나치게 많으면 응답자가 카드를 분류하여 서열화하는 것이 어려우므로 60매에서 90매 정도로 구성된 카드 세트가 적절하다. 예를 들어, [그림 4-15]는 교사행동 인식에 대한 가상의 진술문들이다. 이와 같은 다양한 진술문을 수집한 뒤, 실제 사용을 위한 Q 표본진술문을 표집한다. 여기서는 Q 기법의 분석 절차를 간략하게 설명하고자 교사행동 인식에 관한 가상의 Q 표본진술문 10개를 제시하였다.

Q 표본 진술문

요인 1: 학생과 학업 관련
1. 학생들에게 수업 보조자료를 제공한다.
2. 학생들의 개인문제에 대해 진지하게 관심을 둔다.
3. 학생들에게 학기평정의 중요성을 설명한다.
4. 수업을 계획할 때 학생들의 흥미를 활용한다.
5. 수업시간에 시청각 자료를 사용한다.

요인 2: 수업과 과제 관련
1. 수업을 잘 계획해서 진행한다.
2. 학생들에게 학교 규정에 대해 알려 준다.
3. 자신의 전공과목에 있어서 유능하다.
4. 학생들이 지켜야 할 규칙을 미리 알려 준다.
5. 과제확인을 부정기적으로 한다.

[그림 4-15] 교사행동 인식에 대한 Q 표본진술문의 예

둘째, 개인 내 차이를 측정하기 위한 과정으로 Q 분류를 실시한다. 이때 응답자는 Q 카드들(Q 표본진술문) 각각을 강제 정규분포가 되도록 분류해야 한다. 강제 정규분포로 분류하는 것은 정규분포의 원칙에 따라 미리 정해 놓은 척도 값별 카드 수에 따라 Q 카드의 개수를 배당하는 방법이다. [그림 4-14]에서 80개 Q 표본진술문을 분류하기 위한 Q 표본분포표를 설명하였는데, [그림 4-16]은 교사행동 인식에 관한 가상의 Q 표본진술문 10개를 정규분포가 되도록 5단계로 분류하기 위한 Q 표본분포표의 예를 제시한 것이다.

동의수준	가장 동의함 ◄			► 가장 동의 안 함	
분류 진술문 수	1	2	4	2	1
평정척도	4	3	2	1	0

[그림 4-16] 10개 Q 표본진술문을 5단계 분류 시 사용할 수 있는 Q 표본분포표의 예

셋째, Q 분류의 결과를 유목 배열하고 유목 평균을 산출함으로써 응답자에 대한 일반적인 정보와 개인 내적인 정보를 얻을 수 있는데, 〈표 4-2〉는 위에 제시한 교사행동 인식의 진술문에 대한 가상의 아동 A가 Q 분류한 결과와 유목평균을 산출한 것이다. 아동 A는 학생에 대한 관심요인에서 평균이 2.6이고 수업과 과제 관련 요인에서 평균이 1.4다. 아동 A는 교사행동 인식 시 학생에 대한 관심요인을 더 중요하게 생각하는 것으로 해석할 수 있다.

마지막으로, Q 분류의 자료를 이용하여 연구가설을 검증하기 위한 분산분석, 상관분석, 요인분석 등을 수행한다. 분산분석은 요인의 평균치에 대한 유의도 검증이 가능하고, 상관분석은 응답자 간의 상호관계를 확인할 수 있다. 요인분석을 통해서는 응답자의 Q 분류결과를 기초로 응답자를 유형화하는 데 사용할 수 있다.

이와 같이 Q 기법은 특정 변수에 있어서 개인이 가진 내적 중요도에 관심이 있거나, 사람들 간에 어떤 관련성을 보이는지 확인하고자 할 때, 또 사람들을 유형화하여 집단별로 특성의 차이를 살펴보고자 할 때 그 활용도가 높다(Kerlinger, 1986).

〈표 4-2〉 아동 A가 Q 분류한 결과의 예

문항 \ 요인	학생과 학업 관련	수업과 과제 관련
1	2	2
2	4	2
3	3	2
4	3	1
5	1	0
총점	13	7
평균	2.6	1.4

V. 📊 메타분석

1. 특성

메타분석(meta-analysis)이란 연구의 내적 타당도를 높이고 외적 타당도를 확대시키기 위해 유사한 주제로 수행된 연구들의 결과를 통합하는 통계적 연구방법이다. 메타분석은 어떤 주제와 관련하여 먼저 수행된 연구결과를 찾아내고 분석하는 것인데, 이를 통해 연구자는 연구들 간의 독립변수의 효과크기와 연구결과 간의 일관성에 대한 통계적 결론을 얻을 수 있다(Bordens & Abbott, 2011). 즉, 메타분석을 통해 문헌연구가 갖는 여러 가지 한계를 넘어서 개별 연구결과를 통계적으로 통합 또는 비교하여 포괄적이고 거시적인 연구 결론을 이끌어 낼 수 있게 된다. 이런 양적 접근의 종합적 분석연구는 1930년 전부터 이미 통계학자들의 관심 속에 연구되어 왔고, 1976년 Glass는 최초로 연구결과들의 분석(analysis of analyses)이라는 뜻의 '메타분석'이란 용어를 소개하였다. 이후에 Hedge가 메타분석의 기법을 정립하였고, Hunter와 동료들이 이 기법을 발전시켜 나갔다(Hunter & Schmidt, 2004).

2. 분석방법

메타분석 기법에는 투표계산법(vote-counting method), 유의도 수준분석(analysis of significance levels), 효과크기 분석(analysis of effect-magnitude measures)이 있다(한국교육평가학회, 2004). **투표계산법**은 특정 연구 주제에 포함시키고자 하는 연구들을 두고 단순히 통계적으로 유의미한 결과가 몇 개나 되는지 구체적으로 세는 방법이다(이종승, 2009). 이 방법은 메타분석의 가장 초기 접근으로서 통계적 유의미 여부만을 확인하므로 구체적 정보가 상실되고, 표본의 크기가 무시되기 때문에 현재는 거의 사용되지 않는다. **유의도 수준분석**은 메타분석에 포함하기로 한 연구들의 결과를 통합한 뒤 이에 대한 유의도 검증을 수행하는 것으로(Hedges, Cooper, & Bushman, 1992) 서로 다른 모수들이나 구인들이 검사에 포함되어 있어 어떤 공통 척도로 전환이 불가능할 때 사용한다(한국교육평가학회, 2004). 마지막으로, **효과크기 분석**은 연구결과의 통합된 처치효과(효과크기)를 추정하는 기법으로서(Hedges et al., 1992) 어떤 특정 변수의 효과크기에 대한 가설검증이 가능하다. 메타분석에서는 전체적 효과크기, 효과 사이의 변동(variation in effects), 연구 특징들의 차이, 서로 다른 연구결과의 효과크기 비교 등을 다룬다.

[그림 4-17]은 메타분석을 수행한 예로, 임신일과 박병기(2013)가 수행한 국내외 시험불안 연구들을 종합한 연구로서 메타분석의 세 가지 접근 중 효과크기 분석방법을 적용한 결과다. 이 그림은 시험불안과 학업성취 간의 관계를 다룬 선행연구들을 종합해서 상관 효과크기를 계산하고 유의도 검증을 수행한 결과를 보여 준다.

〈표 5〉 국내·외별 시험불안과 과목별 학업성취 관계

관련변인			사례	상관효과크기	표준오차	$U1$	$U3$	Q_W	df_w	Q_W	df_w	F_Q
전체과목	국내·외	국내	285	-.122	.003	-.129	-.116	140.78***	1	5303.42***	617	16.37
		국외	334	-.172	.002	-.177	-.167					
		전체	619	-.151	.002	-.155	-.147			5444.20***	618	
과학	국내·외	국내	19	-.201	.011	-.227	-.175	12.55***	1	157.27***	22	1.75
		국외	5	-.116	.003	-.155	-.077					
		전체	24	-.175	.007	-.197	-.153			169.82***	23	
국어 (자국어)	국내·외	국내	25	-.143	.013	-.164	-.122	13.45***	1	627.99***	45	.96
		국외	22	-.093	.008	-.109	-.078					
		전체	47	-.110	.008	-.123	-.098			641.44***	46	
수학	국내·외	국내	28	-.112	.008	-.132	-.092	3.48	1	457.66***	67	.50
		국외	41	-.135	.004	-.149	-.121					
		전체	69	-.127	.004	-.139	-.116			461.09***	68	
외국어	국내·외	국내	12	-.032	.011	-.069	.004	57.83***	1	77.29***	45	33.64
		국외	4	-.271	.008	-.318	-.222					
		전체	16	-.114	.012	-.143	-.085			131.13***	15	
전과목		전체	619	-.151	.002	-.155	-.147			5444.20***	618	

***$p < .001$

[그림 4-17] 효과크기 분석방법을 적용한 메타분석 결과(임신일, 박병기, 2013)

3. 장단점

메타분석은 개별 연구결과들이 가지는 한계를 극복할 수 있는 좋은 방법으로 제안되어 왔다. 메타분석과 관련된 장점을 정리해 보면 다음과 같다. 첫째, 메타분석은 장기적 관점에서 연구를 종합하게 되므로 개별 연구결과가 가지는 측정오차를 상당 부분

제거할 수 있다. 둘째, 서로 다른 조작적 정의를 사용한 여러 연구를 종합하게 되면 자동적으로 복합적인 조작적 정의를 사용한 연구가 될 수 있다. 셋째, 하나의 측정결과에서 생길 수 있는 특정한 내적 타당도에 대한 위험을 반복적으로 실험함으로써 없앨 수 있다. 넷째, 메타분석을 수행할 때는 피험자 수가 크게 증가하기 때문에 개별 연구결과의 불안정성 문제가 상당히 해결될 수 있다. 다섯째, 다양한 피험자와 맥락에서 수행된 연구결과를 종합함으로써 연구결과의 일반화 가능성을 향상시키게 된다. 여섯째, 연구에 있어서 가능한 오염요인들을 조절변수로 취급하여 이런 변수들이 연구의 결론을 위협할 가능성을 체계적으로 조사할 수 있다.

반면, 메타분석은 전통적인 방식의 연구 과정을 거치지 않고 과거부터 축적된 개별 연구결과를 양적인 방법으로 종합하는 분석이어서 다음과 같은 방법론적 한계를 가진다. 첫째, 연구표본, 측정방법 등의 다양성 때문에 결과의 일반화가 논리적 통일성을 갖기 어려울 수 있다. 둘째, 연구의 질이 제각기 다를 수 있으므로 분석결과를 합리적으로 통합하기 어려운 면이 있다. 셋째, 발표된 연구결과들이 유의한 것만 제시되는 경향이 있으므로 결과의 신빙성 문제가 제기될 수 있다. 넷째, 집단 간 차이에 대한 유의도, 상관크기와 같은 단일한 통계치만을 분석함으로써 구체적 정보가 무시될 수 있다.

따라서 효과적인 메타분석을 위해서는 수집할 연구 자료의 구체적 기준을 설정해야한다. 이와 관련해서는 자칫 이미 발간된 연구결과만을 사용하게 될 수도 있는데, 이런경우 유의미한 결과가 대부분을 차지하게 되어 오염된 결과를 도출할 수 있다. 따라서가급적 오류를 줄이기 위해 미간행 자료를 적극적으로 수집할 필요가 있다. 메타분석은 동일한 주제의 개별 연구결과에서 얻은 통계치를 실제 코딩하는 작업이 매우 중요한 부분을 차지하므로 코딩의 준거를 분명히 해야 하고, 입력자 간의 신뢰도를 중요하게 다루어야 한다. 메타분석에서 모두 포함하기엔 어려운 다양한 독립변수와 종속변수가 존재할 경우 별도로 분석을 수행하고 결과를 검토해야 한다. 또한 메타분석에서는유의도 검증과 효과크기에 대한 지수 추정이 병행되는 것이 바람직하다.

빅데이터(big data)란 일반적으로 인터넷의 출현과 이용 환경의 발전에 따라 생겨난 거대한 규모의 대용량 데이터 집합을 가리킨다. 빅데이터는 디지털 환경에서 생성되는 데이터인 만큼 그 규모가 방대하고, 생성 주기도 짧고, 형태도 수치 데이터뿐 아니라 문자와 영상 데이터를 포함하는 대규모 데이터다. 이는 기존의 데이터베이스 관리도구의 데이터 수집, 저장, 관리, 분석 역량을 넘어서는 데이터세트(dataset) 규모로 정의될 수 있고, 이러한 정의는 주관적이라 할 수 있으며 앞으로 계속 변화해 나갈 것이다 (Manyika & Chui, 2011).

1. 특성

빅데이터란 엄청난 양과 빠른 속도 그리고 다양성을 갖춘 정보로서 3V(Volume, Variety, Velocity)와 1C(Complexity)로 정의될 수 있다(Genovese & Prentice, 2011). 여기서 Volume(규모)이란 데이터 규모가 엄청남을 의미하고 Variety(다양성)는 로그기록, 소셜, 위치정보 등 데이터 종류의 증가로 텍스트 외 멀티미디어 등 비정형화된 데이터의 유형이 다양화되는 것을 의미한다. Velocity(속도)는 데이터가 발생하는 속도 및 처리에 요구되는 속도가 빠름을 의미하고, Complexity(복잡성)는 구조화되지 않은 데이터, 데이터 저장방식의 차이, 중복성 문제 등 데이터 종류가 확대되고 외부 데이터의 활용 등으로 관리대상이 증가됨으로써 점차적으로 데이터 관리 및 처리가 복잡화되고 심화되어 새로운 처리 및 관리 기법이 요구되는 상황을 의미한다(김정선, 2015). 또한 이각범(2011)은 빅데이터를 대량으로 수집한 데이터를 활용, 해석하여 가치 있는 정보를 추출하고 생성된 지식을 바탕으로 능동적으로 대응하거나 변화를 예측하기 위한 정보화 기술로 정의하고 있다. 따라서 빅데이터는 디지털 환경 속에서 폭증하고 있는 다양한 종류의 데이터 자체뿐 아니라 이를 속성에 맞게 처리할 수 있는 새로운 데이터 관리 및 분석 방법까지도 포괄적으로 담고 있는 개념이다.

2. 규모와 활용

빅데이터는 PC와 인터넷, 모바일 기기 이용이 생활화되면서 사람들이 도처에 남긴 발자국(데이터)이 기하급수적으로 증가하는 데 따르며(정용찬, 2012), 사람과 기계, 기계와 기계가 서로 정보를 주고받는 사물지능통신(Machine to Machine: M2M)의 확산도 디지털 정보가 폭발적으로 증가하게 된 이유라 할 수 있다. 또한 사용자가 직접 제작하는 UCC(User Created Contents)를 비롯한 동영상 콘텐츠, 휴대전화와 SNS(Social Network Service)에서 생성되는 문자 등은 데이터의 증가 속도뿐 아니라 형태와 질에서도 기존과 다른 양상을 보이고 있다. 특히 블로그나 SNS에서 유통되는 텍스트 정보를 통해, 글을 쓴 사람의 성향이나 소통하는 상대방과의 연결관계도 분석이 가능하다. 트위터(tweeter)의 경우, 하루 평균 1억 5,500만 건이 생겨나고 동영상 저장 커뮤니티인 유튜브(YouTube)의 하루 평균 동영상 재생 건수는 40억 회에 이른다. 글로벌 데이터 규모는 2012년에 2.7제타바이트(zettabyte), 2015년에는 7.9제타바이트로 증가할 것으로 예측하고 있다(Gantz & Reinsel, 2011).

빅데이터가 주목을 받고 그 활용가치에 대한 기대가 높아진 것은 데이터를 빠르고 다면적으로 분석하여 최적의 의사결정에 활용할 수 있기 때문이며, 나아가 각 부문에서의 미래 경쟁력의 우위를 좌우하게 될 중요한 자원으로 활용할 수 있기 때문이다. 이와 관련하여 기업은 고객의 행동을 미리 예측하고 대처 방안을 마련해 기업경쟁력을 강화시키고, 생산성 향상과 비즈니스 혁신을 도모하고자 하며(Manyika & Chui, 2011). 정부의 경우에도 빅데이터의 가치에 주목하여 재난, 안보, 경제, 의료, 과학기술, 정부 운영 등의 분야에서 빅데이터를 활용하기 위한 방안을 모색하고 있다.

3. 처리기술과 분석법

빅데이터 처리기술로 가장 잘 알려진 방식은 하둡(Hadoop)이다. 하둡은 대량의 자료를 처리할 수 있는 대규모 컴퓨터 클러스터에서 동작하여 분산 애플리케이션을 지원하는 오픈소스 자바 소프트웨어 프레임워크다(서유형, 2014). 하둡 이외에도 빅데이터 처리기술로서 SAS 9.4의 텍스트 마이닝 기능과 분산처리 환경, EMC의 그린플럼 DCA, 테라데이타의 에스터 맵리듀스 플랫폼, 오라클의 엑사데이터와 빅데이터 어플라이언스 솔루션, IBM의 퓨어 스케일 등이 있다.

빅데이터 분석기법으로 많이 사용되는 방법은 통계학의 데이터 마이닝 기법들이다. 이와 함께 인터넷 리뷰나 소셜 네트워크상의 텍스트를 분석하는 텍스트 마이닝, 소셜 네트워크상의 사용자 간 관계를 분석하는 소셜 네트워크 분석, 기상 자료 등에 특화된 공간데이터 분석 등 데이터 특성과 분석목적에 따라 다양한 기법이 계속해서 개발·발전되고 있다(서유형, 2014). [그림 4-18]은 한국정보화진흥원의 빅데이터 전략센터에서 발간하고 있는 『BigData Monthly』 제8호에 실린 '봄맞이'라는 키워드를 사용해서 빅데이터 분석을 수행한 결과로서, 빅데이터 분석이 우리 실생활과 어떻게 관련될 수 있는 보여 주는 예라 할 수 있다.

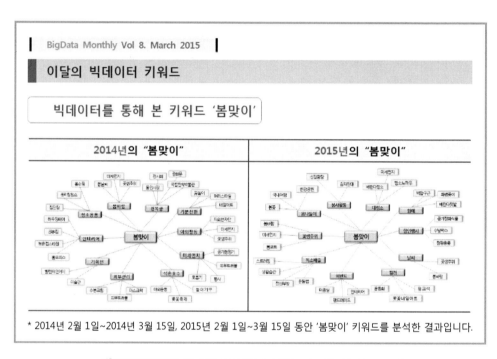

[그림 4-18] 빅데이터 분석 결과(한국정보화진흥원, 2015)

VII 📊 조사 실시와 회수율

1. 조사 실시

이 장에서는 조사연구 중 양적 연구의 방법론들을 구체적으로 살펴보았다. 메타분석과 빅데이터 분석 연구를 제외한 4개의 조사연구는 해당 연구방법에 적합한 설문지를 제작해야 하며, 설문지 제작이 완료되었다면 그다음으로 설문지들을 어떻게 실시할 것인지를 결정해야 한다. 설문지 실시방법으로는 직접 시행(집단 또는 개인)하는 경우와 우편, 전화, 인터넷을 이용하는 경우로 나뉠 수 있다.

직접 시행은 연구대상인 응답자를 직접 찾아가 집단이나 개인에게 설문을 실시하는 방법으로서 이 경우는 설문지 문항의 응답률이나 회수율이 다른 방법에 비해 높은 편이다. 연구자가 설문지를 직접 시행하지 않고 조사대행이나 조사보조원을 사용하게 된다면, 설문조사의 전반적 절차 및 예상 가능한 질문과 답변에 대한 사전 교육을 통해 조사 실시가 표준화되도록 해야 한다.

우편조사를 할 경우에는 설문지를 응답자에게 직접 보낸 뒤, 응답자가 설문을 잘 작성하여 연구자에게 회신할 수 있도록 그 방법을 자세히 안내해야 한다. 전화조사의 경우는 조사자가 응답자에게 전화를 걸어 설문을 하나하나 직접 읽어 주고 응답을 받게 된다. 그러나 때에 따라서는 응답자에게 미리 녹음된 질문과 응답지를 들려준 뒤 여러 개의 답지 중에서 하나를 골라 전화기의 버튼을 이용하여 응답하는 방법을 이용하기도 한다. 이러한 방법을 대화식 음성응답(interactive voice response: IVR)이라고 한다.

근래에 들어서는 인터넷 조사가 많이 활용되는 추세인데 인터넷 조사는 이메일 또는 웹사이트를 이용하는 방법으로서 설문을 짧은 시간 내에 단체로 실시할 수 있는 장점이 있다. 이메일을 이용한다면 설문지를 복잡하게 만들기보다는 가급적 짧고 단순한 형태로 제작하는 것이 바람직하다. 이메일 조사의 단점 중 하나는 응답자가 연구자에게 직접 회신해야 하는 번거로움이 따른다는 것이다. 웹사이트를 이용하는 경우라면 좀 더 복잡한 설문지 설계가 가능하고 대규모 자료를 빠르고 쉽게 수집할 수 있지만 인터넷 조사의 경우는 응답자 표본이 모집단을 대표한다고 보기 어려울 때가 많다. 또한 익명성 때문에 불성실한 응답을 할 가능성이 높기 때문에 결과분석 시에 불성실한 반응을 감지해 낼 수 있는 방안을 마련해 놓아야 한다. 연구 기간과 비용 측면에서 상당한 이점을 가진 인터넷 조사가 보편화될 전망인 만큼 인터넷 조사가 가진 자료로서의 신뢰성을 높일 수 있는 방안들이 개발되고 검토되어야 할 것이다.

2. 조사결과의 회수율

앞서 조사연구의 공통적인 절차로서 조사 실시방법을 개략적으로 살펴보았다. 조사 실시방법과 함께 역시 중요하게 고려되어야 할 사항으로는 자료의 회수율이 있다.

조사 실시에서 이미 상술한 바와 같이, 우편조사나 전화조사의 경우, 표본 선정 계획에 따라 조사대상을 선정하여 설문지를 보내거나 전화 인터뷰를 시도하게 된다. 이때 수집된 자료가 원래 계획했던 사례 수의 몇 %인지를 의미하는 회수율은 표본의 대표성을 말해 주는 것이다. 만약 30% 정노의 회수율 노는 응답률을 보였나면 이러한 표본은 대상 모집단을 대표한다고 보기 어렵기 때문에 연구결과를 일반화하는 데 문제가 발생한다. 응답을 한 사람들과 하지 않은 사람들의 특성은 여러모로 다를 것이기 때문이다. 따라서 회수율이나 응답률이 과반수 이상이 되지 않는 경우 2차, 3차 실시를 해서라도 보충할 필요가 있다. 그렇다면 타당한 결과가 되기 위해서는 회수율이 어느 정도 되어야 하는가? 이 질문에 대한 정답은 없다. Goodwin(1995)은 75% 이상이 바람직하다고 하지만 이와 같은 회수율을 기대하기는 매우 어려울 것이라고 한다. Babbie(1990)는 많은 조사연구에서 보고한 회수율을 종합한 결과, 적어도 50% 이상의 회수율은 전반적으로 '적절하고(adequate)', 60% 이상은 '좋은(good)' 회수율, 70% 이상은 '매우 좋은(very good)' 회수율로 간주할 수 있다고 하였다.

결론적으로, 연구자들은 연구대상이나 연구 주제에 따라 적정 회수율이 고정된 것으로 간주할 필요는 없을 것이다. 연구대상이 특수 계층이거나 연구 주제가 정치적·사회적·인권적으로 민감한 주제라면 회수율은 다른 연구들에 비해 상대적으로 더 낮아질 것이다. 이런 경우라도 동일 주제를 다룬 다른 연구의 회수율에 준하여 자료를 회수하려는 노력은 해야 하며 연구결과의 해석과 일반화 정도를 가늠할 수 있도록 반드시 회수율을 보고해야 한다.

조사연구, 설문지, 개방형, 진위형 선택형, 평정형, 순위형, 짝비교형, 사회적 바람직성, 사회측정법, 사회측정행렬표, 소시오그램, 사회연결망, 또래지명법, 또래평정법, 의미변별척도, Q 분류법, 메타분석, 투표계산법, 유의도 수준 분석, 효과크기 분석, 조절변수, 빅데이터, 데이터 마이닝, 소셜 네트워크 분석, 조사방법, 우편조사, 전화조사, 대화식 음성응답, 회수율

제5장

질적 연구

사회과학 영역에서의 질적 연구는 1900년대 초반에 Max Weber와 Margaret Mead 등이 주창한 접근으로 자연주의적이고 구성주의적인 방법에 근거한다. 질적 연구의 특징을 보면, 첫째, 가치 지향적(주관적)이고, 귀납적 접근법을 주로 사용한다. 둘째, 연구자와 연구대상자는 상호 의존적인 주체로 본다. 셋째, 질적 연구의 방법론으로는 자연관찰(naturalistic observation) 및 참여관찰(participant observation)과 심층면접(in-depth interview)을 통해 얻은 내러티브(narrative) 자료에 대해 내용분석을 적용하여 요약하기도 하고 관찰이나 면접내용을 자세하게 기술하고 이를 연구자의 주관에 따라 해석하기도 한다.

　이 장에서는 질적 연구에 속하는 여러 가지 방법을 구체적으로 살펴볼 것이며 더불어 최근 하나의 연구에 양적 연구와 질적 연구를 모두 포함하려는 연구 패러다임인 혼합방법 연구(mixed methods research)를 소개하고자 한다.

I 　📊 질적 연구의 일반적 특징

　어떤 유형의 질적 연구라도 기본적으로는 네 가지 국면(phase)으로 나누어 볼 수 있는데 양적 연구와는 다른 용어를 사용해서 연구의 단계를 기술한다(Vockell & Asher, 1995). 첫 번째 국면은 준비단계인 고안(발명)(invention phase) 국면으로 연구에 대한 구체적인 계획을 수립하는 단계이며 두 번째 국면은 발견(discovery) 국면으로 자료수집단계다. 세 번째 국면은 해석(interpretation) 국면으로 자료분석을 수행하는 단계인데 가장 많은 노력과 시간을 요구하는 단계다. 마지막으로, 설명(explanation) 국면은 보고서를 작성하는 단계로서 연구자가 자신의 학문적 배경과 경험에 기초해서 결과를 해석하고 제시하는 단계다.

질적 연구는 양적 연구와는 달리 보고서가 요약적이지 않고 직접 인용이 많으며 상황에 대한 매우 세밀한 기술이 그대로 제시되기 때문에 양적 연구에 비해 보고서 분량이 많다. 또한 질적 연구의 보고서를 작성할 때는 과학적이고 객관적인 용어를 사용하기보다는 수필이나 소설과 같은 정서가 반영된 글쓰기 형식을 따른다.

II 질적 연구의 5가지 전통

1. 내러티브 연구

내러티브 연구는 연구의 현상과 방법을 통칭해서 사용하는 경향이 있다. 방법적인 측면에서 보면 내러티브는 한 개인이 삶에서 경험한 것을 과거, 현재, 미래라는 시간적 흐름에 따라 전개하는 것이다(Creswell, 2010). 또한 내러티브 연구에서는 개인과 사회의 상호작용, 과거와 현재 그리고 미래 간의 연속성을 가능하게 하는 시간, 그리고 물리적 공간인 장소가 연구 전체 과정에서 지속적으로 고려되어야 할 중요 요소로 다루어진다(Clandinin & Connelly, 2000). 내러티브 연구자들은 삶을 표현하고 있는 이야기를 분석하고 또 이를 이해하기 위한 방법들을 제안해 왔다. 내러티브는 연대기적 형식의 일련의 사건(또는 행동)에 대한 음성 또는 문서 텍스트이고, 내러티브 연구는 한두 사람을 연구하는 데 초점을 두며, 이들의 삶에 관한 이야기를 수집하고 그 속에 담겨 있는 개별적인 경험을 보고하여 해당 경험의 의미를 연대기적으로 나열한다(Creswell, 2010).

1) 유형

내러티브 연구의 유형은 연구자의 분석전략을 기준으로 하는 방법과 내러티브 형식의 다양성을 기준으로 하는 방법이 있다(Polkinghorne, 1995). 이 중 연구자의 분석전략을 기준으로 하는 경우 첫째, 이야기의 주제 및 유형에 따라 분류하는 내러티브에 대한 분석과 둘째, 연구자가 사건이나 사고에 대한 기술들을 수집하고 나서 그 구조를 활용하여 다시 하나의 이야기로 만드는 내러티브 분석으로 나뉜다.

두 번째 방법인 내러티브 분석은 전기연구, 자서전, 생애사, 구술사로 구분할 수 있다. 전기연구는 연구자가 다른 사람의 삶의 경험에 대해 기록하고 글로 쓰는 것이고, 자서전은 연구대상인 개인들이 자신의 삶에 대해 직접 기술하는 방식이며, 생애사는 개인적으로 경험한 이야기를 단일한 혹은 복잡한 에피소드, 사적인 상황들, 또는 공동체 속에서 발견되는 개인의 사적 경험으로서 연구하는 동시에 개인의 전체적인 인생을 그리는 연구다. 구술사는 한 사람 또는 여러 사람으로부터 사건 자체, 사건의 원인과 영향에 대한 개인적인 반성들을 모아 구성한다.

2) 절차

내러티브 연구는 특별히 정해진 방법이 있는 것은 아니지만 대체로 다음과 같은 절차를 따른다. 첫째, 해당 연구문제가 내러티브 연구에 가장 적합한지 결정한다. 둘째, 할 만한 이야기나 인생경험을 가지고 있고, 많은 시간을 할애하여 복합적인 정보원들을 통해 자신의 이야기를 제시해 줄 수 있는 한 명 이상의 사람을 선택한다. 셋째, 이야기의 맥락정보를 수집한다. 내러티브 연구자는 개인의 이야기를 참여자들의 개인적 경험, 문화, 역사적 맥락에서 고려한다. 넷째, 연구참여자들의 이야기를 분석한 후 이를 이해할 수 있는 틀로 재구성한다. 다섯째, 연구자는 연구에 적극적으로 관여하고 연구참여자들과 협력한다.

2. 현상학적 연구

현상학적 연구는 개념이나 현상에 대해 개개인들이 체험한 의미를 기술한다(Cohen, Manion, & Morrison, 2011). 현상학자들은 연구참여자들이 현상을 경험하면서 공통적으로 갖게 된 것을 기술하는 데 초점을 두는데, 현상학의 기본 목적은 현상에 대한 개인경험을 바탕으로 보편적인 본질을 밝히는 것이다(Moustakas, 1994). 연구자들이 이러한 목적을 달성하기 위해 가장 처음으로 하는 것은 현상을 확인하는 것이다. 그리고 나서 현상을 경험한 사람에게서 자료를 수집하고 모든 개인에게 나타나는 경험의 본질을 복합적으로 기술해 나간다. 그러므로 현상학적 연구에서의 기술내용은 연구참여자들이 경험한 어떤 것과 또 그것을 어떻게 경험했는지를 포함하게 된다.

1) 유형

다양한 현상학 연구 중에서도 해석학적 현상학과 심리학적(경험적 또는 초월론적) 현상학이 많이 활용되고 있다(Creswell, 2010). 해석학적 현상학은 체험을 지향하고 생활의 '텍스트'를 해석한다. 해석학적 접근법은 특별한 방법 체계가 있진 않지만 대체로 다음의 연구활동으로 전개된다. 우선 연구자는 하나의 현상에 진지하고 지속적인 관심을 가지는데 이 과정에서 경험의 본질적 주체들을 파악한다. 그리고 연구자들은 연구 주제와 강력한 관계를 유지하고 전체에 대한 글의 부분들 간에 균형을 맞추면서 현상에 대해 기술한다. 한편, 심리학적 현상학은 연구자의 해석보다는 연구참여자의 경험에 대한 기술에 더 초점을 둔다. 심리학적 현상학 연구는 철학자 Husserl이 제안한 판단중지(epoche)라는 개념을 중요한 방법론으로 사용하고 있다. 연구자들은 연구 중인 현상에 대한 신선하고 개방적인 관점을 유지하기 위해 가능한 한 자신의 경험을 드러내지 않아야 한다. 또한 연구자는 연구참여자의 경험에 귀 기울이며 이들의 말을 경청하는 자세와 능력이 중요하다(Giorgi, 2006).

2) 절차

현상학적 연구 절차의 주요 단계는 다음과 같다(Moustakas, 1994). 첫째, 연구자는 연구문제가 현상학적 접근에 적합한지 결정한다. 현상학에 적합한 문제 유형은 한 가지 현상에 대한 여러 개인의 공통된 또는 공유된 경험이 있는가 하는 것이다. 둘째, 연구의 관심이 되는 현상을 선정한다. 셋째, 연구자는 현상학의 광범위한 철학적 가정들을 인식하고 기술한다. 넷째, 현상을 경험해 온 개인들에게서 자료를 수집한다. 현상학적 연구의 자료수집은 연구참여자들과의 심층면접, 다중면접 등을 통해 이루어진다. 일반적으로는 해당 현상을 경험한 5~25명 정도의 개인과 면접을 하는 것이 바람직하다. 그러나 분석을 해 가면서 새로운 내용이 추가되지 않는 상태, 즉 자료가 포화상태를 보일때까지 계속 면접대상을 추가해야 할 경우도 있다. 다섯째, 연구참여자들에게는 '현상에 관하여 무엇을 경험하였는가?'와 '경험에 전형적으로 영향을 준 맥락이나 상황은 무엇인가?'와 같은 설문을 한다. 여섯째, 면접내용을 분석한다. 현상학적 자료분석 단계에서는 연구참여자들이 현상을 경험했을 때의 '의미 있는 진술들'이나 문장, 인용문을 강조하게 된다. 이후 이러한 의미 있는 진술과 주제들은 연구참여자들이 경험한 것에 대해 기술할 때 사용되며 연구참여자들이 현상을 경험하는 방법에 영향을 미친 맥락이나 상황에 대한 기술을 할 때 사용한다. 일곱째, 구조적 기술, 텍스트에 근거한 기술을 통해 연구자는 본질적이며 불변의 구조라고 부르는 현상의 '본질'을 제시하게 된다.

3. 근거이론 연구

근거이론(grounded theory)은 개인의 경험을 기술하는 수준을 넘어 과정(또는 행동이나 상호작용)에 대한 추상적·분석적 구조인 이론을 생성하거나 발견하는 것을 목적으로 한다(Strauss & Corbin, 1998). 이와 같은 근거이론의 핵심아이디어인 이론 개발은 그 과정을 경험해 온 연구참여자들로부터 나온 자료에 근거하거나, 자료를 통해 창출된다. 따라서 근거이론 연구는 많은 수의 참여자들의 관점에 의해 형성된 과정, 행동, 상호작용에 대한 일반적인 설명(이론)을 생성하는 질적 연구다. 근거이론 연구의 연구설계는 Glaser와 Strauss(1967)가 개발하였다. 사회학의 경험적인 이론 지향과는 달리 근거이론 연구자들은 이론이란 현장, 특히 사람들의 행동, 상호작용, 사회적 과정 등으로부터 수집된 자료에 근거해야 한다고 주장한다.

1) 유형

가장 유명한 근거이론 연구의 접근법으로는 Strauss와 Corbin(1990, 1998)의 체계적 절차와 Charmaz(2005, 2006)의 구성주의 접근을 들 수 있다. Strauss와 Corbin(1990, 1998)의 체계적 절차 접근법에 따르면 연구자는 특정 주제에 대한 과정, 행동 상호작용을 설명하는 이론을 체계적으로 개발해야 한다. 연구자는 보통 면접 자료를 수집하기 위해 '현장에' 여러 번 방문하며 20~30회 정도의 면접을 수행한다. 연구자는 자료를 수집하는 것과 함께 분석을 시작한다. 근거이론 연구의 자료 수집과 분석은 일종의 지그재그 과정으로 표현될 수 있는데, 즉 현장으로 나가서 정보를 수집하고 연구실에 돌아와 자료를 분석하고, 다시 현장으로 나가서 더 많은 정보를 수집하고, 또 연구실로 돌아와 자료를 분석하는 과정을 반복하게 된다. 연구자는 개방코딩(open coding), 축코딩(axial coding), 선택적 코딩(selective coding) 단계를 거쳐서 모형을 정하거나 가설을 발전시키게 된다.

구성주의적 접근법은 단일 과정이나 핵심 범주에 대한 연구를 포용하는 대신, 다양한 지엽적 세계와 여러 개의 진실, 특정 세계와 관점, 행동의 복잡성을 강조하는 사회구성주의 관점을 지지한다. 구성주의적 근거이론 연구는 유연한 지침, 연구자의 관점에 의존하여 개발된 이론에 대한 초점, 각인되고 숨겨진 네트워크와 상황, 관계 내의 경험에 대한 학습, 권력, 의사소통, 기회에 대한 시각적 위계구조 형성 등을 포함함으로써 질적 연구에 대한 해석주의 접근을 유지한다.

2) 절차

근거이론 연구에서 연구자는 연구 과정 전반에 걸쳐 범주를 결정하고 자료에 대한 의문을 제기하고, 개인적 가치, 경험, 우선순위들을 정한다. 근거이론 연구의 연구 절차(Strauss & Corbin, 1990)를 살펴보면, 첫째, 연구자는 근거이론이 자신의 연구문제에 적합한지 결정한다. 근거이론 연구는 하나의 과정을 설명하기 위해 활용할 수 있는 이론이 없을 때 적절한 연구방법이다. 둘째, 연구 설문은 사람들이 과정을 경험하는 방법을 이해하고 그 과정의 단계를 확인하는 데 초점을 두게 된다. 셋째, 자료수집에는 대개 면접을 이용하고 이론모형을 만들고 발전시키기 위해 20~30회 이상의 면접이 필요할 수도 있다. 넷째, 자료분석은 단계별로 진행된다. 개방코딩 시 연구자는 정보를 구분하여 현상에 대한 정보 범주를 만든다. 다섯째, 축코딩 시 연구자는 개방코딩 이후 새로운 방식으로 자료를 결합한다. 이 단계에서 중심 현상을 확인하고 인과 조건을 탐색하며 전략을 구체화하고 맥락과 중재 조건을 확인하며 현상의 결과를 묘사한다. 여섯째, 선택적 코딩에서는 연구자가 범주를 연결하는 이야기 줄거리를 쓰고 예측되는 관계를 진술하는 명제나 가설들을 구체화한다. 일곱째, 연구자는 중심 현상에 영향을 미치는 사회적 · 역사적 · 경제적 조건들을 밝히는 조건 매트릭스를 개발하고 도식화한다. 마지막으로, 근거이론 접근법을 기반으로 한 실체이론(substantive theory)을 만든다. 또한 실체이론이 특정 표본과 인구집단에 일반화될 수 있는지 확인하기 위해 양적 자료를 활용한 경험적 검증을 한다.

4. 문화기술지 연구

문화기술지(ethnography) 연구는 특정 문화를 공유하고 있는 집단의 가치, 행동, 신념, 언어의 상호 공유되고 학습된 패턴을 기술하고 해석하는 연구방법이다(Creswell, 2010). 문화기술지는 전체 문화집단에 초점을 두게 되고 문화집단의 규모는 큰 경우가 대부분이며, 시간이 지나면서 상호작용을 하는 많은 사람이 참여하게 된다. 문화기술지는 연구에서 최종적으로 작성될 산출물인 동시에 문화공유 집단을 연구하는 하나의 방식이기도 하다. 과정으로서 문화기술지 연구는 집단에 대한 장기간의 관찰을 수반하게 되는데, 연구자는 대개 사람들의 일상생활에 대한 장기간의 **참여관찰**과 집단 참여자들을 대상으로 하는 관찰 및 면접을 수행하게 된다.

1) 유형

문화기술지의 유형으로는 고해적 문화기술지, 자기문화 기술지, 페미니스트 문화기술지, 문화기술적 소설, 시각적 문화기술지 등이 있다(Creswell, 2010). 특히 잘 알려진 문화기술지로는 실재론적 문화기술지와 비판적 문화기술지가 있다. **실재론적 문화기술지**는 문화인류학에서 사용해 온 전통적 접근법으로서, van Maanen(1988)에 의하면 실재론적 문화기술지는 연구되는 사람들을 향해 연구자가 취하고 있는 특정 자세를 반영한다. 실재론적 문화기술지는 상황에 대해 객관적인 이야기로 구성되며 대체로 제삼자의 관점에서 작성되고, 현장에 있는 참여자들로부터 얻은 정보들을 객관적으로 보고하게 된다. 실재론적 문화기술지 연구자는 제삼자의 냉철한 목소리로 연구에 대해 이야기하며 참여자들로부터 보거나 들은 것에 대해 보고한다.

반면, **비판적 문화기술지** 연구는 권력, 명예, 특권, 권위 체계를 다른 계급, 인종 및 성에 포함된 사람들을 주변화하는 데 기여하는 현 사회에 대한 반응으로 본다. 비판적 문화기술지는 문화기술지 연구의 한 유형으로서, 해당 연구자들은 사회에서 주변화된 집단들이 억압에서 벗어나는 것을 지지하고, 자신의 연구를 통해 불평등과 지배구조에 대항적 자세를 취하며 정치적인 동기를 가진 사람들이 많다(Carspecken & Apple, 1992).

2) 절차

문화기술지 연구를 수행하는 절차는 다음과 같다(Creswell, 2010). 첫째, 문화기술지 연구가 연구문제에 가장 적합한 방법인지 결정한다. 문화기술지는 문화집단이 행동하는 방법을 기술하고, 신념, 언어, 행동과 권력, 저항, 지배와 같은 문제들을 탐색하려 할 때 적합하다. 둘째, 연구할 문화공유 집단을 확인하고 위치를 알아낸다. 셋째, 집단에 대해 연구할 문화적 주제나 이슈를 선택한다. 주제로는 문화적응, 사회화, 학습, 인지, 지배구조, 불평등 또는 아동과 성인의 발달과 같은 것들이 포함될 수 있다. 넷째, 어떤 문화기술지 유형을 사용할지 결정한다. 집단이 일하는 방법을 기술할 필요가 있으며 권력, 헤게모니와 같은 이슈들을 폭로하고 특정 집단을 옹호하고자 할 때는 비판적 문화기술지를 사용해야 할 것이다. 다섯째, 집단이 일하고 생활하는 곳에서 정보를 수집한다. 마지막으로 이러한 분석의 최종 산물로서 규칙이나 패턴의 임시 체계를 마련한다. 최종 산물에는 연구자의 관점뿐만 아니라 연구참여자의 관점 역시 통합되어야 한다.

5. 사례연구

연구자들은 어떤 경우에는 단일 사례나 몇 개의 사례에 대한 심도 있는 연구를 해야 할 때도 있는데(Bordens & Abbott, 2011) 이때 사용하는 방법이 사례연구(case study)다. 사례연구는 질적 연구방법의 하나로, 연구자는 하나의 경계를 가진 체계 또는 경계를 가진 여러 체계를 탐색하고 상세화하며 심층적인 자료를 수집하여 사례를 기술하고 또 사례를 기반으로 한 주제를 연구한다(Creswell, 2010). 사례연구는 연구의 산출물일 뿐 아니라 하나의 방법론으로서 질적 연구의 설계방법 또는 연구대상이 될 수 있다.

1) 유형

사례연구의 유형은 해당 사례가 한 개인이나 여러 사람, 집단, 전체 프로그램, 활동 등을 포함하는가와 같이 경계가 있는 체계(bounded system)의 규모에 따라 구분된다. 또한 사례분석의 목적에 따라서도 구분될 수 있다. 사례연구는 세 가지 유형으로 구분할 수 있는데, 여기에는 도구적 단일 사례연구, 집합적 사례연구, 본질적 사례연구가 포함된다(Creswell, 2010).

도구적 단일 사례연구에서는 연구자가 하나의 문제나 주제에 초점을 맞추고, 이를 예증하기 위한 하나의 경계가 있는 체계를 선택한다(Stake, 1995). 집합적 사례연구에서도 하나의 문제나 주제에 초점을 두긴 하지만 연구자는 이를 예증하기 위해 다중 사례연구를 선택한다. 연구자는 여러 개의 연구현장에서 여러 개의 프로그램을 선택할 수도 있고, 단일 현장 내에서 여러 개의 프로그램을 선택할 수도 있다. 본질적 사례연구의 경우 초점이 사례 자체에 맞춰지는데, 그 이유는 사례가 일상적이지 않거나 독특한 상황을 보여 주기 때문이다.

2) 절차

사례연구의 연구 절차를 보면 다음과 같다(Stake, 1995). 첫째, 사례 연구방법이 연구문제에 적합한지 결정한다. 사례연구는 연구자가 분명하게 확인할 수 있는 경계를 가진 사례를 갖고 있고, 사례에 대한 깊은 이해나 여러 사례를 비교를 하고자 할 때 바람직한 접근법이다. 둘째, 연구자는 하나의 사례 또는 여러 사례를 확인해야 한다. 이러한 사례에는 한 사람, 여러 사람, 프로그램, 사건, 활동이 포함될 수 있다. 셋째, 사례연구의 자료수집은 대체로 광범위하며 관찰, 면접, 문서, 시청각 자료와 같은 다양한 정보원천을 활용한다. 넷째, 자료분석은 사례에 대한 총체적 분석 또는 구체적인 측면에 대한 분석이 가능하다. 자료수집을 통해 사례의 세부적인 기술이 나타나며 연구자는 사례의 역사, 사건의 연대기, 사례의 활동에 대한 매일의 묘사와 같은 측면들을 상세하게 기술한다. 마지막 해석 단계에서는 연구자가 사례의 의미를 보고하는데, 이것은 사례분석을 통해 인지된 것이거나 학습한 내용을 포함한다. 여기엔 사례를 통해 배운 교훈들도 함께 보고된다.

Ⅲ 📊 자료수집 방법

질적 연구에서는 참여관찰이나 심층면접을 통해 자료수집을 할 수 있으며, 양적 연구에서와 마찬가지로 기존의 공적 자료, 문서, 표준화된 도구들에 의해 측정된 자료를 모두 수집해서 분석할 수 있다. 일반적으로 관찰법이나 면접법과 같이 질적 연구에서 사용하는 방법은 양적 연구처럼 대규모 집단을 대상으로 자료를 한 번에 수집하기 어렵기 때문에 소규모 집단이나 개인을 대상으로 진행하게 된다. 따라서 연구결과의 일반화를 위해서는 연구대상을 선정하는 것이 매우 중요하다. 참여관찰의 경우는 관찰장면을 선정(site selection)할 때 연구목적에 맞는 가장 대표적인 장면을 선정하는 것이 중요하다. 이 절에서는 관찰법과 면접법을 중심으로 질적 연구를 위한 자료수집에 대해 살펴보기로 한다.

1. 관찰법[*]

과학적이건 비과학적이건 모든 탐구의 시작은 기본적으로 관찰로부터 시작된다. 관찰이란 관심의 대상이 되는 사물이나 사건 또는 행동 등에 주의를 집중하고 거기에서 얻은 정보를 처리하여 기술하는 것이라고 할 수 있다(김아영, 2000). 관찰이 자료수집을 위해 사용되기 위해서는 타당한 방법을 통해 신뢰할 만하고 객관적으로 이루어져야 하고, 또한 관찰이 유용한 연구방법이 되기 위해서는 관찰이 이루어지기 전에 체계적인 계획과 준비가 필요하다(이종승, 2009). 관찰은 관찰자의 사전 훈련 및 관찰기술에 의해서도 크게 영향을 받게 되므로 관찰계획에 따른 관찰자의 준비상황 또한 점검해야 한다.

1) 특성

사회과학 연구에서는 연구문제가 무엇이냐에 따라 연구대상에게 직접 질문을 하거나, 이들을 관찰하거나, 아니면 실험상황에 놓이게 함으로써 자료를 수집하고 처리한다. 어떤 연구문제의 경우는 관찰을 통해 가장 효율적이면서도 타당하게 문제해결을 할 수 있다. 이와 같이 관찰은 주로 다음과 같은 경우에 사용될 수 있다. 첫째, 다른 방법으로는 관찰대상 집단 내의 사회적 상호작용 과정을 방해할 우려가 있는 경우에 관찰법을 적용하는 것이 좋다. 둘째, 관찰대상자가 자료수집을 위한 활동을 하고 보고할 능력이 부족하거나 거부할 경우에도 관찰법을 사용하는 것이 좋다. 예를 들어, 유아나 아동을 연구대상으로 할 때 이들은 자신의 생각과 감정을 언어로 표현하기 어려우므로 면접, 질문지, 검사를 사용하기보다는 관찰을 하는 것이 바람직하다(김아영, 2000).

2) 종류 및 분류 체계

관찰법을 분류하는 방법에는 여러 가지가 있다. 다른 과학적 연구들과 마찬가지로 관찰법 역시 목적, 절차, 방법 등을 기준으로 그 범주를 분류하게 된다. 많은 학자는 관찰법을 다음과 같이 분류한다. 첫째, 관찰하는 상황이나 대상행동에 대한 통제 정도에 따라 자연적 관찰과 통제적 관찰로 나눈다(김재은, 1971; 송인섭 외, 2008; 이종승, 2009; 황정규, 1998; Kerlinger, 1986; Meyers & Grossen, 1974). 자연적 관찰과 비교되는 체계적 관찰

---

[*] 이 절에서 다루는 내용의 상당 부분은 김아영(2000)의 『관찰연구법』(교육과학사) 일부 내용을 해당 출판사의 허락을 받고 발췌, 요약한 것임을 밝힌다.

(systematic observation)을 통제적 관찰로 분류할 수도 있다. 둘째, 관찰자가 관찰상황에 개입하느냐 하지 않느냐에 따라 참여관찰과 비참여관찰로 구분한다(Gay, 1981; Goodwin, 2009; Patton, 1987; Vockell & Ascher, 1995).

(1) 자연적 관찰과 체계적 관찰

자연적 관찰이란 관찰상황을 인위적으로 조작하지 않고, 자연스럽게 발생하는 현상, 사건 등을 직접적으로 관찰하는 것이다(Meyers & Grossen, 1974). 연구자는 관찰상황에서 어떠한 통제, 개입, 방해를 하지 않아야 한다. 즉, 자연관찰 시 관찰자는 어떠한 형태로라도 관찰대상의 행동에 영향을 미쳐서는 안 된다(김아영, 2000). 자연적 관찰은 인위적 조작이 전혀 개입될 수 없으므로 사전에 관찰할 장면이 구체적으로 선택되어야 하고, 관찰목적과는 별개의 자료가 수집될 가능성이 크므로 관찰목적을 분명히 해야 한다. 다음으로, 통제적 관찰은 관찰시간, 관찰장면, 관찰행동 등을 의도적으로 설정한 후 이 조건에서 나타나는 행동을 관찰하는 것이다. 통제적 관찰은 실험적 관찰이라고도 하는데, 어떤 행동을 발생시킬 특정한 환경적 조건을 설정한 후, 관찰하고자 하는 특정 행동을 반복시켜 정확한 관찰을 되풀이할 수 있게 하는 것이다(이종승, 2009). 이 방법은 자연적 관찰에 비해 효율적이고 반복 관찰이 상대적으로 쉬우며 관찰 전후의 결과를 비교할 수 있는 장점이 있다. 그러나 의도적 관찰 조건으로 인해 분석결과를 일반화하기에는 제약이 따른다.

(2) 참여관찰과 비참여관찰

참여관찰이란 관찰자가 관찰하고자 하는 상황 속에 들어가 피관찰자와 같이 생활하면서 하는 관찰을 의미한다. 참여 정도에 따라서 참여관찰의 수준이 달라질 수 있는데, 집단구성원으로서 최소한의 역할만 하는 정도에서부터 완전한 역할을 하는 정도까지 다양하다(Patton, 1987). 참여관찰은 문서분석, 참여자와 정보제공자들에 대한 면담, 관찰자 자신의 직접적인 참여와 관찰 등이 혼합되는 기법이다(Denzin, 1978, Patton, 1987에서 재인용). 비참여관찰은 관찰자가 피관찰자의 생활에 개입 없이 관찰하는 기법으로서 대부분의 관찰은 비참여관찰에 속한다. 비참여관찰은 통제적 관찰이 될 수도 있고 자연적 관찰이 될 수도 있다.

3) 장단점

관찰법은 조사결과가 관찰대상자의 태도, 기분과 같은 심리적 상태에 의해 영향을 받지 않는 편이다. 면접이나 설문의 경우, 응답자의 심리적 상태가 영향을 미칠 수 있고 더구나 그 영향 정도를 측정해 내기 어렵다. 그러나 관찰의 경우, 관찰자가 관찰대상자를 직접 대면하지 않으므로 관찰자의 의도를 읽는다거나 관찰목적이 노출되지 않아 관찰대상자의 심리적 상태, 의도에 의한 오염이 덜한 편이다. 또한 관찰의 경우, 언어 표현력이 부족하거나 덜 발달한 대상에 대해서도 수행 가능하다.

그러나 관찰법은 행동으로 드러낼 수 있는 특성만 수집이 가능하므로, 행동으로 조작적 정의가 불가능한 심리적 상태에 대해서는 적용하기 어렵다. 또한 관찰하고 있다는 것이 관찰대상자에게 노출되면 그들의 행동에 영향을 미칠 수 있으므로 관찰자가 본래 수집하고자 했던 행동에 대한 오염 여부를 확인하기 어렵다.

4) 관찰기록 방법

행동을 관찰하고 기록하는 방법들은 다양하게 분류될 수 있는데, 여기에서는 자연적 관찰법에서 주로 사용되는 방법들과 행동 표본을 추출하여 관찰하는 방법으로 나누어 기술하고자 한다. 자연적 관찰법에는 내러티브 기술법, 일기작성법, 일화기록법, 행동 발생빈도 기록 및 지속기간 기록법을 포함하였고, 표본추출법에는 시간표집법, 사건표집법을 포함하였다.

(1) 내러티브 기술법

내러티브 기술법(narrative description)은 표본기록법이라고도 불리며 자연관찰 시 사용하는 기록법으로서 행동을 이야기 식으로 기술하는 것이 기본 형태다(김아영, 2000). 이 방법은 행동이 일어나고 있는 현장에서 직접 기록하며, 미리 정해진 기준에 따라 서술되므로 형식적 기록방법이라 할 수 있다. 관찰기록 방법들 중에서 가장 개방적인 형태로서 추론이 필요치 않은 방법이다.

내러티브 기술법을 적용할 때 관찰자는 관찰대상자가 말하고 행동하고 타인과 상호작용하는 내용을 가급적 자세하게 기록해야 한다. 또한 행동에 대한 기술과 함께 행동이 발생되고 있는 맥락과 순서 역시 기록해야 한다. 내러티브 기술법은 관찰대상자 및 행동 발생 맥락을 자세하게 객관적으로 기술하되, 관찰자의 추론, 해석, 평가는 전혀 포함하지 않는다.

내러티브 기술법을 적용할 때는 관찰대상 행동의 엄밀한 세부사항인 '언제, 어디서, 누가, 어떻게, 왜'라는 사전에 결정된 기준에 따라서 기록할 것을 권장하는 연구자가 있을 정도로, 좋은 내러티브 기술은 독자로 하여금 눈을 감고도 들으면 그 장면을 머릿속으로 그릴 수 있게 해야 한다(김아영, 2000). [그림 5-1]은 내러티브 기술의 예시다.

관찰자	김○○
관찰일시	2015년 6월 20일 오후 2시~2시 40분
관찰장면	서울시 모 유치원의 과학실험 시간
관찰대상	유치원 과학교사(여)와 유치원생 20명
관찰내용	교사와 유치원생 간의 언어적 상호작용
[기록 1]	관찰 장면은 서울시내 모 유치원의 과학실험 시간이다. 과학교사는 40대 초반의 여성으로서 과학실험을 전담하는 교사다. 해당 반의 원생은 모두 20명이고 두 개의 좌식탁자에 10명씩 나뉘어 앉아 있다. 이때 해당 반의 담임교사는 과학교사를 보조하는 역할을 한다. 오늘의 수업내용은 치자를 이용하여 천을 염색하는 것이다. 과학교사는 아이들의 책상 위에 미리 치자, 플라스틱 비커, 작은 천을 준비해 두었다. 과학교사가 "여러분, 오늘은 천에 예쁜 색인 노랑색을 물들여 볼 거예요. 어떻게 하는지, 무슨 색이 되는지 함께 염색을 해 봅시다." 라고 말하자 아이들이 모두 "네." 하고 큰 소리로 대답하였다. 과학교사는 "이제부터 여러분 책상 위에 있는 말린 작은 열매를 찾아보세요. 주황색 빛깔이 나는 말린 열매가 있지요?" 라고 말하자 아이들은 "네, 선생님, 근데 이거예요?"라든가, "선생님 이거 먹어도 돼요?" "선생님 이거 씨예요?" 등의 질문을 한다. 과학교사는 "응, 이건 치자라는 열매인데, 치자나무의 열매예요. 이것은 예전부터 옷을 염색하는 데 사용되어 왔어요. 치자로 염색하면 천이 예쁜 색깔을 가지게 돼요."라고 설명하자 아이들은 치자열매를 만져 보기도 하고, 자세히 들여다보기도 한다. 과학교사가 학생들마다 돌아가면서 플라스틱 비커에 물을 부어 준 후, 치자열매를 물속에 넣어 보라고 한다. 아이들은 치자를 물속에 넣은 후, "와, 선생님 색깔이 나와요." "선생님, 점점 빨간색이 돼요." "선생님, 이거 언제까지 놔둬요?" 등의 질문을 계속한다. 과학교사는 질문한 아이들에게 가급적 대답해 주려고 질문한 아이들을 찾아가기도 하고, 아직 치자를 넣지 못한 아이들에게 치자를 넣으라고 알려 주기도 한다. 〈하략〉

[그림 5-1] 내러티브 기술의 예

(2) 일기작성법

일기작성법(diary description)은 주로 유아 또는 아동의 행동 변화나 새로운 행동의 출현 등을 기록하는 관찰기록법의 하나로서 관찰자는 거의 매일 정기적으로 일기형식의 관찰기록을 하게 된다. 일기작성법에서 관찰자는 관찰대상자의 가까이에서 관계를 유지하고 있는 경우가 대부분이므로 부모, 친척, 교사인 경우가 많다. 일기작성법은 대체로 새로운 행동의 출현이나 발달에 따른 변화 과정을 관찰하는 데 적용되는데 이러한 전형적인 예가 Piaget의 관찰기록이다(김아영, 2000).

일기작성법은 내러티브 기술법과 마찬가지로 행동, 행동 변화, 맥락을 함께 다루는 개

관찰일시	2015년 6월 14일 오전반
관찰대상	김성현, 여자, 나이: 6세
	성현이는 6세이지만 다른 친구들에 비해 월령이 빠른 편이다. 성현이는 정해진 규칙을 잘 따르고 친구들과도 잘 지내는 편이다. 성현이는 아침 등원을 하면 얼마 전에 우리반 아이들과 정한 규칙을 지키려고 노력한다. 우선 친구들과 손을 씻으러 간다. 더군다나 손을 씻지 않고 먼저 놀이를 시작하려는 친구에게 다가가서 같이 손을 씻으러 가자도 하기도 한다. 손을 씻은 후에는 개인손수건을 쓴 후 손수건 거는 자리에 잘 걸어 둔다. 그리고 나서 정해진 자리에 앉아 아침 간식을 스스로 잘 먹는다. 성현이는 이렇게 정해진 규칙을 잘 따르려고 하고 무엇을 해야 할지 모를 땐 교사에게 질문도 곧잘 하는 편이다. 그런데 성현이는 앞에 나서서 발표를 한다거나 놀이를 선택하는 것에 다소 주저하는 성향이 있다. 성현이는 주말에 지낸 새소식을 발표하는 것을 하려 하지 않고, 놀이도 친구들보다 먼저 하려고 주장을 펴거나 하는 일이 거의 없다. 성현이는 다소 내성적인 성격이긴 하지만 남들 앞에서 발표를 하거나 자신의 생각을 잘 전달하는 것은 필요하므로 성현이에게 이런 측면의 경험과 긍정적 느낌을 가질 수 있도록 지원해야 할 필요가 있다.
관찰일시	2015년 6월 18일 오전반
관찰대상	김성현, 여자, 나이: 6세
	오늘은 다음 주에 있을 동요잔치를 준비하기 위해 반 친구들과 동요 부르기를 연습하였다. 성현이는 음정과 박자가 정확한 편이다. 또래 친구들에 비해 노래를 잘하는 편이라고 할 수 있다. 한 명씩 돌아가면서 외운 노래를 불러 보게 했는데 성현이는 역시 쑥스러워하며 노래를 부르고 싶지 않아 했다. 그래서 친구들 모두가 한 명씩 노래를 부르고 녹음한 후, 자신의 녹음내용을 들어보는 시간을 가졌다. 그랬더니 친구들은 재미있어하거나, 놀라워하거나, 신기해하는 등 다양한 반응을 보였다. 성현이에게는 녹음한 것을 들려주며 너의 목소리는 참 좋고, 들으면 즐거워지는 목소리라고 격려를 해 주었다. 그리고 이번 주말에 집에서 노래를 불러서 녹음해 보고 들어볼 것, 부모님 앞에서 노래 불러 보기를 해 볼 것을 권유하였다. 성현이의 변화를 지켜보고 지원해야 할 것이다.

[그림 5-2] 일기작성법의 예

방적인 방법이고 행동에 대한 세부기술을 통해 원자료를 보존하는 특성이 있다. 그러나 내러티브 기술법이 추론, 해석, 평가를 포함하지 않는 반면, 일기작성법은 관찰장면을 모두 기록하지 않고 관찰목적에 부합하는 내용에 따라 다소 내용기록이 선택적이며 어떤 행동을 기록할 것인지에 대한 해석이 필요하므로 어느 정도는 해석과 평가가 개입된다고 할 수 있다. [그림 5-2]는 일기작성법의 예시다.

(3) 일화기록법

일화기록법(anecdotal records)은 특정 사건에 대한 현장에서 이루어지는 정확하고 구체적이며 서술적인 설명으로서 관찰대상자에 대한 직접관찰 기록이다(Goodwin & Driscoll, 1980). 일화기록은 가급적 관찰하고자 하는 사건이 일어남과 동시에 작성되어야 하고 사건이 일어난 시간과 상황, 관찰대상자의 행위가 상세하게 기록되어야 하며 사건과 사건이 포함하고 있는 대화, 행동, 주변 반응까지도 성실하게 포함되어야 한다(Brandt, 1972).

일화기록 역시 앞의 내러티브 기술법, 일기작성법과 마찬가지로 행동의 인과관계, 맥락을 함께 기록하고 세부적인 원자료를 보존하므로 개방적인 방법이다. 다만 일화기록법에서는 관찰자의 추론과 해석을 허용하는 대신 이를 관찰내용과 분리하여 기술하여야 한다. 일화기록법도 일기작성법과 유사하게 관찰자가 생각하기에 중요한 사건 또는 특이한 행동들을 선택적으로 기록하므로 선택적인 기법이라 할 수 있다(김아영, 2000). [그림 5-3]은 일화기록법의 예시다.

관찰자	김○○
관찰대상	정현우
관찰장면	초등학교 3학년 정규 교실
관찰일시	2015년 6월 10일 오전 10:00~10:40
관찰내용	3학년 주임선생님의 오전 국어수업 시간이다. 오늘은 다음 주말에 있을 부모님 참관 수업에서 발표할 '부모님께 쓰는 편지'를 작성해 보고 이를 교실 앞으로 나가 발표해 보는 시간을 갖기로 했다. 주임선생님은 아이들에게 "지금부터 여러분이 부모님께 하고 싶은 내용으로 편지를 써 보는 거예요. 선생님이 나누어 준 종이에 편지를 쓰고 색연필과 준비해 온 스티커로 장식을 해 보세요. 편지 내용에 감사의 내용, 앞으로의 다짐, 부모님께 부탁하는 내용 같은 것이 들어가면 좋을 것 같아요. 또 여러분이 쓰고 싶은 내용이 있으면 써 보세요. 그리고 편지를 국어공책에 풀로 잘 붙이도록 합시다."라고 말씀하였다. 현우는 이때 선생님의 말씀이 끝나기도 전에 "선생님, 저는 부모님께 쓸 말이 없는데요. 그리고 저희 부모님은 편지받는 걸 싫어하세요."라며 말한다. 주임선생님은 "현우야, 그럼 지금부터 쓸 말을 잘 생각해 봐. 지금은 말보다는 생각을 해야 하는 시간이야."라고 말씀하신다. 현우는 말한 것과는 달리, 실제로는 아주 빠른 속도로 편지를 작성하고 국어공책에 편지를 붙이고 장식도 하였다. 물론 장식을 꼼꼼하게 하지는 않았고, 몇 가지 색연필을 이용해서 색칠을 한 수준이다. 현우는 자기가 할 일을 빨리 마치고 주변 친구들이 쓰고 있는 편지에 대해 "야, 너 아직도 그것밖에 안 썼어?" "그게 부모님께 부탁할 내용은 아닌 것 같지 않니?" "야, 너도 편지라는 걸 쓸 줄은 아는구나." "오, 장식은 잘 하는데…" 등 친구들의 편지쓰기에 참견을 하고 있다. 친구들은 현우가 말할 때마다 울상을 짓거나, "너나 잘 써." 등의 말을 하며 언짢은 표정을 짓는다. 주임선생님이 "현우야, 네 할 일을 다 했으면 조용히 앉아서 기다려라."라고 말해도 현우는 여기저기 친구들이 하는 것을 기웃거린다. 〈하략〉
코멘트	관찰기간 동안 현우의 특징을 들자면, 다른 아이들에 비해 언어적으로 매우 발달되어 있었다. 물론 현우도 자신이 말을 잘 한다고 인식하고 있으며 그래서 언어적 표현력이 아직 발달되지 못하였거나 그런 능력이 부족한 친구들에 대해 더 짓궂은 행동을 하려 한다. 선생님의 주의를 듣는 경우가 많지만, 대수롭지 않게 여기고 동일한 행동을 반복하는 편이다. 현우 자체만을 두고 보면 현우는 언어적 발달이 빠른 편이고 학업적 측면에서도 능력을 발휘한다고 할 수 있다. 그러나 동급생들과의 상호작용에 있어서는 이러한 능력이 긍정적이기보다는 부정적으로 작용한다. 현우는 친구들을 언어적으로 불편하게 한다거나 괴롭힌다. 현우는 자신의 능력을 이용하여 타인에 대한 공격적 행동을 드러낸다고 볼 수 있는데 이는 현우 담임교사 및 현우 부모님과의 상담을 통해 치료를 권유해야 할 상황인 것으로 판단된다.

[그림 5-3] 일화기록법의 예

(4) 행동 발생빈도 기록법과 지속기간 기록법

행동 발생빈도 기록법은 주어진 시간 동안에 대상행동이 몇 회나 발생했는지를 기록하는 방법이고 지속기간 기록법은 특정 행동이 지속된 시간을 기록하는 방법이다. 발생빈도 기록과 지속기간 기록은 둘 다 관찰이 시작되기 전에 관찰행동에 대한 명백한 정의가 내려져 있어야 하고 관찰행동은 분류 스키마에 따라 정의되어야 한다(김아영, 2000). 예를 들어 [그림 5-4]의 예시에서, 관찰하고자 하는 특성은 과잉행동인데 이는 자리이탈, 손발행동, 지시 전 수행, 말이 많음, 기타로 분류되어 관찰된다.

이 방법은 관찰행동의 세부사항을 기록하지 않고 단지 관찰시간 단위 내에서의 발생빈도 또는 관찰대상의 지속기간만을 기록하므로 원자료가 보존되지 않는 폐쇄적 방법이다. 관찰행동의 정의와 분류 스키마에 따라 기록이 상당히 선택적으로 일어날 수밖에 없으며 따라서 연구자에 따라 주관성이 개입될 여지가 있다. 그렇지만 이 두 방법은 관찰법 중에서도 사용하기가 쉽고 단순하다는 장점이 있고 다른 기법들에 비해 관찰 후 계량적 분석 및 보고를 할 수 있는 특징이 있다.

관찰요인	과잉행동					합계	순위
관찰행동 이름	자리 이탈	손발행동	지시 전 수행	말이 많음	기타		
이지현	/////	///	///	////	뛰어다님	15	3
김길영	//	//	///	/		8	
박선미	//	//	///	///		10	
송진우	///// /	////	///// /	/	갑작스러운 고함	17	2
하현주	///	//	//	//		9	
배인성	///// //	/////	///// /	/	물건 던짐	19	1
정성희	///	///	//	///			
…							
…							
합계	28	21	25	15			
순위	1	3	2				

참고: 행동 발생빈도는 /////나 正으로 표기한다.

[그림 5-4] 발생빈도 기록의 예

5) 표본추출 방법

관찰연구에서 자료수집을 위한 표본을 선정할 때는 연구하고자 하는 대상행동이 발생하는 전 과정을 관찰하기보다는 기본적으로 관찰자가 정한 상황, 행동, 시간을 표집 단위로 사용하여 관찰내용을 기록한다. 따라서 표집단위인 상황, 행동, 시간의 대표성 정도가 관찰결과의 일반화 범위를 결정지을 수 있다(김아영, 2000). 여기에서는 표본추출 방법 중 시간표집법과 사건표집법을 다루고자 한다.

(1) 시간표집법

시간표집법은 관찰대상자에 대한 관찰을 지속적으로 하기보다는 관찰할 시간을 미리 정하여 주기적으로 관찰내용을 기록하는 방법이다. 이 방법에서는 표집된 시간에 보여주는 관찰대상자의 행동을 이들의 평상시 행동으로 전제한다. 시간표집법 적용 시 관찰자는 관찰 지속시간과 주기를 결정해야 하고 이와 더불어 관찰할 행동 역시 미리 결정해야 한다. 시간표집법에서 관찰대상이 되는 행동은 간헐적 행동이 아닌 빈번하게 일어나는 대표적 행동이어야 한다(김아영, 2000). 따라서 시간표집법을 적용해서 관찰할 행동은 적어도 15분에 한 번 관찰되어야 대표성이 있는 행동이라 할 수 있다(Irwin & Bushnell, 1980). 그러나 이런 기준은 관찰대상 행동에 따라 신축적으로 적용해야 한다. 일상적으로 끊임없이 일어나는 행동을 관찰할 때는 시간을 2~3분 정도로 짧게 잡아야 하는 경우가 있지만, 어떤 행동은 한 시간에 한두 번 나타나는 행동일 수도 있기 때문에 그에 따라 시간표집의 간격을 결정해야 한다.

시간표집법을 적용할 때는 우선 행동 출현 여부, 빈도, 강도, 지속시간과 같은 자료들 중 어떤 자료를 기록할 것인지 결정하고 난 후에 관찰 시간과 간격을 결정한다. 마지막으로 부호화 방법과 유목 체계가 포함된 관찰기록지를 구성한다. 시간표집법은 짧은 시간 내에 많은 관찰대상자의 행동을 표집할 수 있고 관찰 자료에 대한 통계적 분석이 가능한 반면, 관찰행동의 원인 및 질적 속성에 대한 정보를 얻을 수 없고, 부호화 체계와 유목 체계의 양호성 정도에 의존하게 된다. [그림 5-5]는 시간표집법의 관찰기록지 예시다.

〈발생빈도 수집표〉

시간	아동 이름	연령	관찰요인(과잉행동)				
			자리 이탈	손발행동	지시 전 수행	말이 많음	기타
첫 번째 3분							
두 번째 3분							
세 번째 3분							
네 번째 3분							
다섯 번째 3분							
여섯 번째 3분							
일곱 번째 3분							
여덟 번째 3분							
3분당 평균							

참고: 행동 발생빈도는 ∦∦나 正으로 표기한다.

〈관찰상황과 관찰대상 아동에 대한 기술〉

구분	아동 이름	관찰기술	
1		관찰 상세	
		기타 사항	
2		관찰 상세	
		기타 사항	

[그림 5-5] 행동 발생빈도 수집을 위한 시간표집 기록지의 예

(2) 사건표집법

사건표집법은 내러티브 기술법이나 일기작성법과 같은 심리생태학적 관찰법과 표본 추출법 중 하나인 시간표집법을 절충한 관찰법이라 할 수 있다. 사건표집법은 표집단 위를 관찰행동(사건)으로 하여 관찰행동, 맥락, 순서를 모두 구체화할 수 있는 심리생태 학적 관찰의 장점을 가져왔고, 이와 함께 표집단위를 시간으로 하는 시간표집법의 효율성을 접목하였다(김아영, 2000).

사건표집법을 적용하고자 할 때는 관찰하고자 하는 행동이 무엇인지 구체화하고 조작적 정의를 내리며 어떤 정보를 기록할 것인지 결정해야 한다. 이때 사건표집법은 시간표집법과 같이 사전에 설정된 유목표에 기록할 수도 있고, 내러티브 기술방법을 채택할 수도 있다(Irwin & Brushell, 1980). 사건표집을 위한 기록지는 사용하기 쉽게 만들어야 하며, 유목 체계 방법을 택할 경우 세부사항을 기술할 수 있는 공간을 마련해야 한다.

6) 관찰기록과 자료분석

앞에서 제시한 관찰기록 방법들을 적용해서 자료를 수집할 때 자료의 단위는 몇 가지 수준으로 나누어 볼 수 있다(Vockell & Asher, 1995). 즉, 일정 기간 동안 관찰현장에서 즉각적으로 기록해 놓은 현장메모(field jottings)가 가장 기본적인 자료이고 이것들은 현장노트(field notes) 작성의 기초가 된다. 현장노트들을 종합해서 하루의 관찰기록을 정리하고 관찰자의 의견이나 느낀 점을 기록해 놓는 연대기를 현장일기(field diary)라고 한다. 그리고 매일 일어나는 사건들에 대한 개인의 현장일기들을 종합해서 연결시키는 항해 일지와 같은 것이 현장일지(field log)이다. 이러한 현장메모, 현장일기, 현장일지는 관찰된 행동들에 대한 내용분석 결과를 맥락에 맞도록 의미 있게 해석하고자 할 때 필수적인 기능을 하게 된다.

2. 면접법

면접법은 사회과학과 행동과학 연구에 있어서 관찰법, 설문지법과 더불어 가장 오랫동안 지속적으로 사용되어 온 자료수집 방법이다. 면접은 보통 두 사람 간의 언어적 대화를 기반으로 하여 면접자가 피면접자를 상대로 무엇인가를 조사하기 위한 목적에서 이루어지는 상호작용이다. 그러나 면접을 통하여 얻을 수 있는 자료는 피면접자의 경험담이나 생활사, 조사항목에 대한 응답 등 언어적 진술내용뿐 아니라 감정, 태도, 표정, 어투 등 비언어적 특성도 포함된다. 면접법은 관찰법이나 설문지법과는 달리 직접적인 방식으로 피면접자로부터 개인적이고 심층적인 자료를 얻는 데 목적이 있다.

따라서 면접에서는 면접자의 역할이 매우 중요해진다. 면접자는 피면접자에게 객관적인 입장을 취해야 하고 공평하며 우호적인 태도를 가지고 있어야 한다. 또한 성공적인 면접이 되기 위해서는 면접자가 자질을 갖추어야 할 뿐 아니라 피면접자 역시 면접에 대해 협조적인 태도를 가져야 한다. 피면접자가 면접에 응하고자 하는 자세를 갖추어야 면접이 원활하게 진행될 수 있다.

면접은 다양한 상황에서 여러 가지 목적으로 사용되므로 그 유형은 다양하게 분류될 수 있다. 면접은 구조화된 정도, 면접자 및 피면접자의 수에 따라 분류될 수 있다.

1) 유형

(1) 구조화 정도에 따른 구분

면접의 유형은 구조화 정도에 따라 구조화 면접(structured interview), 비구조화 면접(unstructured interview), 반구조화 면접(semi-structured interview)으로 구분될 수 있다. 첫째, 구조화 면접은 설문의 내용, 방식, 순서 등을 미리 정해 놓고 모든 대상에게 사전에 준비한 설문을 중심으로 면접하는 방식이다. 구조화 면접은 면접자의 행동에 일관성이 유지되고 편견이나 선입견 등으로 인한 편파를 감소시킬 수 있으며 면접결과의 비교가능성이 크고 결과분석에 공통성이 유지된다. 사전에 준비한 평정척도 등을 사용함으로써 면접자의 부담을 줄일 수 있고 동시에 정확성과 신뢰도를 높일 수 있다.

둘째, 비구조화 면접은 설문 방식이나 내용에 있어서 제약이 없이 면접자의 상황 판단에 따라 유연하게 진행하는 면접방식이다. 미리 준비한 설문지나 순서가 없이 진행하는 면접이지만 그렇다고 원칙이나 주제가 없는 면접은 아니다. 다만 면접자에게 자유재량이 크게 부여되는 방법으로서 융통성이 많아서 면접상황에 대한 적응도가 높고 새로운 사실의 발견이 가능하고 면접자에게 부여된 자유재량을 신축성 있게 활용할 수 있는 장점이 있다. 그러나 한편으로는 면접자의 능력에 따라 성공 여부가 결정된다. 즉, 경력이 부족한 면접자는 면접상황을 주도하지 못하고 피면접자에 이끌려 가게 되어 원하는 내용을 충분히 얻지 못하게 되는 경우도 발생할 수 있다.

셋째, 반구조화 면접은 구조화 면접과 비구조화 면접의 장점을 살리기 위해 절충된 면접법으로서, 사전에 면접에 관한 치밀한 계획을 세우긴 하나 실제 면접상황에서는 융통성 있게 진행하는 방법이다. 일반적으로 반구조화 면접에서 중요한 설문은 사전에 구조화되지만 그 밖의 설문은 비구조화되는 것이 일반적이다.

(2) 개별면접과 집단면접

면접은 면접에 참여하는 면접자와 피면접자의 수에 따라서 개별면접과 집단면접으로도 구분할 수 있다. 개별면접은 면접자와 피면접자가 일대일로 하는 면접이고 집단면접은 여러 명의 면접자가 2명 이상의 피면접자를 대상으로 면접하는 형태를 말한다.

우선 개별면접은 피면접자 한 사람을 대상으로 면접자가 개별적으로 질의 응답을 진행하므로 시간이 많이 걸리고 면접자의 주관이 크게 작용할 수 있는 단점이 있으나 피면접자의 신상과 자질에 대해서 자세히 알아내는 데 좋은 방법이다. 집단면접은 여러 명이 진행하여 면접결과를 비교해서 판정할 수 있으므로 결과적으로 평가의 객관성이나 신뢰성을 높일 수 있다. 그러나 피면접자 개개인에 관한 상세한 설문을 하기는 힘든 것이 단점이다. 집단면접에서는 평소 다른 사람 앞에서 자신의 의견을 조리 있게 발표할 수 있는 능력을 갖춘 사람이 유리하다.

집단면접의 한 형태로서 초점집단 면접(focus group interview: FGI)이 있는데 이것은 특수한 집단으로부터 의도적으로 표집된 사람들을 대상으로 하여 주어진 문제, 상황진단, 대안 선정, 새로운 아이디어의 발견 등을 목적으로 면접자들의 심층적 견해를 조사하기 위한 면접기법이다(백욱현, 2006; Creswell, 1998). 이 기법은 원래 기업의 시장조사연구(market research)에서 비롯되었는데 점차 개인들의 경험, 느낌, 태도, 의견, 견해를 중요한 정보로 다루어야 하는 다양한 분야에서 활용되게 되었다. 초점집단은 보통 10명 내외로 구성하고 미리 정해진 장소에 모여 대략 1~2시간 동안 주어진 주제나 문제에 대해 논의하는 형식을 취한다. 면접자는 몇 개의 소주제를 순차적으로 제시하고 피면접자들은 제시된 소주제에 대해 자신의 경험, 느낌, 의견 등을 말하고 다른 피험자들의 의견을 경청한 후 다시 자신의 의견을 제시하는 형식을 취한다. 면접자의 역할로는 각 소주제에 대해 논의가 충분히 진행되었을 때 다음 소주제로 진행시키고, 또 논의가 지엽적으로 진행된다고 판단되면 해당 주제에 초점화될 수 있도록 유도한다. 면접자는 피면접자의 논의사항을 모두 기억하거나 기록할 수 없으므로 녹음장치를 이용해 녹음한 후 이후에 녹취내용을 자료로 활용한다. 초점집단 면접은 피면접자들 간의 상호 의견 및 생각을 교환하게 함으로써 상호 자극을 통해 보다 심층적이고 풍부한 자료를 수집할 수 있다는 장점이 있다(백욱현, 2006).

2) 절차

면접을 통해 연구자가 목적으로 하는 자료를 얻기 위해서는 면접자와 피면접자 간의 원활한 의사소통이 가능해야 한다. 그러므로 면접 절차는 면접자와 피면접자가 자유롭고 편안하게 대화할 수 있도록 사전에 준비되어야 한다.

면접의 절차를 살펴보면 다음과 같다. 첫째, 면접법을 적용하기 위해서는 면접자를 선정해야 한다. 면접은 궁극적으로 면접자의 주관적 판단에 따라 결정되므로 타당성과 신뢰도가 높은 면접을 위해서는 면접자의 자질이 중요하다. 면접자가 갖추어야 할 중요한 자질은 청취기술과 피면접자의 언어적 및 비언어적 표현을 파악할 수 있는 능력이다. 면접자는 다른 사람들과 편안하게 대화를 나눌 수 있어야 하며 예리한 관찰력과 판단력을 갖추어야 한다.

둘째, 면접자가 선정되면 면접이 실시되기 전에 면접에 대한 훈련을 실시해야 한다. 면접자 훈련에서 주로 다루는 내용은 면접에 대한 기초 지식, 면접을 통해 알고자 하는 사항 등이다. 또한 훈련내용에는 면접의 중요성, 면접자가 하기 쉬운 잘못, 면접 시 피해야 할 질문, 정확한 면접이 되기 위한 선행 조건 등이 포함된다.

셋째, 면접 장소가 결정되어야 한다. 면접을 구성하는 요소는 크게 면접자, 피면접자 그리고 면접상황으로 구분되는데 이들은 각기 면접의 결과에 영향을 미친다. 그러므로 정확한 면접을 위해서는 이들 요소에 개입할 수 있는 오염변인을 가능한 한 통제해야 한다. 면접자와 피면접자뿐만 아니라 면접상황을 구성하고 있는 면접 장소, 자리배치, 면접 순서 등을 구조화하는 것도 타당한 면접결과를 얻는 데 중요하다.

넷째, 면접을 실시한다. 면접자가 피면접자를 찾아갈 경우에는 사전에 시간 약속을 해 두는 것이 좋다. 면접을 실행하는 단계에서는 피면접자의 협조를 구해야 한다. 면접 내용을 녹음할 필요가 있는 경우에는 미리 동의를 구하고 피면접자가 이를 허락한 경우에만 녹음할 수 있다. 먼저 면접자 자신을 소개하고, 면접의 목적 및 내용을 간단히 설명한다. 피면접자가 응답한 내용이 연구목적 이외의 목적으로 사용되지 않을 것임을 인지시켜야 하고 또한 개인의 신상에 관한 사항이 공개되지 않는다는 것을 알려야 한다. 그리고 피면접자에게 어떻게 응답자로 선정되었는가를 알려 주고 관련 서류를 보여 주어 면접에 대한 신뢰를 갖도록 한다. 면접의 진행 여건이 조성되었다면, 조사표대로 설문을 한다. 만약 피면접자의 대답이 불충분하거나 분명하지 않을 경우에는 추가 설문을 하여 정확한 응답을 이끌어 내야 한다. 면접단계별 설문내용은 시작단계에서는 면접의 분위기 조성을 위한 설문을, 본단계에서는 면접에서 알아보고자 하는 조사항목에 대한 설문을, 종결단계에서는 면접상황을 마무리하는 언급으로 구성하는 것이 좋다.

다섯째, 녹음을 하지 않고 진행한 면접을 실시한 이후에는 면접의 내용을 기록하게 된다. 면접법을 사용하여 자료를 수집할 때 내용을 정확하게 기록하는 것은 중요하다. 아무리 면접이 잘 이루어졌다 하더라도 그 내용을 정확하게 기록하지 못하면 연구 자료로서의 가치가 반감되고 쓸모없는 것이 될 수 있다. 면접의 내용을 기록할 때 피면접자의 오답 중에 모호하거나 잘못된 것이라고 생각되는 것은 별도로 표시해 두는 것도 정확한 기록을 위한 한 방법이다. 녹음을 한 경우에는 녹취록을 작성하고 내용분석을 실시한다.

3) 장단점

면접법은 관찰법이나 설문지법과는 달리 직접적인 방식으로 피면접자로부터 개인적이고 심층적인 자료를 얻는 데 유용한 방법이긴 하나 이 방법 또한 장단점을 모두 가지고 있다. 면접법의 장점은 첫째, 자료수집 상황에서 융통성이 있는 방법이라는 것이다. 피면접자가 설문의 내용을 정확하게 이해하지 못할 경우라도 설문을 반복해서 말해 줄 수 있고, 동일한 뜻의 쉬운 표현으로 바꾸어 물어볼 수 있다. 둘째, 면접법을 통해 얻은 자료는 모두 연구대상이 되는 자료다. 면접법은 연구대상인 피면접자로부터 직접 응답을 얻는 것이기 때문에 연구대상이 아닌 응답자의 자료가 포함될 가능성이 없다. 설문지법의 경우 연구대상이 아닌 제삼자의 응답 자료가 포함되어도 확인할 방법이 없지만, 면접법은 이런 면을 완전히 배제시킬 수 있다. 셋째, 면접법의 경우 피면접자의 비언어적 행동을 관찰할 수 있기 때문에 자료의 타당성을 평가할 수 있다. 넷째, 면접에서는 피면접자의 불완전한 응답에 대해서 보충 설문을 함으로써 응답의 완성도를 높일 수 있다. 다섯째, 면접법은 표본 선택이 다소 자유로운 편이다. 설문지법은 글자를 읽지 못하는 대상에게 실시하기에는 상당한 어려움이 따른다. 그러나 면접법의 경우 문맹인 성인, 글을 읽지 못하는 연령의 아동을 대상으로도 자료수집이 가능한 방법이다.

면접법의 단점은 첫째, 시간과 비용이 상당히 많이 든다는 것이다. 면접자의 교육과 면접 실시 시 상당한 비용이 발생하고, 피면접자의 거주지가 면접 장소와 멀리 떨어져 있다거나 피면접자의 규모가 큰 경우 큰 규모의 시간과 비용이 요구된다. 둘째, 피면접자의 익명성이 보장되기 어렵다. 면접자가 피면접자의 개인정보를 알고 있으므로 피면접자는 사적이거나 민감한 설문에 대해서는 정직하지 않은 반응을 하거나 설문을 회피할 수 있다. 셋째, 표준화된 자료의 수집이 쉽지 않다. 면접의 절차를 가능한 한 표준화한다 하더라도 면접자의 영향, 피면접자의 개인차, 상호작용의 영향 등이 있어 면접을 완전히 표준화하는 데는 어려움이 따른다.

IV 　📊 내용분석법

1. 정의와 대상

내용분석(content analysis)이란 언어나 문자로 표현된 의사소통의 내용을 객관적 · 체계적 · 수량적으로 기술하기 위한 연구방법이다. 내용분석은 본래 의사소통의 과정에서 발생하는 누가, 무엇을, 누구에게, 어떻게 전달하며 그 효과는 무엇인가의 문제를 확인하고 분석하기 위해 개발된 방법이다(한국교육심리학회, 2000).

Kerlinger(1964)는 내용분석법은 관찰이나 면접을 통해 인간의 행동을 직접적으로 알아보는 대신 그들이 만들어 낸 의사소통 내용을 분석해서 커뮤니케이션에 관한 연구문제를 해결하는 방법이라고 했다. 초기에 커뮤니케이션 연구에서 주로 사용하던 내용분석 방법은 그 후 언어로 표현된 연구 자료의 내용을 다루는 사회과학의 많은 영역에서 도입했다. 특히 질적 연구에서 내용분석은 필수적인 자료분석 방법이 되었다. 이러한 맥락에서 Weber(1990)는 내용분석의 목적은 첫째, 조사연구에서 개방형 질문을 코딩하고, 둘째, 개인, 집단, 기관, 사회적 사건들에서의 초점을 알아내고, 셋째, 의사소통 내용에서의 패턴과 경향성을 기술하는 것이라고 하였다.

2. 분석대상의 변화

내용분석이 처음 연구방법으로 도입되기 시작했을 때, 분석대상은 주로 대중매체에 집중되었다. 즉, TV, 라디오, 신문, 잡지 등의 내용을 분석하는 단순한 주제 기술법을 사용하였다. 그러나 1930년대 후반에 들어서 Lasswell(1935) 등의 연구를 통해 내용분석법은 보다 체계적이고 객관적이며 높은 정확도를 지닌 기법으로 발전하였다. 내용분석법의 사용과 연구 논문의 증가에 따라 내용분석 연구의 경향도 많은 변화가 있었다. 첫째, 내용분석 연구들은 단순 메시지에 대한 기술 분석에서 점차 이론적·방법론적 문제를 해결하기 위한 연구로 변화해 왔다. 둘째, 분석대상이 다변화되었는데, 초기 연구들이 주로 신문, 선전물에 중점을 두었다면 근래에는 영화, TV, 라디오, 전기, 역사물, 문학작품, 교과서 등으로 다양화되었다. 셋째, 처음에는 기존의 생성된 자료를 사용하였지만 시간이 지나면서 점차 의도적으로 자료를 수집하였다. 예를 들어 회의, 자유응답 설문, 토의, 관찰, 면접 등을 통해 수집된 자료를 그 대상으로 하는 질적 연구에서 필수적인 방법이 되었다.

내용분석에서는 연구 자료가 될 대상을 어떻게 표집할 것인가, 그리고 선정한 자료를 어떻게 분석하느냐에 따라서 분석의 타당도와 신뢰도가 좌우될 수 있다. 내용분석은 때로는 타당도 및 신뢰도가 결여된 직관적 사고에 의해서 이루어질 위험성이 있으므로 이 방법을 사용하려는 연구자들은 분석대상의 표본추출과 분석방법에 유의해야 한다.

3. 분석 절차

내용분석을 적용하기에 적절한 연구문제가 선정되었다면 내용분석을 실제 수행하기 위해 다음과 같은 연구 절차를 밟아 나간다(Cohen, Manion, & Morrison, 2011).

① 내용표본이 선정될 모집단을 정의한다.
② 포함될 표본을 정의한다. 즉, 내용분석의 대상이 되는 문헌이나 기록의 종류와 범위를 명확히 한다.
③ 문서를 생성할 맥락을 정의한다.
④ 분석단위를 정의한다. 즉, 코딩단위와 맥락단위를 규정한다.
⑤ 분석에서 사용될 코드를 결정한다.
⑥ 분석을 위한 유목들을 구성한다.
⑦ 자료에 대한 코딩과 유목화를 실시한다.
⑧ 자료분석을 실시한다. 양적 연구에서 내용을 분석한 결과는 어떤 형태로든 수량

화할 필요가 있기 때문에 양적 연구의 경우에는 빈도분석이나 서열화 혹은 강도에 대한 분석을 진행한다.

⑨ 분석한 자료를 요약한다.

⑩ 결과에 기초해서 추론한다.

이와 같은 절차는 모든 내용분석에서 적용할 수 있는 기본적인 것으로 연구에 따라서 유연하게 적용할 수 있다.

V 질적 연구의 평가

1. 신뢰도와 타당도

양적 연구에서와 마찬가지로 질적 연구의 결과도 신뢰도와 타당도에 대한 평가가 필요하다. 그러나 객관적인 자료를 중심으로 진행되는 양적 연구에서는 다양한 방법을 통한 신뢰도와 타당도 평가가 가능한 반면, 주관성의 개입이 필연적인 질적 연구결과에 대한 신뢰도와 타당도 논의는 전혀 다른 차원에서의 접근이 필요하다.

질적 연구에서는 양적 연구에서와 같은 신뢰도(reliability)와 타당도(validity)라는 용어를 적용하기가 어렵고 신빙성(credibility), 신뢰가능성(dependability), 믿을 만함(trustworthiness), 전이가능성(transferability) 등의 용어를 대신 사용할 것을 권장하기도 한다(Cohen et al., 2011). Denzin과 Lincoln(1994)은 신뢰도 대신 반복가능성(replicability)이란 말을 사용할 것을 제안하고 이를 관찰의 안정성과 평정자간 신뢰도를 통해 확인할 수 있다고 제안한다. 또한 질적 연구의 신뢰도는 연구자가 자료로 기록한 것과 연구되고 있는 자연적 상황에서 실제로 발생되는 것들 간의 적합도라고 생각할 수 있다고 한다(Cohen et al., 2011). 다시 말해서, 질적 연구는 연구결과의 신빙성, 신뢰가능성, 반복가능성, 전이가능성 등의 측면에서 내적·외적 타당성을 검토해야 할 것이다.

2. 한계와 문제점

이제까지 질적 연구에 대해 설명하면서 이미 다양한 장점과 단점을 논의하였다. 여기서는 Vockell과 Asher(1995)가 제시한 질적 연구의 일반적인 한계와 문제점을 중심으로 살펴보기로 한다.

- 자료의 양이 지나치게 많아서 인간의 인지적 능력의 한계를 벗어나는 경우가 있다.
- 자료를 수집하고 필요한 것을 선정할 때 첫인상의 영향을 많이 받는다.
- 정보의 가용성이 다르며, 연구문제에 대한 답을 구할 때 어렵게 얻은 자료보다는 쉽게 얻은 자료에 더 의존하는 경향이 있다.
- 하나의 측면에 내해 긍정적인 사례와 부정적인 사례가 공존하는 경우가 있다. 이런 경우 어느 것을 선택하느냐의 문제가 발생한다.
- 충분한 정보가 가능한 경우와 새로운 정보가 나타난 경우에 어느 것을 선택하느냐의 문제가 발생한다.
- 정보들의 신뢰도가 고르지 못하다.
- 누락된 정보가 있는 경우 원하는 대로 메우는 경향을 배제하기 어렵다.
- 기준선의 안정성이 충분하지 못한 경우 이를 기초로 변화에 대한 평가를 할 때의 신뢰성 문제가 발생할 수 있다.
- 작은 표본은 대표성이 없을 가능성이 많다.
- 동시에 발생한 사건과 상관이 높은 관계를 인과관계로 해석하는 경향이 높다.

질적 연구를 수행할 때는 연구계획 단계부터 위에 제시된 것과 같은 문제점과 한계를 염두에 두고 진행해야 훌륭한 질적 연구를 수행할 수 있을 것이다.

VI 혼합방법 연구

사회과학의 연구방법론을 역사적인 관점에서 보면, 초기에는 양적 연구로 시작하여 점차 질적 연구가 도입되어 발전하였다. 이러한 흐름에 이어 '제3의 방법론 운동' '제3의 연구 패러다임'으로 혼합방법 연구방법론이 대두되었다(Johnson & Onwuegbuzie, 2004; Teddlie & Tashakkori, 2003). **혼합방법 연구**에 관한 몇 가지 정의는 몇 년간의 다양한 방법적 요소, 연구 절차, 철학, 연구설계가 시도되어 오는 과정에서 정립되었다고 할 수 있다. 혼합방법 연구가 시도된 초기에는 단지 한 가지의 양적 연구와 한 가지의 질적 연구가 포함되기만 하면 혼합방법 연구로 인식되었다. 그러나 혼합방법 연구가 상당히 진행되어 온 근래에 이르러서는 혼합방법 연구란 양적·질적이라는 두 가지 연구의 단순한 혼합을 벗어나서 방법론적 방향, 즉 연구 과정의 모든 측면에서의 혼합을 의미하는 것으로 변화되고 있다.

1. 정의

이러한 관점에서 Clark와 Creswell(2011)이 제시한 혼합방법 연구에 대한 정의와 관련된 내용들을 살펴보면 다음과 같다. 첫째, 연구문제를 기반으로 하여 질적 자료와 양적 자료가 모두 설득력이 있고 엄격하게 수집되고 분석되어야 한다. 둘째, 자료를 합칠 때 두 종류의 자료를 혼합하거나 연결한다. 셋째, 두 연구 중 하나의 연구를 더 강조하거나 또는 둘 다를 강조하거나 한다. 넷째, 단일 연구 내에 두 연구의 절차를 사용하거나 또는 연구 프로그램의 측면으로서 각각의 연구를 사용한다. 다섯째, 양적 연구와 질적 연구를 적용하고자 할 때 철학적인 세계관과 이론적 관점에서 틀을 세운다. 여섯째, 연구를 수행하는 직접적인 계획인 연구설계에서 두 가지 연구를 결합시켜야 한다. 혼합방법 연구는 이와 같은 특성을 정확히 반영함으로써 연구가 양적 연구와 질적 연구를 제각기 수행한 것을 단순히 합쳐 놓은 것이 아닌, 혼합방법 연구를 수행하게 되는 의의를 반영할 수 있어야 한다.

2. 유형

혼합방법 연구들은 위에서 설명한 혼합방법 연구의 성격을 어떻게 반영하느냐에 따라 몇 가지 유형으로 구분되는데, 여기에는 학자들 간의 의견 차이가 있다. Morgan (1998)은 혼합방법 연구의 유형을 질적 연구와 양적 연구 중 무엇이 주도적인가 그리고 연구 순서가 어떠한가에 따라 네 가지 유형으로 구분하였다. 즉, 그는 질적 연구 주도형

(Qual-quan), **양적 연구 주도형**(Quan-qual), 양적 연구를 먼저 실시하고 질적 연구를 나중에 실시하는 형태(Quan → qual), 질적 연구를 먼저 실시하고 양적 연구를 후에 실시하는 형태(Qual → quan)를 제시하였다.

Greene과 동료들(1989)은 한 연구가 다른 연구의 보완적 역할을 하는가, 다음 단계의 설문으로 유도하는가, 한 연구결과를 일반화 등으로 좀 더 확대 가능한가 등에 따라서 **상보설계**(complementary design), **발달설계**(developmental design), **확대설계**(expansion design)로 구분하였다. 상보설계는 연구방법의 부족한 측면을 다른 연구방법을 사용하여 보충하는 것으로서 두 연구가 동시에 수행되어야 하고, 나머지 두 설계에서는 순서가 고정되어 있진 않다.

Johnson과 Onwuegbuzie(2004)는 여러 학자가 제시한 혼합방법 연구의 유형들을 종합하여 혼합방법 연구를 분류하는 몇 가시 기준을 기술하였다. 첫째, 질직 연구 또는 양적 연구 가운데 무엇이 주가 되고 무엇이 부가 되는지로 구분할 수 있다. 둘째, 연구의 순서, 즉 질적 연구와 양적 연구가 동시에 이루어지는지 또는 어느 한쪽이 먼저 실시되고 다른 연구가 나중에 실시되는지에 따라서 구분할 수 있다. 셋째, 통합의 성격이 상호 보완의 성격인지, 수렴의 성격인지, 또는 질적 연구와 양적 연구를 병렬적으로 배치하는지에 따라서 구분할 수 있다. 넷째, 질적 연구와 양적 연구의 통합이 이루어지는 단계가 연구목표, 자료수집 기술, 연구방법, 분석, 결론 등 어느 부분에서인지에 따라 구분이 가능하다. 마지막으로 비판적이고 참여적인 성격을 얼마나 분명히 하는가에 따라 구분될 수 있다.

Clark과 Creswell(2011)은 최근에 혼합방법 연구를 보다 세부적인 유형으로 분류하여 여섯 가지 기본형(prototype)을 제시했다. 첫째는 **수렴적 병렬설계**(convergent parallel design)로 양적 자료 수집 및 분석을 질적 자료 수집 및 분석과 동시에 진행하고 결과를 비교하거나 연결시켜 해석하는 것이다. 둘째는 **설명적 순차적 설계**(explanatory sequential design)로 양적 자료 수집과 분석을 실시한 후에 질적 자료 수집과 분석을 해서 해석하는 것이다. 셋째는 **탐색적 순차적 설계**(exploratory sequential design)로 질적 자료 수집과 분석을 한 후에 그 결과에 기초해서 양적 자료 수집과 분석을 실시하고 해석한다. 넷째, **내재형 설계**(embedded design)는 어느 한 가지 접근을 진행하면서 필요할 때마다 다른 접근을 혼합해서 사용한 후 해석하는 방법이다. 다섯째, **변형적 설계**(transformative design)에서는 양적 자료 수집과 분석을 실시한 후에 질적 자료 수집과 분석을 사후분석으로 실시하고 해석한다. 마지막으로, **다국면 설계**(multiphase design)는 전체적인 프로그램 평가의 목적을 가지고 연구 1은 질적 연구로 진행하고 그 결과를 연구 2의 양적 연구를 위한 정보로 사용한 후 그 결과에 대해 다시 연구 3에서 혼합방법 연구를 적용하는 것이다. 이 방식은 장기간에 걸친 프로그램 평가연구에서 효과적이다.

3. 유용성

혼합방법 연구를 수행해 온 Johnson과 Onwuegbuzie(2004)는 일반적인 혼합방법 연구의 유용성으로 다음과 같은 열 가지 특성을 기술하였다.

- 말과 그림, 내러티브 등을 통해 숫자에 의미를 부가할 수 있다.
- 숫자를 통해 말, 그림, 일화에 정확성을 부가할 수 있다.
- 양적 · 질적 연구의 장점을 모두 포괄할 수 있다.
- 근거이론을 생성하거나 검증할 수 있다.
- 하나의 연구방법론에 한정되지 않기 때문에 보다 광범위한 연구문제들에 답을 할 수 있다.
- 동일한 연구에서 하나의 연구방법의 약점을 극복하기 위해 다른 연구방법의 장점을 활용할 수 있다.
- 서로 다른 연구방법으로 얻은 결과물의 수렴(convergence)과 보강(corroboration)을 통해 보다 강력한 증거를 제시할 수 있다.
- 하나의 연구방법만을 사용할 경우 놓칠 수도 있는 통찰이나 이해를 얻을 수 있다.
- 연구결과의 일반화가능성을 높일 수 있다.
- 양적 연구와 질적 연구를 함께 활용함으로써 이론과 현장에서 필요한 보다 많은 지식을 얻을 수 있다.

혼합방법 연구는 연구자가 단일 연구를 수행하면서 양적 연구와 질적 연구에서 사용하는 관점, 방법, 전략, 개념 및 언어를 혼합하거나 결합하는 것이다(Johnson & Onwuegbuzie, 2004). 그러나 혼합방법 연구는 단일 연구 내에 양적 · 질적 연구를 통해 얻은 결과를 단순히 합산한다거나 분석결과를 양적으로 늘리는 방법은 아니다. 혼합방법 연구는 연구주제를 중심에 두고 폭넓게 사고하고 심층적으로 접근함으로써 양적 연구와 질적 연구의 두 가지 방법론의 결합을 추구하는 접근이다. 따라서 혼합방법 연구는 특정 연구 주제와 관련해서는 방법론을 배타적으로 적용하는 기존 연구들의 한계를 극복하고 연구의 타당성을 향상시킬 수 있을 것이며 방법 적용에서의 유연성을 보여 줄 수 있을 것이다.

핵심 개념

자연관찰, 참여관찰, 심층면접, 내러티브 자료, 내용분석, 전기, 자서전, 생애사, 구술사, 현상학적 연구, 해석학적 접근, 근거이론, 개방코딩, 축코딩, 선택적 코딩, 문화기술지, 실재론적 문화기술지, 비판적 문화기술지, 사례연구, 체계적 관찰, 내러티브 기술법, 일기작성, 일화기록법, 발생빈도 기록, 시간표집, 사건표집, 관찰기록, 구조화 면접, 비구조화 면접, 반구조화 면접, 초점집단면접, 내용분석, 질적 연구의 타당도, 신뢰도, 반복가능성, 혼합방법, 질적 연구 주도형, 양적 연구 주도형, 상보설계, 발달설계, 확대설계, 일반화가능성

제6장

실험설계

실험연구는 조사연구에 비해 비교적 적은 인원으로 변수들 간의 인과적 관계를 알려 주기 때문에 잘 활용하면 원하는 연구문제에 대한 답을 효과적으로 얻을 수 있다. 이 장에서는 실험연구의 특징에 대해 알아보고, 실험의 타당도를 확보하기 위한 방법과 다양한 실험설계 방법을 소개하기로 한다.

I. 실험연구의 특징

실험연구는 독립변수의 조작, 가외변수의 통제, 인과관계의 규명이라는 세 가지 특징을 지니고 있다. 이 세 가지 특징의 의미가 무엇인지를 알아보고, 가외변수를 통제하기 위한 다양한 방법에 대해 살펴보기로 한다.

1. 조작

연구자는 실험을 진행할 때 원인이 되는 변수를 인위적으로 변화시키는데 이를 독립변수의 조작(manipulation)이라고 한다. 예를 들어, 새로운 고혈압 치료제를 개발하여 이 신약이 효과가 있는지를 검증하고자 한다면 고혈압이 있는 집단을 대상으로 한 집단에는 개발한 치료제를 투약하고, 다른 집단에는 위약을 투약할 수 있다. 이와 같이 실험자가 구체화된 방법으로 독립변수를 변화시킬 때 독립변수가 조작되었다고 한다. 또 다른 예로, 음주량에 따라서 반응시간이 느려지는지에 대해 연구하고자 할 때 음주량을 원인변수로 인위적으로 조작한다고 가정해 보자. 소주 1잔과 소주 2잔은 반응시간에 큰 차이를 일으키지 않을 수 있지만, 소주 1잔과 소주 1병은 반응시간의 차이에 영향을 미칠 수 있다. 각 실험 조건을 어떻게 설정하는지에 따라서 독립변수가 잘 조작될 수도 있지만 그렇지 않을 수도 있다. 따라서 실험연구에서 독립변수의 조작이 잘 되었는지를 확인하는 것은 상당히 중요하기 때문에 이를 확인하기 위한 파일럿 연구를 진행하기도 한다.

2. 통제

통제(control)란 연구자가 인위적으로 변화시킨 독립변수 이외의 종속변수에 영향을 미치는 모든 요소를 고정시키는 것을 의미한다. 예를 들어, 아동들의 사회성 증진 프로그램을 개발하는 경우라면 실험집단과 통제집단의 실험 전 사회성 정도가 유사하도록 실험참가자를 배정하는 것부터 실험기간 동안 독립변수의 조작을 제외한 다른 모두 가외변수를 통제하기 위한 노력을 기울여야 한다. 주요 가외변수가 제대로 통제되지 않으면 종속변수에 가외변수의 효과가 혼입(confounding)이 되어 나타나기 때문에 인과관계에 대한 정확한 추정이 어려우므로 가외변수들이 잘 통제되었는지 확인이 필요하다. 실험에서 가외변수를 통제하기 위해 사용되는 다양한 방법으로 다음과 같은 것들이 있다.

1) 제거

제거(elimination)는 독립변수 외에 종속변수에 영향을 줄 수 있는 변수를 실험상황에서 제거하는 것이다. 예를 들어, 실험을 진행하는 과정에서 외부 소음이 영향을 줄 수 있다고 판단되면 방음 시설이 되어 있는 방에서 실험을 하여 소음효과의 혼입을 원천적으로 차단하는 것이다.

2) 조건의 항상성

조건의 항상성(constancy)은 제거될 수 없는 변수의 효과를 통제하기 위한 것으로 실험을 하는 동안 실험 조건이나 절차를 동일하게 유지되도록 하여 연구대상자들이 동일한 값을 갖도록 하는 것이다. 예를 들어, 실험자의 편파성이 개입하지 않도록 실험 절차를 녹음된 지시문으로 제공함으로써 모든 참여자가 동일한 조건하에서 실험할 수 있도록 하는 방법을 적용할 수 있다.

3) 균형화

구체적인 가외변수를 확인할 수 없거나 가외변수가 있어 이를 통제하고자 하는 경우 균형화(balancing)라는 통제기법을 적용할 수 있다. 이는 실험집단과 통제집단을 구분하여 독립변수를 제외하고 다른 변수들은 동일한 조건을 부여하는 방법이다. 예를 들어, 음주량이 반응 속도에 미치는 효과를 검증하기 위해 실험을 진행한다면, 개인의 주량은 독립변수가 종속변수에 영향을 미치는 데 있어 주요하게 영향을 미칠 수 있는 변수라 할 수 있다. 따라서 각 실험집단에 개인의 주량이 유사한 사람들이 배정되도록 하면 개인의 주량이 미칠 수 있는 가외변수로서의 효과를 통제할 수 있게 된다.

4) 상쇄균형화

상쇄균형화(counterbalancing)란 두 가지 이상의 처치가 포함되는 실험에서 실험 처치의 순서가 연구대상자에게 영향을 주는 경우에 순서효과를 통제하기 위해 사용하는 방법이다. 실험 조건으로 A와 B 조건이 존재하는 경우에 연구대상자의 절반에게는 A 조건을 먼저 접하게 하고, 나머지 절반에게는 B 조건을 먼저 접하게 함으로써 실험 조건의 순서가 연구대상자에게 미치는 영향을 통제하는 방법이다. 예를 들어, 어떤 만두 회사에서 세 가지 만두(A, B, C)의 선호도를 알아보기 위한 시식실험을 한다고 하는 경우, 첫 번째 실험집단에게는 A, B, C의 순으로 제시하고, 두 번째 실험집단에게는 B, C, A의 순서로 제시하고, 세 번째 실험집단에게는 C, A, B의 순서로 제시한 후 만두 맛의 선호도를 평정하게 한다면 먼저 시식한 만두의 맛이 뒤에 시식하는 만두의 맛을 평가하는 데 미칠 수 있는 영향을 고르게 퍼트려서 순서효과를 제거할 수 있고 올바른 의사결정을 할 수 있게 될 것이다.

통제기법으로 사용되는 상쇄균형화 방법은 균형화 방법과 혼돈이 있을 수 있는 개념이다. 이들 간의 차이는 균형화를 사용하는 경우에는 각 연구대상자가 하나의 실험 조건에 속하는 데 반해, 상쇄균형화를 사용하는 경우에는 각 연구대상자가 하나 이상의 실험 조건을 경험한다는 점이다.

5) 무선화

실험 조건에 연구대상자들을 선정하는 데 있어서 다양한 가외변수의 영향을 받을 수 있는데 이를 간편하게 제거하는 방법으로 가장 많이 사용되는 방법이 무선배정 혹은 무선화(randomization) 방법이다. 이는 연구대상자로 선정된 사람들이 각 실험 조건에 동일한 확률로 배정되도록 하기 위한 방법이다. 예를 들어, 수학성적 향상 프로그램을 개발하여 이 프로그램의 효과를 검증하고자 한다고 가정해 보자. 효과검증을 위해서 프로그램을 적용할 집단과 아무런 처치도 받지 않는 통제집단으로 나눌 때 수학성적 향상 프로그램에 참여하기를 원하는 인원은 실험집단에, 그렇지 않은 인원은 통제집단에 배정했다면 참여자들은 수학성적이나 학습동기에서의 차이가 분명히 나타날 가능성이 있다고 볼 수 있다. 이렇게 실험집단과 통제집단을 구성하게 되면 개발된 수학성적 향상 프로그램의 차이가 아닌 다른 변수들의 효과로 인해 수학성적에서 차이를 보일 수 있다. 따라서 전체 연구대상자를 선정한 후 무선적으로 실험집단과 통제집단으로 배정하는 무선화 방법을 적용하면 고려하지 못한 가외변수의 효과를 통제하는 것이 가능해진다. 하지만 선정된 연구대상자의 수가 크지 않은 경우에는 무선화의 효과가 그다지 크지 않을 수도 있다는 사실을 인식할 필요가 있다.

6) 부지통제와 이중부지통제

실험연구의 경우 때로는 연구대상자가 실험의 의도를 알고 실험자가 원하는 방향으로 혹은 원하지 않는 방향으로 반응을 왜곡하는 경우가 있다. 부지통제(blind-fold)는 연구대상자가 연구의 내용을 모르게 하여 처치효과의 왜곡을 방지하기 위한 통제기법 중 하나다. 이를 방지하기 위해 연구대상자에게 연구의 목적이나 내용을 알리지 않은 상태에서 실험에 임하도록 하는 것이다. 또한 실험에서 실험자의 기대가 처치결과에 영향을 미칠 수 있는 경우에는 실험도 실험의 목적이나 내용을 모르는 사람이 실시하도록 하는 이중부지통제 기법(double blind-fold technique)을 사용할 수도 있다. 예를 들어, 화장품의 보습효과를 검증하기 위해서 저렴한 수분 크림과 고가의 수분 크림을 연구대상자에게 서로 다른 손에 바르게 한 후 보습효과를 보고할 때, 어느 손에 바른 것이 저렴한 수분크림인지 고가의 수분크림인지 연구대상자와 실험자 모두 모르는 상태라면 이는 이중부지통제 기법을 활용한 것이라 할 수 있다.

3. 인과관계

실험은 다른 변수의 효과는 통제된 상태에서 독립변수의 조작을 통해서 종속변수가 변화를 일으켰는지에 대한 인과관계(causality)를 규명하기 위한 과학적 방법이다. 인과관계를 추정하기 위해서는 원인-결과의 공변성, 원인의 선행성, 기타 현상의 불변성이라는 세 가지 조건이 만족되어야만 한다(박광배, 2009). 원인-결과의 공변성이란 원인이 변화함에 따라 결과도 함께 변화해야 한다는 의미다. 독립변수의 조작에도 불구하고 종속변수 측정치에서 변화가 없다면 이는 원인과 결과가 같이 변화한다고 볼 수 없을 것이다. 독립변수를 변화시킴에 따라 종속변수 측정치가 변화한다면 원인-결과의 공변성이라는 조건이 만족되었다고 판단할 수 있을 것이다. 원인의 선행성이란 독립변수의 조작이 종속변수 측정치의 변화보다는 시간적으로 먼저 일어나야만 종속변수 측정치의 변화가 독립변수의 조작 때문에 달라졌다고 볼 수 있다는 것이다. 만약 독립변수와 종속변수가 동시에 변화하는 경우나 독립변수가 변화하지 않은 상태에서 종속변수가 먼저 변화를 보인 경우에는 독립변수의 조작으로 인해 종속변수 측정치가 변화했다고 볼 수 없기 때문이다. 기타 현상의 불변성은 가외변수의 통제에서 언급되었던 내용으로 독립변수의 조작 이외에는 종속변수에 영향을 미칠 수 있는 변수들은 모두 동일해야 한다는 것을 의미한다.

II 📊 실험연구에서의 편향성

실험연구에서 실험자들과 참여자들이 어떻게 실험에 참여하는가에 따라서 실험결과는 올바른 결론에 도달할 수도 있고 그렇지 않은 결과를 낳을 수도 있다. 실험을 진행하는 실험자는 실험을 통해 자신이 원하는 결론을 얻기 위해 원하는 연구대상자의 행동만을 보기도 하고, 연구대상자는 실험에 참가한다는 것을 아는 것만으로도 행동이 달라지는 등의 편향성을 보일 수 있다. 이 절에서는 실험자가 실험을 하는 과정에서 발생할 수 있는 편향성과 참여자가 나타낼 수 있는 편향성에는 어떤 것이 있는지를 살펴보고 이를 감소시키기 위해서는 어떤 조치를 취할 수 있는지를 살펴보기로 한다.

1. 실험자 편향

실험자 편향(experimenter bias)이란 실험결과가 실험자가 바라는 방향대로 되기를 바라는 마음에서 발생되는 편향이라고 정의(곽호완, 박창호, 이태연, 김문수, 진영선, 2008)할 수 있으며 다음과 같은 경우를 들 수 있다.

1) 자기충족적 예언

자기충족적 예언(self-fulfillment prophecy)이란 자기가 예언하고 바라는 것이 실제 현실에서 충족되는 방향으로 이루어지는 현상(한국심리학회 심리학용어 사전, 2015, http://www.koreanpsychology.or.kr/psychology/glossary.asp)이다. 이는 실험자의 기대가 연구대상자의 행동에 영향을 미칠 수 있다는 것으로, 실험자가 연구대상자에게 자신의 기대에 부응하게 반응하도록 부지불식간에 영향을 주어 자신의 가설을 확증시키려는 경향이라고 할 수 있다.

2) 후광효과

후광효과(halo effect)는 어떤 사람이 가지고 있는 두드러진 특성이 그 사람의 다른 특성을 평가하는 데 전반적인 영향을 미치는 효과(한국심리학회 심리학용어 사전, 2015, http://www.koreanpsychology.or.kr/psychology/glossary.asp)라고 정의한다. 실험자가 연구대상자를 평가하는 데 있어 연구대상자의 어떤 특성(외모, 성적, 사회적 지위 등)의 강한 인상이나 선입견 때문에 다른 특성에 대한 실험자의 판단이 방해받는 경우를 말한다.

3) 통제방법: 이중부지통제

실험이나 검사에 주관성이 개입할 가능성을 배제하기 위해 실험진행자와 실험참여자 모두에게 실험에 관한 정보를 제공하지 않도록 하는 이중부지통제 기법을 사용하면 실험자 편향을 막을 수 있다.

2. 참여자 편향

연구실험자뿐만 아니라 연구참여자 역시 실험에 참여했다는 것만으로도 개인의 행동이 달라지는 효과를 보이게 되는데 이를 참여자 편향이라고 한다.

1) 호손 효과

호손 효과(Hawthorne effect)란 실험대상이 된 연구대상자들은 자신이 실험 과정에 참여함을 인식함으로써 자신의 행동을 바꾸거나 작업의 능률이 올라가는 현상이다(한국교육심리학회, 2000). Pennock이 미국 일리노이 주의 호손에 있는 전화교환기 공장에서 수행한 실험 도중에 발견한 현상으로, 그는 공장 근로자들에게 실험이 어떻게 진행될 것인지를 설명만 해 주고 처치는 가하지 않았는데 생산성이 향상된 결과가 나타났다. 즉, 어떤 실험 처치를 받았는가는 상관없이 실험대상이 되었다는 사실만으로 연구대상자의 행동에 변화가 일어나는 현상을 의미한다.

2) 존 헨리 효과

존 헨리 효과(John Henry effect)는 실험집단과 통제집단으로 구분하여 실험을 할 때 통제집단에 배정된 참여자들이 자신들이 통제집단에 속해 있음을 알아차리고 실험집단에게 무언가 보여 주기 위해 열심히 노력하여 실제적으로 더 높은 수행을 보이는 경우를 말한다(한국교육평가학회, 2004). 이 현상은 미국의 개척 시절 철도 공사장에서 John Henry라는 노동자가 자신의 육체노동 결과가 나중에 기계를 사용한 결과와 비교될 것이라는 것을 알고는 과도의 노력을 투여하여 기계를 사용한 결과보다 더 나은 수행을 보인 후 사망한 사건에서 유래한 것이다.

3) 요구 특성

요구 특성(demand characteristics)은 실험에서 피험자가 실험의 목적을 알게 되거나 실험자가 원하는 것이 무엇인지를 알게 되는 데 도움이 되는 단서들로, 실험결과를 오도할 수 있다(곽호완, 박창호, 이태연, 김문수, 진영선, 2008). 이러한 단서를 최소화하기 위해 실험자는 모든 실험 절차를 표준화해야 한다. 실험에 대한 소문, 실험상황, 내현적 · 외현적 지시들, 실험자 자체, 실험자가 제시하는 미묘한 단서, 실험 절차 등을 실험의 요구 특성이라고 할 수 있다. 이는 실험참여자들에게 특정한 행동을 요구하거나 유도하는 실험상황의 특징들로서, 요구 특성들은 실험참여자로 하여금 특정 행동을 하게 만들기 때문에 실험결과를 왜곡시킬 수 있다(한국교육평가학회, 2004).

4) 통제방법: 조작확인

참여자 편향은 실험결과의 타당도에 영향을 미칠 수 있기 때문에 통제가 이루어져야 하는데 실험조작이 잘 이루어졌는지를 확인함으로써 참여자 편향을 막을 수 있다. 독립변수의 조건을 잘 설정하고, 실험 절차를 표준화함으로써 피험자들이 실험에 참여할 때 반응이 왜곡되지 않도록 하는 것이 중요하다.

III 📊 실험의 타당도

실험연구는 실험결과가 순수하게 실험 처치에 의한 것이라는 결론을 얻을 수 있도록 하는 내적 타당도와 실험결과의 일반화 정도에 관한 외적 타당도가 확보되어야만 올바른 연구설계라 할 수 있다. 따라서 실험의 내적 타당도와 외적 타당도를 위협하는 요소들을 살펴보고 이를 방지하기 위한 방법에 대해서도 제시하고자 한다.

1. 내적 타당도와 위협요소

실험의 내적 타당도란 실험 처치를 통해서 실험의 결과가 나타났는지를 의미하는 것이다. 다시 말해서 실험에서 결과로 나타난 현상이 실험 처치 자체 때문인지 아니면 다른 요인 때문인지에 따라 실험의 내적 타당성이 결정된다. 연구자는 독립변수를 효과적으로 조작하고, 종속변수의 변화를 정확히 측정하며, 가외변수를 엄격히 통제함으로써 실험의 내적 타당도를 확보할 수 있다.

실험의 내적 타당도를 확보하기 위한 한 가지 방법은 파일럿 연구(pilot study)를 실시하는 것이며 내적 타당도가 확보되었는가를 확인할 수 있는 한 가지 방법은 반복연구(replication study)를 수행하는 것이다. 파일럿 연구는 본실험을 진행하기에 앞서서 동일한 실험 조건과 절차에 따라 적은 수의 인원을 대상으로 하는 연구를 의미한다. 이를 통해서 독립변수의 조작이 효과적인지 여부와 가외변수는 잘 통제되고 있는지에 대한 검증을 할 수 있고 이를 근거로 본실험을 진행하면 내적 타당도가 확보된 연구결과를 얻을 것이다. 반복연구는 다른 연구 대상자들을 대상으로 동일한 실험 조건과 절차를 활용하여 동일한 실험을 진행하는 것을 의미하는데, 이를 통해 이전에 실시한 실험의 결과와 동일하거나 유사한 결과가 확인된다면 이전 실험의 내적 타당도가 확보된 것으로 볼 수 있다.

Cook과 Campbell(1979)은 실험의 내적 타당도를 위협하는 요소로 역사, 성숙, 검사 실시, 도구 사용, 통계적 회귀, 연구대상자 선정, 연구대상자 탈락, 선발-성숙 상호작용을 제시하였다. 실험설계를 할 때 이러한 요소들을 고려하지 않은 채 연구가 진행되면 잘못된 결론을 얻을 수 있기 때문에 실험의 내적 타당도가 있는 실험연구를 수행하기 위해 노력해야 한다.

1) 역사 혹은 개인적 경험

최초 측정과 다음 측정 사이에서 발생하는(실험 진행 중 발생하는) 특정 사건이나 경험이 종속변수에 영향을 미치는 경우가 있다면 내적 타당도는 위협받게 된다. 따라서 실험 중에 연구대상자들이 어떤 특수한 역사(history), 즉 개인적 경험 여부를 확인해야 한다. 예를 들어, 진로탐색 프로그램을 진행하는 중에 학교에서 진로특강이 진행되었다면, 진로탐색 프로그램의 효과를 검증하기 위한 실험의 내적 타당도는 크게 위협받을 수 있다.

2) 성숙

실험의 내적 타당도는 실험 진행 중에 연구대상자가 나이를 먹게 됨으로써 생길 수 있는 생물학적 변화뿐만 아니라 시간의 경과에 따른 피로와 같은 심리학적 변화 등의 성숙(maturation)에 의해서도 영향을 받는다. 예를 들어, 아동의 사회성을 증진시키기 위한 프로그램을 개발하고 1년 동안 실험을 진행한다고 하면, 1년이라는 긴 시간 때문에 프로그램의 효과가 아닌 성숙으로 인해 아동의 사회성이 증진될 수 있다.

3) 검사 실시

실험의 효과를 검증하기 위해 사용되는 사전검사와 사후검사가 동일한 경우에 사전검사 실시(testing)가 사후검사에 영향을 미쳐 독립변수의 효과가 오염되는 경우를 말하는 것으로, 검사에 익숙해지거나 검사의 일부 답을 기억하는 경우에 독립변수의 효과가 오염될 수 있다. 이러한 검사 실시의 효과는 연구대상자에 따라 차이를 보일 수 있기 때문에 내적 타당도를 위협하는 요소로 작용할 수 있다. 문항이 다른 동형검사나 검사점수의 동등화가 가능한 검사를 활용하면 이러한 문제점을 극복할 수 있다.

4) 도구 사용

사전검사와 사후검사에서 종속변수의 변화를 측정하기 위한 도구가 달라진다든가, 실험에서 사용되는 도구(instrumentation)가 달라지면 종속변수 측정치의 변화를 정확하게 측정하지 못하게 되는 문제가 발생할 수 있다. 예를 들어, 실험에 사용되는 지시문을 실험 진행자가 읽어 주는 경우에는 진행자에 따라서 읽는 속도나 크기가 달라지기 때문에 연구대상자가 다르게 반응할 가능성이 있다. 이런 경우 진행자가 녹음된 파일을 들려주는 방법을 사용하게 되면 동일한 지시문을 사용하여 내적 타당도가 확보된 실험을 진행할 수 있을 것이다.

5) 통계적 회귀

사전검사 결과를 근거로 극단적인 점수를 가진 집단을 선정한다면 독립변수가 효과가 있더라도 사후검사에서는 전집의 평균에 가까운 평균치를 산출하게 되는데 이러한 경우에는 독립변수의 효과가 없는 것으로 잘못 판단할 수 있다. 예를 들어, 사전검사에서 수학점수가 100점인 10명의 연구대상자를 선정한 후 수학교육 프로그램을 적용했다고 가정해 보자. 이들은 사후검사에서는 실수나 다른 이유로 인해 100점이 아닌 그보다 더 낮은 평균점수를 보일 수 있는데 이를 **통계적 회귀**(statistical regression)현상이라고 한다. 이와 같은 통계적 회귀현상 때문에 실제 수학교육 프로그램의 효과와는 상관없이 수학점수가 감소했기 때문에 수학교육 프로그램이 효과가 없는 것으로 잘못된 결론을 내릴 가능성이 존재한다는 것이다.

6) 연구대상자 선정

실험집단과 통제집단의 연구대상자 선정에서 두 집단에 서로 다른 특성을 가진 연구대상자가 배정된다면(selection bias) 실험집단과 통제집단 간의 이질성으로 인해 실험결과의 내적 타당도가 위협받게 된다. 다시 말해서 실험결과에서의 차이가 독립변수의 조작에 따른 차이인지 원래 집단의 특성이 달라서 생긴 차이인지를 구분할 수 없게 된다. 예를 들어, 자기주도학습 프로그램의 효과성을 검증하기 위해 실험집단과 통제집단을 선정할 때 프로그램에 자발적으로 참가하고자 하는 학생들을 실험집단에 배정하고 그렇지 않은 학생들을 통제집단에 배정한다면, 실험결과에서 차이를 보인다고 하더라도 이는 프로그램의 효과가 아닌 잘못된 연구대상자 선정으로 인해 생긴 결과로도 볼 수 있게 된다.

7) 연구대상자 탈락

실험을 진행하는 과정에서 일부 연구대상자가 탈락(experimental mortality)되어 버리면 탈락된 연구대상자의 특성이 누락됨으로써 전체 실험집단 혹은 통제집단의 특성에 영향을 미치게 되어 실험결과의 내적 타당도가 영향을 받게 된다. 따라서 연구대상자의 탈락률이 어느 정도 되는지와 어떤 특성을 지닌 연구대상자가 탈락하게 되었는지를 잘 파악해 대처해야 한다. 예를 들어, 금연 프로그램을 개발하여 진행하는데 일부 학생이 퇴학이나 다른 학교로의 전학으로 인해 탈락되어 버린다면, 금연 프로그램의 효과가 적다고 하더라도 탈락된 연구대상자들로 인해 금연의 효과가 있는 것으로 잘못된 결론을 내릴 수 있다.

8) 대상자 선정 – 성숙 상호작용

연구대상자 선정요인과 성숙요인이 상호작용을 일으키는 것을 의미하는데, 실험집단과 통제집단에 연구대상자 배정이 다르게 됨으로써 성숙의 정도가 달라져 실험의 효과에 대한 잘못된 판단을 하는 경우에 발생한다. 연구대상자를 선발할 때부터 차이가 있었고, 시간이 지남에 따라서 성숙의 기울기에 차이를 보여 독립변수의 효과가 나타나는지 확인할 수 없는 경우다. 예를 들어, 실험집단과 통제집단을 배정할 때 실험집단에는 수학적으로 우수한 학생들이, 통제집단에는 그렇지 않은 학생들이 배정되었고, 실험집단 학생들은 수학적으로 성숙이 빨리 일어나고 통제집단은 성숙의 속도가 느리다면 사후검사에서는 실험집단의 차이점수(사후검사 점수–사전검사 점수)의 증가가 훨씬 큰 것으로 나타날 것이다. 이런 경우에 실험의 내적 타당도가 위협받을 수 있다.

〈표 6-1〉에는 Lodico 등(2006)이 내적 타당도에 위협이 되는 요소들을 정리해 놓은 것을 요약 제시하였다.

《표 6-1》 내적 타당도의 위협요소와 통제방법(Lodico et al., 2006)

위협요소	정의	통제방법
역사 혹은 개인적 경험	실험실 밖에서 발생한 사건이 종속변수에 영향을 미치는 것	적절한 통제집단을 포함시킴
성숙	신체적·정신적·정서적 기능에서 일어날 수 있는 성숙이나 성장의 결과로 나타나는 개인적 변화	적절한 통제집단을 포함시킴
검사 실시	참여자의 사전검사 수행 결과로 사후검사의 점수가 상승함	적절한 통제집단을 포함시킴
도구 사용	신뢰도나 타당도가 낮은 도구의 사용	신뢰할 만하고 타당한 도구의 사용; 관찰자의 훈련과 짧은 관찰 시간
통계적 회귀	높은 점수를 받은 사람은 낮아지고 낮은 점수를 받은 사람은 올라감으로써 평균점수로 향하는 경향성	동일한 기준으로 선발된 통제집단을 포함시킴
연구대상자 선정	다를지도 모르는 이미 구성되어 있는 집단들을 사용하는 것	집단 구성 시 무선할당 사용; 집단들이 유사해 보이는 경우에는 사전검사를 실시할 것
연구대상자 탈락	피험자 감소 및 탈락	사전검사를 통해 한 집단에서 탈락한 피험자와 유사한 피험자를 다른 집단에서도 제외함으로써 동등한 집단을 유지하도록 함
연구대상자 선정-성숙 상호작용	실험처치 전부터 서로 이질적인 집단을 대상으로 선정해서 이들의 성숙의 기울기가 달라지는 것	집단 구성 시 무선할당 사용

2. 외적 타당도와 위협요소

실험연구의 결과를 어느 대상에게까지 일반화할 것인가는 중요한 문제다. 여기에서는 실험결과의 일반화에 영향을 미칠 수 있는 요소들에 대해 살펴보기로 한다. Isaac과 Michael(1995)의 저서에서는 연구대상자 선정오류와 실험변수 간의 상호작용, 사전검사의 상호작용, 실험 절차의 반응적 효과, 중다처치간섭의 네 가지 요소를 언급하고 있다. 이에 대해 Lodico 등(2006)은 실험자 효과를 추가해서 제시하고 있다(〈표 6-2〉 참조).

외적 타당도는 실험결과에 대한 일반화 가능성 정도를 의미한다. 이를 높이기 위해서는 무선표집 방법(단순무선표집, 층화표집, 군집표집 등)을 사용하여 일반화하기 원하는 모든 차원에서 대표적인 표본을 선정하여 연구를 수행해야 하고, 외적 타당도를 위협하는 요소들을 고려한 실험설계를 적용할 필요가 있다.

1) 연구대상자 선정오류와 실험변수 간의 상호작용

연구대상자 특성에 따라 실험 처치의 영향이 서로 다른 경우로 연구대상자 선정오류 때문에 연구대상자와 실험변수 간의 상호작용으로 독립변수의 효과가 섞이는 경우를 말한다. 예를 들어, 학업동기 증진 프로그램을 진행하고자 하는데, 통제집단은 일반 학생들을 활용하고 실험집단은 자원한 학생들을 사용한다면, 실험 전부터 각 집단의 연구대상자들의 특성이 다르고 그에 따른 학업동기 증진 프로그램의 효과 역시 다르게 나타날 것이다.

2) 사전검사의 상호작용

사전검사의 상호작용 효과란 사전검사 실시가 연구대상자의 실험변수에 대한 반응에 영향을 주는 경우로서 이런 현상이 발생하면 사전검사를 받지 않은 집단에 대해 연구 결과를 일반화할 수 없게 된다. 예를 들어, 사전검사로 진로준비도 검사를 실시한 후에 어떤 진로탐색 프로그램을 실시하고, 사후검사로도 동일한 진로준비도 검사를 사용한다면 진로준비도 검사를 하면서 자신의 진로에 대해 생각하게 되고, 직업이나 일에 대한 생각을 정리할 수 있는 기회를 가지기 때문에 진로탐색에 긍정적인 영향을 미칠 가능성이 있다. 이러한 경우에는 사전검사를 받지 않은 집단에 대해서는 동일한 프로그램 효과가 날 것이라고 기대하기 어려울 것이다.

3) 실험 절차의 반응적 효과

실험 절차의 반응적 효과(reactive effects)란 실험적 상황에서 연구대상자가 평소와 다른 행동을 보여 실험변수의 영향이 왜곡되는 경우로 일반화에 문제가 생길 수 있다. 예를 들어, 학업증진 프로그램의 효과를 검증하기 위해 두 반을 선정하여 한 반은 실험집단으로, 다른 반은 통제집단으로 선정하였다고 가정해 보자. 실험에 참가하게 된 반의 학생들은 자신들이 우수하기 때문에 선정되었다고 생각하면서 적극적으로 수업을 듣기 때문에 프로그램의 효과가 아닌 다른 원인으로 인해 학업증진 효과가 나타나는 문제가 발생할 수 있다. 실험이라는 특수한 상황 때문에 프로그램 효과가 나타난 것이라면 일반적인 상황에서는 프로그램의 효과가 나타날 것이라고 결론 내릴 수 없기 때문에 실험결과의 일반화에 문제가 발생하게 된다. 앞에서 거론했던 호손 효과가 대표적인 예다.

4) 중다처치 간섭

여러 가지 실험 처치를 같은 연구대상자에게 적용했을 때 처치변수들 간의 간섭이 생기게 되면 어떤 처치의 효과 때문에 그러한 결과가 나타났는지를 분명하게 알기 어렵다. 따라서 이와 같은 중다처치를 받는 경우에 대해서만 실험의 효과에 대한 일반화가 가능한 것이다. 예를 들어, 독서지도법의 효과를 검증하기 위해 세 가지 방법인 강의식, 토론식, 발표식을 적용한 결과 학생들의 독서능력이 향상되었다면, 이런 결과는 강의식이나 토론식 혹은 발표식을 한 가지씩 적용해서 훈련을 받은 집단에는 일반화하기가 어렵다.

5) 실험자 효과

실험을 수행하는 사람에 따라 처치효과가 다르게 나타날 수 있다. 실험자는 의도적으로 혹은 의도하지 않고도 자신의 특성이 실험결과에 영향을 내릴 수 있다는 것을 명심해야 한다. 따라서 이러한 오염효과를 배제하기 위해 이중부지통제 기법을 적용하는 것이다. 즉, 연구내용을 모르는 사람으로 하여금 실험을 진행하게 하는 것이다.

〈표 6-2〉 외적 타당도의 위협요소와 통제방법(Lodico et al., 2006)

위협요소	정의	통제방법
연구대상자 선정오류와 실험변수 간의 상호작용	무선배정이 이루어지지 않은 집단들이나 이미 구성되어 있는 집단들 간의 차이가 처치변수와 상호작용하는 경우 일반 집단에게 일반화하는 데 제한이 따름	만약 처치효과가 집단에 따라 다르다면 사전검사를 실시하고 처치하고자 하는 모집단에서 대표적인 표본을 무선 선발함
사전검사의 상호작용	사전검사가 처치를 받는 연구대상자를 민감하게 해서 사전검사를 받지 않은 경우와는 다른 결과가 나오는 것	동일한 사전검사를 받는 통제집단을 포함시키고 사전검사를 받지 않는 처치집단을 포함시킴
실험 절차의 반응적 효과	단순히 실험에 참여했다는 자체가 참여자의 감정, 행동, 태도를 변화시킴	연구의 목적을 추측하려고 하지 않도록 참여자에게 정보를 제공함
중다처치간섭	연구대상자가 여러 가지 처치에 노출된 경우라면 특정 처치에 따른 차이가 발견되었다고 결론 내리기 어렵고 일반화가 제한됨	처치의 수를 제한하거나 처치 시기를 달리해야 함. 만약 한 처치가 다양한 요소를 포함하고 있다면 각기 다른 요소들을 처치받을 수 있도록 비교집단을 구성할 것
실험자 효과	연구자는 연구결과에 동일한 영향을 미쳐야 함; 만약 연구가 다른 연구자에 의해 이루어지면 결과는 달라질 수 있음	부지통제 혹은 이중부지통제 방법을 사용하고 연구자의 자각을 높임

Ⅳ ᴵᴵᴵ 실험설계 유형

실험설계는 독립변수의 개수에 따라서, 독립변수의 조작방식에 따라서, 연구대상자를 할당하는 방식에 따라서 구분하는 등 다양한 방법으로 분류할 수 있다(박광배, 2009).

우선 독립변수의 개수에 따른 분류는 단일 요인설계(single-factor design)와 요인설계(factorial design)로 나뉠 수 있다. 독립변수의 조작방식에 따른 방법으로는 교차요인설계, 둥지요인설계, 라틴스퀘어설계 방식이 있고, 연구대상자 할당방식에 따른 방법으로는 독립집단설계, 반복측정설계, 짝짓기설계 방식이 있다. 독립집단설계와 짝짓기설계에서와 같이 서로 다른 연구대상자가 각 실험집단에 배정되는 경우에는 연구대상자간 설계

(between-subjects design)라고 하고, 같은 연구대상자가 복수의 실험 처치를 받는 경우에는 연구대상자내 설계(within-subjects design)라고 한다.

위에서 제시한 설계 유형은 서로 배타적인 것은 아니며 다양한 형태의 설계 유형을 혼합하여 적용하는 것이 가능하다. 교차요인설계와 둥지요인설계를 혼합할 수도 있고, 독립집단설계와 반복측정설계를 혼합할 수도 있으며, 교차요인설계와 짝짓기설계를 혼합할 수도 있다는 사실을 기억할 필요가 있다. 이와 같이 여러 설계방식을 혼합하고 있는 대표적인 설계방식으로 두 개의 독립변수의 수준이 서로 교차되어 있고, 독립변수 중 하나의 독립변수는 연구대상자내 요인(둥지요인)이고 다른 하나는 연구대상자간 요인인 경우를 혼합설계(mixed design)라고 한다. 다른 이름으로는 **분할구획요인설계**(split-plot factorial design)라고도 한다. 예를 들어, 연구대상자를 두 개의 집단으로 구분한 후 두 집단에 모두 사전검사를 실시하고 나서, 두 가지 수학 교수학습법을 학생들에게 다르게 적용하여 학습을 진행한다. 두 집단을 대상으로 사후검사와 추수검사를 실시하여 교수학습법의 효과성을 검증하고자 한다면, 사전검사, 사후검사, 추수검사는 연구대상자내 요인이고 두 가지 수학 교수학습법은 연구대상자간 요인이 된다. 이 실험설계 방식은 교육학 및 심리학 분야에서 상당히 많이 활용되고 있는 설계방식이다.

1. 독립변수의 개수에 따른 구분

1) 단일요인설계

단일요인 무선집단설계(single-factor randomized-group design)는 한 개의 독립변수 각 수준에 표집된 연구대상자를 무선적으로 배정하고, 각각의 독립변수의 조작을 가한 후에 평균을 비교하는 방법을 취하는 설계다. 독립변수의 수준이 두 개인 경우와 그 이상으로 이루어진 경우로 구분될 수 있다. 일반적으로 두 개의 집단으로 구분되는 경우에는 실험집단과 통제집단으로 구분되고, 여러 개의 집단으로 구분되는 경우에는 다중실험집단과 통제집단으로 구분된다.

2) 요인설계

2개 이상의 독립변수의 효과를 동시에 검증할 수 있는 실험설계를 요인설계(factorial design)라고 한다. 요인설계를 통해서는 각 독립변수가 종속변수에 미치는 효과를 의미하는 주효과와 두 개 이상의 독립변수가 상호작용하면서 종속변수에 영향을 미치는 상호작용 효과(한 개의 독립변수의 효과가 다른 독립변수의 수준에 따라 달라지는 것)를 검증할 수 있다. 독립변수가 두 개인 경우 이원요인설계(2-way factorial design), 세 개인 경우 삼원요인설계(3-way factorial design) 등으로 부른다.

2. 독립변수의 조작방식에 따른 구분

한 실험에서 두 개 이상의 독립변수를 사용하는 경우에 각 요인의 수준을 조작하는 방식에 따라서 다음의 설계방식으로 나눠 볼 수 있다.

1) 교차요인설계

교차요인설계(crossed factors design)는 한 요인의 모든 수준이 다른 요인의 각 수준에 모두 존재하도록 실험 조건을 조작하는 것을 의미한다. 예를 들어, 첫 번째 요인 A에 2개의 수준(a_1, a_2)이 있고 두 번째 요인 B에 3개의 수준(b_1, b_2, b_3)이 존재한다면, 실험 조건으로는 a_1b_1, a_1b_2, a_1b_3, a_2b_1, a_2b_2, a_2b_3의 6개의 조건이 만들어지게 되어 6개의 처치 집단이 필요하다. 이와 같이 A요인의 모든 수준이 B요인의 모든 수준에 존재하도록 하는 방식을 교차요인설계라고 한다.

〈표 6-3〉에서와 같이 교과목으로 영어와 수학 과목이 있고, 교수법으로 강의식 수업, 멀티미디어식 수업, 토론식 수업 중 어느 것이 효과적인지를 검증하고자 할 때, 교차요인설계를 적용한다면 영어 과목에도 강의식 수업, 멀티미디어식 수업, 토론식 수업을 적용하고, 수학 과목에도 강의식 수업, 멀티미디어식 수업, 토론식 수업을 진행하면 된다.

《표 6-3》 교차요인설계 예시

		교과목	
		영어	수학
교수법	강의식	집단 1	집단 2
	멀티미디어식	집단 3	집단 4
	토론식	집단 5	집단 6

2) 둥지요인설계

둥지요인설계(nested factors design)는 독립변수의 각 수준에서 다른 독립변수의 일부 수준만 포함시키는 설계라 할 수 있다. 일반적으로 실험에서는 인과관계에 대한 결론을 명확히 이끌어 낼 수 있고 간결한 교차요인설계를 주로 사용하지만 비용이나 시간이 부족한 경우나 현실적인 대안이 없는 경우에는 둥지요인설계를 사용하기도 한다. 예를 들어, 첫 번째 요인 A에 4개의 수준(a_1, a_2, a_3, a_4)이 있고 두 번째 요인 B에 2개의 수준(b_1, b_2)이 존재한다면, 실험 조건은 a_1b_1, a_2b_2, a_3b_1, a_4b_2의 4개의 조건을 만든다. 이와 같이 A요인의 모든 수준이 B요인의 모든 수준에 존재하지 않고 일부만이 존재하도록 하는 방식을 둥지요인설계 방식이라고 한다. 만약 이를 교차요인설계 방식으로 적용했다면 8개의 실험 조건이 필요했겠지만 둥지요인설계를 사용하면 4개의 실험 조건만이 필요하여 실험자의 부담을 줄일 수 있다.

예를 들어, 학교생활에서 부적응 문제가 있는 학생들에 대한 인지행동치료와 정신분석치료 효과를 검증하기 위해 상담자 4명이 상담을 한다고 하자. 둥지요인설계를 적용하면 〈표 6-4〉에서와 같이 2명은 인지행동치료를, 2명은 정신분석치료를 적용해서 각각 한 집단의 학생들은 상담하게 하는 설계다. 물론 이런 경우 모든 상담자가 동일한 수준의 상담을 진행할 수 있다는 전제가 있어야 하지만 한 명의 상담자가 담당하는 부담은 크게 줄일 수 있다.

〈표 6-4〉 둥지요인설계 예시

치료법	상담자	집단
인지행동치료	상담자 1	1
	상담자 2	2
정신분석치료	상담자 3	3
	상담자 4	4

3) 라틴스퀘어설계

라틴스퀘어설계(latin square design)는 로마 사람들이 정방형 놀이판에 알파벳을 배열하며 놀던 모습과 유사하다고 지어진 이름으로 검정할 두 요인을 하나는 종축, 다른 하나는 횡축으로 처치의 수만큼 설정하고, 종축과 횡축 안에서 각 처치를 무선적으로 배정하여, 각 처치가 횡열과 종열에서 단 한 번씩만 나타나게 하는 설계다. 이렇게 하면 실험 조건의 수를 상당히 줄일 수 있기 때문에 연구에 대한 부담이 줄어들게 된다. 예를 들어, 요인이 3개(A, B, C)이고 요인별 수준도 3개씩(a_1, a_2, a_3, b_1, b_2, b_3, c_1, c_2, c_3)일 때, 라틴스퀘어설계를 사용하면 9개의 실험 조건($a_1b_1c_2$, $a_2b_1c_1$, $a_3b_1c_3$, $a_1b_2c_3$, $a_2b_2c_2$, $a_3b_2c_1$, $a_1b_3c_1$, $a_2b_3c_3$, $a_3b_3c_2$)이 만들어진다. 만약 이를 교차요인설계 방식으로 적용했다면 27개의 실험 조건이 필요했겠지만 라틴스퀘어설계를 사용하면 9개의 실험 조건만이 사용되게 되어 실험자의 부담을 줄일 수 있다. 주로 관심 있는 변수를 각 셀에 분배하는 요인으로 설정하고 통제되어야 하는 변수들을 정방형을 구성하는 교차분할판에 넣도록 설정한다.

어떤 신약(자사약, 신약, 타사약)의 효능을 검증하기 위해 연령(20대, 40대, 60대)과 건강상태(상, 중, 하)를 고려하여 연구를 하고자 한다면 〈표 6-5〉와 같이 설계하면 된다.

〈표 6-5〉 라틴스퀘어설계 예시

연령	건강상태		
	상	중	하
20대	신약	자사약	타사약
40대	타사약	신약	자사약
60대	자사약	타사약	신약

3. 연구대상자 할당방식에 따른 구분

실험을 설계할 때 실험 조건에 연구대상자를 어떻게 배정할 것인가에 따라서 다음과 같은 설계방법들로 구분할 수 있다.

1) 독립집단설계

독립집단설계(independent-groups design)는 각 실험 조건에 가외변수를 통제하기 위해 무선할당 방식을 적용하여 연구대상자를 할당함으로써 서로 독립적인 집단이 될 수 있도록 하는 방식이다. 이 설계방법은 완전무선집단설계(completely randomized group design)라고 불리기도 한다. 이렇게 구성된 실험집단은 독립변수 이외의 다른 가외변수의 영향을 통제할 수 있게 되기 때문에 가장 많이 사용되는 설계방식이다. 각 실험 조건에 포함되는 연구대상자의 수가 적은 경우에는 가외변수의 통제가 보장되는 것은 아닐 수 있기 때문에 사용에 주의를 기울일 필요가 있다. 이 설계방식은 각 실험 조건에 다른 연구대상자가 배정되기 때문에 연구대상자간 설계다.

2) 반복측정설계

반복측정설계(repeated measurement design)는 실험집단에 동일한 연구대상자를 배정하여 각 실험집단에 속한 연구대상자의 특성이 다르기 때문에 생길 수 있는 오차원을 줄이고자 하는 설계방법이다. 가외변수를 통제하는 방법으로 무선할당 방법을 적용할 수 있지만 연구대상자의 수가 작은 경우에는 문제가 발생할 수 있고, 연구대상자로 인해 발생할 수 있는 가외변수의 효과를 완벽히 배제할 수 없기 때문에 각 실험 조건에 동일한 연구대상자를 할당하는 방법을 고안하게 되었다. 이 방법을 사용하면 개인이나 집단의 특성에 기인하는 많은 가외변수가 통제되기 때문에 통계적 검증력(power)을 증가시킬 수 있지만 동일한 연구대상자가 계속해서 실험 조건을 경험하기 때문에 생길 수 있는 연습효과(practice effect), 순서효과(order effect), 이월효과(carry-over effect)와 같은 다양한 순차효과(sequence effect)가 발생할 수 있는 문제점이 있다. 반복측정설계는 동일한 연구대상자가 사용되기 때문에 연구대상자내 설계다.

3) 짝진 집단 설계

짝진 집단 설계(matched group design)는 연구대상자의 특성이 종속변수와 관련이 있는 경우에 사용한다. 예를 들어, 자극의 복잡성에 따라 반응시간이 어떻게 달라지는지에 대해 연구를 하는데, 연구대상자들의 기본적인 반응시간을 조사하지 않은 상태에서 연구가 진행된다면 개인이 갖고 있는 기본 성향의 차이로 인한 오차분산이 상당히 커지는 문제가 발생할 것이다. 따라서 이러한 경우에는 모집단으로부터 표본을 구해서 단순자극에 대한 반응시간을 조사한다. 그 후 이 결과를 근거로 비슷한 특성을 보이는 연구대상자들의 쌍을 구성하고 쌍의 한쪽씩을 두 집단에 무선적으로 배정하는 방법을 사용하면 두 집단의 자극에 대한 반응시간이 어느 정도 비슷한 사람들로 구성되어 실험의 타당성을 확보할 수 있게 된다. 짝진 집단 설계는 연구대상자간 설계에 포함되어 있지만 짝진 집단 설계의 각 실험집단에서 연구대상자 속성을 유사하게 하려는 목적 때문에 연구대상자내 설계인 반복측정설계와 동일한 특징을 갖는다.

4. 대표적인 실험설계 예시

앞에서 기술했듯이 실험설계 유형은 매우 다양하다. 여기서는 실험을 할 때 많이 활용되는 설계의 예시 아홉 가지를 소개하고자 한다. 이 방법들은 Campbell과 Stanley (1963)가 제시한 것으로 **전실험설계**(pre-experimental design), **진실험설계**(true-experimental design), **유사실험설계**(quasi-experimental design)로 구분하고 이들의 예시에 해당되는 설계방법의 특징과 장단점을 중심으로 설명하기로 한다. 실험설계를 기술할 때 X, O_1, O_2, ……, O_n의 기호를 사용하는데, X는 실험 처치를 의미한다. O는 관찰치를 의미하며, O_1은 사전검사, O_2, ……, O_n은 사후검사를 의미한다. D는 차이점수로 D_1, ……, D_n으로 표현되고 D_1은 $O_2 - O_1$을 의미한다.

1) 전실험설계

(1) 일회시행 사례연구

처치	사후검사
X	O_2

일회시행 사례연구(one-shot case study)는 연구대상자에게 실험 처치를 가한 후 사후검사를 실시하는 방법을 취한다. 예를 들어, 새로운 학습방법이 읽는 속도를 증가시키는지 확인하고자 한다면, 연구대상자에게 새로운 학습방법을 가르친 후에 읽는 속도가 증가되었는지 확인하면 된다.

이 방법은 가외변수에 대한 통제도 없고, 내적 타당도에 대한 확보도 안 되는 설계라고 할 수 있다. 빠르고 쉽기 때문에 교육현장에서 자주 활용되는 방법인데 이를 통해 얻어진 결론을 근거로 교육에 변화를 가하는 것은 위험한 일이 될 수 있다. 나타난 결과가 실험 처치 효과 때문이라고 주장하기 어렵다. 이 방법은 사후검사만으로 이루어져 있을 뿐 아니라 통제집단도 없기 때문에 실험효과에 대한 비교가 불가능하다. 하지만 현장에서 연구문제를 찾거나 아이디어를 발전시키기 위한 기초자료를 수립하기 위한 연구로 사용할 때에는 효과적으로 활용될 수도 있다.

(2) 단일집단 사전-사후검사 설계

사전검사	처치	사후검사
O_1	X	O_2

단일집단 사전-사후검사 설계(one-group pretest-posttest design)는 연구대상자에게 사전검사를 실시한 후 처치를 가하고 사후검사를 실시하는 방법을 취한다. 예를 들어, 새로운 학습방법이 읽는 속도를 증가시키는지 확인하고자 한다면 연구대상자에게 읽는 속도를 측정하는 사전검사를 실시한 후에 새로운 학습방법으로 훈련시킨다. 사후검사를 실시한 후 사전검사와 사후검사 간의 차이가 유의하게 변화되었는지를 종속집단 t검증으로 확인하면 된다.

동일한 연구대상자의 수행점수인 사전검사 점수가 존재하기 때문에 실제적인 비교가 가능하게 되었다는 점과 내적 타당도를 위협할 수 있는 연구대상자 선정이나 탈락의 문제도 해결된다. 하지만 사전검사와 사후검사 사이에 단지 처치만이 영향을 미친 것인지는 아직 명확하지 않을 수 있고 위약효과(placebo effect)*도 있을 수 있다. 처치 이외의 다른 요인들로 인해 사전검사 점수와 사후검사 점수 간에 차이가 생겼을 가능성이 여전히 존재한다는 문제점이 있다.

2) 진실험설계

(1) 통제집단 사전-사후검사 설계

집단	사전검사	처치	사후검사
실험집단	O_1	X	O_2
통제집단	O_1		O_2

통제집단 사전-사후검사 설계(pretest-posttest control-group design)는 전집에서 연구대상을 선발하여 무선할당의 방식으로 실험집단과 통제집단을 구분한 후 먼저 사전검사를 실시한다. 사전검사 점수에서 두 집단 간에 차이가 없는지를 확인한다. 두 집단의

---

* 위약효과는 실제로는 화학적 · 의학적으로 전혀 효과가 없는 물질인데도 연구대상자나 환자가 치료 효과가 있는 약물이라고 믿는 데서 비롯되는 효과를 말한다.

차이가 없다면 다른 모든 조건을 동일하게 유지한 채 실험집단에 처치를 가하고, 통제집단에는 처치를 가하지 않는다. 사후검사를 실시한 후 두 집단에서 사전검사 점수와 사후검사 점수 간에 차이(O_2-O_1)가 나타났는지 확인한다. 독립집단 t검증을 통해 통제집단과 실험집단 간의 차이점수가 통계적으로 유의미하면 처치가 효과가 있는 것으로 결론 내린다. 이 실험설계 방법은 내적 타당도에 있어서는 강점을 가지는 것으로 볼 수 있다. 실험집단과 통제집단을 무작위로 배정했고 사전검사와 사후검사가 모두 측정되기 때문에 성숙, 역사, 사전검사의 영향력, 상이한 연구대상자 탈락률(differential mortality), 통계적 회귀(statistical regression) 등의 문제는 거의 극복된다고 볼 수 있다. 하지만 사전검사와 처치의 상호작용, 선발과 처치의 상호작용, 역사와 처치의 상호작용, 실험과정에서의 반응효과 등의 외적 타당도는 여전히 문제가 될 수 있다.

(2) 솔로몬 4집단 설계

집단	사전검사	처치	사후검사	D
1-사전검사	O_1	X	O_2	$D_1 = O_1, X, M, H$
2-사전검사	O_3		O_4	$D_2 = O_3, M, H$
3-비사전검사		X	O_5	$D_3 = X, M, H$
4-비사전검사			O_6	$D_4 = M, H$

솔로몬 4집단 설계(solomon four-group design)는 사전검사를 받는 2개의 집단과 사전검사를 받지 않는 2개의 집단을 두고 각 집단을 실험집단과 통제집단처럼 한 집단에는 처치를 가하고 다른 집단은 처치를 가하지 않는 방법을 사용하는 설계방식이다.

D는 차이점수를 말한다. D_1은 O_2와 O_1의 차이점수로 O_1(사전점수)과 X(처치), M(성숙), H(역사)의 영향을 받는다. D_2는 O_4와 O_3의 차이점수로 O_3, M, H의 영향을 받는다. D_3은 O_5의 점수로 X, M, H의 영향을 받는다. D_4는 O_6의 점수로 M, H의 영향을 받는다.

X만의 효과를 얻기 위해서는 D_3(X, M, H)과 D_4(M, H) 간의 차이를 계산하면 되고, 사전검사(O_3)의 효과를 얻기 위해서는 D_2(O_3, M, H)와 D_4(M, H) 간의 차이를 계산하면 되고, 처치와 사전검사의 상호작용 효과(X, O_3-O_1)를 확인하기 위해서는 D_2(O_3, M, H)와 D_3(X, M, H)을 합산한 후 D_1(O_1, X, M, H)에서 빼면 된다. 일반적으로 X의 영향력이 $O_2 > O_1$, $O_2 > O_4$, $O_5 > O_6$, $O_5 > O_3$이라는 전제하에 설계한다.

이 실험설계 방법은 통제집단 사전-사후검사 검사의 외적 타당도의 단점을 보완한 방법으로 사전검사를 실시하지 않은 두 개의 집단을 구성함으로써 사전검사와 처치와의 상호작용 효과, 즉 어떤 사람들은 사전검사를 실시함으로써 사전검사를 실시하지 않은 사람들에 비해 처치에 더 반응할 수 있는 효과를 따로 계산해 낼 수 있다. 이 방법은 또한 사후검사의 점수들(O_2, O_4, O_5, O_6)만을 활용하여 사전검사의 주효과와 처치의 주효과, 사전검사와 처치의 상호작용 효과 등을 계산할 수 있다. 역사와 성숙의 효과도 또한 계산할 수 있다.

하지만 이 설계 방법은 내적 타당도나 외적 타당도의 확보에서의 이점에도 불구하고 실험 조건이 상당히 늘어나 연구대상자의 수가 늘어나는 문제점 때문에 현장에서 활용하기 어렵다.

(3) 무선화 통제집단 사후검사 설계

	사전검사	처치	사후검사
실험집단		X	O_1
통제집단			O_2

무선화 통제집단 사후검사 설계(randomized posttest only control-group design)는 솔로몬 4집단 설계에서 사전검사를 실시하지 않은 두 집단을 사용하는 설계방식이다. 두 집단이 무선적으로 할당되었다면 사전검사에서는 차이를 보이지 않을 것이기 때문에 사후검사에서의 차이에만 관심을 갖는 설계방식이다. 사전검사와 처치의 상호작용이 예상되는 경우에 사용되는 설계다. 이 설계를 사용하게 되면 역사, 성숙, 사전검사의 효과는 통제할 수는 있지만 크기를 측정할 수 없다. 각 실험 조건별 사례 수가 작은 경우에는 통제집단 사전-사후검사 설계방식이 더 선호되는 방식이다.

3) 유사실험설계

(1) 시계열 설계

사전검사	처치	사후검사
O_1 O_2 O_3 O_4	X	O_5 O_6 O_7 O_8

시계열설계(time-series design)은 단일집단 사전-사후검사 설계와 유사한데, 다른 점

이 있다면 처치 전후에 몇 번의 검사가 이루어진다는 점이다. 몇 번의 검사를 실시함으로써 존재할 수 있는 내적 타당도 위험요소들을 통제하는 것이 가능해진다. 예를 들어, 처음 4번의 검사에서는 차이가 없는데 O_4와 O_5 간에 차이가 나타난다면 이는 성숙이나 검사, 회귀 등이 아닌 처치에 의한 것으로 볼 수 있고 검사들 간에 차이를 보인다면 선정이나 탈락의 효과 때문이라고 할 수 있을 것이다. 내적 타당도를 위협하는 가장 중요한 역사, 예를 들면, 날씨나 TV 프로그램 시청, 주말이나 학기말 시험 등과 같은 요인들의 역할을 파악할 수 있게 된다. 이 설계방법을 적용하면 처치의 효과가 연속적으로 나타나는지 혹은 일시적인 것인지 파악할 수 있지만, 사전검사와 처치의 상호작용이나 선발과 처치의 상호작용은 생길 수 있기 때문에 주의를 기울일 필요가 있다.

(2) 통제집단 시계열 설계

	사전검사	처치	사후검사
실험집단	O_1 O_2 O_3 O_4	X	O_5 O_6 O_7 O_8
통제집단	O_1 O_2 O_3 O_4		O_5 O_6 O_7 O_8

통제집단 시계열 설계(control group time−series design)는 통제집단을 추가함으로써 시계열설계에서 문제가 될 수 있는 일시적인 사건의 효과를 통제한 설계다. 실험집단뿐만 아니라 통제집단에서도 O_4와 O_5 간에 차이를 보인다면 이는 처치의 효과라기보다는 일시적 사건의 효과로 볼 수 있기 때문이다. 이 설계방법은 시계열설계를 적용하고 있기 때문에 처치의 단기적인 효과뿐만 아니라 장기적인 효과가 있는지 검증할 수 있다. 성숙, 사전검사, 회귀, 역사 등의 영향력을 방지하기 위해서 통제집단 시계열설계의 대안설계가 사용될 수도 있는데, 사전검사는 동일하게 실시하고 사후검사를 일정 간격을 두고 실시하는 방법을 적용할 수도 있고, 통제집단을 처치를 제외하고 동일한 사전검사와 사후검사 유형으로 배치함으로써 성숙의 효과를 최소화한 처치의 효과를 계산하도록 할 수도 있다. 집단 1부터 집단 5는 동일하게 사전검사와 처치를 받은 후 사후검사를 일정한 간격을 두고 실시한 집단이라 할 수 있다. 이렇게 집단을 구성함으로써 성숙 혹은 역사의 효과를 통제할 수 있게 된다.

	사전검사	처치	사후검사				
			시기 1	시기 2	시기 3	시기 4	시기 5
집단 1	O_1	X	O_2				
집단 2	O_1	X		O_2			
집단 3	O_1	X			O_2		
집단 4	O_1	X				O_2	
집단 5	O_1	X					O_2

(3) 상쇄균형화 설계

상쇄균형화 설계(counterbalanced design)는 사전검사가 적절하지 않고, 통제집단 사전-사후검사 설계가 불가능한 경우 사후검사만으로 고안된 설계방법이다. 즉, 연구대상자의 무선할당이 가능하지 않고, 기존(intact) 집단이 사용되어야 하는 경우에 사용된다. 연구대상자가 제한적이고, 사전검사를 실시할 수 없고, 하나 이상의 처치가 가능한 경우에 적용 가능하다.

	처치 변화			
반복시행	X_a	X_b	X_c	X_d
1	A	B	C	D
2	B	D	A	C
3	C	A	D	B
4	D	C	B	A

실험기간 동안 다른 시기에 걸쳐 연구대상자 집단(A, B, C, D)이 각각의 처치에 노출된다. 다른 처치는 동일한 시기에 각 집단에 실시되고 각 처치는 다른 처치들과 동일한 수만큼 처치된다. 모든 회기가 다 끝난 다음 각 처치의 열 평균값이 계산되고 처치들 간에 차이가 존재하는지 확인하는 방법을 사용한다. 이 설계방법은 통제집단 사전-사후검사 설계에서 무선할당 방법이 효과적이지 않을 가능성을 통제할 수 있고 모든 차이가 처치의 효과 때문이라는 결론을 내리지 않도록 해 줄 수 있다. 상쇄균형화 설계를 사용하면 연구대상자들이 모두 여러 개의 처치를 경험하게 되고, 순서효과를 고려하여 실험이 이루어지기 때문에 특정 집단이 다른 집단과 다르기 때문에 발생할 수 있는 문제는 제거될 수 있다. 또한 이 방법은 사전검사를 실시하지 않기 때문에 여러 번의 반복시행으로 인해 선정-성숙의 상호작용 효과를 통제할 수 있고, 이월효과나 교육에 의

한 효과 등도 통제 가능하다.

(4) 기타 설계

유사 실험설계에는 동등집단 시간표집설계(equivalent time-sample design), 동등재료설계(equivalent materials design), 분리집단 사전-사후검사설계(seperate-sample pretest-posttest design), 분리집단 사전-사후검사 통제집단설계(seperate-sample pretest-posttest control group design), 재귀적 순환설계(recurrent institutional cycle design, patched-up design), 회귀-불연속설계(regression-discontinuity design) 등의 다양한 실험설계 방법이 존재한다. 이와 같은 설계방법은 Campbell과 Stanley(1963)의 『연구를 위한 실험설계와 유사실험설계방법』이라는 책을 참고하면 보다 상세한 내용을 확인할 수 있다.

5. 실험설계와 상관설계의 혼합

실험설계는 변수들 간의 관계가 존재하는지를 알려 줄 뿐만 아니라 원인이 무엇인지에 대한 정보를 제공해 주는 강점이 존재한다. 이 전략은 원인이 될 수 있는 변수에 조작을 가하고 다른 가능한 가외변수를 통제하고 남아 있는 가외변수의 효과를 무선할당을 통해 없애는 것을 요구한다. 하지만 불행하게도 조작할 수 없는 독립변수가 있는 경우에는 일반화(예를 들어, 연구대상자로 남자만 사용할 수 있었던 경우에는 여자에게 연구결과를 일반화할 수 없음)할 수 없거나 처치효과에 가외변수의 효과가 혼입되어 연구결과를 불분명하게 할 수도 있다. 이런 경우에는 실험변수와 상관변수를 통합하여 연구설계를 함으로써 문제를 해결할 수 있다. 실험연구에서 상관변수로 공변량(연속변수)을 사용하거나 유사독립변수(불연속변수)를 사용하는 것이 가능하다.

1) 실험연구에서의 공변량 사용

연구대상자별로 어떤 변수(IQ나 반응시간)에서 차이가 있지만 이를 통제할 수 없는 경우에는 이 변수의 효과를 통계적으로 제거할 수 있다. 이렇게 사용되는 상관변수를 공변량(covariate)이라고 한다. 실험연구에서 공변량을 사용하게 되면 종속변수에 미치는 공변량의 효과를 효과적으로 제거할 수 있다. 이 방법을 사용하게 되면 오차분산을 줄이기 때문에 독립변수의 효과를 민감하게 검증할 수 있도록 통계적 검증력이 증가된다.

이와 같은 분석방법을 공분산분석(analysis of covariance: ANCOVA)이라고 하는데, 이는 분산분석과 회귀분석이 결합된 형태다. 공분산분석을 사용하기 위해서는 종속변수와 밀접한 관련성이 있는 공변량을 선정하는 것이 중요하다. 이 방법은 연속변수를 사용한다는 점에서 유사독립변수의 사용과는 차이가 있다고 할 수 있다.

2) 실험연구에서의 유사독립변수 사용

유사독립변수(quasi-independent variables)는 실험에서 조작이 불가능한 독립변수를 말한다. 실험에서 연구대상자들을 배정할 때 무선할당 방법이 아닌 연구대상자들이 보유하고 있는 속성(연령, 성별, IQ 등)에 따라 배정하는 경우가 있다. 예를 들어, 판매원의 두 가지 판매방법 중 어느 방법이 효과적인지를 검증하고자 한다면, 성별을 유사독립변수로 활용하여 남자 판매원과 여자 판매원으로 나누고 이들에게 판매방법이 더 효과적이었는지 검증하는 방법을 사용할 수 있을 것이다. 이러한 설계방식을 **구획설계**라고 한다. 이러한 설계를 사용하게 되면 구획변수인 유사독립변수의 효과를 통제하여 연구의 관심대상인 독립변수의 효과를 보다 명확히 파악할 수 있게 된다. 더불어서 유사독립변수의 주효과와 주 독립변수와의 상호작용 효과도 검증할 수 있다.

이제까지 실험연구의 특징과 실험의 타당도를 확보하기 위한 방법, 다양한 설계방법을 예시를 통해 살펴보았다. 실험의 타당도를 확보하면서도 연구의 목적을 달성할 수 있도록 적절한 설계방법을 선정해 연구를 수행할 수 있도록 해야 할 것이다.

핵심 개념

조작, 제거, 조건의 항상성, 균형화, 상쇄균형화, 무선화, 부지통제, 이중부지통제, 인과성, 실험자 편향, 자기충족적 예언, 후광효과, 참여자 편향, 호손 효과, 존 헨리 효과, 요구 특성, 내적 타당도, 역사/개인적 경험, 성숙, 검사 실시, 도구 사용, 통계적 회귀, 연구대상자 선정, 연구대상자 탈락, 외적 타당도, 사전검사의 상호작용, 실험 절차의 반응적 효과, 중다처치간섭, 단일 요인설계, 요인설계, 교차요인설계, 둥지요인설계, 라틴스퀘어설계, 독립집단설계, 반복측정설계, 짝진 집단 설계, 연구대상자간 설계, 연구대상자내 설계, 전실험설계, 일회시행사례연구, 단일집단 사전-사후검사 설계, 진실험설계, 통제집단 사전-사후검사 설계, 솔로몬 4집단 설계, 무선화 통제집단 사후검사설계, 유사실험설계, 시계열설계, 통제집단 시계열설계, 상쇄균형화 설계, 공분산분석, 구획설계

제7장

통계적 분석

제1장에서 거론한 대로 과학적 방법을 통해 문제에 대한 답을 찾는 것을 과학적 연구라고 한다. 어떠한 과학분야에서든 이론의 발전은 순환적 과정을 통해 진행된다. 즉, 관심의 대상이 되는 연구문제에 대한 답을 찾기 위해 기존의 이론에 근거해서 잠정적인 가설을 설정하고 경험 과학적 연구를 진행하기 위한 구체적인 연구가설을 제시한다. 그런 다음, 제기된 문제에 맞게 연구상황을 설정하여 적절한 자료를 수집하고 분석하여 문제에 대한 답을 얻어 결론을 내리는 과학적 연구단계를 거치게 된다. 이러한 절차를 통해 새로운 이론이 개발되면 이 새로운 이론에 근거하여 또 다른 문제를 제기하고 새로운 연구가설을 검증하는 순환적인 과정을 통해 이론이 발전하게 된다. 이 순환적인 과정 중, 특히 양적 연구에서는 통계적으로 제기된 문제에 대한 통계적인 결론을 통해 실질적인 결론을 이끌어 내게 된다.

이 장에서는 사회과학의 경험적 연구 유형 중에서 양적 연구에서 사용하는 통계적 분석에 대해 개관할 것이다. 또한 통계적 분석을 수행할 때의 기본적인 절차와 가정, 그리고 다양한 통계적 분석기법의 활용에 대해 소개하기로 한다.

I 📊 통계적 분석의 기능과 유형

1. 기능

행동과학연구에서 현상과 관련된 실질적 질문에 대한 답을 찾기 위해 양적 방법론을 적용할 때는 실질적인 질문을 통계적인 질문의 형태로 상정하고 이에 대한 분석을 통해 통계적 결론을 얻음으로써 우리가 연구를 통해 얻고자 하는 실질적인 결론을 얻게 된다([그림 7-1] 참조). 예를 들면, 새로 개발한 약이 기존의 약보다 성능이 뛰어난지 확인하기 위해 연구에서 '새로운 약은 기존의 약보다 효과가 뛰어난가?'라는 실질적인 질문에 대한 답을 얻기 위해 자료를 수집한다. 100명의 유사한 수준의 환자를 무선적으로 두 집단으로 (50명씩) 나누고 한 집단은 기존의 약을 처방하고 다른 집단은 새로운 약을 처방한 뒤, 통계적 질문으로 '두 집단의 완치율은 같은가 다른가?'를 상정한다. 이 두 집단의 완치율의 차이를 알아보기 위한 통계적 분석을 실시한 뒤 '새로운 약 처방 집단의 완치율이 기존 약 처방 집단의 완치율보다 높다.'는 통계적 결론을 얻게 되면 '새로운 약은 기존의 약보다 효과가 뛰어나다.'라는 실질적인 결론을 내리게 된다.

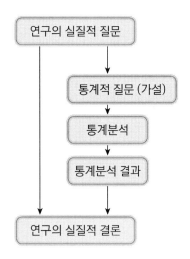

⚙️ [그림 7-1] 과학적 연구에서의 통계적 분석의 기능

2. 유형

과학적 연구에서 통계는 양적 연구에서 자료 분석을 할 때 사용한다. 통계적 접근방법은 매우 다양해서, 어떤 대상으로부터 어떤 측정도구나 방법을 사용해서 관찰치 혹은 점수로 구성된 자료를 얻었는가에 따라서 적절한 통계적 분석방법을 선택해야 한다. 적용한 연구방법, 즉 조사연구인지 실험연구인지 등에 따라 얻어진 자료의 성격이 다르고 또한 원하는 정보도 다를 것이기 때문이다. 일반적으로 통계적 분석의 적용은 연구목적에 따라 기술통계와 추리통계 접근으로 나눌 수 있다.

기술통계(서술통계, descriptive statistics)는 실험이나 관찰, 조사 등을 통해 얻어진 전체 자료를 이해하기 쉽게 조직화하고 요약하여 전체적인 그림을 보여 주는 것이 목적이다. 따라서 실태나 현황을 파악하기 위해 수집한 자료를 분석해서 전체적인 상태를 대표하는 요약 통계치를 산출해서 제공한다. 기술통계 분석결과는 해당 연구대상에만 국한시켜 연구결과를 설명하는 것이 특징이라고 할 수 있다. 예를 들면 연구를 통해 얻어진 자료를 의미 있게 요약하고, 파악하기 쉽도록 표를 그리거나, 그림 등으로 재배열 또는 재조직하거나, 그래프 등으로 만드는 과정을 포함한다. 일반적으로 연구에서 볼 수 있는 자료를 요약하여 정리한 표, 빈도를 나타내어 보여 주는 그래프나 분포들, 많은 자료를 요약해 설명하기 위해 제시하는 평균이나 표준편차, 자료들 간 관련성을 요약해서 보여 주는 상관표 등이 이에 해당한다.

이에 비해 **추리통계**(추론통계, inferential statistics)는 수집된 자료를 분석해 자료의 특성을 파악하고 통계적 가설검증을 통해 해당 자료가 추출된 전체집단(전집 혹은 모집단)의 특성을 추정하거나 예측하는 것이 목적이다. 다시 말해서 표본에서 얻은 결과를 모집단의 특성으로 일반화하려는 것이다. 따라서 전체집단을 대표하는 표본을 선정하여 자료를 수집하는 것이 중요하다. 추리통계는 표본으로부터 수집된 자료의 기술통계치에 기초해서 표집에 따른 오차를 고려하면서 전체집단에 관한 확률적 추론 혹은 예측을 가능하게 하는 통계적 절차다. 그러므로 자료를 수집할 때 무선적으로 발생하는 우연요소를 최소화하기 위한 노력들(예를 들면, 표집 과정에서의 오류를 최소화하기 위한 정교한 설계 및 적절한 표집방법 선택 등)이 요구된다. 무선표집 설계나 피험자 무선할당 등과 같은 표집기법들을 통해 자료를 얻는 과정에서 얻어질 수 있는 오류나 오차를 최소화하려고 노력하고 가설검증을 위한 적절한 분석기법을 선정해야 한다. 이 장에서는 이러한 목적에서 사용하는 다양한 통계적 기법을 소개할 것이다.

II ⅲ 기술통계

기술통계는 얻어진 자료를 파악하기 쉽도록 요약하고 조직화하는 기능을 한다. 자료의 요약은 원자료를 대표하는 단일한 수치들로 표현하는 것으로 집중경향치와 변산도 지수 등을 사용한다.

1. 자료의 조직화: 빈도분포와 그래프

수집된 자료를 조직화하기 위한 대표적인 방법으로 빈도분포와 그래프를 사용한다. 빈도분포는 순서대로 제시된 점수들과 그 점수들의 발생빈도(도수)를 보여 주는 것으로, 원자료(raw data)가 가진 정보를 모두 담을 수 있도록 빈도분포표(frequency distribution table)를 만들어 제시할 수 있다. 이를 더욱 요약하여 분석의 단위를 고려한 상황에서 자료를 군집으로 묶거나, 몇 가지 자료를 하나의 단위로 만드는 방식인 급간으로 자료를 묶어 한눈에 자료를 파악할 수 있도록 간략하게 표현할 수 있다.

전체 사례 수에 대한 빈도분포의 각 급간에 대해 나타난 빈도를 비율이나 백분율로 제시한 것을 상대빈도분포라고 하는데, 이는 사례 수가 다른 둘 또는 그 이상의 빈도분포를 비교할 때 유용하지만 분포의 사례 수가 아주 적은 경우에는 비율이 과대 해석될 우려가 있으니 주의해야 한다. 누적빈도분포(cumulative frequency distribution)는 특정 점수치나 특정 급간에 속한 빈도가 그 점수나 그 급간에 포함된 빈도와 그 아래쪽의 모든 점수의 빈도를 합쳐서 만든 것이다. 누적백분율빈도분포 또한 급간의 상위 정확한계 이하에 놓인 사례들에 대한 백분율을 나타내므로, 다양한 목적에 맞추어 자료를 요약하고 변형해서 제시할 수 있다.

1) 빈도분포

빈도분포를 통해서 자료에 대해 요약된 많은 정보를 알 수 있지만 분포의 특성을 파악할 때 중점을 두어야 할 정보들은 다음과 같다. 우선, 분포의 대부분이 어디에 위치하는지를 알려 주는 대표치인 집중경향성(central tendency, 위치 지수)을 파악해야 한다. 그리고 분포 속의 점수들이 얼마나 동질적인가를 알려 주는, 즉 대표치들 근처에 몰려 있는지 아니면 다양한 점수가 존재하여 분포가 넓게 퍼져 있는지를 살펴보는 변산도

(variability, 동질성 지수)를 파악해야 한다. 마지막으로, 분포의 모양(shape)이 어떠한 형태를 나타내는지 등을 유심히 살펴보면 그 분포의 특성을 잘 파악할 수 있다.

(1) 집중경향

자료의 대부분이 어떤 값을 갖고 있는지를 살펴보는 지표로는 대표적으로 **최빈치**(mode: Mo), **중앙치**(median: Mdn), **평균치**(산술평균치, mean: M, $\overline{X}$)를 들 수 있다. 이 중 평균치는 사칙연산이 가능하고 표집의 안정성이 있으므로 가장 많이 사용되나, 자료가 편포되어(skewed) 있는 경우나 극단값(outliers)이 있는 경우 또는 열린 분포(open distribution, 예를 들면 범위가 특정 값 이상 또는 이하)인 경우에는 평균치가 좋은 대표치가 될 수 없다. 특히 열린 분포의 경우처럼 평균치의 계산이 불가능한 경우는 중앙치가 전체 자료를 가장 잘 대표하는 값으로 사용된다. 또한 질적 변수들에 대한 빈도 자료에서는 최빈치가 집중경향치로 활용된다.

(2) 변산도

자료 속의 점수들이 대표치를 중심으로 얼마나 몰려 있는지 혹은 퍼져 있는지를 가장 쉽게 파악하는 방법은 범위를 계산하는 것이다. 범위는 자료 속의 점수들 중에서 가장 높은 점수와 가장 낮은 점수 간의 차이를 계산하면 얻을 수 있다. 중앙치를 중심으로 점수들의 변산도를 알려 주는 지수로는 **사분편차**(사분위간범위, interquartile range: Q)가 있는데 이것은 제1 사분위수(Q_1, P_{25})와 제3 사분위수(Q_3, P_{75}) 간의 차이에 기초한 것이다. 다음으로 평균을 중심으로 점수들이 퍼져 있는 정도를 알려 주는 편차점수($X - \overline{X}$)나 분산(s^2) 그리고 **표준편차**(SD)를 통해 자료의 다양성 정도를 파악할 수 있다. 표준편차가 변산도를 알려 주는 기술통계치로 가장 많이 사용되는데, 그 이유는 평균과 마찬가지로 수학적 취급이 용이하고 표집의 안정성이 높다는 장점이 있기 때문이다. 다만 분포가 극단적인 점수를 가지고 있거나 편포된 경우 해석에 유의해야 한다.

(3) 분포의 형태

집중경향치나 변산도 중 범위가 동일한 경우일지라도 분포의 형태가 전혀 다른 경우들이 있다. 예를 들면 50점의 동일한 평균을 가지고 0부터 100까지의 점수를 가지고 있는 자료들이 각각 정규분포, 첨도가 높은(위로 뾰족하게 솟은) 분포, 양봉(봉우리가 2개인)

분포, 사각분포 등으로 나타날 수 있다. 이런 경우 앞의 두 가지 정보만으로는 자료를 정확히 설명할 수 없다. 따라서 다양한 분포의 형태를 주의해서 살펴보아야 한다.

[그림 7-2]에서 볼 수 있듯이 **정규 분포, 양봉분포, 편포된 분포**(정적 편포, 부적 편포), **J형 분포, 사각분포** 등의 다양한 형태의 분포들이 있다.

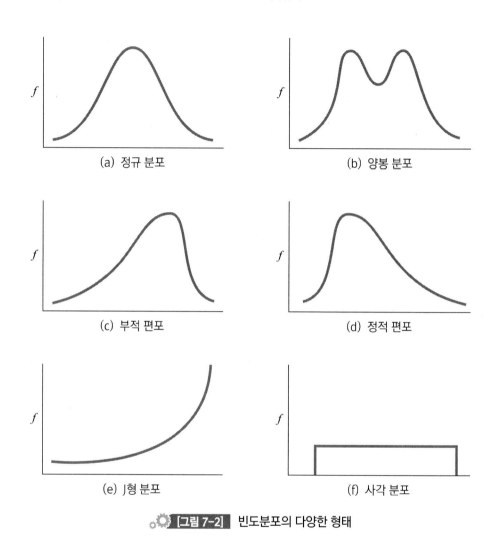

(a) 정규 분포　　　　　　　　　　(b) 양봉 분포

(c) 부적 편포　　　　　　　　　　(d) 정적 편포

(e) J형 분포　　　　　　　　　　(f) 사각 분포

[그림 7-2] 빈도분포의 다양한 형태

2) 그래프

빈도분포를 표로 제시할 수도 있지만 그래프(도표나 그림)로 제시하면 전체 자료에 대한 적절한 특징들을 한눈에 파악하는 것이 용이하다. 일반적으로 연구에서 그래프를 작성하는 이유는, 연구의 내용이나 자료의 특성을 명확하게 요약하여 시각적으로 제시함으로써 보고서를 대하는 사람들이 그 내용을 더 분명하게 파악할 수 있게 하기 위해 서다. 때로는 연구자의 의도에 따라 그래프를 제시하여 자료를 다르게 보이게 할 수 있는 측면을 가지고 있으므로 도표를 해석할 때에는 축의 간격과 수가 적절한지를 확인하고, 집단 간의 차이 등과 같이 중요한 정보를 담고 있는 경우에는 시각적으로 보이는 차이보다는 수치상의 실제적인 차이를 정확히 파악해야 한다.

도표에는 다양한 종류가 있으며 대표적으로 히스토그램(histogram), 막대도표(bar graph), 줄기-잎 도표(stem-and-leaf display), 빈도절선도표(frequency polygon), 박스도표(box-plot), 누가백분율 곡선(오자이브 곡선, ogive curve), 산포도(scatter plot) 등이 있다([그림 7-3] 참조).

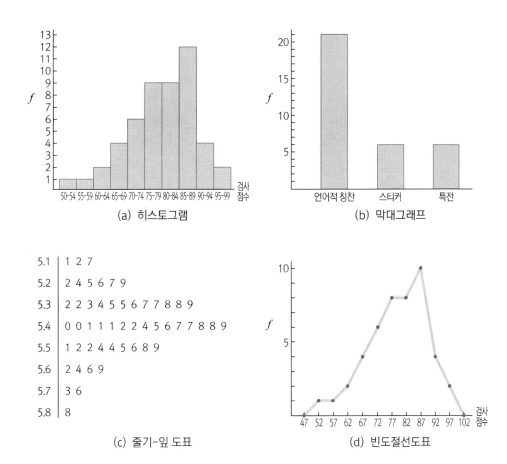

(a) 히스토그램   (b) 막대그래프

(c) 줄기-잎 도표   (d) 빈도절선도표

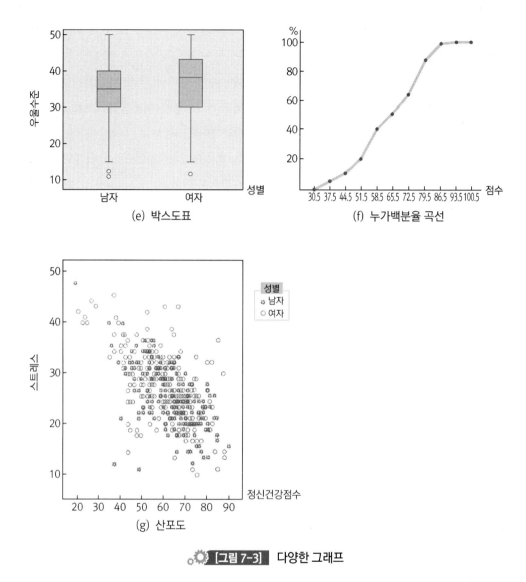

(e) 박스도표   (f) 누가백분율 곡선

(g) 산포도

[그림 7-3]   다양한 그래프

2. 정규분포와 표준점수

1) 정규분포

정규분포(normal distribution)는 19세기 후반 영국의 Francis Galton 경이 개인차에 대한 연구를 진행하던 중 다양한 정신적 · 신체적 특성에 정규분포 곡선이 적용된다는 사실을 알아내고, 정규분포 곡선을 오차의 빈도법칙(law of frequency of error)으로 지칭하면서 세상에 널리 알려지게 되었다(Cohen & Swerdlik, 1999; Rust & Golombok, 2005).

정규분포는 경험적 분포가 아닌 **이론적 분포**이므로 이론적인 정규분포는 완전히 규칙적이지만, 실제로 얻어진 표본 자료의 분포는 우연히 생기는 변화에 의해 영향을 받기 쉽고, 대략적으로 정규분포와 유사하게 나타날 뿐이다. 정규분포는 **종모양**(bell-shaped)으로 **단봉**(unimodal)이고 좌우 대칭적(symmetrical)이다. 따라서 집중경향치인 평균치, 중앙치, 최빈치는 모두 같고 이를 중심으로 그래프의 형태가 좌우 대칭이다. 또한 점근적(asymptotic)인 특성을 나타내므로 그래프의 양쪽 끝은 수평 축에 근접하기는 하지만 결코 축에 닿지는 않는다.

다양한 정규분포들의 평균과 표준편차는 서로 다를 수 있지만, 하나의 빈도곡선의 특정 부분 밑에 있는 면적의 비율은 바로 그 위치를 나타내는 분포에 있어서의 사례의 비율과 동일하다는 특성을 지니고 있다($\overline{X} \pm 1S$: 약 68%, $\overline{X} \pm 2S$: 약 95%, $\overline{X} \pm 3S$: 약 99%).

2) 표준점수

표준점수(standard score)는 표준편차를 측정의 단위로 하여 해당 분포의 평균을 기준으로 점수가 얼마나 떨어져 있는지, 즉 해당 점수가 평균으로부터 떨어진 위치를 표현한다. 다시 말하면, 원점수를 표준점수로 바꾸는 것은 측정의 단위로 표준편차를 사용하여 해당 점수의 위치를 분포의 평균으로부터 떨어진 거리로 표현하는 변환이라고 볼 수 있다.

만일 여러 개의 집단에서 얻어진 각기 다른 점수들이 있다면, 각 집단별 평균과 표준편차가 다른 경우, 각각의 점수들에 대한 상대비교가 가능하도록 하나의 단위로 변환할 필요가 있다. 이때 사용되는 점수가 바로 표준점수다. 대표적인 표준점수인 Z점수는 원점수가 그 분포의 평균치 이상 또는 이하에 얼마만큼의 표준편차 거리에 놓이는지를 알려 주는 값으로 원래의 점수에서 해당 집단의 평균까지의 거리를 표준편차로 나누어 주면 된다. 계산공식은 다음과 같다.

$$Z = \frac{X - \overline{X}}{S}$$

(X: 점수, $\overline{X}$: 평균점수, S: 표준편차)

Z점수 분포는 정규분포와 관련되어 제시되어 있지만, 반드시 정규적으로 분포된 것은 아니고, 원점수의 빈도분포와 동일한 분포형태를 갖는다. 특히 Z점수 분포는 평균이 0이고 표준편차가 1인 분포이며, **표준정규분포**(standard normal distribution) 혹은 단위

정규분포(unit normal distribution)라고 한다.

어떤 표준점수를 사용하더라도 원래 점수 분포의 모양은 변화하지 않는 특성을 고려해 여러 가지 표준점수가 다양하게 활용되고 있다. Z점수 사용 시 점수들이 주어진 분포에서 양의 값(평균보다 높은 점수의 경우)만 있는 것이 아니라 음의 값(평균보다 낮은 점수의 경우)을 가질 수 있으므로 일반인들에게 해석이 용이하지 않다는 단점을 보안하기 위해 평균이 50이고 표준편차가 10인 분포인 McCall의 T점수$(T = 50 + Z \times SD)$를 활용해 일반적으로 성취도 검사 등과 같은 능력검사의 표준점수로 많이 활용한다. 그 밖에도 많이 알려진 예로는 IQ점수(Wechsler나 Stanford-Binet IQ점수: 평균 100, 표준편차 15)나 미국의 적성검사들(SAT, GRE 등)의 점수, 대학수학능력검사 점수 등이 있다. 다양한 표준점수의 예는 제3장의 [그림 3-1]을 참조하면 된다.

III 📊 추리통계

1. 모집단 분포, 표집분포, 표본분포

경험적 연구에서는 가설검증을 위해 표본(sample)을 선정하여 자료수집을 함으로써 연구를 진행한다. 표본에서 수집한 자료를 대상으로 하지만 궁극적으로 결론을 도출해 내려는 대상은 표본이 추출된 전체집단, 즉 모집단이다. 다시 말해서 표본분포(sample distribution)의 특성인 통계치(statistic)를 가지고 모집단의 특성인 모수치(parameter)를 추론하려는 것이다. 따라서 신뢰할 만한 추론을 위해서는 모집단을 잘 대표하는 표본을 추출하는 것이 중요하다.

그러나 모집단 전체 자료를 수집하지 않고 표본 자료를 사용하기 때문에 표집 과정에서 발생하는 우연오차, 즉 표집오차(sampling error)를 고려한 확률적 추론을 해야 한다. 이러한 표집오차는 표본을 추출할 때마다 달라서 대부분의 경우 모수치와 비슷하지만 때에 따라서는 많이 다를 수 있다. 다시 말해서 표집오차들의 발생빈도도 모수치를 중심으로 특정한 형태로 분포한다. 이러한 분포를 표집분포(sampling distribution)라고 부르는데 다양한 표집분포(예를 들어, z분포, t분포, F분포, χ^2분포 등)가 있어서 연구

〈표 7-1〉 모수치와 통계치를 표기한 예

	모집단분포	표집분포	표본분포
평균	μ	μ	$\overline{X}$
표준편차	σ	$\dfrac{\sigma}{\sqrt{n}}$	s

상황에 적절한 분포를 활용해서 통계적 추론을 위한 가설검증을 진행하는 것이다. 통계학에서는 모집단의 모수치는 그리스어로 표기하고 표본의 통계치는 영어를 이탤릭체로 표기한다(〈표 7-1〉 참조).

예를 들어 모집단의 평균치에 대한 추론을 하는 경우, 우리는 평균치들의 표집분포를 알아야 한다. 평균치들의 표집분포는 모집단으로부터 한 번에 n개씩 무선적으로 추출한 표본의 평균치를 구하는 표집실험을 무수히 여러 번 반복했을 때 얻어지는 평균치들의 상대빈도분포다. 무선표집을 해서 구한 평균치들은 우연오차의 영향으로 매번 달라질 것이다. 어떤 때는 모집단의 평균치와 매우 비슷한 값이 나올 것이고 어떤 때는 아주 다른 값이 나올 것인데 이러한 표본평균치들의 상대빈도분포는 모집단의 평균치를 중심으로 모집단의 표준편차를 사례 수의 제곱근으로 나눈 표준편차를 갖는 정규분포를 이룬다. 이러한 표집분포의 표준편차는 표본을 추출할 때 발생하는 우연오차에 기인한 것이기 때문에 **평균치들의 표준오차**(standard error of the means)라고 부른다.

표집분포에서는 모집단의 평균치와 표준편차가 일정하다면, 표본크기가 커질수록 표준오차는 작아지는 특징이 있다. 또한 표본이 무선적으로 추출되었다면, 표집분포는 모집단의 분포와는 관계없이 표본크기가 커질수록 정규분포 형태에 가까워지는데 이러한 현상을 표현한 것을 **중심극한정리**(central limit theorem)라고 한다.

표집분포를 활용하면 모집단에 대한 표집의 결과 얻어진 표본이 표집분포상에서 어느 정도의 확률로 일어날 일인지 결정할 수 있게 된다. 따라서 이를 활용하여 표본에서 얻어진 결과로 모집단의 결과에 대한 확률적 추론을 할 수 있게 된다.

2. 가설검증

1) 가설검증의 의미

모집단의 특성을 알아보기 위한 경험적 연구에서는 표본에서 얻은 자료를 가지고 모집단에 대한 가설이 타당한지를 추리통계를 사용해서 확인하는 절차를 적용하는데 이 것을 가설검증(hypothesis testing)이라고 한다. 제2장에서 다룬 바와 같이 가설검증은 과학적 연구에서 핵심적인 과정이다. 경험적 연구에서 진행하는 통계적 가설검증에서는 영가설(H_0)과 대립가설(H_A)을 설정한 후 영가설을 기각하고 대립가설을 수용하는 방식으로 진행한다. 영가설은 용어가 의미하는 바대로 처치의 효과가 없다거나 집단 간의 차이가 없다는 식으로 진술되고 이것이 기각되었을 때 대립가설의 내용을 타당한 것으로 받아들이기 위해 세워 놓는 것이다. 표본에서 얻은 통계치가 모집단의 모수치와 얼마나 유의미하게 큰 차이인지를 확률적으로 판단하기 때문에 가설검증은 유의도 검증 (significance testing)이라고도 한다.

2) 가설검증에서의 오류

표본에서 얻어진 점수를 가지고 가설검증을 한 결과에 기초해서 일반화된 해석을 할 때는 통계적 오류가 발생한다. 모집단을 이용한 연구를 진행한다면 자료에서 얻어진 결과가 모집단의 특성을 오차 없이 반영할 것이나, 실제의 연구들은 표본 자료를 통해 얻어진 결과를 표집분포의 특성을 고려해 확률적으로 판단하기 때문에 항상 오류를 범할 가능성을 가지고 있는 것이다. 이와 같은 가설검증에서 영가설을 기각할 확률을 유의도 수준(level of significance: α)이라고 부른다.

유의도 수준은 가설검증에서 영가설이 사실일 때 사실이 아니라고 판단하는 위험 부담에 대한 최대 확률을 의미하며, 일반적으로 연구자들이 수용하는 유의도 수준인 α는 5% 혹은 1%다. α는 영가설이 사실인데 사실이 아니라고 잘못된 판단을 하는 1종 오류 (type I error: α-오류)이기도 하다. 영가설이 사실일 때 사실이라고 수용하는 올바른 의사결정과 이를 기각하는 오류, 영가설이 사실이 아닐 때 아니라고 기각하는 올바른 결정과 이를 수용하는 오류가 발생하는 상황을 정리한 것이 〈표 7-2〉에 제시되어 있다. 실제 상황에서 영가설이 사실일 때 이를 채택하거나 거짓인 영가설을 적절하게 기각하는 경우, 올바른 의사결정을 하게 된다. 실제로는 거짓인 영가설을 수용하는 오류를 2종 오류(type 2 error: β-오류)라고 하는데, 실험에서 거짓인 영가설을 제대로 기각하는 능력은 $1-\beta$로 이것을 통계적 검증력(statistical power)이라고 한다. 검증력이 높을수록 연구결과를 신뢰할 만한 것으로 평가한다. 통계적 검증력은 표본의 크기와 효과크기가 클수록, 일방검증을 하는 것이 양방검증을 하는 것보다, 종속변수를 측정하는 도구가 정확할수록, 그리고 유의도 수준 α를 크게 설정할수록 증가한다.

〈표 7-2〉 가설검증의 가능한 결과와 발생확률

의사결정 ＼ 실제 상황	영가설 참	영가설 거짓
영가설 채택	올바른 의사결정 $(1-\alpha)$	2종 오류 (β)
영가설 기각	1종 오류 (α)	올바른 의사결정: 검증력 $(1-\beta)$

3) 가설검증 절차

가설검증을 진행하는 절차를 예를 들어 보기로 한다. 어느 교수가 오랫동안 학생들을 대상으로 통계과목 수업만족도를 질문지로 검사해 왔고, 작년까지의 자료를 분석한 결과, 평균은 178점, 표준편차는 24점이었다. 이번 학기에 통계과목에 대한 수업만족도를 측정하기 위해 수업에 참여한 100명을 대상으로 검사를 실시한 결과 평균이 170점으로 나타났다면, 이 결과로부터 학생들의 통계에 대한 수업만족도는 평년과 다르다(다시 말하면 평균차이가 있다)고 말할 수 있겠는가?

이러한 문제를 해결하기 위해 단일집단 z검증을 실시한다면, 다음과 같은 절차를 거쳐 가설검증을 할 수 있다(단일집단 z검증에 대한 자세한 설명은 VI절 참조).

- 1단계: 영가설과 대립가설을 설정하고 유의수준을 정한다.

  $H_0 : \mu_1 = \mu_2$

  $H_A : \mu_1 \neq \mu_2$

  $\alpha = .05$

- 2단계: 자료수집($N = 100$)을 하고 만족도 평균치($\overline{Y} = 170$)를 계산한다.
- 3단계: 표본집단의 평균치가 모집단 평균치와 차이가 있는지를 확인하기 위해 다음의 단일집단 z검증을 위한 검증통계치 z를 계산한다.

$$z = \frac{\overline{Y} - \mu}{\sigma / \sqrt{N}} = \frac{170 - 178}{24 / \sqrt{100}} \approx -3.33$$

영가설이 참이라는 가정하에 검증통계량의 무선표집분포를 진술한다[$z \sim N(0, 1)$].

- 4단계: H_0하에서의 검증통계치의 기각역(임계치)을 찾는다.

임계치 또는 영가설의 기각영역은 z 분포표에서 유의수준($\alpha = .05$)에 해당하는 기

각역을 찾아 진술한다. 공식에 따라 계산한 통계치 z가 +1.96보다 크거나, −1.96 보다 작으면 영가설을 기각한다.

- 5단계: H_0에 대한 결정을 내린다.

  계산공식에 적용한 z가 −3.33로 −1.96보다 작다. 다시 말하면 표본에서 얻어진 표본통계치의 값이 기각역에 속하므로 영가설을 기각한다. 따라서 영가설은 $\alpha = .05$ 수준에서 기각된다.

- 6단계: 결과를 해석하고 실질적 결론을 내린다.

  표본평균 170은 모평균 178과 통계적으로 유의한 차이가 있음을 의미하며, 이번 학기 학생들의 통계수업에 대한 만족도는 과거에 비해 달라졌다(통계적으로 유의하게 낮아졌다)고 할 수 있다.

Ⅳ 📊 논문에서의 통계분석

1. 자료 정리 및 보완

수집된 자료(data)는 그것을 입력하는 과정에서 실수나 오류, 누락과 같은 문제가 발생하지 않도록 코딩맵(coding map 또는 coding scheme)을 작성해서 연구 자료를 최대한 정확하고 체계적으로 정리할 필요가 있다. 또한 자료분석 전에 자료가 정확한지, 정확하게 입력되었는지 검토하고 확인해야 한다. 재검토 과정을 거쳐, 결측치(missing data)와 국외자(outliers, 극단치)의 여부를 확인하고, 과학적 연구 절차에 따라 추가 자료수집이나 자료 정리를 통한 분석을 위한 준비를 한다.

1) 분석을 위한 자료의 확인: 데이터 클리닝

분석을 실시하기 전, 자료를 검토하는 과정에서 응답이나 자료에 문제가 확인되는 경우, 이를 어떻게 처리할 것인지, 즉 데이터 클리닝(cleaning) 방법은 연구자가 결정해야 한다. 자료를 검토하는 과정에서 자료가 잘못 입력되는 경우 전체 자료에서 일부를 무선적으로 확인하여 문제가 있으면 추가로 자료 전체를 확인할 필요가 있다. 누락된 자료가 결측치로 구분되는 경우에는 결측치의 비중이 얼마나 되는지, 어떤 원인에 의해 발생한 것인지를 확인하거나 내용을 파악하여 대처해야 한다. 이상 자료들이 국외자로 구분되는 경우에는 국외자의 원인이 무엇인지 파악하고 해당 자료를 분석에 포함할 것인지의 여부를 결정해야 한다.

확인된 문제들에 대한 해결방법으로, 추가 자료를 수집하여 문제를 해결하기 위해 재조사를 시행하는 방법, 결측치로 처리하여 자료를 분석하기 위한 준비를 하는 방법, 잘못된 응답을 제거하고 자료를 정리하는 방법 등이 있다. 연구자의 상황에 따라 가장 적절한 방법을 선택하면 되는데, 각각의 방법을 선택하는 경우 과학적 연구 절차에 따라 자료를 정리하기 위한 적절한 과정을 선택해야 한다.

예를 들면 재조사를 통해 자료를 추가하는 경우 연구대상자를 새로 추가할 것인지, 기존의 연구대상자를 찾아내어 원자료를 추가할 것인지를 결정하고, 이 과정이 원자료를 수집하는 과정과 최대한 동일한 절차로 진행될 수 있도록 조정하는 것이 필요하다. 결측치를 처리하는 방법은 결측치의 속성을 고려한 뒤, 부득이한 경우에는 결측치를 다른 값으로 대체하거나, 자료를 해당 항목이나 해당 분석에서만 제외하거나 전체에서 제외하는 경우로 구분할 수 있다.

2) 결측치의 처리

(1) 결측치 대체

자료의 결측치가 다른 변수의 영향을 받거나 미치는 경우에는 분석에서 자료를 제거하는 것에 신중해야 한다. 만약 자료를 재조사하거나 추가하여 채울 수 없는 경우라면, 결측치를 다른 값으로 대체(imputation)하는 방법을 이용할 수 있다.

Tabachnick과 Fidell(2013) 그리고 다변량 통계 교재들에 의하면, 결측치를 대체하는 방법으로는 일반적으로 대표적인 값을 사용하여 대체하는 방식으로 중심경향치인 평균이나 중앙치, 최빈치를 이용해 대체하는 방법, 고정된 값을 대체값으로 설정하여 사용하는 방법, 유사한 특성을 나타낸 다른 응답자의 값으로 대체하는 방법 등이 있다. 또한 다른 변수들의 자료를 활용하여 회귀모형을 상정하고 해당 값을 종속변수로 두어 대체하는 회귀삽입법, 회귀분석의 예측치에 무선오차를 결합한 확률적(stochastic) 회귀삽입법, 여러 개의 대체값을 생성해서 각 삽입값을 넣을 경우의 값을 결합하여 최종 삽입값을 결정하는 다중삽입법이 있다. 모형을 활용해 대체값을 추정하는 경우는 최대우도(maximum likelihood: ML) 추정법을 통해 결측치에 대한 추정값을 얻는 방법으로 결측치를 회귀분석으로 삽입하는 단계와 삽입된 자료로 새로운 평균과 공분산 행렬을 계산하는 단계를 반복하여 추정된 값을 사용하는 EM(expectation maximization) 대체법과 ANOVA, MANOVA, 판별분석 등을 통해 표본의 하위집단의 평균치 등을 사용하는 경우가 있다.

그러나 실제 자료가 아닌 대체값을 사용하는 경우는 아무리 추정을 잘 하더라도 오류가 발생하는 위험을 감수해야 하므로, 최근에는 컴퓨터 프로그램의 발달에 힘입어 결측치를 대체하지 않고 직접 분석하는 방법으로 집단수준에서 우도함수를 구하지 않고 각 사례 수의 우도함수를 구해 이를 총합하는 방법을 적용하는 FIML(full information maximum likelihood) 추정방법을 사용하는 것도 가능하다. 이에 대한 더 구체적인 내용은 다변량 분석방법을 설명하는 통계책을 참고하는 것이 좋다.

(2) 결측치 삭제

연구에 따라 결측치를 가장 잘 대표하는 값으로 대체한다 하더라도 실제 표본에서 얻어진 자료가 아니므로 대체값을 분석에 사용할 수 없다고 판단되면, 결측치를 해당 항목의 분석에서만 제거하는 방식인 쌍별 제거법(pairwise deletion)으로 제거하는 것이 가능하다. 만일 결측치가 하나라도 있는 경우 해당 응답자의 반응을 모두 분석에서 제외하는 경우라면 케이스 제거법(listwise deletion)으로 분석을 진행하면 된다. 후자의 경우는 결측치가 있는 응답자가 많은 표본이라면 자료의 손실이 커진다. 특히 결측치가 있는 응답자와 모두 응답한 응답자 간에 체계적인 차이가 있다면 분석결과가 왜곡된 결과를 제시할 위험을 가지게 되므로 결과를 해석하는 데 신중을 기해야 한다.

(3) 국외자의 확인과 처리

다른 응답치들과 동떨어진 다른 반응을 나타내는 경우를 국외자 또는 극단치라고 부르는데 자료에 따라 해당 자료가 왜 극단치인지를 확인하고 자료나 분석에 따라 이를 해석하는 방식이 달라질 수 있다. 예를 들면 지능 자료에서 아주 지능이 높게 나타나거나 아주 낮게 나타나는 몇 개의 자료 중 특수 능력을 나타내는 자료는 그 자체로도 의미가 있는 경우다. 따라서 해당 자료를 분석에서 삭제하기보다는 자체로 해석하는 것이 필요하다. 그러나 학년이나 특정 연령 전체의 지능(평균능력)을 다른 학년이나 다른 나라의 자료와 비교하는 것이 연구목적일 경우에는 극단치가 경향성을 왜곡할 우려가 있으므로 분석에서 제외하는 등의 처리가 필요하다. 따라서 국외자가 있는 자료의 경우에는 연구의 목적이나 상황에 따라 각기 다른 처리방식을 적용하는 것이 필요하다. 자료의 분석에 극단치가 포함되는 경우 분석결과를 왜곡해서 해석할 우려가 있다면 이에 대한 적절한 처리가 요구된다.

종속변수가 하나인 단변량(univariate) 자료에서는 기술통계치를 검토해 극단치를 확인하는 것이 가능하다. 정규비율도표(normal probability plot)나 박스도표(box plot)를 그리거나, 평균과 표준편차, 빈도분포를 살펴보고 국외자의 존재 여부를 판단하는 것이 가능하고, 각 변수의 평균으로부터 떨어진 정도를 나타내는 표준점수 값이 $\overline{X} \pm 2.5$ 또는 $\overline{X} \pm 3$ 이상인 경우에는 극단치로 판단할 수 있다.

종속변수가 두 개인 이변량 자료에서는 산포도를 통해 동떨어진 자료를 찾아 극단치를 확인하는 것이 가능하다. 다변량 자료에서 국외자를 확인하기 위해서는 하나의 점수에 대한 다른 점수들이 나타내는 벡터와 모든 변수의 전체평균(centroid) 사이의 거리를 표준편차 단위로 나타낸 값인 Mahalanobis D(distance)를 SPSS나 AMOS 프로그램을 사용하여 산출한다. Mahalanobis D^2에서 유의도 0.001 이하의 값을 보이는 경우 극단치로 확인된다.

2. 기본가정 검증

분석 자료의 검토와 확인을 통해 자료가 결측치나 국외자의 문제 없이 준비되면 각 연구문제에 맞는 분석을 실시하기 이전에 자료가 분석에 적합한 기본가정을 위배하지 않는지를 확인해야 한다. 출판된 연구 논문들은 기본가정 검증에 대한 내용을 간단하게 언급하기는 하지만 생략하는 경우들도 있다. 그러나 과학적 연구 절차를 거친 연구분석들이라면 기본가정 검증에 충실하여 오류나 왜곡 없이 분석결과를 해석할 수 있도록 해야 한다.

1) 정규성 가정

분석이 제대로 되기 위해 자료는 정규분포를 따라야 한다. 상황에 따라 정규성(분포의 정규성) 가정이 위배되더라도 분석결과를 신뢰할 수 있는 경우들이 있기는 하지만 일반적인 통계분석에서는 자료가 심하게 편포된 경우(한쪽으로 치우친 분포)나, 첨도가 높은 경우(유사한 점수에 반응분포가 몰려 있는 경우) 또는 첨도가 낮은 경우, 추리통계적인 가설검증을 위한 기본조건에 위배되어 분석결과를 해석하는 데 어려움이 발생할 수 있다. 따라서 일반적으로 통계분석을 실시하려는 자료들은 변수들의 분포가 정규성을 나타낼 것을 기대한다.

정규성 가정검증은 기술통계 분석에서 나타나는 분포의 왜도와 첨도 자료를 활용하여 왜도나 첨도 점수를 표준오차로 나눈 값이 3 또는 3.3 이상인 경우 편포가 크고 첨도가 높은 것으로 판단한다. 또한 정규비율분포(normal probability plot)를 통해 잔차들이 직선에서 심하게 벗어나지 않으면 정규성 가정이 충족된 것으로 판단한다.

만일 분석 자료가 많은 표본을 포함하고 있는 경우에는 일반적으로 자료가 정규분포를 따르거나, 정규성 가정을 크게 위배하지 않는 경우가 많으므로, 정규성 가정에 대해서는 표본크기가 큰 경우 기본가정의 위배가 큰 문제가 되지 않는 항내성(robustness)을 지닌다고 설명하기도 한다.

2) 등분산성 가정

모수적 기법(parametric technique)을 사용할 때는 집단들의 종속측정치들의 변산도가 유사한가를 확인해야 한다. 집단의 분산에 대한 동질성(homogeneity of variance) 가정은 종속측정치들의 분산의 동질성에 관한 가정이다. 집단들의 평균치를 비교하기 위해 모수적 기법을 사용하는 경우, 예를 들어 t검증이나 분산분석을 하는 경우에는 각 집단의 분산의 동질성에 대한 가정을 확인해야 한다. 회귀분석의 경우에는 독립변수의 모든 측정치들의 분산이 동일하다는 등분산성(homoscedasticity) 가정이 만족되어야 한다. 만일 분산의 동질성 가정이 위배되면 1종 오류가 커지게 되어 통계적 검증력이 감소하게 되고 결과적으로 분석결과를 신뢰할 수 없게 된다. 따라서 분산의 동질성 가정을 검증하기 위해 박스도표를 활용하거나 잔차분석을 하는 것이 가능하다. 또한 Levene의 검증을 활용하여 차이가 없음을 확인하거나 각 집단이나 점수의 분산비율을 계산하여 1에 가까운 값이 나올수록 분산의 동질성이 확보된 것으로 파악한다. 분산-공분산 동질성 가정에 대한 검증은 Box의 M 검증을 통해 확인이 가능하다.

만일 변수가 너무 큰 범위의 값을 가지거나, 자료가 편포되어 있거나, 각 집단별 사례수가 매우 달라서 분산의 동질성 가정이 위배된 경우에는, 독립집단 t검증의 경우 자유도를 조정하여 적절한 확률분포를 적용하는 Welch-Aspin 검증방식을 사용할 수 있다. 분산분석이나 회귀분석과 같은 일반화된 선형모형에서는 가정의 충족을 위한 제곱근변환이나 로그변환, 역수변환 등과 같은 자료변환을 통해 분석을 진행하는 것이 가능하다. 앞에서도 밝힌 바와 같이 자료를 변환하였을 경우 기본척도 단위가 변화되므로 이를 반영한 결과 해석에 유의해야 한다.

3) 독립성 가정

자료에서 각 개인이나 집단의 점수는 서로 영향을 주지 않으며 독립적이라는 기본가정으로 오차가 독립변수와 상관이 없다는 가정으로도 설명할 수 있다. 따라서 반복 측정 자료나 짝짓기 설계에서는 동일한 피험자의 반복 측정된 자료를 통한 분석이 이루어지므로 자료 간 상관이 높아지며 독립성 가정이 충족될 수 없다. 이 경우에는 독립성 가정의 위배에 따르는 위험성과 별도로 분산의 동질성 가정에 해당하는 **합동대칭성** 가정의 충족 여부로 기본가정 검증을 실시하게 된다.

일반적으로 독립성가정의 충족 여부를 확인하기 위해 Durbin−Watson 검증을 실시하여 산출된 V지수가 2에 가까워지면 오차들 간 독립성 가정이 충족된 것으로 판단한다. 0에 가까워질수록 정적인 상관, 4에 가까워질수록 부적인 상관을 가지는 것을 의미한다.

4) 선형성 가정

관련성을 살펴보는 많은 분석에서 변수들 간의 직선적 관계인 **선형성**(linearity)을 기본가정으로 상정한다. 관련성에 대한 대표적인 측정치인 Pearson 상관분석이나 일반 선형모형에 속하는 회귀분석 기법들은 변수들의 측정치들 간의 선형성을 전제로 진행한다. 자료의 선형성은 산포도를 그려 확인하거나 회귀분석을 실시하여 잔차분석을 함으로써 확인할 수 있다. 만일 데이터가 선형적이지 않은 경우 자료를 변환(transformation)하게 되면 선형적인 관계로 변화할 수 있다. 자료를 변환하는 방법에는 여러 가지가 있는데 자료의 비선형성을 유발하는 요인(특정 변수의 왜도나 첨도의 방식)에 따라 자료를 정규분포에 가깝게 변환하여 변수들 간 선형적 관계를 유지하도록 만들게 된다. 그러나 자료를 변환한 경우에는 자료의 척도단위가 변화하므로 변환된 단위에 맞게 결과의 해석에 주의를 기울여야 한다.

5) 합동대칭성 가정

피험자내 설계 또는 반복 측정된 자료나 종속변수가 여러 개인 다변량 분석에서 종속변수들 간 관련성이 있거나 높은 경우, 점수들 간 차이의 분산이 동일하다는 개념이 합동대칭성이다. 이 경우 가설검증을 위한 F분포가 이론적인 분포에서 많이 벗어나게 되므로 1종 오류가 증가하게 되어 기본적인 검증에 문제가 발생한다. 따라서 이 경우에는 합동대칭성 가정에 대한 **구형성**(sphericity) 검증을 통해 합동대칭성 지수(ϵ)를 곱해 준 임계치를 적용한 Greenhouse & Geisser (GG) 값이나 Huynh & Feldt (HF) 값의 검증결과를 기본가정 위배에 대한 대안적인 검증결과로 해석할 수 있다.

6) 다중공선성 가정

여러 개의 변수를 사용하는 분석에서는 일반적으로 변수들 간 관련성이 높을수록 검증결과에 체계적인 영향을 미치는 경우가 발생한다. 대표적으로 중다회귀분석에서는 예측변수들 간 상관이 큰 경우 회귀계수 추정의 불안정성이나 관계 방향의 오류가 발생하거나, 추가된 변수의 영향력이 상대적으로 과소평가되는 등의 문제가 발생할 수 있으므로 공선성(collinearity) 진단을 통해 기본가정을 충족하는지의 여부를 먼저 파악할 필요가 있다. 여러 개의 예측변수가 서로 관련성이 큰 경우 의심되는 **다중공선성**(multicollinearity)은 분석에 따라 여러 가지 방법으로 진단하는 것이 가능하다. 다른 변수와 독립적인 특정예측변수에서의 변화비율인 **공차**(tolerence)가 0.1 미만이거나, 공차의 역수개념인 **분산팽창계수**(Variance Inflation Factor: VIF)가 10보다 큰 경우, 한 변수와 다른 변수들 간의 다중상관 제곱값이 .90이거나, 고유치(eigenvalue)가 0에 가까운 경우, **상태지수**(Condition Index)가 30보다 큰 경우에 공선성이 존재한다고 판단한다.

공선성이 확인된 경우 표본크기를 크게 늘리거나, 변수가 의미적으로 겹치는 경우에는 겹치는 변수를 제거할 수 있고, 변수들에 가중치를 부여하여 통합하여 사용하거나, 주성분분석을 통해 상관이 높은 변수들을 주요인으로 통합하여 새로 만들어진 합성된 변수를 활용할 수 있다. 또한 다중예측변수를 활용할 수 있는 통계분석 시스템을 활용하는 것도 방법이 될 수 있다.

이와 같은 분석 자료의 기본가정에 대한 검증은 SPSS나 SAS와 같은 전문 통계 패키지에서 모두 제공하기 때문에 어떠한 분석을 사용할 것인지만 적절하게 선택하면 손쉽게 확인할 수 있다. 통계분석을 위한 기본가정에 대한 검증과 관련된 더 자세한 내용은 통계서적들이나, Tabachnick과 Fidell(2013)의 *Using Multivariate Statistics*, 6/E. ch. 4 를 참고하면 된다.

3. 분석방법의 선택

연구에서 통계적 분석방법을 결정할 때에는 연구목적에 따라 변수나 집단의 수를 고려하여 결정하게 되는데, 일반적으로 다음과 같은 가이드라인을 참고할 수 있다. 그러나 과학적 연구에서 분석기법의 선택에는 정답이 있는 것이 아니며 연구목적에 맞게 적절한 분석방법을 선택하는 것이 중요하므로 각 분석기법의 내용을 정확히 파악하고 적절하게 활용하는 것이 필요하다.

〈표 7-3〉에는 통계적 분석을 진행해야 하는 다양한 상황에서 고려할 수 있는 통계방법들을 제시해 놓았다. 다음 절에서는 이 방법들을 보다 자세히 설명할 것이다.

〈표 7-3〉 분석방법 선택의 일반적 가이드라인

종속변수 속성	연구목적	변수 및 집단 수	구분	통계방법
연속변수	변수들 간 관계분석	두 변수		상관분석
		여러 개의 변수		정준상관분석
	설명력 또는 예측	두 변수 이상		회귀분석
				중다회귀분석
				다층모형분석
				경로분석
				구조방정식모형
				잠재성장모형
	척도 구인타당화	여러 개의 하위구인		탐색적 요인분석
				확인적 요인분석
	집단차이검증	독립변수 수준이 둘 이하	σ 알 때	z검증
			σ 모를 때	단일집단 t검증
				독립집단 t검증
				종속집단 t검증
		독립변수 수준이 둘 이상	종속변수 하나	ANOVA(분산분석)
			종속변수 둘 이상	MANOVA
		공변량이 있을 때	종속변수 하나	ANCOVA(공분산분석)
			종속변수 둘 이상	MANCOVA
질적/ 비연속 변수	관련성 / 범주간 빈도차이(독립성) 분석	두 개 이상의 변수 / 범주		χ^2분석
	설명력 또는 예측	두 변수 이상		로지스틱 회귀분석
				판별분석
				잠재계층모형

1. 상관분석

상관계수(correlation coefficient)는 변수들 간의 관련성을 설명하기 위해 변수들이 동시에 변화하는 정도를 방향과 크기로 표시한 것이다. 따라서 상관계수는 양의 부호나 음의 부호를 가질 수 있고, 값의 크기는 0과 1 사이로 나타나므로 상관계수의 범위는 -1.00~+1.00 사이의 값으로 나타난다.

두 개의 변수들 간의 상관계수는 두 변수의 상대적 위치를 반영하므로 선형변환에 영향을 받지 않는 특징이 있으나, 특히 Pearson 적률상관계수(r)는 두 변수 간 선형적인 관련성을 가정하고 추정하는 값이므로, 비선형적인 관련성을 가진 변수들 간의 관계는 정확하게 추정할 수 없다는 한계를 지니고 있다. 따라서 비선형적인 관련성을 가지고 있거나, 순위와 같은 속성을 지닌 변수들 간의 관련성은 다른 종류의 상관계수를 이용하여 추정하는 것이 바람직하다.

상관계수에 대한 해석은 일반적으로는 크기가 1에 가까울수록 '정적으로 관련성이 높다', -1에 가까울수록 '부적으로 상관이 높다'고 해석하지만, 사회과학 연구에서는 정적이나 부적으로 완전한 상관이 나타나는 경우는 드물고 계수의 크기를 가지고 절대적인 해석을 하는 것이 타당한 경우가 많다(〈표 7-4〉 참조). 상황에 따라서는 동일한 변수를 사용한 기존의 연구를 참조해 수치에 대한 해석을 할 수도 있다. 특히 SPSS 등 통계 프로그램에서 상관분석을 할 경우 상관계수에 대한 유의도 검증 결과가 제시된다. 이 유의도 검증의 영가설은 $\rho=0$이고 대립가설은 $\rho \neq 0$이다. 상관계수 계산에 사용된 사례 수가 많다면 상관의 절대 값이 낮아도 상관계수가 유의하게 나타날 수 있으므로 유의도 검증결과에 의존한 상관계수의 해석이 아닌 점수 자체에 대한 절대적인 해석이 병행되어야 한다.

《표 7-4》 상관계수의 일반적인 해석 지침

상관계수의 범위	상관관계의 해석
±.00~±.19	상관이 거의 없다
±.20~±.39	상관이 낮다(상관이 어느 정도 있다)
±.40~±.59	상관이 (꽤) 있다
±.60~±.79	상관이 높다
±.80~±1.00	상관이 매우 높다

상관계수에는 많은 요인이 영향을 미칠 수 있기 때문에 상관계수를 두 변수들 간의 유일한 관련성이라고 생각하지 말아야 한다. 특히 상관계수를 해석할 때에는 여러 가지 고려해야 할 점들이 있다. 일반적인 Pearson 상관계수(r)는 변수들 간 관련성이 선형성을 나타내는지 확인하고 그 크기와 방향을 고려해야 하며, 만일 두 변수가 비선형적인 경우에는 두 변수 간 상관계수의 값이 과소 추정될 우려가 있다. 상관계수의 값이 0이 나온다는 것은 두 변수가 관련이 없다는 의미가 아니라 선형적 관련성이 없다는 의미다. 또한 다른 자료들에서 동떨어진 값인 국외자의 존재 여부에 따라 상관 값이 달라질 수 있는데, 상관의 선형적 방향과 유사한 위치에 있는지의 여부에 따라 상관이 과대 추정되거나 과소 추정될 수 있다. 만일 자료의 범위를 제한하여 전체 자료의 일부에 해당하는 부분만으로 상관계수를 계산하면 전체 상관계수보다 줄어들게 된다. 이러한 현상을 범위의 제한성 효과라고 한다. 또한 특정 집단의 속성을 고려하지 않은 상관계수의 산출은 일반화 가능성을 제한하게 될 것이다. 상관계수는 자료가 수집된 맥락을 고려해서 해석해야 한다. 예를 들어, 연구참가자들의 연령, 성별, 사회경제적 지위 그리고 기타 인구통계학적인 특성들에 따라서도 해석이 달라질 수 있다.

마지막으로 상관연구의 결과를 해석할 때 가장 중요한 것은 두 변수 간의 관련성이 높게 나타난 것을 인과관계가 있는 것으로 해석해서는 안 된다는 것이다. 높은 정적 상관계수가 나타났다는 것은 한 변수의 값이 증가할수록 다른 변수의 값도 증가한다는 것이지 반드시 한 변수가 다른 변수의 원인이라는 의미는 아니라는 것이다. 인과관계에 대한 해석은 가외변수들이 통제된 실험연구의 경우가 아닌 한 잘못된 해석이 될 수도 있기 때문이다. 상관계수가 높게 나타난 것은 두 변수의 원인이 되는 제삼의 변수가 있는 경우일 수 있다. 따라서 두 변수 간에 높은 상관이 나타나면 후속연구에서 인과관계에 대한 규명을 위한 실험연구를 계획할 필요가 있다.

상관계수와 연관된 개념으로 결정계수(coefficient of determination: r^2)가 있는데 이것은 두 변수들 간 공통 분산의 비율을 의미하며 관련성의 강도에 대한 판단 근거로 활용된다. 일반적으로 종속변수(준거변수)의 총분산에 대한 독립변수(예측변수)에 의해 설명된 분산을 의미하며, 만일 두 변수 간 상관이 $r = .50$이라면, 한 변수의 전체분산의 25%를 다른 변수가 설명하고 있다($r^2 = .25$)는 의미다. 따라서 만일 한 변수가 다른 변수 분산의 반(50%) 정도를 설명하려면, 두 변수 간 상관이 .71 정도는 되어야 한다.

2. 여러 가지 상관계수

Pearson 상관계수는 두 변수가 연속변수이며 두 변수 간에 선형적 관계를 가정할 경우에 산출하는 계수다. 그러나 연구 자료가 이러한 조건을 충족하지 못하는 경우에는 다른 유형의 특수 상관계수들을 산출해야 한다.

연구에 포함된 두 변수 중 하나 혹은 둘 모두 서열척도(비모수적)인 경우에는 변수 간 관련성을 살피기 위해 Spearman의 등위상관계수(rank order correlation)를 산출하는 것이 적절하다. 두 변수가 모두 성별과 정답 여부와 같은 자연적인 양분(이분, dichotomous) 변수인 경우에는 변수들 간 관련성을 ϕ계수(phi coefficient)로 산출하고, 두 변수 모두 실제로는 시험점수와 같이 연속적으로 분포되어 있더라도 변수를 임의적으로 합격 또는 불합격으로 구분한 임의적인 양분변수일 경우에는 사분상관계수(tetrachoric correlation coefficient)를 적용한다.

점이연상관계수(point biserial correlation coefficient)는 연속변수와 자연적 양분변수 간 상관을 의미하는데 검사총점과 문항 정답 여부 사이의 상관계수를 산출하여 문항변별도 분석을 할 때에도 사용된다. 이연상관계수(biserial correlation coefficient)는 하나의 변수는 실제로는 연속적이지만 해당 연구에서 임의적 양분변수로 취급하고, 다른 한 변수는 연속변수인 두 변수 사이의 관계를 나타낸다.

둘 이상의 예측변수(predictor variable)와 하나의 준거변수(criterion variable) 사이의 상관은 중다상관(multiple correlation)계수 R을 산출해야 하는데, 여러 개의 변수가 존재하는 분석에서 살펴볼 수 있다. 편상관(partial correlation)계수는 여러 개의 관련된 변수들이 있을 때 다른 변수들의 영향력을 제외한 특정 변수 간 관련성을 살펴보기 위해 산출하는 값으로, 만일 세 개의 변수가 있는 모형이라면, X_1과 Y로부터 X_2의 영향을 제거한 X_1의 잔차와 Y의 잔차 간의 상관관계를 산출한 것이며 의미상 중다회귀분석에서 각 독립변수의 회귀계수에 해당하는 값으로 해석할 수 있다. 부분상관(part correlation, semi-partial correlation)계수는 위의 예에서 X_2의 영향을 제거한 두 변수 Y와 X_1의 잔차 간 상관을 의미하며 결국 X_1의 고유한 영향력을 의미하는 값으로 나타나게 되므로, 모형에 적용하면 위계적 회귀분석에서 원래의 회귀식의 설명량과 새롭게 추가된 변수가 포함된 회귀식의 설명량의 차이 값을 의미한다. 보다 자세한 내용은 McNemar(1969) 또는 다변량 분석 관련 서적을 참고하면 되겠다.

3. 단순회귀분석

두 변수 간에 상관이 있다는 것이 확인되면 하나의 변수로 다른 하나의 변수를 예측하는 것이 가능해진다. 단순회귀분석에서는 두 변수 간의 선형관계를 기본으로 해서 하나는 예측하는 변수(예측변수, predictor)로 다른 하나는 예측되는 변수(준거변수, criterion)로 상정해서 예측 정도를 추정한다. 회귀분석에서는 실험연구의 전통에서 사용하는 독립변수와 종속변수라는 용어를 사용하기도 하지만 분석의 주목적이 결과를 예측하는데 얼마나 유용한가를 알아내는 것이기 때문에 예측변수와 준거변수라는 용어를 사용하는 것이 더 적절하다.

한 변수로부터 다른 변수의 점수를 예측하려면 두 변수 간의 관계를 알아야 하는데, 두 변수 X와 Y가 선형적(직선적)인 관계를 보인다면 두 변수 간의 관계는 일차방정식(직선)으로 나타낼 수 있으며, 이를 회귀식(regression equation)이라고 하고 다음과 같이 표현된다.

$$Y' = b_1 X + b_0$$

여기서 Y'은 예측된 값이며 b_1은 회귀계수, 즉 회귀식의 기울기이고 b_0은 절편이다. 회귀선은 X와 Y가 만드는 산포도(scatter plot)를 대표하는 최적선(best-fitting line)으로 최소자승기준(least square criterion)을 적용해서 예측의 오차를 최소로 하는 점들을 연결해서 만든 직선이다. 준거변수에 대한 예측변수의 예측력을 회귀계수 b_1로 추정할 수 있는데 이것은 X가 1만큼(한 단위) 변할 때 Y값의 변화 정도를 말해 준다. 예측변수의 설명력이 없을 때, 다시 말하면 예측변수 값이 0일 때 준거변수의 값이 회귀식의 절편이며 이것은 상수다. 예측오차는 자료상에서 실제로 측정된 값과 회귀선을 통해 예측된 값의 차이를 의미하는데, 변수 간 상관이 높을수록 예측오차가 작아진다.

실제 분석에서는 회귀모형의 적절성을 검증하는 F검증과 회귀계수의 안정성을 검증하는 t검증이 실시되고, 추정된 비표준화 회귀계수와 절편을 통해 회귀모형을 구현하는 방식으로 진행된 결과를 산출한다.

4. 중다회귀분석

여러 개의 예측변수로 하나의 준거변수를 예측하는 선형모형을 찾아내는 것을 **중다회귀분석**(multiple regression analysis)이라고 한다. 특히 다른 예측변수의 영향력을 통제하고 준거변수에 대한 해당 예측변수의 설명력을 회귀계수들을 통해 확인할 수 있으며 이는 앞에서 설명한 부분상관계수의 개념과 함께 연계하여 이해하면 된다.

일반적으로 중다회귀분석은 예측변수들의 상대적 설명력을 파악하거나, 예측력이 높은 변수를 찾아내기 위한 목적으로 많이 사용된다. 예를 들어 3개의 예측변수로 1개의 연속변수인 준거변수에 대한 예측을 하고자 한다면, 회귀식은 다음과 같이 나타낼 수 있다.

$$Y' = b_1 X_1 + b_2 X_2 + b_3 X_3 + b_0$$

여기서 b_1, b_2, b_3은 예측변수 X_1, X_2, X_3의 상대적 설명 정도를 나타내는 회귀계수들이고 b_0은 회귀선의 절편을 말한다. 각각의 회귀계수는 다른 변수들이 일정하고 해당 변수가 한 단위 변화할 때 예측된 종속변수의 변화량을 의미한다. 중다회귀분석에서의 예측변수는 연속변수나 범주변수가 모두 가능하며, 범주변수의 경우는 가변수(더미변수, dummy variable)를 만들어 코딩해서 자료를 입력해야 한다. 따라서 범주변수인 예측변수의 회귀계수를 해석할 때는 해당 예측변수의 0으로 코딩된 기준값으로부터의 평균 차이로 파악하는 것이 가능하다. 이에 대한 설명을 위해서는 가변수 코딩에 대한 설명이 추가적으로 필요하며, 회귀계수의 해석에 대한 심화된 내용은 회귀분석 또는 다변량분석 관련 서적을 참고하기를 권한다.

회귀분석에서는 비표준화 회귀계수와 표준화 회귀계수의 두 가지를 산출하는 것이 가능하다. 비표준화 회귀계수는 각 예측변수가 준거변수를 예측하는 정도를 나타내며, 해당 예측변수의 척도단위에 의해 영향을 받기 때문에 다른 예측변수의 회귀계수와의 직접적인 예측력의 비교는 불가능하다. 따라서 모든 변수의 점수를 표준점수로 변환하여 산출하는 표준화 회귀계수를 통해 각 변수의 준거변수에 대한 상대적 기여도를 파악할 수 있다.

결정계수 R^2을 통해 전체 회귀모형의 설명력을 알 수 있으며, 이는 준거변수에서의 총변화량에 대한 예측변수들에 의해 설명된 변화량의 비율로 이 값이 클수록 모형의 설명력이 높은 것이다. 그러나 일반적으로 예측변수의 수가 증가할수록 결정계수는 커지는 경향이 있으므로 중다회귀분석 시에는 모형의 간명성과 설명력을 모두 고려한 모형결정이 필요하다.

준거변수를 효율적으로 설명하는 모형을 선택하기 위해 표준 중다회귀분석에서는 변수선택법을 통해 탐색적으로 중요한 예측변수를 결정하기도 한다. 실제 연구에서 많이 사용하는 단계적 변수선택법(stepwise selection)은 변수 추가와 제거를 반복적으로 사용하여 통계적으로 효율적인 모형을 선택하지만, 과학적 연구에서는 탐색적인 기법으로 적용되는 경우가 많으므로 변수선택법의 적용은 기초연구나 예비연구 단계에서 활용되는 것이 바람직하다고 할 수 있다.

위계적 회귀분석(hierarchical regression analysis)에서는 모형에 포함되는 예측변수의 개수와 순서를 연구자가 결정하므로 연구자의 이론적 근거나 논리적인 설명이 포함되어야 한다. 예측변수의 개수에 따라 순차적으로 회귀식을 구성하고 평가하는 과정에서 모형 간 설명력의 차이(R^2change)를 통해 특정 변수의 설명력을 검증하기도 하고, 해당 변수를 모형에 추가할 것인지 말 것인지를 결정하기도 한다.

경로분석이나 구조방정식모형에서도 분석이 가능한 매개모형의 경우 중다회귀분석을 통해 검증하는 것이 가능하다. 매개효과는 예측변수와 준거변수 간 강한 상관이 존재하고 이면의 심리적 메커니즘의 효과에 대한 개입이 명백한지 여부를 확인하기 위해 매개변수의 역할을 확인하는 모형을 검증하게 된다. Baron과 Kenny(1986)가 제안한 방법을 보면, 우선 예측변수와 매개변수 간 회귀분석을 하고, 예측변수와 준거변수 간 회귀모형을 검증한 뒤 예측변수와 매개변수가 준거변수에 미치는 영향을 확인하는 중다회귀모형을 검증함으로써 매개변수의 영향력을 확인할 수 있다. 추가적으로 Sobel 검증을 통해 매개효과의 통계적 유의성을 확인할 수 있다.

조절모형의 경우에는 위계적 회귀분석을 통해 예측변수와 조절변수 간 상호작용이 준거변수에 미치는 영향을 검증함으로써 확인이 가능하다. 예측변수와 조절변수, 준거변수 간 중다회귀분석 결과와 예측변수, 조절변수, 예측변수와 조절변수의 상호작용변수를 포함한 모형의 중다회귀분석 결과를 위계적으로 검증하여 설명력(R^2change)이 유의하게 증가하는 경우 조절효과가 있다고 설명한다.

준거변수가 불연속적, 질적(범주형) 변수인 경우 로지스틱 회귀분석을 통해 검증한다. 이분형인 준거변수에 대한 판별분석 대신 로지스틱 회귀분석을 적용할 경우 로그변환을 적용하므로 결과 해석이 익숙하지 않을 수 있으나, 로지스틱 회귀분석은 다분형 준거변수에 적용이 가능하고, 다양한 고급 분석기법(예를 들면 다층모형이나 경로분석, 구조모형 등)과 함께 사용할 수 있다는 장점이 있다.

5. 경로분석

경로분석(path analysis)은 측정변수들로 구성된 여러 변수 간의 인과관계 분석을 위한 통계적 기법으로 변수들 간의 공분산이나 상관관계를 이용하여 인과적인 효과를 분석한다. 종속변수들 간의 인과관계를 분석하는 것이 가능하고 선형적인 회귀분석에서는 파악하기 어려운 변수들 간의 직접효과, 간접효과, 의사효과(spurious effect) 등을 파악하는 것이 용이하다. 경로계수는 표준화 회귀계수로 나타나고 변수들 간 관련성이 방향과 크기로 나타난다.

일반적으로 경로모형에 사용되는 변수들은 그 관련성이 기존 연구에 의해 입증된 경우이고, 새로운 변수의 추가 투입의 경우 모형의 적합성을 확인하고 통계적 유의성을 설명하게 된다. 따라서 많은 수의 자료가 있는 경우에 적절한 분석이 가능하다.

6. 구조방정식 모형분석

경로분석과는 다르게 구조방정식모형에서는 잠재변수의 개념을 추가하여 분석이 가능하므로, 측정의 오차를 통제할 수 있다는 큰 장점을 가지고 있다. 잠재변수는 측정변수에서 공통분산을 추출한 개념으로 측정변수가 가지고 있는 개인차 변수와 같은 오차분산을 구분해 낼 수 있을 뿐 아니라, 여러 개의 종속변수를 모형에 한 번에 포함시켜 분석하는 것이 가능하므로 여러 개의 회귀모형을 동시에 검증할 수 있다. 또한 모형에 대한 통계적 평가가 가능하여 이론적 모형이 실제 자료를 얼마나 잘 설명하고 있는지를 χ^2검증과 **적합도 지수**(goodness of fit index)를 통해 살펴볼 수 있다. 일반적으로 상대적 적합도 지수와 절대적 적합도 지수들을 함께 고려하여 모형평가가 이루어지는데, 모형의 간명성과 적합도를 함께 고려한다. 구조방정식 모형분석의 특성상 표본크기에 민감하지 않고 위의 두 가지를 모두 고려하는 적합도 지수를 선택하여 평가하는 것이 바람직하다. 연구에서 대표적으로 적용하는 적합도 지수는 상대적 적합도 지수인 CFI(Comparative Fit Index)와 TLI(Tucker-Lewis Index), 절대적 지수인 RMSEA(root mean squared error of approximation)와 SRMR(standardized root mean square residual) 등이 있다.

최근 많은 연구가 다양한 변수의 다양한 관련성을 함께 고려하는 모형검증을 시도하고 있지만 많은 경우 자료와 모형 간의 불일치가 발생하는 경우 모형의 적합도 지수를 높이기 위해 분석결과에 의존하여 모형을 수정하여 연구를 진행하는 경우들이 있다. 그러나 탐색적인 기초연구가 아닌 경우라면 자료에 맞추어 모형을 수정하여 적합도를 높이기 위한 변형을 하는 것보다는 이론적인 바탕에서 연구를 진행하는 것이 구조방정식 모형의 본질을 훼손하지 않고 기본에 충실한 적용이 될 것이다.

7. 다층모형분석

자료 속에 여러 층의 수준이 존재하는 **위계적 자료구조**를 분석모형에 적용하여 오차를 줄이고 예측변수들의 설명력을 크게 하는 분석기법의 하나로 HLM(hierarchical linear modeling, 위계적 선형모형)이라고도 부르는 다층모형(multi-level model) 분석을 할 수 있다. 각 층마다 예측변수를 포함시켜 회귀식으로 모형을 만들어서 예측변수들의 중요도와 유의도를 검증할 수 있다.

집단을 단위로 하여 표본을 추출하는 경우, 집단수준과 집단 속에 포함된 개인수준의 두 층으로 모형이 구성된다. 만약 집단들이 보다 큰 단위 속에 내재된 경우라면 세 층을 구성할 수도 있다. 예를 들어 사무직원들의 직무만족도를 예측하는 특성에 대한 조사연구를 계획하고 있다면, 우선 접근 가능한 기업체를 선정하고, 기업체들이 두고 있는 공통적인 업무 부서를 조사하여 몇 개의 단위로 묶을 수 있다. 즉, 기획부, 영업부, 자재부, 관리부, 회계부, 홍보부 등으로 나누어서 각 부서에 속한 직원들을 대상으로 설문조사를 할 수 있다. 이런 경우 개별 직원들은 업무부서에 속해 있고, 업무부서들은 기업체에 속해 있어서 3층 구조를 가진 자료가 수집될 수 있다.

다층모형분석에서는 독립성 가정이 위배되는 자료를 분석하게 된다. 즉, 각 부서는 소속 기업체의 특성에 영향을 받을 것이고 각 개인은 소속 부서의 특성의 영향을 받아 많은 공통적인 특성을 갖고 있을 것이기 때문에 독립적인 표본이라고 보기 어렵다. 이러한 다층구조를 이루고 있는 자료를 개인수준에서 분석하게 되면 부정확한 결과를 초래할 수 있기 때문에 다층모형에 기초한 분석방법을 적용할 필요가 있다. 위계선형모형에 근거한 다층자료 분석을 수행하면 집단 특성 변수가 개인에 미치는 효과뿐 아니라, 집단 차이, 집단의 기울기 차이, 개인수준과 집단수준의 변수들 간 상호작용 효과 등도 확인할 수 있게 된다.

또한 종단 자료에 대해 다층모형분석을 하는 경우에는 반복 측정된 값과 개인수준의 자료를 구분하여 모형을 설명할 수 있다. 위계적 구조를 가진 자료를 활용한 분석에서 하나의 예측변수로 집단을 사용할 경우 결과를 개인적인 속성으로 해석하고자 할 때 해석상의 오류를 범하게 되는데, 다층모형을 적용하면 개인과 집단을 구분하여 모형에 적용하여 결과를 해석할 수 있게 되므로, 적절하고 구체적인 분석의 적용이 가능하다.

8. 잠재성장모형

종단 자료를 분석하는 또 다른 방법으로 잠재성장모형(latent growth model: LGM)을 적용할 수 있는데 이는 성장곡선모형(growth curve model: GCM)이라고도 한다. 잠재성장모형에서는 구조방정식모형에 기초하여 개인들의 성장 궤적을 파악하기 위해 시간의 흐름에 따라 반복적으로 수집된 종속측정치의 초기값과 평균적인 변화율을 추정한다. 즉, 종속측정치에서 개인의 체계적인 변화나 성장과 이러한 변화에서의 개인 간 변산성을 알아낼 수 있다. 또한 이러한 변화의 양상이 선형인 경우와 비선형인 경우에서 모두 적용할 수 있으며 다른 관련 변인들을 공변인으로 모형에 포함시켜 관련성도 함께 알아볼 수 있다.

일반적으로 두 단계에 거쳐 분석하게 되는데 무조건 모형단계에서는 일정 기간 동안 반복 측정된 변수를 포함하여 모형의 변화를 분석하여 평균 변화(발달)곡선의 초기값(절편)과 변화율(기울기)을 구할 수 있게 된다. 각 값의 분산은 개인차로 설명할 수 있다. 두 번째 단계에서는 첫 번째 단계에서 얻어진 값을 다양한 예측요인과 연결하여 초기값과 변화율에 영향을 미치는 요인들을 찾아낸다.

최근에 한국에서도 국책 연구소들마다 장기간에 걸친 패널 자료를 수집하고 있어서 연구대상들의 다양한 개인차 변인에 대한 자료가 수집되고 있다. 이와 같은 패널 자료를 분석하는 데 효과적인 방법이 잠재성장모형 분석이기 때문에 많은 연구가 양산되는 추세다.

9. 요인분석

요인분석(factor analysis)이란 다수의 관찰치를 몇 개의 의미 있는 변수로 요약하거나 또는 이론적으로 설명할 수 있는 소수의 잠재변수를 추출해 내는 통계적 기법이라고 할 수 있다. 주로 통계적 자료축약이 목적인 경우는 **주성분분석**(principal component analysis)을 하고, 이론적으로 의미 있는 잠재변수를 추출하려는 경우는 **공통요인분석**(common factor analysis)을 하는데, 일반적으로 이를 구분하지 않고 사용하는 경향이 있다. 그러나 이 두 가지 분석은 각기 다른 특성을 가진 것들로 정확하게 구분해서 사용할 필요가 있다.

주성분분석은 원상관행렬을 사용하여 측정변인들의 분산 전체를 설명하기 위해 변인들의 선형결합으로 주성분을 추출하므로 많은 양의 자료를 단순화하여 요약 정리하기 위해 사용한다. 이에 비해 공통요인분석은 축소상관행렬을 사용하여 공통요인에만 관심을 두기 때문에 고유분산과 공통요인분산을 구분하여 측정변인들의 분산을 설명하는 공통요인의 추출에 관심을 두고 분석하므로 요인분석을 하는 일반적인 목적에 부합되는 분석이라고 할 수 있다. 요인분석을 실시할 때는 요인에 대한 해석을 용이하게 하도록 축을 회전하고 결과에 따라 요인을 구분하여 의미부여를 하게 되는데, 직교회전과 사각회전이 있다. 직교회전은 회전 후에도 요인들 간의 상관계수가 0이라고 고정하고 실시하므로 실제 자료들의 요인들 간 상관이 있는 경우에는 요인계수 값이 왜곡될 수 있다. 사각회전의 경우 회전 후 요인들 간 상관이 0이 아닐 수 있음을 허용하므로 현실을 반영하기는 하지만 요인들 간 상관을 고려하며 결과를 해석해야 한다.

사회과학 연구에서 검사도구를 개발하거나 문항에 대한 잠재요인을 파악하고자 할 때 공통요인분석을 한다. 척도 개발 시 적용하는 요인분석은 두 가지 유형으로 **탐색적 요인분석**(exploratory factor analysis: EFA)과 **확인적 요인분석**(confirmatory factor analysis: CFA)으로 나눌 수 있다. EFA는 기초연구나 예비연구에서 자료의 대략적인 요인 수나 패턴을 확인하기 위해 실시하는 분석으로 요인 선정을 위한 방법들 중 설명분산을 고려해 고유값이 1 이상인 경우 하나의 요인으로 간주할 수도 있고, 스크리(scree) 도표를 활용하거나 요인들의 누적분산비율을 확인하는 등 다양한 정보를 활용해 요인 수를 결정하게 된다. 추출된 각 요인에 대한 의미부여는 연구자가 결정하며, 이론적 배경이나 연구자가 결정한 요인에 따라 요인의 명칭을 부여한다. 개발된 척도의 구인타당도를 확인하기 위한 방법인 CFA는 구조방정식모형을 적용한 분석기법으로 이를 위한 통계 패키지(예를 들어, LISREL, AMOS, Mplus 등)가 개발되어 있어서 쉽게 활용하는 것이 가능하다.

VI 📊 집단차이 검증

1. 단일집단 검증

한 집단의 통계치를 모집단의 어떤 표준이나 규준과 비교해 차이가 나는지 알아보기 위해서는 단일집단 검증을 활용하게 된다. 표본 통계치들의 표집분포가 정상적으로 분포한다는 것을 가정할 수 있고 모집단의 표준편차 σ를 아는 경우에는 z검증을 할 수 있다. 반면에, 모집단의 σ를 알 수 없어서 표본의 표준편차를 사용해서 σ를 추정하는 경우에는 표집분포가 t분포를 이루기 때문에 t검증을 통해 가설을 검증해야 한다.

예를 들어, 우리 학급 학생들의 표준화 기초학력검사의 평균이 전국 규준에 비교해서 뒤떨어지고 있는지 또는 앞서고 있는지를 확인하고자 할 때는 표준화 기초학력검사에서 보고하는 표준편차 정보가 있으므로 z검증을 수행할 수 있다. 그러나 표준화 학력검사가 아닌 검사로 실시한 경우 전체 집단의 평균점수에 대한 정보만 있고 표준편차를 알 수 없는 경우에는 추정된 표준편차 점수를 사용하는 t검증을 해서 우리 학급 학생들의 수행수준을 전국의 학생들과 비교해 볼 수 있다.

2. 두 집단 차이 검증

독립적으로 표집된 두 집단의 평균에 차이가 있는지를 검증하기 위해서는 일반적으로 독립집단 t검증을 활용한다. 그러나 두 집단의 분산이 동일하다는 기본가정을 위배하는 경우에는, 자유도가 일반적인 경우와는 다른 t분포를 따르게 되므로 계산 공식을 수정하여 검증결과를 산출하게 된다. 통계 프로그램을 사용하게 되면 결과표에서 Levene 의 검증결과를 통해 등분산성 가정이 인정되는 경우와 위배되는 경우로 나누어 결과를 나타내므로 상황에 맞게 결과를 해석하면 된다.

만일 두 집단의 평균차이를 살펴보는데 두 집단이 서로 독립적이지 않은 경우라면 종속집단 t검증을 실시해야 한다. 예를 들어 동일한 사람들의 치료 전 우울증 평균과 치료 후 우울증 평균의 차이를 비교하여 치료효과를 확인하고자 한다면, 이 두 집단 의 점수는 동일한 사람들의 치료 이전과 이후의 점수이기 때문에 서로 독립적이지 않 다. 따라서 이 경우에는 **종속집단 t검증**(dependent sample t-test, paired sample t-test, related sample t-test)을 실시하게 된다. 즉, 동일한 사람이 포함되어 있거나 대응표본 (짝지어진)으로 표집된 경우, 예를 들어 부부생활 만족도나 양육태도별 애착수준의 차 이와 같이 부부, 부모자녀와 같이 짝지워진 표본에서의 점수들 간 차이를 확인하고자 하는 경우에는 종속집단 t검증이 활용될 수 있다.

3. 두 집단 이상의 차이검증

두 집단 이상의 평균차이 검증을 실시하고자 할 때 많이 사용되는 방법이 단일요인 분산분석 혹은 **일원분산분석**(One-way Analysis of Variance: One-way ANOVA)이다. 앞에 서 집단의 수가 두 개인 경우에 평균차이 검증을 할 때 t검증을 사용한다고 하였다. 따 라서 집단의 수가 3개 이상인 경우에도 집단의 평균을 두 개씩 쌍으로 만들어서 3번에 걸친 t검증을 할 수 있다. 그러나 이처럼 쌍으로 비교하는 t검증의 횟수(c)가 증가함에 따라 해당 연구 전체에서 범할 수 있는 일종 오류가 $[1-(1-\alpha)^c]$만큼으로 증가하게 된다. 따라서 집단의 수가 늘어남에 따라 일종 오류를 범할 가능성은 상당히 커질 수 있다. 분산분석은 이러한 문제를 예방할 수 있도록, 여러 번의 쌍별 비교를 하지 않고 집단차이의 유무를 확인할 수 있는 분석방법이다.

분산분석에서는 종속변수의 총분산 중 집단 간 차이에 의한 분산(집단간 변이)과 집 단 내 개인차에 의한 분산(집단내 변이)량으로 구분하여 집단내 변이에 대한 집단 변이 의 비율을 계산해서 가설을 검증하게 된다. 집단간 변이는 집단의 차이 혹은 처치효과 의 차이로 볼 수 있고 집단간 변이의 크기가 클수록 각 집단이 서로 다른 모집단에서 나온 것으로 추정할 수 있게 된다. 따라서 만약 처치효과가 없다면 집단간 변이와 집단내 변이가 같아서 그 비율이 1보다 커질 것이다. 그러나 처치효과가 있다면 이 비율은 1보다 커질 것이고, 이 비율이 얼마나 커지면 유의미한 것인가를 Fisher가 만들어 놓은 F 분포를 사용해서 평가하기 때문에 F검증이라고도 부른다.

유의도 검증을 할 때 실제 집단의 차이가 유의미한 것인지를 파악하고자 할 때, 특히 표본의 크기가 매우 클 경우 실제로는 경미한 차이가 통계적으로 유의한 차이로 파악될 우려가 있으므로 실질적 차이의 크기에 주목할 필요가 있다. 따라서 평균치들의 차이에 관한 t검증에서도 마찬가지지만 분산분석을 실시할 때에는 집단의 실질적 차이를 살펴보기 위한 **효과크기**(effect size)를 추가적으로 계산해 내기도 한다.

전반적 수준(overall F-test)에서 집단차이가 유의한 결과를 나타내면 실제 집단별 차이가 어디에서 나타났는지 추가적인 검증이 필요하므로 평균들의 개별 비교를 위한 **사후비교**(post-hoc, follow-up) 분석을 실시해야 하는데 Scheffé, Tukey, Bonferroni, Duncan, Dunnett과 같은 연구자들이 고안한 다양한 방법이 있다. 이와 같은 특수한 사후비교분석을 하는 이유는 실험 전체를 통해 범할 수 있는 오류수준(experimentwise error rate)을 통제하기 위함이다. 따라서 사후비교분석을 할 때는 전반적 F검증에서 적용했던 α와 동일한 유의수준을 설정해야 한다.

또한 연구자가 실험을 계획하는 단계에서 여러 가지 처치 조건 중에서 특정 집단 간 차이에 주목하고 이에 대한 결과만을 필요로 하는 경우 **사전계획비교**(preplanned comparison: à-priori test)를 통해 집단 간 개별 비교를 하는 것이 가능하다. 사전계획비교의 경우는 전반적 F검증을 생략하고 평균치들 간의 비교를 바로 진행할 수도 있다.

단일 종속변수인 경우에 활용이 가능한 일원분산분석에 비해 종속변수가 두 개 이상인 경우에는 종속변수들이 서로 관련되어 있는 경우가 많다. 이와 같이 종속변수들 간에 상관이 의심되는 경우 관련성을 검증통계량에 적용해야 하므로 **다변량**(multivariate) **분산분석**(MANOVA)을 적용하게 된다.

4. 요인 분산분석

집단을 구분하는 요인이 두 개 이상으로 나뉘는 경우, 즉 두 개 이상의 독립변수가 동시에 실험에 포함되는 경우에는 다요인 분산분석을 통해 집단 간 차이검증을 하는 것이 가능하다. 두 개의 독립변수를 포함하는 경우에는 **이원분산분석**(Two-way ANOVA)

을 실시하게 된다. 예를 들면 성별에 따라 외국어 성적에서 세 가지 교수법의 차이가 어떻게 나타나는지 살펴보고자 할 때 독립변수, 즉 집단을 구분하는 요인은 성별과 교수법의 두 가지가 되며, 이 경우 두 가지 독립변수의 주효과와 더불어 두 변수들의 상호 작용 효과를 살펴보는 것이 가능하다.

상호작용 효과(interaction effect)는 한 요인의 수준에 따라 다른 요인의 효과가 다르게 나타나는 경우를 말한다. 이는 독립변수(요인)들의 동시적인 작용을 살펴보는 것으로 두 개의 독립변수의 종속변수에 대한 결합효과라고도 볼 수 있다.

다요인 분산분석에서는 주효과와 상호작용 효과에 대한 검토가 끝나면 사후비교분석의 방향이 결정되는데 상호작용의 유무에 따라 **단순효과**(simple effect)를 검증하여 독립변수의 각 요인별 효과를 살펴보는 경우와, 일반적인 주효과를 살펴보는 경우로 절차가 나뉘게 된다. 따라서 절차상 다요인 분산분석을 실시하는 경우에는 상호작용의 통계적 유의성을 가장 먼저 파악하여 상호작용이 유의한 경우 단순효과 검증을 통해 독립변수의 각 수준별 효과 차이를 검증한다. 이때 독립변수의 수준이 두 개 이상인 경우 단순비교검증을 통해 다중비교를 하여 집단별 차이의 위치를 확인하게 된다. 상호 작용이 유의하지 않은 경우에는 일반적인 독립변수의 주효과를 확인하고 변수수준의 개수에 따라 추가적으로 사후검증을 실시하게 된다.

5. 공분산분석

공분산분석(Analysis of Covariance: ANCOVA)은 양적 변수인 공변량(covariate)을 사용하여 종속변수와 독립(집단)변수 사이에서 관련성에 영향을 미치는 요소를 통계적으로 제거함으로써 집단차이를 더 정확하게 확인하고자 하는 기법이다. 분산분석과 회귀분석을 결합한 형태인 공분산분석은 각 집단에서 매개변수나 가외변수가 양적 변수일 경우 회귀분석 원리를 이용하여 변수의 효과를 통제한 뒤 독립변수인 집단의 효과(집단차이)를 분석하게 된다. 예를 들어 특정 상담기법의 효과를 확인하기 위해 일반상담을 받은 집단과 특정 상담기법을 적용한 집단 간 우울수준의 차이를 확인하고자 할 때, 구분된 두 집단의 우울수준이 이미 달랐다면 특정 상담기법의 효과를 분산분석 결과로는 확인할 수 없게 된다. 그러나 상담 전 우울수준을 측정한 뒤 이를 공변량으로 활용하여 공분산분석을 하게 되면, 특정 상담기법의 효과를 기존 우울수준을 배제한 상태에서, 다시 말하면 두 집단의 우울수준을 통계적으로 동일한 수준으로 맞춘 상태에서(기준선을 같게 하여) 상담기법에 따른 차이를 확인하는 방법이 가능해진다.

공분산분석은 비교하려는 집단들 내에서의 회귀선 **기울기의 동질성**(homogeneity of slopes) 가정을 만족하는 경우에 적용할 수 있다. 따라서 공변량이 각 집단별로 동일하게 기능한다는 기본가정을 확인하기 위해, 독립변수(집단)와 공변량의 상호작용이 유의하지 않은지를 검증해야 한다.

6. 비모수적 기법

일반적으로 **비모수적 기법**(nonparametric techniques)은 자료의 수가 너무 작거나, 집단별 분포가 차이가 나는 경우, 혹은 자료가 명명척도 혹은 순위 자료(ordinal scale)이거나 모집단의 분포가 정규분포가 아닌 경우 등, 모수적 기법을 적용하기 위한 기본가정이 위배되는 경우 대안적으로 사용이 가능한 통계적 분석기법이다. 대부분의 사회과학 연구는 일반적인 집단을 대상으로 하기 때문에 대규모 모집단으로부터 추출된 표본을 사용해서 연구한다. 따라서 모집단의 분포는 정규분포를 전제로 하는 경우가 대부분이기 때문에 사회과학에서 진행되는 경험적 연구는 90% 이상이 모수적 기법이라고 해도 과언이 아니다.

질적 변수는 명명척도로 구분된 범주들 속에 포함되는 빈도로 측정되는데 범주 속의 빈도수가 차이가 있는가는 χ^2(카이자승) 검증을 사용해서 분석한다. 단일 변수에 대한 빈도분석은 범주들 속의 빈도수의 차이가 우연에 기초한 것인지 아니면 각 범주의 특성 때문인지를 확인하기 위한 것이다. 범주들 속의 관찰된 빈도와 특별한 처치나 범주의 특성으로 나타나리라고 추정되는 기대빈도 사이의 불일치를 가지고 χ^2을 계산해서 불일치의 크기에 대한 유의도 검증을 하면 된다.

두 개의 질적 독립변수의 관련성 혹은 독립성을 검증하는 데도 χ^2 검증을 사용할 수 있는데, 이런 경우는 두 개의 독립변수가 만들어 내는 범주들로 구성된 **교차분할표**(cross-tabulation)를 분석한다. 분석결과는 두 독립변수가 서로 관련이 있는가를 보여준다. 예를 들어 특정 종교에 대한 선호도가 직업에 따라 다른가를 알아보기 위해 대표적인 직업군 5개에 속하는 사람들에게 종교를 물어서 종교의 종류와 직업군들이 만들어 내는 교차분할표를 얻었다. 이 빈도 자료에 대해 χ^2 통계치를 산출한 결과 유의미한 것으로 나타났다면 이것은 직업군과 종교 선호도는 서로 관련이 있다고 해석할 수 있다.

또 다른 비모수적 기법으로는 독립표본 t검증과 같은 조건에 활용되는 Mann-Whitney 검증, 종속표본 t검증를 적용해야 할 비모수적 상황에는 Wilcoxon Signed-Rank 검증, 두 집단 이상의 집단차이 검증을 위한 일원분산분석의 비모수적 대안으로는 Kruskal-Wallis 검증, 일원 반복측정 분산분석의 상황에서는 Friedman 검증을 하는 것이 가능하다. 이 외에도 자료가 순위척도인 경우에 상관을 구하기 위해서는 Spearman의 등위상관(Rank Orders Correlation)을 계산할 수 있다.

비모수적 기법을 적용하는 경우 모집단 분포에 대한 기본가정을 고려하지 않아도 되므로 자료가 모집단 분포와 척도에 대한 기본가정을 충족하지 못하는 경우 활용이 가능하고, 여러 가지 특성을 가진 분포에 적용될 수 있다는 장점이 있다. 그러나 통계적 검증력이 약하다는 단점 때문에 사회과학 연구에서 그다지 많이 사용되지는 않는다.

추가적인 정보는 Hays(1988) 등 고급통계분석 관련 서적을 참고하면 된다.

핵심 개념

통계적 결론, 실질적 결론, 기술(서술)통계, 추리(추론)통계, 빈도분포표, 집중경향, 변산도, 편포도, 산포도, 정규분포, 표준점수, McCall T점수, 통계치, 모수치, 표집오차, 표집분포, 표준오차, 중심극한정리, 가설검증, 유의도 검증, 유의도 수준(α), 통계적 검증력, 코딩맵, 데이터 클리닝, 등분산성, 독립성, 합동대칭성, 다중공선성, 고유치, 상관계수, 결정계수, 회귀분석, 가변수(더미변수), 단계적 변수선택법, 위계적 회귀분석, 직접효과, 간접효과, 구조방정식모형, 적합도 지수, 관찰변수, 잠재변수, 다층모형, 위계적 선형모형, 잠재성장모형, 주성분분석, 공통요인분석, 탐색적 요인분석, 확인적 요인분석, z검증, t검증, F검증, 일원분산분석, 이원분산분석, 상호작용 효과, 사후비교, 사전계획비교, 공분산분석, 공변량, 비모수적 통계적 기법, 다변량분산분석

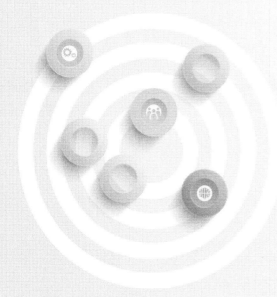

제8장

연구
논문에서의
통계분석

양적 연구에서 **통계적 분석**은 여러 가지 **분석도구**(컴퓨터 프로그램 또는 통계 패키지)를 활용해서 수행하는 것이 가능하다. 사회과학 연구에서 많이 사용되는 IBM SPSS 프로그램뿐 아니라 SAS 프로그램, MATLAB, MINITAB, R 등을 통해 기본적인 통계검증이 가능하고, 구조방정식모형의 경우에는 AMOS, LISREL, M-PLUS 등을 활용하여 모형검증을 실시하며, 다층모형은 일반적으로 HLM(hierarchical linear modeling) 프로그램을 적용하여 분석한다. 각 분석기법의 구체적인 실행방법과 분석 과정, 결과산출 방법 등은 통계분석 기법을 설명한 책(예를 들면 통계 프로그램 매뉴얼)을 참고해야 한다.

이 장에서는 7장에서 살펴본 통계적 분석방법들을 연구에 적용할 때의 연구문제 진술방식과 분석결과 제시에 대한 실제 예를 살펴보고자 한다. 특히 사회과학 연구에서 많이 사용되는 변수들 간 관련성 검증을 위한 연구문제들과 모형설계의 실제 예, 그리고 집단차이 검증의 예를 살펴보기로 한다.

연구 논문을 작성할 때 통계적 분석결과를 정리하는 방법은 다음과 같다. 우선 연구문제와 이에 따른 적절한 **분석기법**을 제시하며, **분석결과**는 표와 그림 및 각각에 대한 설명을 간략하고 정확하게 제시한다. 분석결과를 정리하는 표와 그래프(도표)는 전공영역별로 제시되는 기준에 따라 제시하면 된다. 대표적으로 사회과학분야 관련 영역에서는 미국의 APA가 제시하는 지침서(APA, 2006)를 따르거나, 각 전공별 세부학회(예를 들면 한국심리학회, 한국사회학회, 한국교육심리학회 등의 각 전공분야별 대표 학회들)가 정한 논문결과 정리방식에 따라 분석결과를 제시하면 된다. 앞 장에서 거론한 각 방법의 연구문제에 대한 분석결과 제시의 예를 살펴보기로 한다.

I 📊 변수들 간의 관련성 검증

1. 연구문제와 분석기법

이 장에서 예시의 목적에서 선정한 변수들 간의 관련성을 검증한 연구 논문들의 목록이 〈표 8-1〉에 제시되어 있다. 표에는 분석방법, 연구문제, 포함하고 있는 변수들, 그리고 논문의 출처를 명시하였다.

〈표 8-1〉 관련성 검증 연구 예

분석방법	연구문제	독립변수	종속변수	연구 예 출처
상관분석 (Pearson 적률상관계수, r)	• 자기주도 학습능력 예비척도의 하위요인들 간 관련성은 어떠한가?	연속변수들: 하위요인 점수들(전체척도 및 하위척도들을 각기 하나의 변수로 사용할 수 있음)		허예빈, 김아영(2012). 학생이 지각한 교사의 자율성 지지와 자기주도 학습능력 간의 관계에서 기본심리욕구의 매개효과. 교육심리연구, 26(4), 1075-1096.
단순회귀분석	• 학업성취도에 대한 학업적 자기효능감의 설명력은 어떠한가?	학업적 자기효능감	학업성취도	김아영, 박인영(2001). 학업적 자기효능감 척도 개발 및 타당화 연구. 교육심리연구, 39(1), 95-123.
표준 중다회귀분석	• 전환적 전문성 개발(TPD)의 하위요인들은 결핍사고(deficit thinking)에 어떠한 영향력을 미치는가?	전환적 전문성 개발의 6가지 하위요인들	결핍사고	Kose, B. W., & Lim, E. Y. (2010). Transformative professional development: relationship to teachers' beliefs, expertise and teaching. *International Journal of Leadership in Education, 13*(4), 393-419.
위계적 중다회귀분석	• 지능, 내재적 동기, 목표지향성 중 학업성취도에 대해 가장 효과적인 예측변수는 무엇인가?	지능, 동기변인, 목표지향성	학업성취도	김아영, 조영미(2001). 학업성취도에 대한 지능과 동기변인들의 상대적 예측력. 교육심리연구, 15(4), 121-138.
로지스틱 회귀분석	• 공간검사 문제풀이 방략선택은 잠재계층에 따라 어떻게 달라지는가?	공간검사 문제풀이 방략유형	잠재계층	주지은(2008). 공간검사의 문제풀이 방략유형 탐색과 성별, 공간능력 수준별, 전공계열별 집단차이. 이화여자대학교 대학원 박사학위 논문.

분석방법	연구문제	독립변수	종속변수	연구 예 출처
경로분석	• 여러 개의 관찰변수들 간에 어떠한 인과관계를 나타내는가? • 부부갈등이 유기공포와 수치심을 매개로 우울과 공격성에 영향을 미치는가?	부부갈등	우울, 공격성	차정은, 이지연, 황상희(2009). 부부갈등과 청소년의 우울 및 공격성의 관계에서 수치심과 유기공포의 매개효과 검증-남녀청소년의 모형 비교-. 청소년시설환경, 7(2), 3-15.
구조방정식 모형	• 여러 개의 잠재변수들이 어떠한 구조적 관련성을 나타내는가?	모의 양육행동	학업적 자기효능감 및 학업성취도	김아영, 차정은(2010). 모의 양육행동이 아동의 양육행동 지각, 학업적 자기효능감 및 학업성취도에 미치는 효과 분석: 자기조절동기의 매개효과를 중심으로. 교육심리연구, 24(3), 563-582.
탐색적 요인분석	• 교사효능감 척도의 구인은 어떻게 나타나는가?	각 검사에서 사용된 검사 문항 점수들(연속변수)		김아영, 김미진(2004). 교사 효능감 척도 타당화. 교육심리연구, 18(1), 37-58.
확인적 요인분석	• 구인타당도의 증거는 확보되었는가? • 연구모형과 비교모형들 중 가장 양호한 분석 모형은 무엇인가?	각 검사에서 사용된 검사 문항 점수들(연속변수)		김아영, 탁하얀, 이채희(2010). 성인용 학습몰입 척도 개발 및 타당화. 교육심리연구, 24(1), 39-59.
신뢰도 분석	• 측정도구는 양호한가? • 검사의 문항 간 내적 합치도는 어떠한가?	각 검사에서 사용된 검사 또는 하위검사 문항점수들(연속변수)		이수현, 김아영(2012). 학업적 완벽주의 척도 개발 및 타당화. 교육심리연구, 26(4), 1113-1136.
다층모형	• 중·고등학교별 학급에 따라 학업성취도가 달라지는가? • 학생들의 학업성취도 분산 중 학급간 차이와 학급내 학생의 개인차이는 어떠한가?	학교별 학급, 학급 내 개인차	학업성취도	김아영, 차정은(2003). 교사효능감 및 학생의 학업적 자기효능감이 학업성취도에 미치는 영향에 대한 다층분석. 교육심리연구, 17(2), 25-43.
잠재계층모형	• 성격요인별 부적합 반응자들 내에 몇 개의 잠재계층이 존재하는가? • 성격요인별 응답반응은 몇 개의 잠재계층으로 구분할 수 있는가?	각 성격요인별 검사 문항들에 반응한 점수들		차정은(2005). 자기보고식 심리검사의 비전형적 반응과 반응자 적합도 간의 관계 및 부적합 원인 분석. 이화여자대학교 대학원 박사학위 논문.

2. 변수들 간의 관련성 검증결과

1) 상관분석

상관분석 결과는 표에 따라 변수 간 상관계수와 함께 척도의 신뢰도 계수를 포함하여 제시하거나, 중복되는 변수명을 제외하고 간단하게 표를 작성하기도 한다. 또한 각 변수의 평균과 표준편차를 포함시킨 표를 만드는 것도 효과적인 제시방법이다.

> **연구 예** 허예빈, 김아영(2012). 학생이 지각한 교사의 자율성 지지와 자기주도 학습능력 간의 관계에서 기본심리욕구의 매개효과. 교육심리연구, 26(4), p. 1084.

> 본 연구에서 구성한 예비척도에 대한 반응 자료를 사용해서 초등학교 고학년생들에게 타당한 문항들을 선정하고 적절한 하위요인을 구성하기 위해 기술통계치들과 하위요인들의 내적합치도와 상호상관을 검토하였다. 〈표 1〉에서 보는 바와 같이 자기주도 학습능력 예비척도의 하위요인들의 평균은 4.11~4.33으로 척도의 중간점이 3.50인 것에 비추어 볼 때 비교적 높은 것으로 나타나 학생들이 자신들의 자기주도 학습능력에 대해 긍정적인 평가를 하는 것으로 나타났다. 각 하위척도들의 내적합치도 α의 범위도 .66~.92로 문항수를 감안하면 대체로 양호한 것으로 나타났다.
>
> 〈표 1〉에 제시된 예비척도의 하위요인들 간의 상관분석 결과를 보면 학습동기요인과의 상관을 제외한 거의 모든 하위요인들 간의 상관계수가 .50이 넘고 그중 86%의 상관계수가 .60을 넘는 수준으로 학습동기를 제외한 모두를 단일 요인으로 취급해도 무방할 만큼 하위척도별 상관이 높게 나왔다.

〈표 1〉 자기주도 학습능력 예비척도 하위요인의 기술통계 및 하위요인 간 상관(N=398)

	주인의식	메타인지	의사소통	내재동기	자기성찰	정보탐색	과제해결	학습전략	학습동기	자아개념
주인의식 (9)	**.92**									
메타인지 (8)	.80	**.89**								
의사소통 (5)	.72	.66	**.80**							
내재동기 (4)	.66	.80	.54	**.78**						
자기성찰 (2)	.61	.72	.52	.64	**.66**					
정보탐색 (4)	.78	.82	.66	.70	.67	**.80**				
과제해결 (4)	.79	.85	.67	.77	.69	.79	**.77**			
학습전략 (6)	.67	.77	.62	.70	.59	.66	.74	**.83**		
학습동기 (6)	.47	.39	.38	.36	.30	.35	.40	.46	**.78**	
자아개념 (5)	.83	.73	.73	.63	.53	.69	.73	.71	.51	**.80**
M	4.19	4.11	4.24	4.20	4.29	4.30	4.24	4.16	4.33	4.18
SD	1.30	1.33	1.29	1.40	1.32	1.25	1.28	1.30	1.44	1.29

주: 괄호 속의 숫자는 문항 수, 대각선은 Cronbach의 α를 나타냄. 모든 상관계수는 $p < .01$에서 유의함.

2) 단순회귀분석

단순회귀분석 결과에 대해서는 일반적으로 간단한 표를 제시하기도 하지만, 때에 따라 결과표를 제시하지 않고 수치만 설명함으로써 간략하게 분석결과를 제시하기도 한다.

연구 예 김아영, 박인영(2001). 학업적 자기효능감 척도 개발 및 타당화 연구. 교육심리연구, 39(1), p. 115.

> 마지막으로, 학업성취도에 대한 학업적 자기효능감 및 일반적 자기효능감의 단순회귀분석을 각각 실시한 결과, 학업성취도에 대한 학업적 자기효능감의 설명량(R^2)은 12%($F_{(1,290)} = 38.61$, $p < .001$)로, 일반적 자기효능감의 설명량인 3%($F_{(1,290)} = 7.43$, $p < .01$)와 비교하여 볼 때 큰 차이가 있음을 확인할 수 있었다. 경험적으로 볼 때, 동기적 변수 중 학업성취도를 10% 이상 설명해 주는 변수는 그리 흔치 않다. Pajares(1996)는 그동안 이루어진 자기효능감에 대한 연구들을 종합한 연구 논문에서 과제-특수적인 자기효능감은 지각된 능력만큼이나 학업성취도를 잘 예측한다고 하며, 학업성취도에 대한 과제-특수적 자기효능감의 영향력을 나타내는 β값은 .349-.545 정도라고 보고하고 있다. 따라서 그보다 일반적인 개인차 변수라고 볼 수 있는 학업적 자기효능감이 학업성취도의 12%를 설명한다는 것($\beta = .34$)은 매우 의미 있는 결과로, 학업적 자기효능감 척도에 대한 준거-관련 타당성의 증거라고 할 수 있을 것이다.

3) 중다회귀분석

다양한 예측변수로 종속변수에 미치는 영향력을 알아보고자 하는 중다회귀분석의 경우 분석기법에 따라 각기 다른 방식의 결과 제시가 가능하다.

(1) 표준 중다회귀분석

모든 독립변수의 종속변수에 대한 상대적인 예측력을 확인하기 위해 단계적 기법을 적용하여 표준 중다회귀분석을 실시한 결과를 정리하면 다음과 같다.

연구 예 Kose, B. W., & Lim, E. Y. (2010). Transformative professional development: relationship to teachers' beliefs, expertise and teaching. *International Journal of Leadership in Education, 13*(4), p. 406.

첫 번째 연구 문제는 전환적 전문성 개발(transformative professional development: TPD)과 결핍사고(deficit thinking)의 관계를 확인하는 것이다. 〈표 4〉에서 나타내는 바와 같이, TPD 하위요인들은 결핍사고에 대해 8%의 설명량($R^2=0.08$)을 나타낸다. 6개의 하위요인들 중 TSJ_PD와 GLBT_PD는 결핍사고를 통계적으로 유의하게 감소시키는 변인들로 나타났다. TSJ_PD가 1 표준편차(6.41) 증가하면 결핍사고는 0.48 감소하고(SD × -0.075), GLBT_PD가 1 표준편차(2.22) 증가하면 결핍사고는 0.62 감소한다(SD × -0.281). 이와 반대로 GC_SPSC는 결핍사고를 통계적으로 유의하게 증가시키는 변수로 나타났는데, 1 표준편차(5.84) 증가할 때 결핍사고는 0.60(SD × 0.102) 증가하는 것으로 나타났다.

〈표 4〉 결핍사고(DFT)에 대한 표준 중다회귀분석 결과

종속변수	변수(Parameter)	비표준화 회귀계수	표준오차	t값	$Pr > \lvert t \rvert$
	Intercept	15.146	0.571	26.50	$<.0001$**
	WK_SPCS	0.013	0.024	0.54	0.587
	GC_SPCS	0.102	0.042	2.44	0.016*
결핍사고 (DFT_DV)	Q_SPCS	-0.039	0.073	-0.53	0.596
	TSJ_PD	-0.075	0.035	-2.18	0.031*
	ELL_PD	-0.033	0.041	-0.80	0.423
	GLBT_PD	-0.281	0.089	-3.16	0.002**

$\hat{\sigma^2}=7.32$, $df=199$, $R^2=0.08$

*$p<0.05$; **$p<0.01$.

위의 예에서는 표준화 회귀계수를 본문에서 설명하였으나 일반적으로는 표준화 회귀계수를 표 속에 함께 제시한다. 또한 약자로 쓰인 변수명은 각주에서 제시하는 것이 좋다.

(2) 위계적 중다회귀분석

하나의 독립변수를 기준으로 추가적인 독립변수들의 종속변수에 대한 부가적인 설명력을 탐색하기 위해 위계적 기법을 적용하여 중다회귀분석을 한 결과를 정리하면 다음 표와 같다.

일반적인 중다회귀분석 결과표는 비표준화 회귀계수, 표준화 회귀계수, 표준오차, t값, 유의도 수준을 제시하며, 위계적 회귀분석 결과에서 나타난 F값을 먼저 제시하고 연구목적에 부합되는 R^2 관련 값들을 제시하는 것이 일반적이다.

연구 예 김아영, 조영미(2001). 학업성취도에 대한 지능과 동기변인들의 상대적 예측력. 교육심리연구, 15(4), p. 130.

3. 학업성취에 대한 동기변인들의 부가적 설명력

학업성취도를 예측하는 데 있어서 동기변인의 부가적인 설명력을 알아보기 위하여 회귀식에 IQ가 먼저 들어간 후 동기변인들이 추가될 때 증가하는 설명분산에 대하여 유의도 검증을 실시하였다. 남·녀 학생별 위계적 회귀분석 결과는 〈표 3〉과 같다.

〈표 3〉에서 보는 바와 같이 학업성취도에 대한 IQ의 설명분산은 남학생의 경우 39.4%, 여학생의 경우 38.9%인 것으로 나타났다. 여기에 내재적 동기, 학업적 자기효능감, 학습목표지향성, 수행목표지향성의 4가지 동기 요인을 각각 추가하였을 때 증가하는 설명분산을 살펴보면 남학생의 경우 각각 6.2%, 4.6%, 4.8%, 4.9%로 모두 유의미하게 증가하는 것으로 나타났으며 내재적 동기요인이 학업성취도에 대하여 가장 큰 부가적인 설명력(6.2%)을 갖는 것으로 보였으며 남학생과는 달리 학습목표지향이 학업성취도에 대하여 가장 큰 부가적인 설명력(4.0%)을 갖는 것으로 나타났다.

〈표 3〉 학업성취도에 대한 동기변인들의 부가적 설명분산의 유의도 검증

종속변인	성별	예측변인	R^2	R^2 변화량	F 변화량
학업성취도	남자	IQ	.394		216.09**
	여자	IQ	.389		328.24**
	전체	IQ	.382		524.77**
	남자	IQ, 내재적 동기	.456	.062	37.36**
	여자	IQ, 내재적 동기	.426	.037	33.14**
	전체	IQ, 내재적 동기	.427	.045	67.33**
	남자	IQ, 학업적 자기효능감	.440	.046	26.90**
	여자	IQ, 학업적 자기효능감	.417	.027	24.07**
	전체	IQ, 학업적 자기효능감	.417	.035	51.08**
	남자	IQ, 학습목표 지향성	.442	.048	28.61**
	여자	IQ, 학습목표 지향성	.429	.040	35.78**
	전체	IQ, 학습목표 지향성	.420	.038	55.50**
	남자	IQ, 수행목표 지향성	.444	.049	29.43**
	여자	IQ, 수행목표 지향성	.406	.017	14.44**
	전체	IQ, 수행목표 지향성	.406	.024	34.79**

주: 전체: 851명, 남자: 334명, 여자: 517명
**$p < .001$

(3) 로지스틱 회귀분석

중다회귀분석에서 종속변수가 질적 변수인 경우 로지스틱 회귀분석을 통해 독립변수들이 종속변수에 미치는 영향력과 효과 또는 예측의 정도를 파악한다. 분석결과에서

는 예측의 정확도를 설명하고, 승산비(odds ratio)로 결과를 해석하게 되므로 종속변수에 대한 개별 독립변수들의 영향력의 통계적 유의성은 계수로 검증하고, 승산(odds)값의 배수만큼 증가 또는 감소할 것이라고 해석하게 된다.

연구 예 주지은(2008). 공간검사의 문제풀이 방략유형 탐색과 성별, 공간능력 수준별, 전공계열별 집단차이. 이화여자대학교 대학원 박사학위 논문, p. 70.

공간검사의 각 과제유형별 잠재계층 집단 구분에 미치는 방략종류의 효과에 대한 검증과 잠재계층 집단별 차이에 다른 방략사용의 효과를 확인한 결과는 다음과 같다.

〈표 28〉에 도형완성에 해당하는 잠재계층집단에 대한 방략사용별 영향력을 고려하는 이항 로지스틱 회귀모형의 분석결과가 제시되어 있다. 각 변수의 로지스틱 회귀계수가 통계적으로 유의미한지 Wald 검증을 실시한 결과, 유의수준 .05수준에서 총체적 방략, 분석적 방략, 통합적 방략, 한눈에 보고 답을 찾는 방법이 잠재계층을 구분하는 데 유의하게 나타났다. 따라서 잠재계층이 달라지면, 총체적 방략, 분석적 방략, 통합적 방략 및 한눈에 알아보고 답을 맞추는 방략 사용의 수준이 각각 .734, .569, .706, .557배로 감소함을 알 수 있다. 특히 도형완성 과제에서는 분석적 방략의 로지스틱 회귀계수의 절대값이 가장 크게 나타나, 부적으로 가장 유의미한 변수임을 확인할 수 있고, 잠재계층이 1집단에서 2집단으로 변화하면, 분석적 방략 사용의 차이가 크게 변화하며, 2집단에서는 분석적 방략을 덜 사용한다는 의미이다.

〈표 28〉 도형완성 과제의 잠재계층에 대한 로지스틱 회귀분석 결과

독립변수	B	$S.E.$	$Wald$	df	$Sig.$	$Exp(B)$
Constant	-.349	.395	.782	1	.377	.705
총체적 방략	-.310	.124	6.198	1	.013	.734
분석적 방략	-.563	.109	26.792	1	.000	.569
통합적 방략	-.348	.117	8.861	1	.003	.706
한눈에 봄	-.585	.135	18.689	1	.000	.557
기타 방략	-.195	.290	.453	1	.501	.823

로지스틱 회귀분석결과 나타난 잠재계층 집단별 방략 사용의 패턴을 구분해 그림을 통해 살펴보면 다음과 같다. 도형완성 과제에 대한 응답을 잠재계층으로 분류한 뒤 해당 잠재계층별 문제풀이 방략사용의 경향을 비교한 결과는 [그림 13]에 제시되어 있다. 잠재계층 1집단에서는 분석적 방략의 사용이 더욱 두드러지고, 한눈에 보고 답을 찾는 방법 사용이 잠재계층 2에 비해 높게 나타났다. 반면 잠재계층 2집단에서는 분석적 방략의 사용이 가장 높게 나타나기는 하였으나, 정도가 계층 1에 비해 감소하였고, 상대적으로 통합적 방략의 사용은 약간 계층 1에 비해 높았음을 확인할 수 있었다. 각 계층별로 전체적인 방략사용에는 조금 차이가 있음을 알 수 있었는데, 계층 1에서는 분석적 방략의 사용이 두드러지고, 계층 2에서는 분석적 방략의 사용이 우세하지만, 통합적 방략의 사용도 계층 1에 비해 상대적으로 높게 나타났음을 확인할 수 있다.

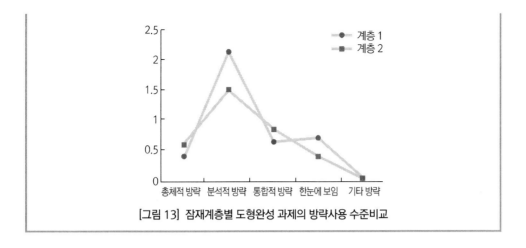

[그림 13] 잠재계층별 도형완성 과제의 방략사용 수준비교

4) 경로분석

여러 개의 변수 간 영향력의 크기 및 관련성의 정도와 방향을 살펴보기 위한 연구에서 경로분석은 다양한 모형으로 적용된다. 다음의 예와 같이 연구모형을 그림으로 정리하고 분석결과를 제시하는 것이 일반적이다.

[연구 예] 차정은, 이지연, 황상희(2009). 부부갈등과 청소년의 우울 및 공격성의 관계에서 수치심과 유기공포의 매개효과 검증-남녀청소년의 모형 비교-. 청소년시설환경, 7(2), pp. 8-9.

부부갈등 수준이 청소년의 우울과 공격성에 영향을 미치는 과정에서 수치심과 유기공포의 매개효과를 검증하기 위해 경로분석을 실시하였다. 연구모형은 부부갈등 수준이 수치심과 유기공포를 통해서도 청소년의 우울과 공격성에 영향을 주지만 직접적인 영향력도 상정하는 부분매개모형이다. 경쟁모형은 부부갈등 수준이 수치심과 유기공포를 통해서만 청소년의 우울과 공격성에 간접적인 영향력을 미치는 간접매개모형이다. 설정된 두 모형 간 적합도 비교를 통해 자료에 더 적합한 모형을 선택하고자 하였다. [그림 1]은 연구모형을, [그림 2]는 경쟁모형을 도식화한 것이다. 두 모형 중에서 더 적합하게 나온 모형을 선정하여 남녀 집단에 따라서 동일한 회귀계수가 산출되는지 확인하고자 한다.

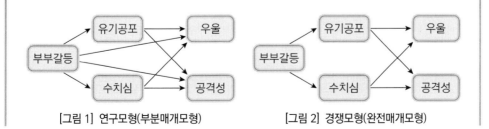

[그림 1] 연구모형(부분매개모형)   [그림 2] 경쟁모형(완전매개모형)

연구모형과 경쟁모형의 적합도를 비교한 결과는 〈표 4〉와 같다. 〈표 4〉와 같이, 부부갈등의 직접효과를 설정하지 않은 경쟁모형과 부부갈등의 직접효과를 설정한 연구모형의 χ^2 차이값이 25.650이며 자유도의 차이는 2로 유의수준이 .05일 때 통계적으로 유의미하기 위한 차이값인 5.99를 넘는다. 따라서 χ^2 차이 검정결과 두 모형 중에서 연구모형이 자료에 더 적합한 것으로 나타났다. 또한 상대적 적합도 지수인 CFI, TLI, NFI나 절대적 적합도 지수인 $RMSEA$ 모두 연구모형이 경쟁모형보다 기준치(CFI, TLI, $NFI > .90$, $RMSEA < .60$)에 조금 더 가까워 전체적으로 연구모형을 선택하는 것이 타당하다고 할 수 있다. 두 모형에서 모두 $RMSEA$가 기준값에 도달하지 못했지만 모형 오류가 작은 경우에도 자유도가 작으면 $RMSEA$의 값이 클 수 있기 때문에 CFI와 NFI를 적합도의 판단기준으로 적용하였다(홍세희, 2000).

〈표 4〉 연구모형과 경쟁모형에 대한 적합도 지수

	χ^2	df	$\triangle\chi^2$	$\triangle df$	TLI	CFI	NFI	$RMSEA$ (90% 신뢰구간)
연구모형	15.242	2	25.650	2	.661	.932	.926	.127(.073~.190)
경쟁모형	40.892	4			.528	.811	.801	.150(.110~.192)

부부갈등 수준과 수치심, 유기공포, 우울, 공격성 간 구조모형의 모수추정치는 〈표 5〉와 같으며, [그림 3]은 결과를 도식화한 것이다.

〈표 5〉 구조모형의 모수추정치

	추정치	표준 오차	t	표준화된 추정치
부부갈등 → 유기공포	.098	.002	4.503***	.217
부부갈등 → 수치심	.290	.054	5.420***	.258
부부갈등 → 우울	.243	.067	3.612***	.166
부부갈등 → 공격성	.225	.063	3.592***	.180
유기공포 → 우울	.699	.143	4.871***	.216
유기공포 → 공격성	.229	.134	1.711	.083
수치심 → 우울	.413	.058	7.061***	.317
수치심 → 공격성	.157	.055	2.875**	.141

**$p < .01$, ***$p < .001$

[그림 3] 모형의 모수추정치

주: 오차항 생략, 실선 화살표는 한 변인이 다른 변인에게 영향을 준다는 것을 나타내며, 실선 위에 표시된 숫자는 영향력의 크기(모수추정치)를 나타냄, 점선 화살표는 한 변인이 다른 변인에 영향을 주지 않는다는 것을 나타내고, 점선 위에 표시된 숫자는 영향력의 크기(모수추정치)를 나타냄.

[그림 3]을 보면 부부갈등 수준은 우울과 공격성에 정적으로 영향을 준다. 부부갈등 수준이 수치심 및 유기공포에 미치는 영향도 정적으로 유의미하였다. 또한 부부갈등 수준과 수치감, 유기공포, 우울, 공격성 간의 관계는 부부갈등 수준이 높을수록 수치심과 유기공포를 많이 느끼며 또한

우울해지고 공격적이 될 가능성이 있다고 말할 수 있다. 우울과 공격성을 예측하는 변인들의 경로 모형 총효과를 분해한 결과는 〈표 6〉과 같다. 우울에 대한 부부갈등의 직접효과는 .166, 간접효과는 .129로 나타나, 부부갈등이 우울에 미치는 총 효과계수는 .295라 할 수 있다. 또한 공격성에 대한 부부갈등의 직접효과는 .180, 간접효과는 .054로 나타나 부부갈등이 공격성에 미치는 총 효과계수는 .234라 할 수 있다.

〈표 6〉 우울과 공격성을 예측하는 변인들의 경로모형 총효과 분해

	우울			공격성		
	직접효과	간접효과	총 효과	직접효과	간접효과	총 효과
부부갈등	.166***	.129*	.295***	.180***	.054	.234***
수치심	.317***	–	.317***	.141*	–	.141*
유기공포	.216***	–	.216***	.083	–	.083

$**p < .01, ***p < .001$

5) 구조방정식모형

구조방정식모형(structural equation modeling: SEM)은 다양한 연구모형을 비교하는 방식, 또는 특정 연구모형의 적합성을 확인하는 방식 등 다양한 형태의 연구가 진행되므로 결과를 정리하는 방식도 연구에 따라 다양하다. 그러나 공통적으로 모형의 적합도와 간명성을 고려한 유의도 검증결과를 함께 제시하는 것이 일반적이다.

연구 예 │ 김아영, 차정은(2010). 모의 양육행동이 아동의 양육행동 지각, 학업적 자기효능감 및 학업성취도에 미치는 효과 분석: 자기조절동기의 매개효과를 중심으로. 교육심리연구, 24(3), pp. 573-575.

본 연구에서는 초등학교 4, 5, 6학년 학생을 대상으로 모의 양육행동(조건부 관심철회, 조건부 관심강화, 자율성지지), 아동이 지각한 양육행동, 자기조절동기, 학업적 자기효능감, 학업성취도가 어떠한 구조적 관계가 있는지에 대해 이론에 근거한 연구모형을 설정하고 경험적 자료에 대한 공분산 구조분석을 적용하여 검증하였다. 본 연구에서 제시한 모형에 대한 분석결과는 〈표 4〉와 같다. 설정된 연구모형은 χ^2가 1313.331($df = 669$, $p < .001$)이고, 적합도 지수 CFI는 .908, TLI는 .893, $RMSEA$는 .046의 값을 보였다. 연구모형의 적합도는 χ^2의 값으로 보면 설정된 모형과 자료가 잘 맞지 않는다는 결과를 보였지만 이는 사례수에 민감한 수치이기 때문에, 다른 적합도지수(CFI, TLI, $RMSEA$)를 참고하여 모형에 대한 적합도를 판단하고자 한다. 앞서 설정한 기준에 따르면 CFI와 $RMSEA$는 설정된 기준보다 양호한 합치도를 보이는 것으로 나타났지만 TLI는 기준에 약간 미달되는 결과를 보였다. 하지만 전반적인 적합도는 그렇게 나쁘지 않은 것으로 판단된다.

모의 조건부 관심철회는 아동이 지각한 조건부 관심철회에, 모의 조건부 관심강화는 아동이 지각한 조건부 관심강화에, 모의 자율성지지는 아동이 지각한 자율성지지에 유의한 정적인 영향($\beta = .279$, $\beta = .252$, $\beta = .249$)을 미치는 것으로 나타났다. 이는 모의 양육행동이 아동의 이에 대한 지각에 정적인 영향을 미치고 있음을 보여 주는 것이다. 아동이 지각한 조건부 관심철회는 무동기에, 아동이 지각한 조건부 관심강화는 통제적 동기에, 아동이 지각한 자율성 지지는 자율적 동기에 유의한 정적인 영향($\beta = .407$, $\beta = .301$, $\beta = .498$)을 미치는 것으로 나타났다. 이는 모의 양육행동에 대한 지각이 이론에서 제시한 바대로 아동의 자기조절동기에 영향을 미치고 있음을 보여 주고 있다. 아동의 무동기는 아동의 학업적 자기효능감에 유의한 영향을 미치지 못하는 것으로 나타났다. 아동의 통제적 동기는 아동의 학업적 자기효능감에 유의한 부적 영향($\beta = -.315$)을, 자율적 동기는 학업적 자기효능감에 유의한 정적인 영향($\beta = .982$)을 미치는 것으로 나타났다. 이는 아동의 자기조절동기 유형에 따라 학업적 자기효능감에 미치는 영향이 다르다는 것을 보여 주고 있다. 아동의 학업적 자기효능감은 학업성취도에 유의한 정적인 영향($\beta = .335$)을 미치는 것으로 나타났다.

모의 조건부 관심철회와 조건부 관심강화 간에는 유의한 정적 관련성($\beta = .342$)을, 모의조건부 관심철회와 모의 자율성지지 간에는 유의한 부적 관련성($\beta = -.371$)을 보이는 것으로 나타났다. 모의 조건부 관심강화와 모의 자율성지지 간에는 약한 정적 관련성($\beta = .162$)이 있는 것으로 나타났다. 조건부 관심강화와 조건부 관심철회 간의 정적 상관을 보인 것은 조건부 관심이라는 통제적 양육 행동은 조건화 이론에서 유래한 개념들임을 확인해 주는 결과이며, 조건부 관심강화와 조건부 관심철회가 자율성 지지와 다른 상관 양상을 보인 것은 두 개념이 서로 다른 기능을 할 것이라는 Roth 등(2009)의 주장을 지지하는 결과로 해석할 수 있다.

〈표 4〉 연구모형의 적합도 지수

	χ^2	df	CFI	TLI	$RMSEA$(90%CI)
연구모형	1313.331	669	.908	.893	.046(.042−.050)

〈표 5〉 연구모형의 경로계수와 유의도 검증 결과

경로			경로계수	표준화계수	표준오차	t
M_PCNR	→	PCNR	0.227	0.279	0.037	6.137***
M_PCPR	→	PCPR	0.189	0.252	0.042	4.526***
M_AS	→	AS	0.317	0.249	0.072	4.374***
PCNR	→	AM	0.275	0.407	0.034	8.001***
PCPR	→	CR	0.226	0.301	0.042	5.399***
AS	→	AR	0.312	0.498	0.036	8.726***
AM	→	ASE	0.208	0.232	0.126	1.651
CR	→	ASE	−0.325	−0.315	0.087	−3.746***
AR	→	ASE	1.211	0.982	0.412	8.525***
ASE	→	ACH	0.875	0.335	0.137	6.399***
M_PCNR	↔	M_PCPR	0.294	0.342	0.051	5.812***
M_PCNR	↔	M_AS	−0.189	−0.371	0.034	−5.501***
M_PCPR	↔	M_AS	0.070	0.162	0.027	2.626**

주: M_PCNR: 모의 조건부 관심철회, M_PCPR: 모의 조건부 관심강화, M_AS: 모의 자율성지지, PCNR: 지각된 조건부 관심철회, PCPR: 지각된 조건부 관심강화, AS: 지각된 자율성지지, AM: 무동기, AR: 자율적 동기, CR: 타율적 동기, ASE: 학업적 자기효능감, ACH: 학업성취도

**$p < .01$, ***$p < .001$

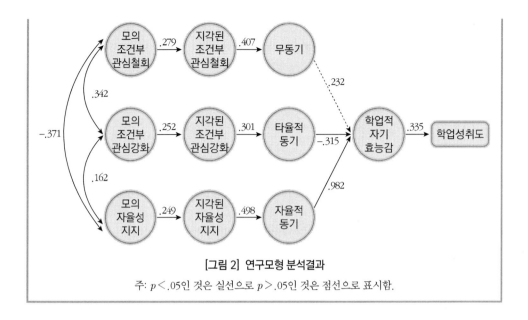

[그림 2] 연구모형 분석결과

주: $p < .05$인 것은 실선으로 $p > .05$인 것은 점선으로 표시함.

6) 요인분석

(1) 탐색적 요인분석

탐색적 요인분석은 관찰된 변수들을 해당 변수들의 상관을 이용해 잠재적인 변수들로 요약하는 통계적 기법으로, 연구목적에 따라 분석기법이 달라질 수 있으므로 사용한 통계 패키지를 포함해서 구체적인 방법을 제시해야 한다. 결과표를 제시할 때는 각 요인의 고유치(eigenvalue), 설명분산의 양을 보고해야 한다. 또한 연구의 목적에 따라 전체적인 요인구조를 파악할 수 있도록 요인분석 결과표에는 요인부하량, 공통분, 회전방식, 계수의 종류(형태계수, 구조계수) 등을 제시해야 한다.

연구 예 ┃ 김아영, 김미진(2004). 교사 효능감 척도 타당화. 교육심리연구, 18(1), pp. 48-49.

교사효능감 척도의 타당화를 위하여 다음과 같은 과정으로 분석이 진행되었다. 첫째, 교사효능감 척도의 예비검사 결과 분석을 위해 우선, 탐색적 요인분석을 통해 척도의 요인수를 확인하였으며, 요인수가 결정된 후에는 반복주축분해와 사각회전방식을 적용하여 공통요인분석을 실시하였다. 예비시행 및 본시행 결과의 요인분석을 위해 SAS 8.0 version이 사용되었고, 척도의 타당성 검증을 위한 확인적 요인분석에는 LISREL 8.30이 사용되었으며, 그 외 다른 분석에는 SPSS 11.0이 사용되었다(pp. 44-46).

요인분석은 단일주축분해법을 사용하였으며, 이때 공통분(communality)의 초기값은 SMC(Squared Multiple Correlation, 다중상관 제곱치)로 지정하였다. 축소상관행렬의 단일주축분해

결과 산출된 고유치 및 누적 분산비율, scree plot과, 이론에 근거한 해석 가능성을 고려해 볼 때 가장 적절하다고 생각되는 요인의 수는 3개였다. 요인의 수가 3개로 결정된 다음에는 기초요인구조의 회전방법을 결정하기 위해 요인간 상관을 살펴보았으며, 요인간 상관이 존재하는 것으로 판단되어 사각회전을 선택하였다. 기초요인구조의 사각회전 시 사용된 방법은 Harris-Kaiser의 orthoblique 방식이었으며 0~0.5 사이의 HKP(Harris-Kaiser parameter)를 다양하게 사용하여 보았다. 그 결과 HKP 0.3을 적용하였을 때의 최종요인구조가 가장 간명하였다(pp. 46-47).

최종 교사효능감 척도에 대하여 예비검사의 분석과정에서 결정된 대로 3요인으로 지정하여 공통요인분석을 실시하였다. 결과적으로 최종요인 구조는 예비척도와 본검사 척도 결과와 마찬가지로 요인 1이 자기조절효능감 문항, 요인 2가 과제난이도 선호 문항, 요인 3이 자신감 문항들로 구성되어 있었다. 이때, 요인부하량이 .30 미만인 문항은 하나도 없었으며, 다른 요인에 대한 부하량이 상대적으로 높은 문항도 없었다. 이와 같은 최종 교사효능감 척도의 각 하위요인간 상관은 자기조절요인은 과제난이도 선호와는 $r=.391$, 자신감과는 $r=.140$으로 과제난이도 선호와 자신감은 $r=.193$으로 나타났다. 요인분석결과 산출된 구조계수행렬은 〈표 4〉와 같다(pp. 48-49).

〈표 4〉 최종 교사효능감 척도의 구조계수행렬

	요인 1(자기조절)	요인 2(과제난이도)	요인 3(자신감)	공통분(h^2)
SRG1	0.688	−0.028	0.097	0.482
SRC1	0.680	−0.128	0.026	0.425
SRC2	0.646	0.021	−0.054	0.424
SRC6	0.632	−0.013	−0.061	0.391
SRC8	0.595	0.082	−0.016	0.391
SRI2	0.559	0.171	0.093	0.427
SRG2	0.554	0.070	0.043	0.344
SRG3	0.550	0.091	−0.047	0.339
SRC3	0.539	0.045	0.038	0.314
SRG4	0.468	0.193	−0.044	0.310
SRI1	0.405	0.130	0.053	0.224
TDC2	0.006	0.666	0.015	0.450
TDS1	−0.075	0.662	0.127	0.455
TDS2	0.097	0.620	0.018	0.438
TDA1	0.029	0.557	−0.136	0.313
TDG1	0.257	0.517	0.025	0.427
TDG2	−0.102	0.489	0.321	0.368
TDC1	0.111	0.398	−0.225	0.214
SCI2	−0.074	0.198	0.639	0.479
SCC4	0.149	−0.031	0.634	0.432
SCI1	−0.060	0.077	0.612	0.391
SCC3	0.183	−0.037	0.507	0.298
SCC1	−0.102	−0.101	0.486	0.238
SCG1	0.054	0.002	0.463	0.222
SCC2	0.022	−0.079	0.422	0.173
고유분산	3.470	2.122	2.225	
합성분산	4.469	3.260	2.489	
고유치	5.115	2.296	1.557	8.969
설명분산	57.03%	25.60%	17.37%	(100%)

(2) 확인적 요인분석

확인적 요인분석은 구인타당도 증거를 수집하기 위한 절차의 하나로 하위요인 간 공분산 구조에 기초하여 구조방정식모형을 통해 분석하는 것이 일반적인 절차다. 연구에 따라 정해진 구조모형을 분석모형으로 정하고, 때에 따라 경쟁모형을 상정하고 적합도를 비교하기도 한다. 적합도 지수를 통해 모형을 비교하고, 분석결과와 함께 모형을 그림으로 제시하는 것이 결과 보고의 일반적 형태라고 할 수 있다.

연구 예 김아영, 탁하얀, 이채희(2010). 성인용 학습몰입 척도 개발 및 타당화. 교육심리연구, 24(1), pp. 49-51.

확인적 요인분석 결과는 다음의 〈표 4〉와 같다. 분석결과를 보면, 9요인 모형의 χ^2값은 955.45 (df=335)이고, 3요인 모형의 χ^2값은 1785.58(df=371)이고, 9요인 위계모형의 χ^2값은 1495.01 (df=365)로서 모두 기각됨을 알 수 있다. 이것은 큰 표본에 민감한 χ^2값의 특성에 따른 것으로 판단된다. 따라서 사례수에 덜 민감한 모형 적합도 지수를 살펴보았는데 9요인 모형의 CFI와 TLI 지수는 각각 .921과 .904이고, 3요인 모형의 경우 .820과 .803, 9요인 위계모형의 경우 .856 과 .840으로 나타났다. Hu와 Bentler(1999)에 의하면 CFI와 TLI 지수가 .95 이상일 때 좋은 적합도를 보이는 것이라고 제안하였는데 본 연구의 세 모형은 모두 이 기준을 만족하진 못하지만 연구모형인 9요인 모형이 .90 이상으로서 Kline(1998)이 제안한 .90의 기준에서는 양호한 모형이라 할 수 있다. 또한 모형의 설명력과 간명성을 모두 반영하는 $RMSEA$는 9요인 모형의 경우만 .062 로서 .08 이하의 기준을 만족하여 좋은 적합도를 보였다(Browne & Cudeck, 1993). 따라서 세 모형간 유의도 검증 및 적합도 검증결과를 보면, 9요인 모형이 가장 양호하고 수용할 만한 결과임을 알 수 있다.

〈표 4〉 학습몰입 척도의 연구모형과 경쟁모형의 합치도 지수

모형	χ^2	df	CFI	TLI	$RMSEA$(90% 신뢰구간)
9요인 모형(연구모형)	955.45	335	.921	.904	.062(.058~.067)
3요인 모형	1785.58	371	.820	.803	.090(.085~.094)
9요인 위계모형	1495.01	365	.856	.840	.081(.076~.085)

〈표 5〉에는 9요인 모형의 측정모형 계수를 제시했는데 모든 모수추정치가 유의미하고 .30~.86 사이의 부하량을 가진 것으로 나타났다. 지금까지의 학습몰입 척도의 확인적 요인분석 결과를 살펴본 바에 따르면, 학습상황에서의 몰입구조가 Csikszentmihalyi(1990)가 제안한 일반적 몰입과 그 요인구조가 동일하다고 할 수 있겠다.

〈표 5〉 학습몰입 척도 9요인 모형의 모수추정치

경로		추정치			
문항	요인	비표준화 계수	표준화 계수	표준 오차	C.R
도전-1	← 도전-기술균형	1.00	0.78		
도전-2	← 도전-기술균형	0.90	0.79	0.06	16.14
도전-3	← 도전-기술균형	0.91	0.76	0.06	15.63
목표_1	← 명확한 목표	1.00	0.30		
목표_2	← 명확한 목표	1.58	0.54	0.22	7.10
목표_3	← 명확한 목표	1.68	0.71	0.28	5.97
피드백_1	← 구체적 피드백	1.00	0.71		
피드백_2	← 구체적 피드백	0.88	0.61	0.07	12.09
피드백_3	← 구체적 피드백	0.93	0.67	0.07	13.23
지각_1	← 행동-지각일치	1.00	0.59		
지각_2	← 행동-지각일치	1.16	0.72	0.09	12.48
지각_3	← 행동-지각일치	0.98	0.64	0.07	13.45
과제_1	← 과제집중	1.00	0.76		
과제_2	← 과제집중	0.95	0.72	0.06	16.82
과제_3	← 과제집중	0.99	0.75	0.04	22.37
통제_1	← 통제감	1.00	0.76		
통제_2	← 통제감	0.82	0.70	0.05	15.47
통제_3	← 통제감	0.90	0.67	0.06	14.91
자의식_1	← 자의식 상실	1.00	0.76		
자의식_2	← 자의식 상실	0.94	0.67	0.06	15.22
자의식_3	← 자의식 상실	0.94	0.70	0.06	16.00
시간_1	← 변형된 시간감각	1.00	0.51		
시간_2	← 변형된 시간감각	1.87	0.86	0.17	10.90
시간_3	← 변형된 시간감각	1.66	0.75	0.16	10.43
경험_1	← 자기목적적 경험	1.00	0.66		
경험_2	← 자기목적적 경험	1.12	0.81	0.07	15.16
경험_3	← 자기목적적 경험	1.13	0.85	0.07	15.80
경험_4	← 자기목적적 경험	1.12	0.86	0.07	15.89
경험_5	← 자기목적적 경험	1.17	0.83	0.08	15.54

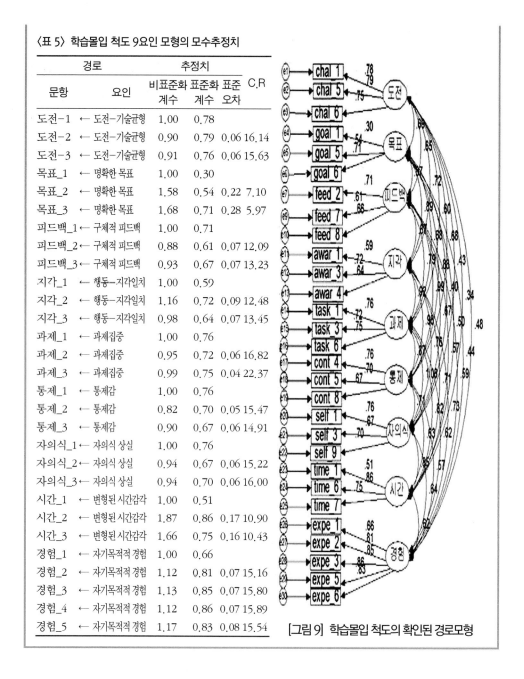

[그림 9] 학습몰입 척도의 확인된 경로모형

7) 신뢰도 분석

척도 양호도의 한 측면인 신뢰도에 대한 분석결과는 척도 개발이나 타당화 연구에서는 물론 모든 양적 연구에서 필수적으로 보고해야 하는 것이다. 특히 심리적 변수를 측정하기 위해 복수의 문항들로 구성한 척도를 사용한 연구보고서에서는 연구도구 혹은 측정도구 부분에서 신뢰도 분석결과를 자세히 보고해야 한다. 연구에서 사용된 하위척도가 많거나 표본집단이 여러 개인 경우에는 표로 제시하기도 하지만, 대부분은 분석결과표를 따로 제시하지 않고 본문에서 결과에 대한 기술만 제시한다. 때로는 앞의 상관계수 부분에서 보여 주었듯이 상관계수표에 내적합치도나 신뢰도 계수를 함께 제시하는 경우도 있다. 척도개발 연구에서는 신뢰도 분석결과와 함께 개별 문항의 양호도에 관한 문항-총점 간 상관계수를 보고하는 경우도 있다.

연구 예 이수현, 김아영 (2012). 학업적 완벽주의 척도 개발 및 타당화. 교육심리연구, 26(4), pp. 1124, 1126.

최종적으로 척도에 포함된 31개의 문항이 요인에 잘 부합하는지 확인하기 위하여 기술통계치, 내적합치도, 그리고 문항의 내용과 이론적 중요성 등을 고려하여 문항의 심리측정학적 타당성을 판단하였다(〈표 4〉 참조). 분석 결과, 내적합치도는 .69~.74로 모든 요인에서 안정적인 수준을 보이는 것으로 나타났으며, 문항-총점 상관의 범위는 .27~.81에 걸쳐 있고 전체문항의 84%가 .30~.70의 범위 속에 있어서 모든 문항이 각 요인에 안정적으로 속해 있다고 볼 수 있다.

〈표 4〉 요인에 따른 기술통계치 및 내적합치도

요인(문항수)		평균 (표준편차)	내적합치도(α)			
			일반고 ($n=235$)	과학고 ($n=208$)	예술고 ($n=124$)	전체 ($n=567$)
동기	① 자기-접근(5)	3.78(0.93)	.73	.75	.71	.74
	② 자기-회피(5)	3.98(0.90)	.83	.83	.78	.82
	③ 타인-접근(5)	2.96(1.05)	.87	.89	.89	.88
수행	④ 자기조절(5)	3.20(0.90)	.74	.82	.82	.79
	⑤ 행동지연(5)	3.21(0.84)	.70	.77	.73	.74
평가	⑥ 가혹평가(6)	3.01(0.82)	.66	.76	.58	.69

8) 다층모형

다층모형은 개인변인과 집단변인을 구분하여 변인들의 효과와 상호작용 등을 확인하기 위한 목적으로 많이 사용되며, 반복측정자료나 종단자료의 분석에 활용된다. 따라서 연구문제와 분석결과는 각 변인의 등급(class 또는 level)에 따라 구분된 형식으로 제시하게 된다. 다층모형 분석결과를 제시할 때는 모형을 표현하는 수식도 함께 제시하고 설명해야 한다.

연구 예 김아영, 차정은(2003). 교사효능감 및 학생의 학업적 자기효능감이 학업성취도에 미치는 영향에 대한 다층분석. 교육심리연구, 17(2), pp. 30-32.

중·고등학교별로 학급에 따라서 학업성취도가 달라지는지와 학생들의 학업성취도 분산 중 학급간 차이에 의한 것이 어느 정도이고, 학급내 학생의 개인차에 의한 것이 어느 정도인지를 밝히기 위해서 학업성취도 분산을 학생수준 분산과 학급수준 분산으로 분할 추정하는 통계모형을 다음과 같이 설정하였다.

-학생수준 모형

$$Y_{ij} = \beta_{0j} + r_{ij} \qquad r_{ij} \sim N(0, \sigma^2)$$

-학급수준 모형

$$\beta_{0j} = \gamma_{00} + u_{oj} \qquad u_{ij} \sim N(0, \tau)$$

Y_{ij}: j번째 학급의 i번째 학생의 학업성취도

β_{0j}: j번째 학급 학생들의 평균 학업성취도

r_{ij}: j번째 학급의 i번째 학생의 고유효과

γ_{00}: 전체 학생들의 학업성적 평균

u_{oj}: j번째 학급의 고유효과

σ^2: 학급내 학생들의 개인차에 의한 학업성취도의 분산

τ: 학급차에 의한 학업성취도의 분산

분석결과를 제시하면 다음 〈표 4〉와 같다.

〈표 4〉 학업성취도 기초모형 분석결과

고정효과	회귀계수	표준오차		
고등학교 학업성취도 평균(γ_{00})	−0.0182	0.0879		
중학교 학업성취도 평균(γ_{00})	0.00001	0.0210		
무선효과	분산	자유도	χ^2	p
고등학교 학급간 학업성취도 차이(u_{oj})	0.2334	31	359.6397**	0.000
중학교 학급간 학업성취도 차이(u_{oj})	0.0001	36	26.1654	>.500
고등학교 학급내 학업성취도 차이(r_{ij})	0.7707			
중학교 학급내 학업성취도 차이(r_{ij})	0.9927			

기초모형을 검증하게 되면 한 개의 고정효과와 두 개의 무선효과에 대한 검증을 할 수가 있는데 먼저 고정효과에 대해 살펴보면 학업성취도의 모집단 평균은 고등학교, 중학교 자료에서 −0.0182, 0.0001로 추정됨을 알 수 있다. 이는 원자료에 대한 기초 통계치의 자료에서 산출된 0과 크게 다르지 않은 수치라는 것을 알 수 있다.

무선효과에 대해서 살펴보면 학생수준의 차이를 반영하는 분산과 학급수준의 차이를 반영하는 분산으로 구분할 수가 있는데 학급내 차이를 반영하는 분산은 고등학교의 경우에는 0.7707, 중학교의 경우에는 0.9927값을 보이고, 학급간의 차이를 반영하는 분산은 고등학교의 경우에는 0.2334, 중학교의 경우에는 0.0001값을 보이고 있다. 중·고등학교 자료 모두에서 학급내 차이를 반영하는 분산이 학급간 차이를 반영하는 분산에 비해 상당히 큼을 알 수 있다. 학급간의 차이로 학업성취도의 분산을 설명하는 비율을 〈공식 1〉을 적용하여 계산하여 보면 학급간의 차이로 설명되는 학업성취도의 분산 비율이 고등학교 경우에는 23.2%, 중학교 경우에는 0.1%를 차지하였다. 또한 학급내 개인간의 차이로 설명되는 학업성취도 분산 비율이 고등학교 자료에는 76.8%, 중학교 자료의 경우에는 99.9%를 차지하였다.

〈공식 1〉 Intraclass Correlation 산출공식:
학급간 차이로 설명되는 분산 비율＝학급간 분산/(학급간 분산＋학급내 분산)

또한 각 자료에 대해 모든 학급의 학업성취도 평균이 같다는 가설에 대해 χ^2검증을 하면 고등학교 자료의 경우는 영가설을 $\alpha=.05$ 수준에서 기각하고, 중학교 자료의 경우는 영가설을 수용하기 때문에 고등학교 자료의 경우에만 학업성취도 평균은 학급마다 차이가 있는 것으로 나타났다. 따라서 학급내 개인간 차이를 파악하기 위한 분석은 모든 자료를 대상으로, 그리고 학급간의 차이가 일어나는 원인 파악을 위한 추가적인 분석은 고등학교 자료를 중심으로 진행하였다. 부가적으로 표본 평균을 진짜 학급 평균의 추정치로 사용할 수 있는지에 대한 정보도 산출할 수 있는데, 고등학교 자료의 표본 평균의 신뢰도는 0.913으로 상당히 높은 편이기 때문에 표본 평균을 진짜 학급 평균의 추정치로 사용하는 것이 적절한 반면, 중학교 자료의 경우에는 0.003으로 상당히 낮은 편이기 때문에 표본 평균을 진짜 학급 평균의 추정치로 사용하는 것은 부적절함을 보여 주고 있다.

9) 잠재계층분석

잠재계층분석(latent class analysis: LCA)은 요인분석이나 군집분석과 유사한 기능을 가지고 관찰변수들 사이의 관계를 유발하는 잠재적인 공통요인을 찾아 계층으로 구분하려는 확률모형이다. 박광배(2006)에 따르면 잠재계층분석이 요인분석과 다른 점은 관찰변수와 잠재적 요인이 모두 범주변수이며, 이러한 잠재요인의 범주를 잠재계층이라고 한다. 따라서 주로 관찰된 응답자들의 반응 패턴에 따라 사람들을 잠재적인 속성을 공유하는 계층집단으로 분류하기 위해 잠재계층분석을 사용하게 된다. 연구목적에 맞는 잠재계층의 수를 정하거나 확인할 수 있도록 적합도 정보지수표와 추가적으로 스크리 도표 및 확률평균을 이용하여 결과를 정리할 수 있다.

연구 예 차정은(2005). 자기보고식 심리검사의 비전형적 반응과 반응자 적합도 간의 관계 및 부적합 원인 분석. 이화여자대학교 대학원 박사학위 논문, pp. 64–71.

> 각 요인별로 부적합 반응자들 내에 몇 개의 잠재계층이 존재하는지를 확인하기 위해 *WINMIRA* 프로그램을 이용하여 잠재계층분석을 실시하였다. 각 요인별로 다양한 대안모형을 6~8개의 잠재모형을 적용하여 가장 적절한 잠재계층의 수를 결정하고자 하였다. 잠재계층모형 선정을 위해 기초 모형은 평정척도모형(Rating Scale Model)을 적용하였다. 각 대안 모형 중에서 어떤 모형이 가장 적합한지를 판단하기 위해서 세 가지 적합도 지수를 참고하였다. 각 요인별로 잠재계층 수의 증가에 따른 모형의 적합도는 〈표 10〉과 같다. 정보지수인 *AIC, BIC, CAIC* 중에서 *AIC*는 반응자의 수가 많은 경우에는 잠재계층의 수가 증가함에 따라서 모형의 적합도가 계속해서 줄어드는 양상을 보인다는 연구결과(Read & Cressie, 1988)가 있고, 본 연구에서도 유사하게 잠재계층의 수가 증가함에 따라서 *AIC*의 값이 지속적으로 줄어드는 양상을 보였기 때문에 *BIC*와 *CAIC* 지수를 사용하여 잠재계층의 수를 확정하고자 한다.
>
> 외향성 요인의 경우에는 6개의 모형을 대상으로 잠재계층분석을 실시하였다. 분석결과에서 *BIC*와 *CAIC*에 따르면 잠재계층의 수가 5개일 경우에 가장 작은 값을 보여, 잠재계층수가 5개인 모형 5를 선정하였다. 호감성 요인의 경우에는 7개 모형에 대해 잠재계층분석을 실시하였다. 분석결과에서 *BIC*의 경우에는 잠재계층의 수가 6개인 경우에, *CAIC*의 경우에는 잠재계층의 수가 7개인 경우에 가장 작은 값을 보였다. 두 지수가 일치하지 않았지만, 모형의 간명성을 고려하여 잠재계층수가 6개인 모형 6을 선정하였다. 성실성 요인의 경우에는 8개 모형에 대해 잠재계층분석을 실시하였다. 분석 결과에서 *BIC*와 *CAIC*의 경우에는 잠재계층의 수가 7개인 경우에 가장 작은 값을 보여 모형 7을 선정하였다. 정서적 불안정성 요인의 경우에는 8개 모형에 대해 잠재계층분석을 실시하였다. 분석결과 *BIC*와 *CAIC*는 잠재계층의 수가 7개인 경우에 가장 적합도가 좋은 것으로 나타나 모형 7을 선정하였다. 경험에 대한 개방성 요인의 경우에는 7개 모형에 대해 잠재계층분석을 실시하였다. *BIC*와 *CAIC*의 경우는 잠재계층의 수가 6개인 경우에 가장 좋은 적합도를 보이는 것으로 드러나 모형 6을 선정하였다.

<표 10> 성격검사 요인별 다양한 잠재계층모형에 따른 모형 적합도 지수

성격검사 요인	계층수	AIC	BIC	CAIC
외향성	1	35,955.81	36,085.41	36,117.41
	2	34,023.20	34,286.43	34,351.43
	3	33,455.56	33,852.44	33,950.44
	4	33,155.27	33,685.79	33,816.79
	5	32,898.81	33,562.96	33,726.96
	6	32,780.09	33,577.86	33,774.89
호감성	1	41,981.73	42,124.85	42,159.85
	2	40,681.36	40,971.68	41,042.68
	3	40,270.23	40,707.76	40,814.76
	4	40,038.03	40,622.76	40,765.76
	5	39,744.09	40,476.03	40,655.03
	6	39,572.38	40,451.53	40,666.53
	7	39,486.70	40,513.05	40,764.05
성실성	1	49,517.35	49,678.81	49,717.81
	2	46,212.09	46,539.14	46,618.14
	3	45,014.20	45,506.84	45,625.84
	4	44,607.58	45,265.82	45,424.82
	5	44,316.69	45,140.53	45,339.53
	6	44,139.10	45,128.53	45,367.53
	7	43,883.48	45,038.51	45,317.51
	8	43,863.42	45,184.04	45,503.04
정서적 불안정성	1	51,272.33	51,434.12	51,473.12
	2	48,071.25	48,398.98	48,277.98
	3	47,246.83	47,740.50	47,859.50
	4	46,764.74	47,424.34	47,583.34
	5	46,425.51	47,251.06	47,450.06
	6	46,109.93	47,101.41	47,340.41
	7	45,891.87	47,048.29	47,327.29
	8	45,780.50	47,103.86	47,422.86
경험에 대한 개방성	1	34,590.63	34,713.84	34,743.84
	2	33,534.60	33,785.13	33,846.13
	3	33,006.43	33,384.28	33,476.28
	4	32,668.29	33,173.46	33,296.46
	5	32,457.81	33,090.29	33,244.29
	6	32,288.61	33,048.41	33,233.41
	7	32,184.85	33,071.97	33,287.97

주: 음영은 가장 낮은 지수를 산출한 모형

각 요인별로 비교적 많은 5-7개의 잠재계층수가 선정되어 각각의 잠재계층에 대해 설명하기 힘들기 때문에 보다 부적합 반응자 집단을 효과적으로 구분할 수 있는 잠재계층의 수를 선정할 필요성이 제기되었다. 이를 위해 스크리 방법과 잠재계층별 확률 평균을 사용하여 보다 적은 수의 설명이 가능한 잠재계층수를 선정하고자 하였다. 각 요인별로 잠재계층 수의 증가에 따른 적합도 지수 값의 감소 정도를 확인할 수 있는 스크리 도표를 [그림 1]에서 [그림 5]에 제시하였다.

각 요인별 스크리 도표를 통해 잠재계층의 수가 증가함에도 불구하고 감소폭이 완만해지는 지점을 기준으로 잠재계층의 수를 결정하고자 하는데 *BIC*와 *CAIC*를 기준으로 삼았다. 각 요인별로 보면 외향성 요인의 경우에는 [그림 1]과 같이 잠재계층의 수가 3개일 때까지는 그래프가 급격한 감소를 보이지만 4개 이상인 경우에 완만해지고 있기 때문에 3개의 잠재계층이 적절하다고 판단된다.

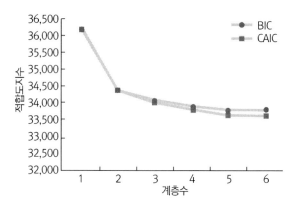

[그림 10] 외향성 요인의 잠재계층 수에 따른 적합도 스크리 도표

또한 가장 적절한 잠재계층의 수를 결정하기 위해서 스크리 도표를 통해 가장 적합하다고 판단된 잠재계층 수와 그보다 하나 큰 잠재계층 모형별 확률 평균이 어떠한지를 〈표 11〉에서 〈표 20〉과 같이 확인하였다.

각 요인별로 분류가 명확하게 되었는지를 확인하기 위해 잠재계층 수에 따른 모형에 따라 할당된 확률 평균(mean of the assignment probability)을 비교하여 보았다. 이를 통해서 각 모형의 분류의 질(classification quality)을 평가할 수 있는데, 각 표에서 대각선에 해당하는 값이 크고, 대각선에 속하지 않는 값이 작아야만 분류가 정확한 것이라고 할 수 있다(Hong & Min, 2005). 각 표에서 잠재계층의 크기는 각 잠재계층이 전체 사례수에서 차지하는 비율을 의미하고, 할당된 확률 평균은 각 피험자들이 각 잠재계층에 속할 확률을 평균한 값이다. 예를 들어, 외향성 요인에서 잠재계층의 수가 3개라면, 잠재계층 1에 속하는 사람들은 잠재계층 1에 속할 확률의 평균이 .94이고, 잠재계층 2에 속할 확률의 평균이 .04이고, 잠재계층 3에 속할 확률의 평균이 .02라는 것이다.

외향성 요인에서는 잠재계층의 수가 3개인 경우와 4개인 경우를 〈표 11〉과 〈표 12〉와 같이 비교하여 보았다. 3개일 때는 각 잠재계층집단에 따른 할당된 확률 평균이 .94에서 .96이었는데, 4개일 때는 각 잠재계층집단에 따른 할당된 확률 평균이 .91에서 .96으로 감소하였음을 확인할 수 있다. 따라서 외향성 요인은 잠재계층의 수가 3개인 모형이 더 잠재계층 간의 구분이 명확하기 때문에 이를 선정하는 것이 바람직하다고 판단된다.

〈표 12〉 외향성 요인의 3개 잠재계층 설정 시 각 잠재계층별 할당된 확률 평균

잠재계층	잠재계층의 크기	1	2	3
1	0.44	0.94	0.04	0.02
2	0.39	0.04	0.96	0.00
3	0.17	0.05	0.00	0.95

〈표 13〉 외향성 요인의 4개 잠재계층 설정 시 각 잠재계층별 할당된 확률 평균

잠재계층	잠재계층의 크기	1	2	3	4
1	0.34	0.95	0.02	0.03	0.00
2	0.33	0.02	0.93	0.04	0.01
3	0.21	0.03	0.04	0.91	0.02
4	0.13	0.00	0.02	0.02	0.96

II ﹏ 집단차이 검증

1. 연구문제와 분석기법

이 장에서의 예시 목적에서 집단 간 차이를 검증한 연구 논문들의 목록이 〈표 8-2〉에 제시되어 있다.

분석방법	연구문제	독립변수	종속변수	연구 예 출처
카이자승 검증	• 전공별로 문제풀이 방략사용에 (빈도)차이가 있는가?	전공	방략사용종류	김아영, 주지은(2010). 공간검사와 공간능력속도검사에서의 차이. 미간행.
독립집단 t검증	• 성별에 따라 공간능력에 차이가 있는가?	성별	공간능력	주지은, 김아영(2010). 공간능력과 공간검사 문제풀이 방략 사용의 성차. 한국심리학회지: 여성, 15(4), 829-851.
종속집단 t검증	• 검사 실시 조건에 따라 검사 점수에 차이가 있는가?	역량검사, 속도검사	검사 점수	김아영, 주지은(2010). 공간검사와 공간능력속도검사에서의 차이. 미간행.
일원분산 분석	• 학년별로 학습동기에 차이가 있는가?	학년	학습동기	차정은, 김아영, 송윤아, 탁하얀, 장유경, 이유미(2010). 초등학생의 자기조절 학습동기의 학년에 따른 변화. 학교심리와 학습컨설팅, 2(2), 1-16.
반복측정 분산분석	• 감사성향이 시기에 따라 어떻게 달라지는가?	검사실시시기 (사전, 사후, 추후)	감사성향 (사전점수, 사후점수, 추후점수)	김지현(2014). 감사노트 쓰기 활동이 청소년의 감사성향과 심리적 안녕감에 미치는 영향. 이화여자대학교 교육대학원 석사학위 청구논문.
이원분산 분석	• 성별에 따라 공간검사 과제유형별 점수의 차이는 어떠한가?	성별 과제유형	공간검사점수	주지은, 노언경, 이규민, 김아영(2007). 공간능력 검사의 성차 및 과제유형 효과와 효율적 측정 구조 탐색. 교육심리연구, 21(2), 311-330.
혼합설계 분산분석	• 감사일지를 쓴 집단과 그렇지 않은 집단의 감사성향의 변화에 차이가 있는가?	실험여부 (실험집단, 통제집단)/ 검사실시시기	감사성향 (사전검사점수, 사후검사점수)	박선민, 김아영(2014). 감사일지 쓰기가 초등학생의 감사성향과 행복감에 미치는 영향. 교육방법연구, 26(2), 347-369.
공분산 분석	• 속도검사의 공간능력을 통제하면 문제풀이 방략교육 후 공간검사점수에 성별차이가 있는가?	성별/ 속도검사점수 (공변수)	공간검사점수	김아영, 주지은(2010). 공간검사와 공간능력속도검사에서의 차이. 미간행.
다변량 분산분석	• 성별에 따라 여러 가지 문제풀이 방략사용이 과제유형별로 어떻게 다르게 나타나는가?	성별	공간과제별 문제풀이 방략	주지은(2008). 공간검사의 문제풀이 방략유형 탐색과 성별, 공간능력 수준별, 전공계열별 집단차이. 이화여자대학교 대학원 박사학위 청구논문.

2. 집단차이 검증결과

집단 차이를 검증하기 위한 통계분석을 적용한 경우 각 집단의 속성이 어떠한지를 고려하여 결과를 상세하게 제시하는 것이 좋다. 각 경우에 해당하는 실제의 예를 살펴보자.

(1) 카이자승검증

집단차이를 살펴보기 위한 카이자승(독립성)검증(Chi-square test: χ^2-test)은 각 집단별 반응빈도의 차이를 확인하기 위해 실시되는 분석으로, 결과를 제시할 경우 통계적 유의성과 더불어 각 집단의 반응 빈도표를 제시해야 한다.

연구 예 김아영, 주지은(2010). 공간검사와 공간능력속도검사에서의 차이. 미간행.

전공계열별로 공간검사 중 직각투사2 문항에 대한 문제풀이 방략 선택에서 차이가 있는지를 알아보기 위해 독립성검증을 위한 카이자승 분석을 실시한 결과 〈표 2〉에서처럼 전공별로 문제풀이를 위한 방략선택에 통계적 차이[$\chi^2(24)=39.82$, $p=.022$]가 있는 것으로 나타났다.

〈표 2〉 직각투사2 문항에 대한 문제풀이 방략 선택 빈도차이

구분	총체적 방략	부분적 방략	통합적 방략	바로 답을 찾아냄	기타방법 사용	계
공학계열	5	7	13	0	3	28
미술포함 디자인	6	10	11	1	0	28
자연계열	2	11	13	3	1	30
인문계열	5	5	8	1	5	24
사회계열	4	12	11	2	1	30
예체능-미술제외	0	1	6	0	3	10
교육계열-사범계열	5	18	4	1	2	30
계	27	64	66	8	15	180

(2) 독립집단 t검증

독립집단 t검증은 두 집단 간 평균차이 검증이므로 각 집단에 대한 기술통계치(평균, 표준편차)를 분석결과와 함께 제시하는 것이 일반적이다.

연구 예 주지은, 김아영(2010). 공간능력과 공간검사 문제풀이 방략 사용의 성차. 한국심리학회
지: 여성, 15(4), p. 837.

공간능력에 대한 성차를 확인하기 위해 5개의 과제유형들과 총점에 대한 평균점수를 비교한 결과(〈표 3〉 참고), 총점에서는 남자가 여자보다 약간 높았으나 그 차이가 통계적으로 유의하지 않았다. 그러나 하위과제에서는 3차원 심상회전 과제에서 남자($M = .91$, $SD = .21$)가 여자($M = .84$, $SD = .23$)에 비해 $t(1043) = 4.73$, $p < .001$로 통계적으로 유의하게 높은 점수를 보였다.

〈표 3〉 성별 공간능력 평균과 표준편차 및 차이검증결과

구분	남자($N = 393$)		여자($N = 652$)		성별차이검증		
	M	SD	M	SD	t	df	t-test 결과
도형 완성	0.89	0.24	0.89	0.21	0.280	1043	
부분찾기	0.90	0.24	0.91	0.21	-1.082	1043	
3차원심상회전	0.91	0.21	0.84	0.23	4.730*	1043	남 > 여
2차원심상회전	0.84	0.30	0.82	0.28	0.974	1043	
전개도접기	0.60	0.25	0.60	0.22	0.069	1043	
전체	0.83	0.25	0.81	0.23	1.290	1043	

* $p < .001$

(3) 종속집단 t검증

동일 연구대상자들의 두 가지 점수에 대한 평균차이 검증을 하기 위해 실시되는 종속집단 t검증 결과 또한 각 집단별 기술통계치(평균, 표준편차)를 분석결과와 함께 제시한다.

연구 예 김아영, 주지은(2010). 공간검사와 공간능력 속도검사에서의 차이. 미간행.

최대역량을 측정하는 공간검사와 시간제한을 둔 공간능력의 속도검사에 대한 검사평균 점수차이를 확인하기 위해 141명의 연구대상자들이 1달간의 검사 실시 간격을 두고 두 개의 검사를 모두 실시한 결과, 〈표 2〉에서와 같이 전체 평균점수의 차이가 공간검사($M = .62$, $SD = .18$)가 공간능력 속도검사($M = .55$, $SD = .16$)에 비해 $t(140) = 4.801$, $p < .001$로 통계적으로 유의하게 높은 점수를 나타냈다.

〈표 2〉 공간검사와 공간능력 속도검사에서의 평균과 표준편차 및 차이검증결과

구분	공간검사($N = 141$)		공간능력 속도검사($N = 141$)		평균차이검증		
	M	SD	M	SD	t	df	t-test 결과
전체	0.62	0.18	0.55	0.16	4.801	140	공간 > 속도

* $p < .001$

4) 일원분산분석

두 집단 이상의 평균차이를 살펴보기 위한 집단간 설계에 대한 일원분산분석의 결과는 집단별로 평균과 표준편차를 제시하고 수치 옆에 사후분석 결과로 집단차이 분석결과를 표시하는 것이 일반적이나, 논문에 따라 분산분석 결과와 더불어 사후분석 결과는 언어적으로 표현하고 마무리하는 경우도 있다. 또한 집단별 평균차이를 그래프로 표현하여 이해를 돕는 경우가 많다.

연구 예 차정은, 김아영, 송윤아, 탁하얀, 장유경, 이유미(2010). 초등학생의 자기조절 학습동기의 학년에 따른 변화. 학교심리와 학습컨설팅, 2(2), pp. 8-10.

학년별 학습동기유형의 하위 척도에서 차이를 보이는지를 확인하기 위해 일원분산분석을 실시하고, 영가설이 기각되는 경우에는 Scheffē 방법을 적용하여 사후검증을 실시하였다. 또한 학년이 올라감에 따라 설정된 3요인 학습동기유형(무동기, 타율적 조절 동기, 자율적 조절 동기)에 따라서 어떠한 경향성이 있는지 확인하기 위하여 경향분석을 실시하였다. 경향분석은 6개의 학년이 존재하기 때문에 직교대비 분석 방법을 적용하여 직선적 경향, 2차 곡선적 경향, 3차 곡선적 경향, 4차 곡선적 경향, 5차 곡선적 경향에 대한 유의도 검증을 실시하였다.

학년에 따른 학습동기 평균 차이 여부를 확인한 결과 〈표 4〉에서와 같이 학년에 따른 학습동기 평균 차이[무동기: $F(5, 2503)=2.36$, $p<.05$, 타율적 조절 동기: $F(5, 2503)=38.77$, $p<.001$, 자율적 조절 동기: $F(5, 2503)=85.43$, $p<.001$]가 있는 것으로 나타났다. 3요인 모형에 따른 학년별 학습동기유형의 하위 점수 그래프는 [그림 2]에서 [그림 4]까지 제시되어 있고, 경향성 분석 결과는 〈표 6〉에 정리되어 있다.

무동기에서는 사후검증결과 학년별 차이는 유의하지 않은 것으로 나타났다. 하지만 경향성 분석결과는 1학년과 6학년은 높고, 중간 학년이 낮은 2차 곡선적 경향성을 보이는 것으로 나타났다. 두 분석결과를 종합해 볼 때 무동기 요인에 있어 2차 곡선적 경향성은 그렇게 큰 의미를 갖지 못한다고 할 수 있다. 타율적 조절 동기에서는 사후검증결과 1학년이 나머지 학년보다 평균이 높은 것으로 나타났으며, 2학년이 3, 4, 5, 6학년보다 평균이 높은 것으로 나타났다. 경향성 분석결과는 1학년에서 4학년까지는 계속적으로 떨어지는 경향성을 보이다가 5학년에서는 올라가고 6학년이 되면 다시 떨어지는 경향성을 보이는 3차 곡선적 경향성을 보이는 것으로 나타났다. 두 분석결과를 종합해 볼 때 저학년 동안에는 계속적으로 저하되는 양상을 보이다가 고학년이 되면서 기울기가 완만해지는 양상을 보인 것을 알 수 있다. 자율적 조절 동기에서는 사후검증결과 1학년 평균이 4, 5, 6학년보다 높은 것으로 나타났고, 2, 3학년 평균이 5, 6학년 평균보다 높은 것으로 나타났다. 경향성 분석 결과는 1학년에서 6학년까지 점차적으로 떨어지는 직선적 경향성을 보이는 것으로 나타났다. 두 분석결과를 통합해 볼 때 학년의 증가에 따라서 점차적으로 감소하는 양상을 보인 것을 알 수 있다.

〈표 6〉 학습동기유형 일원분산분석 및 경향성분석 결과

하위척도	분산원	제곱합	자유도	평균제곱	F	사후검증
무동기	집단간	6.66	5	1.33	2.36*	차이 없음
	집단내	1413.71	2503	.57		
	전체	1420.37	2508			
	1차	.11	1	.11	.20	
	2차	3.63	1	3.63	6.44*	
	3차	1.98	1	1.98	3.50	
	4차	1.03	1	1.03	1.83	
	5차	.39	1	.39	.69	
타율적 조절 동기	집단간	79.99	5	16.00	38.77***	3, 4, 5, 6 < 2 < 1
	집단내	1033.00	2503	.41		
	전체	1112.99	2508			
	1차	57.64	1	57.64	139.67***	
	2차	24.53	1	24.53	59.42***	
	3차	1.74	1	1.74	4.23**	
	4차	.04	1	.04	.90	
	5차	.66	1	.67	1.61	
자율적 조절 동기	집단간	31.43	5	6.23	17.54***	4, 5, 6 < 1
	집단내	896.99	2503	.36		5, 6 < 2
	전체	928.42	2508			5, 6 < 3
	1차	30.62	1	30.62	85.43***	
	2차	.01	1	.01	.02	
	3차	.13	1	.13	.37	
	4차	.08	1	.08	.22	
	5차	.01	1	.01	.02	

* $p < .05$**, $p < .01$***, $p < .001$

[그림 2] 무동기 평균차   [그림 3] 타율적 조절동기 평균차   [그림 4] 자율적 조절동기 평균차

일반적인 분산분석 결과표에는 집단별 평균과 표준편차 정보가 제시되어야 한다. 그러나 기술통계표를 연구 결과 초반부에 한꺼번에 제시한 경우에는 해당 분석결과만 제시하는 경우도 있다.

5) 반복측정분산분석

동일한 연구대상자들의 2회 이상의 시점에 대한 반복적인 측정결과에 대한 평균차이 검증(one-way repeated measures ANOVA) 결과는 마치 종속변수가 여러 개인 것과 마찬가지로 다변량적인 측면에서 분석을 진행하게 된다. 따라서 분석결과는 다변량 검증결과를 요약하여 제시하게 된다. 또한 집단차이와 상호작용은 그래프를 통해 표현한다.

연구 예 | 김지현(2014). 감사노트 쓰기 활동이 청소년의 감사성향과 심리적 안녕감에 미치는 영향. 이화여자대학교 교육대학원 석사학위 논문, pp. 23-25.

실험집단과 비교집단의 감사성향 점수의 변화를 파악하기 위해 각각의 사전, 사후, 추후측정 점수의 평균 및 표준편차를 분석하여 〈표 3〉에 제시하였다. 〈표 3〉을 보면 감사성향에 대한 실험집단에서는 사전검사의 $M(SD)=3.83(0.84)$에서 사후검사의 $M(SD)=4.57(0.39)$로 증가하였으나 비교집단은 $M(SD)=3.87(0.61)$에서 $M(SD)=3.45(0.67)$로 감소하였다.

〈표 3〉 감사성향에 대한 기술통계

종속변인	검사시기	비교집단($n=42$)		실험집단($n=40$)	
		M	SD	M	SD
감사성향	사전	3.87	0.61	3.83	0.84
	사후	3.45	0.67	4.57	0.39
	추후	3.22	0.47	3.99	0.31

집단별로 반복측정 일원분산분석을 실시한 결과 실험집단 내 사전-사후-추후 검사점수의 결과[$F(2,78)=52.518$, $p<.001$, $\eta^2=.574$]와 비교집단 내 사전-사후-추후 검사점수의 결과[$F(2,78)=53.253$, $p<.001$, $\eta^2=.565$]가 모두 유의하였다. 실험집단과 비교집단에서 단순효과가 모두 유의미하였으므로 사전-사후, 사전-추후, 사후-추후 결과 간의 차이가 유의미한지를 Bonferroni 교정방식을 적용한 대응표본 t-검증을 실시하여 〈표 5〉에 제시하였다.

〈표 5〉 감사성향의 사후검증 결과(실시시기별 쌍 비교)

		$D(\Delta M)$	ΔSD	t	p
실험	사전-사후	.746	.559	8.446	.000*
	사전-추후	.162	.595	1.727	.092
	사후-추후	-.583	.192	-19.170	.000*
비교	사전-사후	-.417	.425	-6.355	.000*
	사전-추후	-.647	.441	-9.516	.000*
	사후-추후	-.230	.366	-4.073	.000*

* $p<.001$

그 결과 실험집단에서는 사후평균이 사전평균에 비해 통계적으로 유의미하게 높아졌으나 [$D=.746$, $t(39)=8.446$, $p=.001$, *Cohen'd* $=1.13$], 비교집단에서는 사후평균이 사전평균에 비해 통계적으로 유의미하게 감소하는 것으로 나타났다[$D=-.417$, $t(41)=-6.355$, $p=.001$]. 이 같은 결과는 실험집단에서 감사노트 쓰기 활동의 긍정적 효과가 나타났음을 보여 주는 것으로 효과크기도 1.13으로 Cohen(1988)의 기준으로 상당히 높은 수준인 것으로 나타났다. [그림 1]은 이 같은 결과를 보다 명확히 보여 준다.

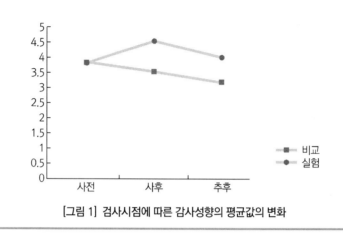

[그림 1] 검사시점에 따른 감사성향의 평균값의 변화

6) 이원분산분석

　두 종류의 독립집단 간 상호작용을 고려하는 이원분산분석(two-way between groups ANOVA)의 경우 상호작용의 유무에 따라 추가적인 분석 전개가 달라질 수 있다. 이원분산분석 결과 상호작용이 통계적으로 유의한 경우에는 각 독립집단의 수준별 집단차이의 유무를 확인하는 단순효과분석(simple effect analysis)을 실시하게 되고 해당 독립집단의 수준이 2개 이상인 경우에는 추가적으로 집단차이의 위치를 확인하기 위해 사후검증으로 단순비교분석(simple comparison analysis)을 실시해야 한다. 만일 상호작용이 통계적으로 유의하지 않은 경우라면 각 독립집단의 주효과(main effect)를 분석하고 추가적으로 사후검증(post-hoc test)을 통해 추가분석을 실시하게 된다. 일원분산분석에서와 마찬가지로 집단차이 검증에 대한 추가검증 결과로 효과크기에 대한 보고를 첨가하고, 통계적으로 유의한 집단의 차이에 대한 정보를 표 옆에 함께 제시할 수 있다.

연구예 주지은, 노언경, 이규민, 김아영(2007). 공간능력 검사의 성차 및 과제유형 효과와 효율적 측정 구조 탐색. 교육심리연구, 21(2), p. 320.

성별에 따른 과제유형별 공간능력 검사 점수의 차이를 고려하기 위하여 이원분산분석을 실시한 결과, 성별과 검사의 과제유형 간의 상호작용 효과는 통계적으로 유의미한 차이가 없는 것으로 나타났다. 성별과 과제유형 사이에 유의미한 상호작용 효과가 없으므로 주효과 분석이 시행되었다. 성별 주효과와 과제유형에 따른 주효과를 확인할 수 있었는데, 각 변수들의 주효과는 성별차이가 통계적으로 유의미한 차이[$F(1, 7388) = 40.69, p = .00$]를 나타내었으나 효과크기는 상대적으로 작았고(*partial eta squared* = .005), 과제유형에서는 통계적으로 유의미한 차이[$F(1, 7388) = 645.22, p = .00$]를 나타내었으며 효과크기(*partial eta squared* = .08)는 상대적으로 크게 나타났다. 이러한 결과는 여학생이 남학생에 비해 공간능력 점수가 통계적으로 유의미하게 높게 나타났으며, 과제유형별로는 전개도 접기의 점수가 입체도형 펴기의 점수에 비해 상대적으로 높았음을 의미한다. 성별, 과제유형별 공간능력 검사 점수의 평균과 표준편차 및 이원분산분석 결과는 〈표 3〉과 〈표 4〉에 제시되어 있다.

〈표 3〉 성별, 과제유형별 평균 및 표준편차

과제유형	남학생	여학생	계
접기	6.31(2.18)	6.61(2.05)	6.44(2.13)
펴기	5.09(1.97)	5.41(1.87)	5.23(1.93)
전체	11.41(3.62)	12.01(3.42)	11.67(3.55)

〈표 4〉 성별, 과제유형별 이원분산분석 결과

분산원	제곱합	자유도	평균제곱	F	p	차이검증
성별	167.38	1	167.38	40.69	.000	
과제유형	2654.13	1	2654.13	645.22	.000	남학생 < 여학생
성별 × 과제유형	.28	1	.28	.07	.793	접기 > 펴기
오차	30390.68	7388	4.11			
전체	33268.65	7391	4.50			

7) 혼합설계 분산분석

집단간 설계와 집단내 설계가 공존하는 혼합설계 모형(mixed design model)의 분석 결과는 다원분산분석 결과와 마찬가지로 상호작용이 유의한 경우 단순효과분석을 실시하게 되고 상호작용이 유의하지 않은 경우 주효과 분석을 통해 그 결과를 정리하고 해석하게 된다. 집단 간 차이가 유의한 경우 차이 검증결과를 표에 함께 표기하기도 하고, 그래프를 통해 상호작용 여부를 나타낸다.

연구 예 박선민, 김아영(2014). 감사일지쓰기가 초등학생의 감사성향과 행복감에 미치는 영향. 교육방법연구, 26(2), pp. 357-358.

본 연구에서는 감사일지쓰기가 초등학생의 감사성향과 행복감에 미치는 영향을 알아보기 위해 실험집단과 비교집단의 아동들에게서 수집한 사전검사와 사후검사 점수에 대한 분산분석을 실시하였다. 감사일지쓰기의 효과는 집단과 검사실시 시기 간의 상호작용 효과에 대한 검증과 단순효과 분석을 통해 사전검사 점수에서의 집단의 동질성과 사후검사 점수에서의 실험처치효과를 동시에 확인할 수 있는 분할구획 요인분산분석을 통해 검증하였다.

가. 감사성향

실험집단과 비교집단의 감사성향 점수의 기술통계는 〈표 1〉에 제시되어 있다. 〈표 1〉을 보면 실험집단에서는 사전검사의 $M(SD)=4.47(0.58)$에서 사후검사의 $M(SD)=4.75(0.41)$로 증가 하였으나, 비교집단은 각각 $M(SD)=4.16(0.69)$와 $M(SD)=3.95(0.61)$로 감소하였다. 이와 같은 집단간 차이와 사전-사후검사점수의 차이가 통계적으로 유의미한지를 검증하기 위해 분산분석을 한 결과가 〈표 2〉에 제시되어 있다.

〈표 1〉 감사성향에 대한 기술통계

	실험집단($n=31$)		비교집단($n=29$)	
	M	SD	M	SD
사전	4.47	0.58	4.16	0.69
사후	4.75	0.41	3.95	0.61

〈표 2〉의 분산분석 결과를 보면 집단과 실시시기 간에 유의미한 상호작용 효과가 나타났다 [$F(1, 58)=14.515, p<.01, \eta^2=.200$]. 이와 같은 상호작용 효과는 실험집단과 비교집단에서 사전, 사후검사 점수의 변화가 다른 양상을 보였기 때문이다. 요인분산분석에서 상호작용 효과가 유의미하게 나오면 각 독립변인들의 주효과는 현상을 왜곡할 수 있기 때문에 관심의 대상이 되는 한 독립변인의 수준으로 자료를 분할하여 단순효과 검증을 실시하는 것이 적절하다. 따라서 본 연구에서는 실험집단과 비교집단 각각에서 사전, 사후 검사의 차이가 유의미한지를 확인하기 위해 각 집단에서 단순효과 분석을 실시하였다. 그 결과 실험집단에서는 사후평균이 사전평균에 비해 유의미하게 높아졌으나[$D=0.28, t(30)=3.50, p<.01, ES=0.48$], 비교집단에서는 사후평균과 사전평균의 차이($D=-0.21$)가 통계적으로 유의미하지 않은 것으로 나타났다([그림 1] 참고). 이러한 결과는 실험집단에서 감사일지쓰기의 긍정적 효과가 나타났음을 보여 주는 것으로 효과 크기도 0.48로 Cohen(1988)의 기준으로 보통인 것으로 나타났다.

〈표 2〉 감사성향에 대한 분산분석 결과

분산원	MSE	$F(df)$	p	η^2
집단(실험, 비교)	9.259	16.779 (1, 58)	.000	.224
실시시기(사전, 사후)	.040	.325 (1, 58)	.571	.006
집단 × 실시시기	1.774	14.515 (1, 58)	.000	.200

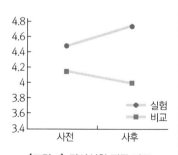

[그림 1] 감사성향 평균 비교

8) 공분산분석

사전검사 점수의 영향력이나 집단의 고유한 차이에 의한 영향력을 통제하고 훈련이나 프로그램 효과를 파악하기 위한 목적의 집단차이 검증인 경우 공분산분석(Analysis of Covariance: ANCOVA)을 이용하여 특정 변수의 영향력을 통제한 상황에서의 집단차이 검증이 가능하다. 공분산분석 결과도 집단의 평균과 표준편차와 같은 기술통계치 정보를 제공하고 분석결과를 요약하여 제시한다.

> **연구 예** 김아영, 주지은(2010). 공간검사와 공간능력 속도검사에서의 차이. 미간행.
>
> 문제풀이 방략을 설명한 뒤 실시한 공간검사 점수에 성별차이가 있는지를 확인하기 위해 공간속도검사 점수를 통제하기 위해 공변수로 정하고 공분산 분석을 실시한 결과는 다음과 같다.
> 〈표 7〉에서 나타난 바와 같이 속도검사를 통제한 교정평균은 남자 0.68($SE=0.016$), 여자 0.64($SE=0.012$)로 나타났고, 공간검사평균 남자 0.71($SD=0.111$), 여자 0.62($SD=0.125$)에 비해 점수차이가 적게 나타났음을 알 수 있다.
>
> **〈표 7〉 성별 공간검사 평균과 교정된 평균에 대한 기술통계치**
>
> | 성별 | N | 공간검사평균 | (표준편차) | 교정평균 | (표준오차) |
> |---|---|---|---|---|---|
> | 남자 | 42 | .71 | (.111) | .68 | (.016) |
> | 여자 | 75 | .62 | (.125) | .64 | (.012) |
> | Total | 117 | .65 | (.126) | .66 | (.010) |
>
> 공변수(속도검사) 평균=.56
>
> 교정된 공간검사 점수에서 성차가 있는지를 알아보기 위한 공분산분석 결과, 〈표 8〉에서 나타난 바와 같이, 공간속도검사의 효과를 통제한 뒤 성별차이가 공간검사 점수에서 통계적으로 유의하지 않은 것($F=3.787$, $p=.054$)으로 나타났다.
>
> **〈표 8〉 성별 교정된 공간검사점수에 대한 공분산 분석 결과**
>
> | 분산원 | 제곱합 | 자유도 | 평균제곱 | F | 유의확률 |
> |---|---|---|---|---|---|
> | 공분산(속도검사평균) | .517 | 1 | .517 | 51.439 | .000 |
> | 성별 | .038 | 1 | .038 | 3.787 | .054 |
> | 오차 | 1.145 | 114 | .010 | | |
> | 합계 | 51.712 | 117 | | | |
> | 수정합계 | 1.856 | 116 | | | |
>
> a. R Squared=.383(Adjusted R Squared=.372)

9) 다변량 분산분석

서로 상관이 있는 복수의 종속변수에 대해 2개 이상의 집단차이를 확인하고자 할 때 사용하는 다변량 분산분석(Mulitivariate Analysis of Variance: MANOVA)은 집단차이를 나타내는 지표로 Wilks' Lamda, Pillai's Trace, Hotelling's Trace, Roy's Largest Root 등의 값들 중 하나를 선택하여 결과를 보고하는데, 일반적으로 Wilks' Lamda 통계치를 많이 사용한다. 분석결과가 복잡한 경우에는 핵심내용을 정리한 집단차이 검증결과를 요약하여 표로 제시하는 것도 효과적인 설명방법이다. 집단간 차이가 유의미하게 나타나면 사후검증을 해야 하는데, 만약 어느 종속변수에서 집단간 차이가 있었는지를 확인하고자 한다면, 각각의 종속변수에 대해 단변량 분산분석을 실시한다. 만약 종속변수들의 어떤 선형조합이 집단을 가장 효과적으로 나누는가에 관심이 있으면 판별분석을 실시하면 된다.

> **연구 예** 주지은(2008). 공간검사의 문제풀이 방략유형 탐색과 성별, 공간능력 수준별, 전공계열별 집단차이. 이화여자대학교 대학원 박사학위 논문, pp. 95-98.
>
> 각 하위과제에서 기타방략을 제외한 공간검사 문제풀이 방략 사용의 유형별로 성별에 따라 어떻게 다르게 나타나는 지를 알아보기 위해 일원 다변량 분산분석을 실시한 결과는 〈표 39〉에 제시되어 있다.
>
> 문제풀이 방략별로 검증한 결과, 성별에 따라 공간검사 문제풀이 과정에서 총체적 방략의 사용에는 각 하위과제별로 통계적으로 유의한 차이가 나타났다($F(9, 1035)=2.593$, $p=.006$, Wilk's Lamda$=.978$, partial eta squared$=.022$). 각 하위과제별로 단변량 분석을 실시한 결과 2차원 심상회전 과제에서 성별에 따라 총체적 방략의 사용이 통계적으로 유의한 차이가 있는 것으로 나타났고($F(1, 1043)=7.453$, $p=.006$, partial eta squared$=.007$), 전개도접기 과제에서 성별에 따라 총체적 방략의 사용이 통계적으로 유의한 차이가 있는 것으로 나타났다($F(1, 1043)=6.235$, $p=.013$, partial eta squared$=.006$). 〈중략〉
>
> 성별에 따라 한눈에 보고 답을 찾아내는 방략의 사용이 통계적으로 유의한 차이가 있는 것으로 나타났다($F(1, 1043)=6.694$, $p=.010$, partial eta squared$=.006$). 부분찾기 과제에서의 성별에 따른 방략 사용이 통계적으로 유의한 차이가 있는 것으로 나타났고($F(1, 1043)=6.330$, $p=.012$, partial eta squared$=.006$), 마지막으로 조각맞추기 과제에서 성별에 따라 한눈에 보고 답을 찾아내는 방략의 사용이 통계적으로 유의한 차이가 있는 것으로 나타났다($F(1, 1043)=3.861$, $p=.050$, partial eta squared$=.004$).

<표 39> 문제풀이 방략에 따른 성별 일원 다변량 분산분석 결과(N=1045)

독립변수	종속변수	하위과제	Wilk's Λ	SS	df	MS	F	Sig.	Partial η²
성별	총체적 방략	도형완성	.978 (p = .006)	2.477	1/1043	2.477	2.241	.135	.002
		직각투사		.760	1/1043	.760	.447	.504	.000
		3차원심상회전		1.133	1/1043	1.133	.504	.478	.000
		2차원심상회전		21.014	1/1043	21.014	7.453	.006	.007
		전개도접기		48.885	1/1043	48.885	6.235	.013	.006
		부분찾기		2.566	1/1043	2.566	1.707	.192	.002
		투상도		3.974	1/1043	3.974	1.820	.178	.002
		종이접기		2.620	1/1043	2.620	1.034	.309	.001
		조각맞추기		3.406	1/1043	3.406	1.687	.194	.002
	한눈에 보고 답을 찾음	도형완성	.988 (p = .185)	8.200	1/1043	8.200	5.853	.016	.006
		직각투사		1.605	1/1043	1.605	2.807	.094	.003
		3차원심상회전		8.313	1/1043	8.313	5.517	.019	.005
		2차원심상회전		9.060	1/1043	9.060	7.237	.007	.007
		전개도접기		18.523	1/1043	18.523	6.694	.010	.006
		부분찾기		8.789	1/1043	8.789	6.330	.012	.006
		투상도		2.524	1/1043	2.524	2.527	.112	.002
		종이접기		.696	1/1043	.696	1.078	.299	.001
		조각맞추기		3.189	1/1043	3.189	3.861	.050	.004

　　방략사용에 대한 성별 다변량 분산분석 결과를 하위과제별로 요약하면 전체적으로 공간검사에 대한 성별 문제풀이 방략사용에 따른 차이는 각 하위과제별로 다른 양상을 나타내었다. 도형완성 과제에서는 분석적 방략의 사용에서 여자가 남자에 비해 통계적으로 유의하게 높은 수준으로 나타났고, 한눈에 보고 정답을 찾아내는 방법을 사용한 경우는 남자가 유의하게 높게 나타났다. 직각투사과제에서는 성별에 따른 방략 사용의 차이가 통계적으로 유의한 차이를 나타내지 않았으며, 3차원 심상회전 과제에서는 통합적 방략의 사용이 여자가 남자에 비해 통계적으로 유의하게 높은 수준을 사용한 것으로 나타난 반면, 한눈에 답을 찾아내는 방법을 사용한 경우는 남자가 여자에 비해 통계적으로 높게 나타났다. 2차원 심상회전 과제에서는 총체적 방략을 사용하는 경우에서 여자가 남자에 비해 유의하게 높은 수준을 나타내었으며, 한눈에 보고 답을 찾는 경우는 남자가 여자에 비해 통계적으로 유의한 수준에서 높게 나타났다. 전개도접기 과제에서도 총체적 방략을 사용함에 있어 여자가 남자에 비해 통계적 유의한 수준에서 높게 나타났고, 한눈에 답을 찾아내는 경우는 남자가 여자에 비해 높게 나타났다. 부분찾기 과제에서는 남자가 한눈에 보고 정답을 찾아내는 방법을 사용하는 것이 통계적으로 유의하게 높은 수준으로 나타났다. 투상도 과제에서는 성별에 따라 문제풀이 방략의 사용이 차이 나게 나타나지 않았고, 종이접기 과제에서도 성별에 따른 방략 사용의 차이가 통계적으로 유의하게 나타나지 않았으며, 조각맞추기 과제에서는 한눈에 보고 답을 찾아내는 방략 사용이 남자에게서 더 많이 나타났으나 통계적으로 유의수준이 $p = .05$로 나타났다. 이러한 결과를 표로 요약한 것은 <표 40>과 같다.

〈표 40〉 문제풀이 방략 선택에서 유의한 성별 차이가 나타난 과제유형

하위과제	총체적 방략	분석적 방략	통합적 방략	한눈에 보고 답을 찾아냄
도형완성		여>남		남>여
직각투사				
3차원심상회전			여>남	남>여
2차원심상회전	여>남			남>여
전개도접기	여>남			남>여
부분찾기				남>여
투상도				
종이접기				
조각맞추기				남>여

이 장에서는 양적 연구 논문을 작성할 때에 사용하는 다양한 통계분석 결과를 효과적으로 제시하는 데 도움을 주기 위해 실제 연구 예들을 보여 주었다. 물론 이 장에서 제시한 예제들이 완벽한 표본이라고는 할 수 없지만 대체로 이러한 틀에서 부족한 부분을 보충하고 수정하면서 자신의 보고서나 논문을 작성할 수 있을 것이다.

연구 논문을 작성할 때 분석결과를 정리하는 방식은 전공별 학회지나 학교에 따라 정해진 규칙을 따르면 된다. 다만 표를 제시할 때에는 가능한 한 주요 정보를 정확하게 제시해야 하고, 그림이나 도표는 왜곡되지 않도록 축의 정보를 정확하게 제시하는 것이 좋다. 결국, 연구의 분석결과는 '정확'하고 '간결'하고 '명확'하게 제시하는 것이 핵심이다. 무엇보다 중요하게는 연구문제에 맞는 적절한 분석기법을 선택하고, 연구 의도에 맞게 분석한 자료가 보여 주는 분석결과를 정확하게 정리하여 제시하는 것이 필요하다. 통계적 분석결과가 연구의 이론적 배경이나 가설을 바꾸게 하는 경우는 과학적 연구에서 바람직하지 않다는 점을 명심해야 한다.

🔵 **핵심 개념**

컴퓨터 통계 프로그램, APA 출판매뉴얼, 통계적 분석기법, 상관분석, 단순회귀분석, 표준 중다회귀분석, 위계적 중다회귀분석, 로지스틱 회귀분석, 경로분석, 구조방정식모형, 탐색적 요인분석, 확인적 요인분석, 신뢰도 분석, 내적합치도 분석, 다층모형, 잠재계층분석, 카이자승검증, 독립성 검증, 독립집단 t검증, 종속집단 t검증, 일원분산분석, 반복측정분산분석, 이원분산분석, 혼합설계분산분석, 공분산분석, 다변량분산분석

제9장
연구보고서
작성 및 평가

과학적 연구는 수행하는 것도 중요하지만 연구결과에 대한 보고를 잘 하는 것도 중요하다. 사회과학 연구보고서를 작성할 때 과학적 글쓰기를 해야 하는 것은 당연한 일이다. 과학적 글쓰기는 문학적 글쓰기와는 달리 간단, 명료하고 미사여구의 사용을 피해야 하며 모든 용어와 단어를 정확하고 일관성 있게 사용해야 한다. 또한 모든 학술논문은 정해진 작성법이 있어서 그 형식에 따라 보고서를 작성해야 한다. 그러므로 각 대학이나 연구기관은 자체적으로 개발해서 적용하는 보고서 작성형식을 갖고 있는 경우가 많으며 전문학술지를 발간하는 학회에서도 자체적으로 제정한 작성법을 따르게 한다. 대표적으로 심리학이나 교육학을 포함하는 사회과학 연구 논문 작성은 미국심리학회(APA)가 발간하는 『출판 매뉴얼(*Publication Manual*)』에 준해서 논문을 작성해야 한다. 이 APA(2006)에서 발간한 『출판 매뉴얼』은 사회과학의 많은 전공분야에서 공통적으로 따르고 있다. 가장 최근에 개정된 6판은 2006년에 출간되었고 수정본이 다시 2009년에 나왔다.

한국에서도 대학마다 구체적으로 논문 작성법을 제공하고 이를 따르게 하고 있다. 또한 한국심리학회(Korean Psychological Association: KPA)에서는 APA의 매뉴얼에 기초해서 한국판 매뉴얼을 만들어서 학술지에 실릴 논문의 형식을 제공하고 있어서 모든 산하 분과학회들도 학술지 편집 시 이를 따르고 있다(http://www.koreanpsychology.or.kr). 비슷한 형식을 한국교육학회 홈페이지(http://www.ekera.org)와 산하 학회들에서도 찾아볼 수 있다. 따라서 연구결과에 대한 보고서를 작성할 때는 어떤 형식을 따라서 작성해야 할지 미리 확인하고 시작하는 것이 필요하다. 이 장에서는 연구보고서 작성에 관한 자세한 내용을 예시와 함께 제시하고 작성된 보고서를 평가하는 데 활용할 수 있는 가이드라인을 제공할 것이다.

I 📊 연구보고서 작성 요령

1. 연구보고서의 구성과 내용

1) 논문 제목

연구 논문의 제목은 한 개인의 얼굴과 같아서 제목만으로도 어떤 내용의 논문인지 알 수 있도록 연구 주제에 대한 정확한 표현이 이루어져야 한다. 독립변수와 종속변수, 매개변수나 조절변수와 연구대상이 명시되어야 하고, 명확하면서도 간결하게 제목 속의 단어들을 효과적으로 배열해야 한다. 연구에 포함시킨 변수가 여러 개인 경우에 제목이 너무 길어지게 되면 부제를 달아서 표현하기도 한다(예: '부모의 자율성지지가 초등학생의 자기조절학습 효능감에 미치는 영향: 자기결정동기의 매개효과').

논문의 제목을 보고 어떤 유형의 연구인지를 파악할 수 있게 하는 것 또한 중요하다. 예를 들어, '~의 영향' 또는 '~의 효과' 같은 제목은 실험연구임을 암시하고 '~들 간의 관계' 또는 '~의 예측력' 같은 제목은 비실험연구임을 추측할 수 있다. 또한 양적 연구인지 질적 연구인지 혹은 혼합방법 연구인지를 나타내는 용어를 제목에 포함시킬 수도 있다. 연구대상을 제목에 포함시킬 때는 연구결과를 일반화하고자 하는 대상 모집단을 명시하되 과일반화에 유의해야 한다. 연구에 참여한 대상은 한 지역의 일개 초등학교 5학년 학생들인데 제목에 '한국 초등학생들의 ~에 관한 연구'와 같은 제목은 과일반화의 대표적인 사례라고 할 것이다.

2) 초록

대부분의 연구자가 문헌탐색을 할 때는 논문의 제목과 초록을 읽고 관심대상이 되는 연구인지 아닌지를 판단하므로 논문의 초록은 그 자체로서 연구의 모든 것을 보여 줄 수 있어야 한다. 따라서 초록 속에는 연구목적과 연구문제나 가설이 기술되어야 하고,

연구대상이 어떤 집단이었고 몇 명이었는지를 밝혀야 한다. 또한 연구에서 사용된 실험장치나 측정도구와 절차를 간략하게 거론해야 하고, 연구문제나 가설에 따른 연구결과를 중심으로 기술하되 분석방법이나 통계적 결과가 연구의 핵심 내용인 경우가 아니고는 초록에서 구체적인 수치를 기술할 필요는 없다. 마지막으로 연구결과에 대한 논의의 방향을 안내하는 내용이 포함되는 것이 좋다. 예를 들어, '이와 같은 결과를 교육현장에 대한 시사점을 중심으로 논의하였다.'와 같이 연구결과를 어떤 관점에서 논의하였는가를 기술할 수 있다.

연구를 주도한 이론적 체계가 특정 학자의 이론일 경우는 이론의 명칭과 학자를 인용 출처를 포함해서 제시해야 한다. 예를 들어, '본 연구에서는 Deci와 Ryan(2010)의 자기결정성이론(Self-determination Theory)에 근거해서……'와 같은 방식으로 기술한다. 또한 외국어로 된 고유한 명칭은 약자를 사용하지 않고 완전한 명칭으로 표기한다.

논문의 초록을 작성할 때는 연구결과를 명확히 기술해야 하고 자신의 주관적인 해석이나 평가가 포함되어서는 안 된다. 그리고 **초록의 길이**는 논문이나 보고서가 어디에 어떤 형태로 발표될 것인가에 따라 달라진다. 대체로 학위논문의 경우는 좀 더 자세한 내용이 들어갈 수 있지만 학술지 논문은 주관 기관에 따라 단어 수를 지정함으로써 초록의 길이를 엄격하게 제한하는 경우도 있기 때문에 확인할 필요가 있다.

3) 서론

서론에서는 문제상황에 대해 진술하고, 문제영역과 그것들 간의 관계를 표현하고, 문제의 기초가 되는 개념들과 관련된 사실들 간의 상호연관성을 체계적이고 순차적으로 제시하면 된다. 문제영역이 너무 큰 경우에는 범위를 제한하는 것이 바람직하다. 서론은 학위논문이나 연구보고서와 같은 자세한 내용을 포함해야 하는 경우와 학술지 논문과 같이 제한된 독자들을 위한 경우에 약간 다른 형식을 취하게 된다. 학위논문의 경우는 이론적 배경 섹션을 따로 두어서 보다 자세한 이론적 검토가 포함될 것이므로 서론부분에서는 연구의 큰 틀과 연구의 목적과 필요성 그리고 연구문제를 제시하면 된다. 학술지 논문의 경우는 많은 경우에 이론적 배경을 따로 두지 않는 체제를 도입하므로 서론 부분에서 이론적 배경을 통합적으로 제시해야 한다. 이런 경우에는 관련 문헌에 대한 검토와 평가를 통해 구체적인 연구문제나 가설이 도출된 과정을 논리적으로 제시해야 한다.

이론적 배경을 따로 두지 않는 학술지 논문에서는 서론에서 전체적인 연구방법의 틀과 방향을 간단히 제시해야 한다. 즉, 실험연구를 할 것인지 조사연구를 할 것인지, 연구대상을 선정하는 근거 등을 연구문제와 연계해서 기술해야 한다. 탐색적 수준의 기술적 연구에서는 연구문제가 기술되어야 하고 실험연구의 경우는 이론이나 선행연구에 근거한 구체적인 가설이 제시되어야 한다. 실험연구가 아니라도 통계적 방법을 통해 인과관계의 확인을 시도하는 구조방정식 모형분석을 활용하는 경우라면 모형 속에서 제시하는 변수들 간의 관계에 대한 가설이나 예측이 기술되어야 한다.

4) 이론적 배경

일반적으로 전문학술지와 같이 제한된 독자들을 대상으로 하는 연구 논문의 경우는 이론적 배경을 서론과 구분하여 쓰지 않는 경우가 많다. 그러나 이 둘을 구분해서 쓰는 경우, 서론에서는 연구의 필요성이나 연구문제가 도출된 과정을 간략히 진술하는 데 반해 이론적 배경에서는 이론이나 선행연구에 대한 검토를 통해 연구문제나 가설이 흘러나오게 된 논리적 근거(rationale)를 제시한다.

이론적 배경을 작성할 때 다른 사람의 글이나 연구를 인용하는 경우 자신의 글인 양 그대로 옮겨 적는 표절행위를 하지 않도록 조심해야 한다. 내용은 인용하되 자신의 말로 바꾸어서 기술해야 한다. 반드시 본인이 직접 읽은 것을 중심으로 인용하고 부득이하게 재인용을 하게 되는 경우에는 1차 자료와 2차 자료 모두의 출처를 본문에 밝혀야 한다. 그러나 참고문헌 목록에는 2차 자료만 제시한다.

또한 이론적 배경을 작성할 때에는 논문 주제에 포함된 각각의 개념에 대한 연구뿐만 아니라 각각의 개념 간의 관계를 다루고 있는 논문들에 대한 검토도 반드시 포함되어야 한다. 예를 들어, '학습자의 성격 유형에 따른 온라인 토론 참여도의 차이'라는 연구를 한다면 성격 유형에 대한 선행연구와 온라인 토론 참여도에 영향을 미치는 요인들에 관한 선행연구 고찰만으로는 부족하다는 의미다. 따라서 성격 유형과 온라인 토론과의 관계를 연구한 논문을 찾아서 검토할 필요가 있다. 만약 관련 변수들 간의 관계를 다룬 직접적인 연구가 없다면 비슷한 개념을 다룬 연구들을 검토하여 이 변수들 간의 관계에 대한 자신의 생각을 제시함으로써 연구가설에 대한 논리적 근거를 대신할 수 있다.

5) 연구방법

(1) 연구대상

연구대상 혹은 연구참여자 부분에서는 연구 자료가 수집된 개인이나 집단에 대해 기술한다. 자원한 참여자(volunteers)를 대상으로 한 경우, 참여 대가는 어떤 방식으로 지불했는지를 밝혀야 한다. 예를 들어 수업시간에 집단으로 설문조사에 참여한 경우 추가 학점을 약속했는지, 금전적 혹은 물질적 보상이 있었는지 등을 밝혀야 한다.

인구통계학적인 특징인 성별이나 연령뿐만 아니라 연구와 관련된 구체적인 집단 특성도 제시하는 것이 바람직하며, 그와 같은 집단을 연구대상으로 삼은 이유를 제시할 필요가 있는 경우도 있다. 특히 질적 연구의 경우 연구대상이나 장면 선정 이유를 상세히 기술할 필요가 있다.

자료수집에 포함되었으나 분석에서 제외된 사례가 있는 경우, 제외시킨 이유를 제시해야 한다. 예를 들어 불성실한 반응을 한 사례, 누락된 반응이 많은 사례, 특이한 반응을 한 국외자(outlier)를 제외한 방법 등 자료정비(data cleaning) 방법과 절차에 대한 상세한 기술이 필요한 경우도 있다. 또한 연구 도중에 연구대상의 수가 감소했다면 그 원인이 무엇인지 밝혀야 하고, 중도 탈락한 사람들과 끝까지 남은 사람들의 차이가 있는지 확인하고 경우에 따라서는 통계적 차이가 없다는 증거를 제시해야 한다. 조사연구의 경우 조사방법에 따라서는 회수율을 보고해야 하는 경우도 있다. 회수율은 1차시, 2차시 등 실시한 회차에 따른 회수율을 보고하고 난 후 최종 회수율을 보고하면 된다.

(2) 연구도구와 절차

연구도구와 절차는 집단적으로 실시한 조사연구와 같은 경우는 하나의 섹션에서 같이 기술할 수 있으나 복잡한 실험연구의 경우는 실험장치나 도구를 연구 절차와 분리해서 기술할 수도 있다. 연구도구와 절차 부분에서는 구체적으로 어떤 검사도구나 실험도구를 사용했는지를 상세히 설명해야 한다. 이는 나중에 연구의 외적 타당도를 확보하기 위해서도 중요한 부분이기 때문에 구체적인 진술이 반드시 필요하다. 실험연구의 경우, 실험절차와 실험에 사용된 장치나 도구, 컴퓨터 프로그램 등은 구체적인 기종이나 품명 등 후속 연구자들이 반복연구를 수행할 수 있을 정도로 상세하게 기술해야 한다. 본문에 제시하기 어려운 내용은 부록에 제시할 수도 있다.

조사연구의 경우는 설문실시 방법을 기술하는데, 온라인으로 실시했는지 오프라인으로 실시했는지, 집단적으로 실시했는지 개별적으로 실시했는지를 기술하고 대체적인 소요시간도 보고하는 것이 좋다. 연구에 사용된 측정도구의 출처를 분명히 밝히고, 도구가 원래 어떤 목적을 위해 어떤 대상을 염두에 두고 개발된 것인지를 확인하고 이전 연구자들이 수정이나 변형한 내용이 있으면 함께 보고해야 한다. 개인차를 측정하기 위해 사용된 정의적 척도들은 일반적으로 개념에 대한 조작적 정의에 따라 문항의 구성이 달라질 수 있다. 따라서 사용된 척도 속에 포함된 문항의 예를 제시하는 것이 필요하다. 이러한 문항 내용에 대한 정보는 연구결과를 해석할 때 중요한 기능을 할 수 있다. 특히 선행연구와 불일치하는 결과를 얻었을 때 개념에 대한 정의나 조작적 정의의 차이, 따라서 문항내용의 차이 때문일 가능성을 시사함을 논의할 수 있기 때문에 문항내용에 대한 정보는 유용하게 사용될 수 있다.

측정도구에 대한 설명에서 빼놓으면 안 되는 것은 문항의 유형이다. 즉, 설문지 형태라면 문항 유형과 채점방식을 기술하는 것이 좋다. 또한 연구도구에 대하여 기술할 때는 반드시 사용된 척도의 양호도를 보고해야 한다. 이때 한 가지 주지할 사항은 Cronbach의 α와 같은 신뢰도나 요인분석과 같은 타당도 분석이 어떤 집단을 대상으로 이루어졌는지를 명시해야 한다는 것이다. 이와 같은 고전검사이론에 기초한 분석은 대상 표본에 한정된 특성이기 때문이다. 기존 연구에서의 신뢰도와 타당도가 확인된 측정도구라하더라도 본 연구에서 수집된 자료로부터 얻은 신뢰도와 타당도 추정방법과 결과로 얻어진 계수를 제시해야 한다. 만약 본 연구에서 새로이 제작한 척도를 사용하였다면 척도 제작 과정과 신뢰도와 타당도를 포함한 양호도 분석에 대한 상세한 결과를 제시해야 한다 (아래 연구 예 참조).

질적 연구에서도 자료수집 과정에 대한 상세한 기술이 필수적이다. 관찰이나 면접이 진행된 절차와 질문내용, 관찰기록 방법 등에 대한 내용을 포함해야 하며 진행 과정 중에 발생된 특이사항들도 보고할 수 있다.

연구 예   김주영, 김아영(2014). 교사의 조건부 관심 및 자율성지지와 초등학생의 자기결정동기, 학업참여 및 성취도 간의 관계. 교육심리연구, 28(2), pp. 255-257.

II. 연구방법

1. 연구참여자

본 연구에서는 서울시에 소재하는 2개의 초등학교 4~6학년에 재학 중인 아동 547명이 참여하여 연구변인들을 측정하기 위해 구성한 설문지에 응답하였다. 응답 자료 중 불성실하게 응답한 43부를 제외하고 504부가 분석에 사용되었다. 학년별 구성은 4학년 190명, 5학년 189명, 6학년 125명이며 성별 구성도 대체로 고르게 분포되었다. 연구 대상을 초등학교 4~6학년에 재학 중인 아동으로 선정한 이유는 이 시기의 아동은 부모의 영향력으로부터 어느 정도 벗어나 자율성을 획득하는 시기로 어른의 생각을 그대로 따르기보다는 자신의 생각을 스스로 결정하고 행동하는 빈도가 높아지는 시기로 볼 수 있으므로 교실에서의 교사의 자율성지지와 동기 연구에 중요한 시사점을 제공할 수 있기 때문이다.

2. 측정도구 및 절차

본 연구에서 사용한 설문지에 포함된 모든 문항은 Likert식 6점 척도로 구성하였으며 초등학생이 반응하기 용이하도록 '매우 그렇다', '그렇다', '약간 그렇다', '약간 아니다', '아니다', '전혀 아니다'의 반응 범주를 각 문항마다 제시하였다. 교사가 평정한 학업성취도는 '매우 잘함', '잘함', '보통', '부족', '매우 부족'의 5점 척도로 구성하였다. 설문지 실시는 각 학급 교사들에 의해 학급 단위로 수업 시간 중에 진행되었다. 설문지 실시 시간은 약 20분 정도 걸렸으며 학생들의 이해도는 대체로 양호하였다.

가. 교사의 조건부 관심

교사의 조건부 관심은 Assor 등(2004)이 개발한 부모에 대한 척도, Perception of Parental Conditional Regard Scale-Academics(PCRS-A)를 Assor 등(2009)이 PCPR(Parental Conditional Positive Regard)과 PCNR(Parental Conditional Negative Regard)로 구별하여 구성한 것을 김아영, 차정은(2009)이 번안한 것을 교사에 맞게 문항 내용을 수정하여 사용하였다. 이 척도는 학교 공부나 성적에 대한 교사의 조건부 관심강화 또는 조건부 관심철회에 대한 학생의 지각을 측정하는 자기보고식 질문 10문항으로 조건부 관심강화 5문항(문항 예: "내가 좋은 성적을 받으면 선생님은 평소보다 더 따뜻한 태도로 대하신다.", "내가 공부를 열심히 하면 선생님은 훨씬 더 칭찬을 많이 해 주신다."), 조건부 관심철회 5문항(문항 예: "내가 시험을 잘 보지 못하면 선생님은 나에게 관심과 사랑을 덜 보여 주신다.", "내가 공부를 열심히 하지 않으면 선생님은 나에게 신경을 덜 쓰신다.")으로 구성되어 있다. 본 연구에서 교사를 위해 새로 구성한 척도의 내적합치도 Cronbach의 α는 조건부 관심강화가 .88, 조건부 관심철회는 .84로 나타났다.

나. 교사의 자율성지지

교사의 자율성지지는 Williams, Grow, Freedman, Ryan과 Deci(1996)가 개발한 Learning Climate Questionnaire(학습 풍토 설문지)를 Jang 등(2009)의 연구에서 한국어로 번안한 것을 사용하였다. 이는 교사가 자율성을 지지해 주는 정도에 대한 학생들의 지각을 측정하는 8문항(문항 예: "선생님은 어떤 일을 혼자 결정하시기보다 가능하면 내가 무엇을 할지 선택할 수 있도록 해 주신다.", "선생님은 질문이 있을 때 언제든지 편하게 물어보라고 격려하신다.")으로 전체 척도가 단일차원적 구인을 측정한다. 점수가 높을수록 교사에 대해 지각하는 자율성지지 정도가 높음을 나타낸다. Jang 등(2009)의 고등학생 대상 연구에서 내적합치도 α는 .88로 나타났고, 본 연구에서는 .87로 나타났다.

다. 학생의 자기결정동기

학생의 자기결정동기는 김아영(2010)의 한국형 학업적 자기조절설문지(K-SRQ-A)의 수정본을 사용하였다. 이 설문지는 무동기, 외적조절동기, 내사된 조절동기, 확인된 조절동기, 내재동기를 각각 6문항씩으로 구성한 다섯 가지 하위척도로 이루어져 있으며 척도의 신뢰도와 타당도 증거가 보고되어 있다. 본 연구에서는 무동기를 제외한 24문항을 사용하였으며 내적합치도 α는 각각 .70, .77, .84, .87로 나타났다. 또한 외적 조절과 내사된 조절을 합친 통제적 동기는 .80, 확인된 조절과 내재동기를 합친 자율적 동기는 .90으로 나타났다.

(3) 파일럿 연구 실시 여부 및 결과

연구에 따라서는 본연구에 들어가기 전에 사전 탐색을 위한 파일럿 연구 혹은 예비 연구가 필요한 경우가 있다. 실험연구의 경우, 실험 절차가 의도한 대로 기능할 것인지를 사전에 확인하기 위해 파일럿 연구를 실시했다면 이 절차와 사용된 도구를 설명해야 한다. 조사연구의 경우는 연구자가 새로 개발한 척도나 설문지를 사용했다면 척도 자체의 타당도를 확인할 필요가 있기 때문에 파일럿 연구를 실시했을 것이다. 특히 연구대상이 인지능력 발달수준이 낮거나 사용된 척도가 복잡하고 추상적인 심리적 구인을 측정하는 경우 문항들이 의도한 대로 이해되고 있는가에 대한 확인이 필요하다. 이를 위해 소규모 집단을 대상으로 하는 파일럿 연구를 실시하였다면 이 내용을 보고해야 한다. 이와 같이 사전 연구를 진행한 경우에는 사전 연구의 절차 및 결과에 대해 구체적으로 진술하고 그 결과 본연구 진행을 위해 수정한 부분은 없는지 진술할 필요가 있다.

(4) 연구 절차

앞에서 제시한 바와 같이 연구도구와 절차를 분리해서 기술하는 경우는 절차 자체에 대한 기술만 해야 한다. 일반적으로 연구가 진행된 순서대로 구체적인 내용을 기술한다. 특히 실험수행, 설문지 실시와 같은 자료수집 절차는 자세하게 기술하는 것이 좋다.

때때로 실험연구에서는 처치 조건을 달리하기 위해 지시문의 유형을 조작하는 경우가 있다. 이런 경우는 조건에 따라 사용된 지시문을 직접 인용을 통해 제시해야 한다. 또한 설문지 실시를 할 때 대상의 인지능력 수준이 낮거나 읽기능력이 부족한 경우에 설문 문항을 하나씩 읽어 주거나 설명해 주면서 진행했다면 이런 사실도 자세히 언급해야 한다.

(5) 연구자 배경

질적 연구는 분석된 자료에 대한 연구자의 주관적 해석이 중요한 특징이기 때문에 연구를 수행하는 사람의 자격이 중요한 조건이 된다. 따라서 연구자의 배경에 대한 정보가 제공되어야 한다. 특히 연구의 주제나 연구문제와 관련된 연구자의 과거 경험이나 경력이 연구의 질적 수준을 결정한다고 해도 과언이 아니기 때문에 연구자의 배경에 대한 상세한 정보를 제공하는 것이 필요하다. 예를 들어, '가출 청소년들의 가정 복귀와

적응과정'에 대한 현상학적 연구를 하고자 한다면 연구자 자신의 가출 청소년 상담이나 지도자로서의 경험이나 경력사항 혹은 연구경험 등을 충분히 기술함으로써 연구자로서의 자격을 갖추고 있음을 보여 주어야 하기 때문에 자세한 경력을 기술해야 한다.

(6) 자료분석 방법

수집된 자료를 분석한 방법을 기술하는 부분으로 질적 연구와 양적 연구에 따라 강조하는 부분이 다르지만 연구목적에 맞는 결과를 도출하기 위한 절차라는 점은 같다. 우선 양적 연구에서는 통계적 분석이 주가 되는데 일반적으로 연구문제나 가설 순으로 사용된 분석방법을 제시한다. 통계분석 패키지를 사용했다면 명칭과 버전을 명시해야 한다. 또한 통계적 분석방법에 따라 결과의 차이가 발생할 수 있는 상황이라면 구체적으로 기술해야 한다. 예를 들어, 탐색적 요인분석에서는 사용한 통계 프로그램이나 회전방식에 따라 결과가 조금씩 다르다(제8장 참조).

통계분석 결과를 해석하는 데 대안적인 방식이나 기준이 있는 경우(예를 들어, 구조방정식 모형의 적합도 지수 도입 기준), 누구의 기준인지 참고문헌을 인용하는 것이 필요하다. 이때 유의해야 할 것은 그러한 대안적 기준을 발표한 최초 연구자의 논문이나 저술을 인용해야 한다는 것이다. 만약 인용 출처를 확인하지 못하고 다른 연구자의 인용 논문을 참고했다면 재인용 표시를 해야 한다.

질적 연구의 경우는 자료 코딩 방법과 전략을 기술해야 하고 컴퓨터 프로그램을 사용한 경우는 양적 연구와 마찬가지로 명칭과 버전을 명시해야 한다. 코딩 방법은 연구에서 기초로 한 질적 연구의 전통에 따라 진행사항을 단계적으로 상술하는 것이 필요하다(제5장 참조).

6) 연구결과

연구결과 부분에서는 연구방법에 따라 수집된 자료에 대한 분석결과를 보고한다. 양적 연구냐 질적 연구냐에 따라 결과 제시방법의 차이가 있기는 하지만 기본적으로는 연구문제에 대한 해답을 얻기 위해 수집한 자료를 요약 정리하여 기술하거나 통계적 가설검증 결과를 제시하게 된다. 표나 그림, 그래프 등을 사용하여 연구결과에서 제시하려는 내용을 알기 쉽게 전달할 필요가 있고, 적절한 제목을 활용하여 무엇을 분석한 결과인지를 정확히 제시해야 한다.

양적 연구의 경우 통계적 분석결과를 자세히 기술해야 하는데 독자의 이해를 쉽게 하기 위해 표나 그림을 병행해서 사용한다. 통계적 분석결과는 기술통계를 사용해서 자료를 조직화하고 요약하여 제시하고, 추리통계를 사용하여 가설검증 결과를 제시한다. 분석결과에 대해서 연구자의 해석은 첨가하지 않고 객관적으로 결과만을 보고한다. 그러나 상황에 따라서는 통계적 분석결과에 대한 해석을 논의 부분까지 미루는 것보다 바로 제시하는 것이 효과적일 수 있다. 이런 경우는 섹션의 제목을 '연구결과 및 해석'으로 붙이고 내용을 설명할 수도 있다.

통계적인 결과를 제시하는 경우에는 일관성 있는 용어(번역어, 원어, 약어)의 사용을 통해 혼란을 피해야 하며 통계분석 결과를 제시할 때에도 해당 기관에서 제시한 논문 작성 지침을 따라야 한다. 통계치는 이탤릭체로 제시하고 자유도가 있는 통계치는 항상 자유도를 제시하도록 한다(〈표 9-1〉 참조).

〈표 9-1〉 통계치 보고 예시

---

(1) 기술통계치

"…남학생 집단($M=4.19$, $SD=1.12$)이 여학생 집단($M=3.87$, $SD=1.03$)에 비해 학업적 자기효능감이 높은 것으로 나타났다."

※ 평균(M), 표준편차(SD) 등 통계치를 상징하는 알파벳과 표본의 수(N), 유의확률(p) 등을 상징하는 알파벳은 이탤릭체로 표기한다. '=' '<' 등 연산기호의 앞뒤에는 한 칸씩을 띄우기도 한다.

(2) 추리통계치

① t검증: "…남학생 집단과 여학생 집단 사이에 통계적으로 유의미한 차이가 발견되었다, $t(75)=3.98$, $p<.01$."

② t, F 등 검증에 사용된 분포를 상징하는 알파벳은 이탤릭체로 표기한다.

③ 분산분석: "…세 집단 간에 유의미한 차이가 발견되었다, $F(2, 177)=4.37$, $p<.05$."

※ 한국심리학회 논문투고규정에서는 평이한 요인설계(factorial design)까지는 유의한 경우나 유의하지 않은 경우 모두 F, df, p, MSE 및 효과크기(η^2, ω^2, d, f 등)를 본문에 풀어 쓰면 된다고 한다. 그러나 설계가 복잡해지면 ANOVA 표를 제시하도록 하고 있다.

④ Chi-square: $\chi^2(df=4, N=90)=10.51$, $p<.05$

⑤ 상관계수: $r=.79$, $p<.001$

⑥ 회귀분석: "…시험에 대한 불안감은 학업성취도를 유의미하게 예측하는 것으로 나타났다, $F(1, 157)=22.09$, $p<.001$, $\beta=-.31$."

※ 중다회귀분석의 경우는 R^2를 보고하기도 한다.

※ 통계치나 분포를 상징한다 하더라도 χ^2, α, β 등 그리스 문자의 경우에는 이탤릭체로 표기하지 않는다.

결과를 제시할 때 표나 그림을 사용하는 경우 본문에서 표나 그림이 보여 주는 내용을 충분히 설명해야 한다. 즉, 표나 그림이 없어도 무슨 내용인지를 알 수 있는 수준으로 기술해야 한다. 또한 표나 그림은 그 자체로서 이해가 가능하게 만들어야 한다. 다시 말하면 표에 영문 약자를 사용하는 경우는 '주'를 달아서 각각의 약자가 무엇을 의미하는지, 그리고 표 속의 수치가 무엇을 의미하는지 알 수 있게 해야 한다.

질적 연구의 경우는 수집한 자료를 정리하고 연구문제에 대한 해답을 도출하기에 적절한 코딩 방식을 적용해서 기술적 자료를 요약하여 제시한다. 또한 특별하거나 특이한 사례는 있는 그대로 직접 인용구의 형식으로 제시한다.

7) 결론과 논의

연구결과를 보고하고 나면 그 결과가 의미하는 바를 명확하게 하기 위해 연구결과를 간략히 요약하고 그에 대해 일반적 용어로 해석하는 것이 필요하다. 선행연구와의 관련성 및 차이점 등을 제시하고 연구가설에서 지지된 부분과 그렇지 않은 부분을 각기 진술해야 한다. 만약 연구가설이 지지되지 않은 부분이 있다면 이러한 결과가 나타난 이유에 대한 연구자의 생각을 진술할 필요가 있다. 또한 얻어진 결과와 유사한 상황으로의 일반화 가능성에 대해 논의해야 한다. 통계적 분석결과는 일반적인 용어로 결론을 내려야 하고, 일반화 가능성에 대해서는 자료수집 방법과 표집의 특성들을 고려해서 진행해야 한다. 특히 복잡하거나 어려운 통계적 분석을 실시한 경우는 통계적 지식이 없어도 결과를 이해할 수 있는 수준으로 풀어서 설명하는 것이 필요하다. 또한 무선표집 방법과 같은 확률적 표집방법을 적용하지 않은 경우는 일반화 범위의 제한성에 대해 특별히 신중하게 기술해야 한다.

결과에 대한 해석을 하고 나면 '실제적 적용' 또는 '시사점'과 같은 섹션을 만들어서 본 연구의 의의에 대해 평가하고 그 결과가 현장이나 일반적 상황에서 어떻게 적용될 수 있을지에 대해 이론적 배경에 기초하고 연구자가 판단하는 범위 내에서 실질적인 적용 아이디어를 제안할 수 있다.

마지막으로 '제한점' 또는 '후속연구를 위한 제언'을 두어 본 연구가 가진 제한점과 약점을 논의하고 후속연구에서 이를 보완할 수 있는 아이디어를 제안할 수 있다. 좋은 연구의 특징 중 하나는 그 연구로 인해 많은 후속연구가 생성될 수 있도록 자극하는, 즉 방향제시적 가치가 높은 것이다. 따라서 연구를 수행하면서 인지한 한계나 문제점을 논의함으로써 후속 연구자들이 이러한 문제를 해결해 보고자 새로운 연구를 계획하게 할 수 있다는 것은 학문적 발전에 큰 공헌을 하는 일이다.

8) 참고문헌과 부록 작성

연구의 기초가 된 이론과 경험적 연구의 출처를 명확하고 구체적으로 밝히는 것은 후속 연구자들에게 매우 귀중한 정보가 되기 때문에 참고문헌 목록은 형식적인 틀에 맞추어 작성되어야 한다. 전문 학회나 학술지 편집위원회와 같은 연구 논문을 출간하는 기관에서는 자체적으로 제작한 참고문헌 작성방법이 있어서 연구자들은 이를 따라야 한다.

부록은 모든 논문에 꼭 포함되어야 하는 것은 아니고, 연구 논문에 따라 첨부할 필요가 있는 경우가 있다. 예를 들어 연구에서 사용한 검사나 척도의 문항내용이 있어야 논문을 이해할 수 있는 경우에 본문보다는 부록으로 제시하는 것이 효과적일 수 있다. 실험절차나 실험에서 사용된 장치나 도구 등에 대한 설명도 부록으로 제시될 수 있으며, 통계분석에 대한 보다 자세한 결과에 관심이 있는 독자들을 위해서 본문에서 제시하기보다는 부록으로 첨부하는 것이 바람직한 경우도 있다. 이러한 결정은 연구자의 주관적 판단에 따르는 것이다.

2. 연구보고서의 형식과 체제

1) 글의 시제

연구계획서의 경우는 미래시제를 사용하고 이미 수행한 연구에 대한 보고서의 경우에는 과거시제를 사용하는 것이 일반적이다. 외국어로 작성된 논문의 경우 현재시제를 사용하는 경우가 있으나 한국어로 작성하는 논문에서 현재시제를 사용하는 것은 부자연스러운 경우가 있다.

2) 글쓰기 형식

문단은 두 개 이상의 문장으로 구성해야 한다. 또한 하나의 문단을 한 페이지에 걸쳐 제시하거나 아주 긴 문장으로 구성하면 읽는 사람이 집중을 하는 데 방해가 될 수 있다. 따라서 문단을 구성할 때에는 한 페이지에 3~5개 정도의 문단이 포함되도록 하고 내용이 전환될 때를 기준으로 다른 문단으로 구분하도록 한다. 문장의 길이도 너무 길지 않게 작성하는 것이 좋다. 일반적으로 네다섯 줄 이상을 차지하는 긴 문장은 두 문장으로 나누어 기술하는 것이 좋다.

논문의 내용이나 표, 그림, 부록 등의 번호는 해당 기관이나 학회에서 제시하는 논문의 형식에 맞는 것을 사용하며 일관성 있는 체계를 유지해야 한다. 또한 논문의 내용이 우수하다고 하더라도 오타가 있고 문장부호의 사용이나 띄어쓰기가 잘못되어 있으면 논문의 질에 대한 정당한 평가를 받기 어렵다. 따라서 먼저 자신의 논문을 처음부터 끝까지 꼼꼼히 읽으면서 모든 오타 및 문장부호, 띄어쓰기 등을 철저히 검사한다. 마침표와 쉼표를 앞 단어에 붙여 쓰는 것과 마찬가지로 콜론(:)과 세미콜론(;)도 앞 단어에 붙여 사용하고, 괄호 속에 영어나 한문 혹은 인용문헌을 제시할 경우 앞 단어와 붙여 쓴다. 한글의 특성상 문장이 길고 내용이 복잡해지면 주부와 술부가 맞지 않는 경우가 발생하기 때문에 검토를 위한 읽기 과정을 거쳐 논문의 완성도를 높이는 노력을 해야 한다. 검토가 끝난 후에는 가능하면 관련 주제에 대한 지식이 있는 다른 사람이 교정을 위한 검토를 하게 하는 것이 바람직하다.

외국 자료를 인용하는 경우, 연구자 이름의 철자가 정확한지, 성(性, last name) 대신 이름(first name)을 쓰지는 않았는지 확인해야 한다. 또한 다른 사람의 정의를 직접 인용한 경우, 그림이나 표를 인용한 경우, 반드시 그 출처와 페이지를 밝혀야 한다. 외국의 기관이나 프로그램, 검사도구명 등이 논문에 처음 사용되는 경우, 원래의 명칭을 그대로 제시한 다음 괄호 속에 약어를 제시한다[예: American Psychological Association(APA)]. 두 번째 사용할 때부터는 약어만을 사용할 수 있다. 한국말로 번역된 명칭을 사용할 경우에도, 먼저 원어로 된 정식 명칭을 제시하고 약어를 제시한다[예: 미국교육학회(American Educational Research Association: AERA)].

3) 표와 그림

다른 사람의 논문에 실린 표나 그림을 자신의 논문에 다시 사용하는 경우, 반드시 그 출처를 본문은 물론 각각의 표와 그림 밑에 일일이 밝혀야 한다. 또한 이미 발행된 저서나 학술지에 실린 표와 그림 등을 실을 경우, 반드시 저작권 저촉 여부를 해당 발간 기관에 확인해야 한다.

표의 제목은 표 위에, 그림의 제목은 그림 아래에 제시하는 것을 원칙으로 한다. 만약 표가 다른 참고문헌으로부터 인용된 것이라면 그 출처(저자, 출판연도, 제목, 출처, 해당 페이지 번호)를 표 아래 주석의 형태로 밝히고 반드시 참고문헌 목록에 포함시켜야 한다.

4) 참고문헌의 인용

본문에서 다른 문헌으로부터 인용한 내용이 담겨 있는 문장이나 문단에는 반드시 해당 저자명과 출판연도를 밝혀 주어야 한다. 참고문헌은 국내 문헌을 먼저 제시한 후 국외 문헌을 제시한다. 국내 문헌의 경우 저자 이름의 가나다순으로, 국외 문헌의 경우 저자 성(姓)의 알파벳순으로 나열한다.

저자를 인용할 때는 '홍길동과 임꺽정(2015)은', 혹은 'Smith와 Carter(2014)는'으로 표기하며 참고문헌의 저자가 2명인 경우, 항상 두 사람의 이름을 모두 기재한다. 만약 저자가 3~5명인 경우, 첫 등장 부분에만 모든 저자의 이름을 포함시키고 두 번째 등장 이후에는 주저자 외의 이름을 생략한다. 국내 문헌의 첫 등장에서는 '홍길동, 임꺽정, 심청, 성춘향, 이몽룡(2013)은', 이후 등장에서는 '홍길동 외(2013)는' 혹은 '홍길동 등 (2013)은'으로 표기한다. 국외 문헌의 첫 등장에서는 'Smith, Carter와 Ford(2001)는'으로, 이후 등장에서는 'Smith 등(2001)은'으로 표기한다. 참고문헌의 저자가 6명 이상인 경우, 첫 등장부터 주저자 외의 이름을 생략하고 '등'이나 '외'로 제시한다.

본문 중에 괄호 속에서 인용출처를 밝힐 때에도 1~2명의 저자인 경우는 항상 모두 제시한다(예: 홍길동, 1998; 홍길동, 임꺽정, 2015; Smith, 2014; Smith & Carter, 2014). 3명 이상의 저자인 경우는 첫 등장은 모두 제시하고 두 번째 등장부터는 한국 문헌의 경우는 '등' '외'로 외국문헌의 경우는 주저자 이하는 'et al.'로 제시한다(예: 홍길동 등, 2013; Smith et al., 2001).

5) 참고문헌 목록

본문에 열거된 문헌이 모두 참고문헌 목록에 포함되어 있는지 여부를 반드시 확인해야 한다. 또한 참고문헌 목록에 포함된 모든 문헌이 본문에서도 거론되었는지도 확인해야 한다.

참고문헌 목록 작성 시 국내 학술지를 예로 들면, 심리학 관련 학술지는 한국심리학회 「논문작성양식」에 준해서, 교육학 관련 학술지는 한국교육학회 「학회지 게재응모 논문작성양식」에 준해서 작성한다. 한편, 외국 문헌의 경우는 영국에서 발간하는 학술지를 제외한 대부분의 북미를 포함한 영어권 국가에서 발간되는 심리학이나 교육학 관련 학술지에 투고하는 논문은 특별한 경우가 아니면 APA(2006, 2009)에서 출간한 최신 *Publication Manual* (6th ed.)에 제시된 APA Style에 맞추어 작성한다. 참고문헌 목록을 작성할 때 고려해야 할 구체적인 사항을 예를 들어 설명하기로 한다.

- 국내 문헌을 먼저 제시한 후 국외 문헌을 제시한다. 국외 문헌은 아시아권 문헌을 먼저, 그다음에 영어권 문헌을 제시한다. 국내 문헌의 경우 저자 이름을 기준으로 가나다순으로, 국외 문헌의 경우 저자의 성(性)을 기준으로 알파벳순으로 나열한다. 같은 저자의 여러 문헌이 포함될 경우 출판연도 순으로 제시하되, 과거 문헌으로부터 최근 문헌의 순으로 나열한다. 또한 같은 주저자가 여러 다른 공저자와 출간한 문헌의 경우 두 번째 공저자 이름이나 성을 기준으로 가나다순 또는 알파벳순으로 나열한다(예1, 예2, 예3, 예4, 예5).

- 국내 저서나 학술지 명칭과 권수는 중고딕과 같은 다른 글자체를 사용한다(예1, 예2). 국외 저서를 표기할 경우에 책이나 학술지 명칭은 이탤릭체로 표기한다. 책이나 논문의 제목은 첫 글자와 ':' 이후의 첫 글자만을 대문자로 표기하나 학술지 명칭은 모든 단어의 첫 글자를 대문자로 표기한다. 각 저자의 성(性)이 앞에 오고, 이름과 중간 이름(middle name)은 머리글자(initial)로만 표기한다. 학술지의 권수는 이탤릭체로, 호수는 괄호 속에 정자체로 표기한다(예4, 예5).

  영어권 문헌의 경우, 본문에서 인용할 때는 세 명 이상인 경우에만 '&' 전에 ','(쉼표)를 삽입하지만, 참고문헌 목록에서는 두 명의 저자인 경우부터 '&' 전에 쉼표를 삽입한다(예5).

예1: 김아영 (2010). 학업동기: 이론, 연구와 적용. 서울: 학지사.

예2: 김아영, 이채희, 최기연 (2008). 교수몰입척도 개발 및 타당화. 교육심리연구, 22(4), 647-670.

예3: 김아영, 차정은 (2003). 교사효능감 및 학생의 학업적 자기효능감이 학업성취도에 미치는 영향에 대한 다층분석. 교육심리연구, 17(2), 25-43.

예4: Deci, E. L., Koestner, R., & Ryan, R. M. (2001). Extrinsic rewards and intrinsic motivation in education: Reconsidered once again. *Review of Educational Research, 71*, 1-27.

예5: Deci, E. L., & Ryan, R. M. (1985). *Intrinsic motivation and self - determination in human behavior.* NY: Plenum Press.

- 여러 저자의 글을 모아서 하나의 책으로 묶은 편저 전체를 인용할 때는 대표 편저자나 편저자들의 이름 옆에 편저자가 한 명일 경우는 (Ed.)를 붙이고 여러 명일 경

우는 (Eds.)를 붙이고 책이름을 제시한다(예6, 예7).

- 국외 편저 중 한 장만을 인용할 경우 해당 장이 포함된 책이름을 이탤릭체로 표기한다. 이때 해당 장의 저자의 이름은 성을 앞에, 이름과 중간이름은 머리글자만으로 뒤에 표기하며, 편저자(editors)의 이름과 중간이름의 머리글자를 앞에, 성을 뒤에 표기한다(예6).

인용 페이지가 하나인 경우는 'p. 5'와 같이, 둘 이상인 경우는 'pp. 5~8'과 같이 표기한다(예6).

예6: Winne, P. H. (2001). Self-regulated learning viewed from models of information processing. In B. J. Zimmerman & D. H. Schunk (Eds.), *Self-regulated learning and academic achievement: Theoretical perspectives* (2nd ed., pp. 153-189). Mahawah, NJ: Lawrence Erlbaum Associates.

예7: Zimmerman, B. J., & Schunk, D. H. (Eds.) (2011). *Handbook of self-regulation of learning and performance*. New York, NY: Routledge.

- 국내외 학위논문은 저자, 논문 제출 연도, 제목, 학교이름의 순서로 표기한다(예8, 예9). 또한 기관에서 발행하는 보고서도 형식을 갖추어 표기한다(예10).

예8: 주지은 (2008). 공간검사의 문제풀이 방략유형 탐색과 성별, 공간능력 수준별, 전공 계열별 집단차이. 이화여자대학교 대학원 박사학위논문.

예9: Guglielmino, L. M. (1977). Development of the self-directed learning readiness scale. Doctoral dissertation, University of Georgia.

예10: 한국교육개발원 (2010). 미래 교육비전 연구. 한국교육개발원 연구보고, RR 2010-08.

- 외국서적의 한국어 번역판은 먼저 원어로 원저자, 번역판 출간 연도, 한국어 제목, 괄호 속에 원어 제목, 번역자, 한국 출판사, 원전 출판연도의 순으로 표기한다(예11).

예11: Woolfolk, A. E. (2007). 교육심리학 [Educational psychology (10th ed.)]. (김아영, 백화정, 정명숙 공역). 서울: 박학사. (원전은 2007에 출판).

- 기관의 인터넷 홈페이지나 온라인상의 문헌을 표기할 때는 저자, 연도, 제목, 인출 날짜 순으로 표기한다(예12, 예13).

예12: 한국교육심리학회 (2014). 한국교육심리학회 연혁. http://www.kepa.re.kr/sub_01/sub01_02.asp. 2015. 4. 10 인출.

예13: OECD (2005). The DeSeCo executive summary. http://www.oecd.org/dataoecd/47/61/35070367.pdf. 2015. 4. 10 인출.

이상에 제시한 예제 이외에도 다양한 문헌이 논문에 인용될 수 있고 각각의 인용된 문헌의 출처가 참고문헌 목록에 포함되어야 한다. 구체적인 제시방법은 논문이 출판될 기관이나 학술단체에서 제공하는 출판양식을 따라야 한다.

II ░ 연구보고서 평가

연구가 끝나서 연구보고서 작성을 마치고 나면, 보고서에 대한 자체평가를 해서 보고서의 질적 수준을 높일 필요가 있다. 제시된 [그림 9-1]에는 연구 논문에 대한 자체평가에서 포함시켜 검토할 수 있는 내용들이 제시되어 있다. 몇 가지 큰 제목 밑에 세부 목록별로 평정을 할 수 있도록 만들어졌기 때문에 자신의 논문뿐만 아니라 다른 사람의 논문을 평가하는 데도 사용할 수 있다.

연구 논문 평가지

평가일: _____

논문제목: _____

_____

저자 및 출처: _____

_____

	매우 부족	부족	약간 부족	약간 우수	우수	매우 우수
A. 연구주제 및 연구문제						
1. 주제의 명료성	1	2	3	4	5	6
2. 문제 진술의 적절성	1	2	3	4	5	6
3. 연구의 필요성에 대한 기술	1	2	3	4	5	6
B. 연구내용						
1. 연구동향 파악 정도	1	2	3	4	5	6
2. 이론적 근거의 확실성	1	2	3	4	5	6
3. 연구문제나 가설의 타당성	1	2	3	4	5	6
4. 변수들에 대한 정의	1	2	3	4	5	6 n.a.
C. 연구방법						
1. 연구참여 대상에 대한 구체적 기술	1	2	3	4	5	6
2. 연구참여자 선정 절차의 타당성	1	2	3	4	5	6
3. 설계	1	2	3	4	5	6 n.a.
4. 도구(측정도구)	1	2	3	4	5	6
5. 연구 수행절차	1	2	3	4	5	6
6. 자료수집 방법	1	2	3	4	5	6
D. 연구결과						
1. 통계적 분석의 적합성	1	2	3	4	5	6 n.a.
2. 결과제시의 정확성	1	2	3	4	5	6
E. 결론 및 논의						
1. 결과 요약의 간결성	1	2	3	4	5	6
2. 선행 연구와의 비교 논의	1	2	3	4	5	6
3. 결과활용에 대한 기술	1	2	3	4	5	6
4. 공헌점에 대한 기술	1	2	3	4	5	6
5. 제한점에 대한 기술	1	2	3	4	5	6
6. 제안점에 대한 기술	1	2	3	4	5	6
F. 참고문헌 및 부록 제시	1	2	3	4	5	6

전체 총점: _____

코멘트: _____

[그림 9-1] 연구 논문 평가지 예

논문을 평가할 때는 우선 전체적인 형식을 갖추고 있는가 그리고 과학적 연구보고서에서 포함시켜야 할 필수 내용이 빠진 것은 없는가를 살펴본 후에 연구 주제와 연구문제, 연구내용, 연구방법, 연구결과, 결론과 논의, 참고문헌 목록 등 세부적인 내용에 대한 평가를 진행하면 된다. 이러한 세부 내용들에 대한 평정을 하고 필요한 경우 점수화해서 평가할 수도 있다. 〈표 9-2〉에는 작성한 논문을 관계 기관이나 학술지에 제출하기 전에 검토하고 확인할 사항들을 APA(2013)에서 제안한 것을 참고해서 구성한 체크리스트가 제시되어 있다.

〈표 9-2〉 학술지 논문 투고를 위한 체크리스트

확인사항		확인 여부
형식	해당 학술지 웹사이트에서 논문 제출을 위한 필수 형식에 대한 지침을 확인했는가?	예/아니요
	전체 원고는 학술지가 지정하는 필수 형식에 맞게 작성되었는가?	예/아니요
제목/초록	전체 연구를 잘 반영하는가?	예/아니요
	저자와 소속기관은 정확하게 표기되어 있는가?	예/아니요
	초록은 학술지 기준에 맞게 형식과 분량이 적절한가?	예/아니요
단락/제목	문단의 길이가 적절한가? 지나치게 길지 않은가?	예/아니요
	한 문장으로 구성된 문단은 없는가?	예/아니요
	소제목 수준은 정확하게 논문조직을 반영하고 있는가?	예/아니요
	동일 수준의 모든 소제목들은 동일한 형식으로 제시되어 있는가?	예/아니요
약자	필요한 약자에 대한 설명이 있는가? 불필요한 약자는 없는가?	예/아니요
	표와 그림에 포함된 약자는 표, 그림캡션, 범례에 설명되어 있는가?	예/아니요
수학/통계	본문에 있는 그리스 문자와 수학기호는 식별이 가능한가?	예/아니요
	통계기호로 사용된 그리스 문자 외의 영문자들은 이탤릭체로 표기되어 있는가?	예/아니요
	표와 그림에 측정단위가 표시되어 있는가?	예/아니요
참고문헌	인용된 참고문헌이 본문과 참고문헌 목록 두 곳에 모두 제시되어 있는가?	예/아니요
	본문에 인용한 내용과 참고문헌 목록의 기입사항은 철자와 연도가 일치하는가?	예/아니요
	참고문헌 목록에 있는 학술지 제목은 약자 없이 모두 제시되어 있는가?	예/아니요
	참고문헌은 한국 저자, 동양권 저자, 영미권 저자 순으로 제시되어 있고, 저자의 성에 따라 가나다(한국, 동양권) 혹은 알파벳 순(영미권)으로 정리되어 있는가?	예/아니요

	확인사항	확인 여부
주/각주	저자 주에 논문에 관한 특수한 상황을 밝히고 있는가? (지원내역, 학술대회에서 발표된 부분, 학생논문을 기초로 작성된 논문, 종단연구 보고서, 연구보고서 등)	예/아니요
	본문에는 표시한 모든 각주들과 각주 번호가 일치하는가?	예/아니요
표 · 그림	모든 표에는 제목이 붙여져 있는가?	예/아니요
	표는 학술지 형식에 맞게 작성되어 있는가?	예/아니요
	그림은 가독 가능한 해상도를 가지고 있는가?	예/아니요
	모든 그림과 표가 본문에 언급되어 있어 있는가?	예/아니요
	모든 그림과 표가 언급된 순서대로 번호가 붙여져 있는가?	예/아니요
저작권 · 인용 · 윤리	이전에 출판된 본문, 검사 또는 검사의 일부 또는 그림 사용에 대한 서면 동의서는 확보하고 있는가?	예/아니요
	직접 인용된 타인의 글에 대한 원저서의 페이지 번호가 본문에 제시되어 있는가?	예/아니요
	표절 시비 가능성이 있는 부분은 없는가?	예/아니요
	원고가 원본이고, 이전에 출판한 적이 없으며 다른 곳에 동시에 투고하지 않았는가?	예/아니요

표에서 제시된 바와 같이 학술지에 논문투고를 하기 위한 준비 작업에는 연구내용의 질적 수준만이 아니고 이를 전달하기 위한 논문의 외적인 형식에서도 갖추어야 할 것들이 많다. 많은 시간과 노력을 투여하여 수행한 연구결과를 다른 연구자들과 공유하는 것은 연구자 개인의 만족뿐만 아니라 학문적 발전에도 공헌하는 길이다. 이를 위해 과학적 글쓰기 방법에 따라 작성한 내적 · 외적으로 높은 질적 수준을 확보한 연구 논문을 발표함으로써 연구자 개인의 만족감을 경험할 뿐만 아니라 학문적 발전에도 공헌할 수 있을 것이다.

핵심 개념

과학적 글쓰기, APA 출판매뉴얼, 논리적 근거, 연구참여자, 자원한 참여자, 자료정비, 중도탈락, 회수율, 척도의 양호도, 파일럿 연구, 일반화 가능성, 부록, 글의 시제, 참고문헌 목록, 연구보고서 평가

고려대학교 부설 행동과학연구소 (1999). 심리척도 핸드북. 서울: 학지사.

고려대학교 부설 행동과학연구소 (2000). 심리척도 핸드북 II. 서울: 학지사.

곽호완, 박창호, 이태연, 김문수, 진영선 (2008). 실험심리학용어사전. 서울: 시그마프레스.

김아영 (2000). 관찰연구법. 서울: 교육과학사.

김아영, 김미진 (2004). 교사 효능감 척도 타당화. 교육심리연구, 18(1), 37-58.

김아영, 김세영 (2003). 명시적 부정문항과 암묵적 부정문항이 심리척도의 요인구조에 미치는 영향. 교육평가연구, 16(1), 39-52.

김아영, 박인영 (2001). 학업적 자기효능감 척도 개발 및 타당화 연구. 교육심리연구, 39(1), 95-123.

김아영, 임은영 (2003). Effects of different types of practices in cross-cultural test adaptation of affective measures. 한국심리학회지: 일반, 22(1), 89-113.

김아영, 조영미 (2001). 학업성취도에 대한 지능과 동기변인들의 상대적 예측력. 교육심리연구, 15(4), 121-138.

김아영, 주지은 (2010). 공간검사와 공간능력속도검사에서의 차이. 미간행

김아영, 차정은 (2003). 교사효능감 및 학생의 학업적 자기효능감이 학업성취도에 미치는 영향에 대한 다층분석. 교육심리연구, 17(2), 25-43.

김아영, 차정은 (2010). 모의 양육행동이 아동의 양육행동 지각, 학업적 자기효능감 및 학업성취도에 미치는 효과 분석: 자기조절동기의 매개효과를 중심으로. 교육심리연구, 24(3), 563-582.

김아영, 탁하얀, 이채희 (2010). 성인용 학습몰입 척도 개발 및 타당화. 교육심리연구, 24(1), 39-59.

김영희, 최명선 (2001). 의미분석법에 의한 아동 및 청소년의 부모 이미지 연구. 놀이치료연구, 4(2), 3-14.

김용학 (2011). 사회 연결망 분석. 서울: 박영사.

김재은 (1971). 교육·심리·사회 연구방법. 서울: 익문사.

김정선 (2015). 혁신기술로서의 빅데이터 국내 기술수용 초기 특성 연구. 이화여자대학교 대학원 박사학위논문.

김주영, 김아영 (2014). 교사의 조건부 관심 및 자율성지지와 초등학생의 자기결정동기, 학업참여 및 성취도 간의 관계. 교육심리연구, 28(2), 251-268.

김지현 (2014). 감사노트 쓰기 활동이 청소년의 감사성향과 심리적 안녕감에 미치는 영향. 이화

여자대학교 대학원 석사학위논문.

김현철 (2000). 표본의 추출과 분석. 서울: 교육과학사.

김혜진 (2007). 사회연결망(social network analysis: SNA)을 이용한 스포츠 경기분석. 한국체육 측정평가학회지, 9(1), 99-112.

박광배 (2009). 변량분석과 회귀분석. 서울: 학지사.

박선민, 김아영(2014). 감사일지쓰기가 초등학생의 감사성향과 행복감에 미치는 영향. 교육방법 연구, 26(2), 347-369.

백욱현 (2006). 면접법. 서울: 교육과학사.

서유형 (2014). R을 이용한 빅데이터 분석: 데이터의 다차원 처리 및 시각화. 이화여자대학교 대학원 석사학위논문.

손동원 (2002). 사회 네트워크 분석. 서울: 경문사.

송인섭, 박소연, 이희현, 김누리, 한윤영, 김효원, 김희정, 안혜진, 최영미, 성소연 (2008). 실제논 문작성을 위한 연구방법론. 서울: 교육과학사.

이각범 (2011). 빅데이터를 활용한 스마트 정부 구현(안). 국가정보화전략위원회 의안번호 제 146 호.

이성진 (2005). 한국인의 성장발달: 30년 종단적 연구. 서울: 교육과학사.

이수현, 김아영 (2012). 학업적 완벽주의 척도 개발 및 타당화. 교육심리연구, 26(4), 1113-1136.

이종승 (2009). 교육, 심리, 사회 연구방법론. 서울: 교육과학사.

임신일, 박병기 (2013). 국내, 외 시험불안 연구의 메타분석. 교육심리연구, 27(3), 529-553.

임은영 (1998). 타문화권 태도척도 번안에서 역번역절차의 중요성. 이화여자대학교 대학원 석 사학위논문.

정용찬 (2012). 빅데이터 혁명과 미디어 정책 이슈. 과천: 정보통신정책연구원.

정혜온 (2007). SNA에 의한 교우관계 분석과 지도 방안. 교육문화연구, 13(2), 137-158.

주지은 (2008). 공간검사의 문제풀이 방략유형 탐색과 성별, 공간능력 수준별, 전공계열별 집단 차이. 이화여자대학교 대학원 박사학위논문.

주지은, 김아영 (2010). 공간능력과 공간검사 문제풀이 방략 사용의 성차. 한국심리학회지: 여성, 15(4), 829-851.

주지은, 노언경, 이규민, 김아영 (2007). 공간능력 검사의 성차 및 과제유형 효과와 효율적 측정 구조 탐색. 교육심리연구, 21(2), 311-330.

주현덕 (2006). 애정관계에서의 "연인으로서의 나(내 애인) 척도(MALPS)"의 개발. 한국심리학회 지: 여성, 11(1), 63-81.

차정은 (2005). 자기보고식 심리검사의 비전형적 반응과 반응자 적합도 간의 관계 및 부적합 원 인 분석. 이화여자대학교 대학원 박사학위논문.

차정은, 이지연, 황상희 (2009). 부부갈등과 청소년의 우울 및 공격성의 관계에서 수치심과 유 기공포의 매개효과 검증-남녀청소년의 모형 비교-. 청소년시설환경, 7(2), 3-15.

차정은, 김아영, 송윤아, 탁하얀, 장유경, 이유미 (2010). 초등학생의 자기조절 학습동기의 학년 에 따른 변화. 학교심리와 학습컨설팅, 2(2), 1-16.

최수정, 정철영 (2009). 사회연결망분석을 통한 우리나라 온라인 진로정보 네트워크 분석. 직업교육연구, 28(3), 133-158.

최연철 (2012). 또래관계 분석방법 비교: 또래지명법, 또래평정법과 사회연결망분석을 중심으로. 유아교육학논집, 16(3), 291-317.

한국교육심리학회 (2000). 교육심리학 용어사전. 서울: 학지사.

한국교육평가학회 (2004). 교육평가 용어사전. 서울: 학지사.

한국심리학회 (2001). 한국심리학회 투고규정 및 작성양식. http://www.koreanpsychology.or.kr/publication/SubmitRule.asp. 2015. 10. 15 인출.

한국심리학회 심리검사심의위원회 (2011). 최신심리척도북. 서울: 학지사.

한국심리학회 (2015). 심리학용어 사전. http://www.koreanpsychology.or.kr/psychology/glossary.asp. 2015. 10. 10 인출.

한국정보화진흥원 (2015). 이달의 빅데이터 키워드: 빅데이터를 통해 본 키워드 '봄맞이'. Big Data Monthly: 빅데이터 동향과 이슈, vol 8. https://kbig.kr/sites/default/files/bigdata_monthly/file/1_8%ED%98%B8_%ED%86%B5%ED%95%A9%EB%B3%B8_0.pdf. 2015. 11. 6 인출.

허예빈, 김아영 (2012). 학생이 지각한 교사의 자율성 지지와 자기주도 학습능력 간의 관계에서 기본심리욕구의 매개효과. 교육심리연구, 26(4), 1075-1096.

홍정아 (2013). 협동학습을 통한 사회정서학습이 통합학급 학생들의 정서지능, 또래지원 및 또래관계망에 미치는 영향. 이화여자대학교 대학원 박사학위논문.

황정규 (1989). 학교학습과 교육평가. 서울: 교육과학사.

Allen, M., & Yen, W. M. (1979). *Introduction to measurement theory*. Monterey, California: Brooks/Cole Publishing Company.

American Educational Research Association, American Psychological Association, National Council on Measurement in Education. (2014). *Standards for educational and psychological testing*. American Educational Research Association. Washington, DC, United State of America.

American Psychological Association (2006). *Publication manual* (6th ed.). Washington DC: American Psychological Association.

American Psychological Association (2009). *Publication manual* (6th ed.). Washington DC: American Psychological Association.

American Psychological Association (2013). APA 논문작성법 [*Publication manual* (6th ed.)]. (강진령 역). 서울: 학지사. (원전은 2009년에 출판).

Anastasi, A., & Urbina, S. (1997). *Psychological testing* (7th ed.). Unpper Saddle River, NJ: Prentice-Hall, Inc.

Angoff, W. H. (1984). *Scales, norms, and equivalent scores*. Prinston, NJ: Educational Testing Service.

Babbie, E. (1990). *Survey research methods*. Belmont, CA: Wadsworth.

Barabasi, A. L. (2002). *Linked: The new science of networks*. Cambridge, MA: Perseus.

Baron, R. M., & Kenny, D. A. (1986). The moderator–mediator variable distinction in social psychological research: Conceptual, strategic, and statistical considerations. *Journal of Personality and Social Psychology, 51*, 1173–1182.

Bejar, I. I. (1993). A generative approach to psychological and educational measurement. In N. Frederiksen, R. J. Mislevy, & I. I. Bejar (Eds.), *Test theory for a new generation of tests* (pp. 323–357). Hillsdale, NJ: Erlbaum.

Berg, B. L. (2009). *Qualitative research methods for the social sciences* (7th ed.). Boston: Allyn and Bacon.

Berry, J. W., & Dasen, P. R. (Eds.). (1974). *Culture and cognition: Readings in cross-cultural psychology* (Vol. 483). London: Methuen.

Bollen, K. A. (1989). *Structural equations with latent variables*. San Francisco, CA: John Willey & Son.

Bordens, K. S., & Abbott, B. A. (2011). *A process approach to research design and methods*. New York: McGraw–Hill.

Brandt, R. M. (1972). *Studying behavior in natural settings*. New York: Holt, Rinehart and Winston.

Brislin, R. W., & Baumgardner, S. R. (1971). Non-random sampling of individuals in cross-cultural research. *Journal of Cross-Cultural Psychology, 2*(4), 397–400.

Browne, M. W., & Cudeck, R. (1993). Alternative ways of assessing model fit. In K. A. Bollen & J. S. Bollen (Eds.), *Testing structural equation models*. Newbury Park, CA: Sage.

Campbell, D. T., & Fiske, D. W. (1959). Convergent and discriminant validation by the multitrait–multimethod matrix. *Psychological Bulletin, 56*, 81.

Campbell, D. T., & Stanley, J. C. (1963). *Experimental and quasi-experimental designs for research*. Chicago: Rand–McNally.

Carspecken, P. F., & Apple, M. (1992). Critical qualitative research: Theory, methodology, and practice. In M. D. LeCompte, W. L. Millroy, & J. Preissle (Eds.), *The handbook of qualitative research in education* (pp. 507–553). San Diego: Academic Press.

Cattell, R. B. (1944). Psychological measurement: Normative, ipsative, interactive. *Psychological Review, 51*(5), 292.

Cattell, R. B. (1965). *The scientific analysis of personality*. London: Penguin.

Charmaz, K. C. (2005). Grounded theory: Methods for the 21st century. In N. K. Denzin & Y. S. Lincoln (Eds.), *The SAGE handbook of qualitative research* (3rd ed.). London, Thousand Oaks, CA: Sage.

Charmaz, K. C. (2006). *Constructing grounded theory: A practical guide through qualitative research*. London, Thousand Oaks, CA: Sage.

Clandinin, D. J., & Connelly, F. M. (2000). *Narrative inquiry: Experience and story in qualitative research*. San Francisco: Jossey-Bass Publishers.

Clark, V. L. P., & Creswell, J. W. (2011). *Designing and conducting mixed methods research*. Thousand Oaks, CA: Sage.

Clifford, M. M. (1984). Thoughts on a theory of constructive failure. *Educational Psychology, 19*, 108-120.

Cohen, J. (1988). *Statistical power analysis for the behavioral sciences* (2nd ed.). Hillsdale, NJ: Erlbaum.

Cohen, L., Manion, L., & Morrison, K. (2011). *Research methods in education*. New York: Routledge.

Cohen, R. J., & Swerdlik, M. E. (1999). *Psychological testing and assessment* (4th ed.). Mayfield Publishing Company.

Cook, T. D., & Campbell, D. T. (1979). *Quasi-Experimentation*. Boston: Houghton Mifflin.

Costa, P. T., & McCrae, R. R. (1985). *The NEO personality inventory: Manual, form S and form R*. Psychological Assessment Resources.

Creswell, J. W. (1998). *Qualitative inquiry and research design: Choosing among five traditions*. Thousand Oaks, CA: Sage.

Creswell, J. W. (2010). 질적연구방법론-다섯가지 접근 [*Qualitative inquiry and research design: Choosing among five approaches* (2nd ed.)]. (조흥식, 정선욱, 김진숙, 권지성 공역). 서울: 학지사. (원전은 2003년에 출판).

Cronbach, L. J. (1949). *Essentials of psychological testing*. Oxford, England: Harper.

Cronbach, L. J. (1984). *Essentials of psychological testing* (4th ed.). New York: Harper and Row.

Cronbach, L. J., & Meehl, P. E. (1955). Construct validity in psychological tests. *Psychological Bulletin, 52*, 281.

Denzin, N. K., & Lincoln, Y. S. (1994). *The handbook of qualitative research*. Thousand Oaks, CA: Sage.

Donnay, D., Thompson, R., Morris, L., & Schaubhut, N. (2004). *Technical brief for the newly revised Strong Interest Inventory assessment, content, reliability and validity*. Mountain View, CA: Consulting Psychologists Press.

Drasgow, F., Luecht, R. M., & Bennett, R. (2006). Technology and testing. In R. L. Brennan (Ed.), *Educational measurement* (4th ed., pp. 471-516). Washington, DC: American Council on Education.

Edwards, A. L. (1957). *Techniques of attitude scale construction*. New York: Appleton-

Century-Crofts. Inc.

Edwards, A. L. (1959). *Edwards personal preference schedule manual.* New York: Psychological Corp.

Edwards, A. L. (1970). *The measurement of personality traits by scales and inventories.* New York: Holt, Rinehart and Winston, Inc.

Embretson, S. E. (1983). Construct validity: Construct representation versus nomothetic span. *Psychological Bulletin, 93,* 179-197.

Embretson, S. E. (1999). Generating items during testing: Psychometric issues and models. *Psychometrika, 64*(4), 407-433.

Freeman, L. C. (1979). Centrality in social networks conceptual clarification. *Social networks, 1*(3), 215-239.

Gable, R. K., & Wolf, M. B. (1993). *Instrument development in the affective domain* (2nd ed.). Boston: Kluwer Academic Publishers.

Gantz, J., & Reinsel, D. (2011). Extracting value from chaos. *IDC iView,* 1142, 1-12. http://www.emc.com/collateral/analyst-reports/idc-extracting-value-from-chaos-ar.pdf. 2015. 10. 18 인출

Gay, L. R. (1981). *Educational research: Competencies for analysis and application* (2nd ed.). New Jersey: Merrill Publishing Co.

Genovese, Y., & Prentice, S. (2011). *Pattern-based strategy: Getting value from big data,* Gartner Special Report G00214032, Gartner Inc.

Gibbons, R. D., & Hedeker, D. R. (1992). Full-information item bi-factor analysis. *Psychometrika, 57*(3), 423-436.

Giorgi, B. (2006). Can an empirical psychology be from Husserl's phenomenology? In M. C. Chung & P. D. Ashworth (Eds.), *Phenomenology and psychological science: Historical and philosophical perspective* (pp. 69-88). New York: Springer.

Glaser, B., & Strauss, A. (1967). *The discovery of grounded theory: Strategies for qualitative research.* NY: Aldine Publishing Company.

Goodwin, C. J. (2009). *Research in psychology: Methods and design.* New York: Wiley & Sons, Inc.

Goodwin, W. L., & Driscoll, L. A. (1980). *Handbook for measurement and evaluation in early childhood education.* San Francisco: Jossey-Bass Publishier.

Greene, C., Caracelli, V. J., & Graham, W. F. (1989). Toward a conceptual framework for mixed-method evaluation designs. *Educational Evaluation and Policy Analysis, 11,* 255-274.

Gregory, R. J. (2013). *Psychological testing: History, principles, and applications.* Boston: Pearson.

Haertel, E. (1989). Using restricted latent class models to map the skill structure of achievement items. *Journal of Educational Measurement, 26*, 333-352.

Haladyna, T. M., & Rodriguez, M. C. (2013). *Developing and validating test items.* New York: Routledge.

Hartz, S. (2002). A bayesian framework for the unified model for assessing cognitive abilities: Blending theory with practice. Unpublished doctoral dissertation, University of Illinois at Urbana-Champaign.

Hays, W. L. (1988). *Statistics* (4th ed.). New York: Holt, Rinehart & Winston.

Hedges, L. V., Cooper, H., & Bushman, B. J. (1992). Testing the null hypothesis in meta-analysis: A comparison of combined probability and confidence interval procedures. *Psychological Bulletin, 111*(1), 188-194.

Hergenhahn, B. R. (1988). *An introduction to theories of learning.* Englewood Cliffs, New Jersey: Prentice-Hall, Inc.

Holland, J. L. (1966). *The psychology of vocational choice.* Waltham, MA: Blaisdell.

Holland, J. L. (1985). *Vocational Preference Inventory(VPI) manual*-1985 edition. Odessa, FL: Psychological Assessment Resources.

Hunter, J. E., & Schmidt, F. L. (2004). *Methods of meta-analysis: Correcting error and bias in research findings* (2nd ed.). Thousand Oaks, CA: Sage Publications.

Irvine, S. H., & Kyllonen, P. C. (Eds.). (2002). *Item generation for test development.* Mahwah, NJ: Lawrence Erlbaum Associates, Inc.

Irwin, D. M., & Bushnell, M. M. (1980). *Observational strategies for child study.* New York: Holt, Rinehart and Winston.

Isaac, S., & Michael, W. B. (1995). *Handbook in research and evaluation* (3rd ed.). San Diego, CA. EdITS publishers.

Johnson, R. B., & Onwuegbuzie, A. J. (2004). Mixed methods research: A research paradigm whose time has come. *Educational Researcher, 33*(7), 14-26.

Junker, B. W., & Sijtsma, K. (2001). Cognitive assessment models with few assumptions and connections with nonparametric item response theory. *Applied Psychological Measurement, 25*, 258-272.

Kaufman, A. S., & Kaufman, N. L. (1983). *Kaufman assessment battery for children.* San Francisco, CA: John Wiley & Sons.

Kerlinger, F. N. (1986). *Foundations of behavioral research* (3rd ed.). New York: Holt, Rinehart and Winston.

Kerlinger, F. N. (1964). *Foundation of behavioral research: Educational and psychological inquiry.* New York: Holt, Rinehart and Winston.

Kline, R. B. (2011). *Principles and practice of structural equation modeling* (3rd ed.). New

York: The Guilford Press.

Kose, B. W., & Lim, E. Y. (2010). Transformative professional development: relationship to teachers' beliefs, expertise and teaching. *International Journal of Leadership in Education, 13*(4), 393-419.

Koskey, K. L. K., Karabenick, S. A., Woolley, M. E., Bonney, C., & Dever, B. V. (2010). Cognitive validity of students' self-reports of classroom mastery goal structure: What students are thinking and why it matters. *Contemporary Educational Psychology, 35*, 254-263.

Lasswell, H. D. (1935). *Verbal references and physiological changes during the psychoanalytic interview: A preliminary communication. Psychoanalytic Review, 22*, 10-24.

Lawshe, C. H. (1975). A quantitative approach to content validity. *Personnel Psychology, 28*(4), 563-575.

Lodico, M. G., Spaulding, D. T., & Voegtle, K. H. (2006). *Methods in educational research: From theory to practice.* San Francisco, CA: John Wiley & Sons, Inc.

Lynn, M. R. (1986). Determination and quantification of content validity. *Nursing Research, 35*(6), 382-386.

Maanen, J. V. (1988). *Tales of the field: On writing ethnography.* Chicago, Illinois: University of Chicago Press.

Macready, G. B., & Dayton, C. M. (1977). The use of probabilistic models in the assessment of mastery. *Journal of Educational Statistics, 2*, 99-120.

Manyika, J., & Chui, M. (2011). *Big data: The next frontier for innovation, competition, and productivity.* McKinsey Global Institute.

McCoach, D. B., Gable, R. K., & Madura, J. P. (2013). *Instrument development in the affective domain* (3rd ed.). New York, NY: Springer.

McNemar, Q. (1969). *Psychological statistics.* New York: Wiley.

Messick, S. (1988). The once and future issues of validity. Assessing the meaning and consequence of measurement. In H. Wainer & H. Braun (Eds.), *Test validity* (pp. 33-45). Hillsdale, NJ: Lawrence Erlbaum.

Messick, S. (1989). Validity. In R. L. Linn (Ed.), *Educational measurement* (3rd ed., pp. 13-103). New York: American Council on Education and Macmillan.

Meyers, L. S., & Grossen, N. E. (1974). *Behavioral research: Theory, procedure, and design.* San Francisco: Freeman.

Minium, E. W., Clarke, R. C., & Coladarci, T. (2008). 통계분석 논리의 기초 [*Elements of statistical reasoning* (2nd ed.)]. (김아영, 차정은 공역). 서울: 박학사. (원전은 1999년에 출판).

Morgan, D. L. (1998). Practical strategies for combining qualitative and quantitative methods: Applications to health research. *Qualitative Health Research, 8*(3), 362-376.

Moustakas, C. (1994). *Phenomenological research methods*. Thousand Oaks, CA: Sage.

Murphy, K. R., & Davidshofer, C. O. (2009). *Psychological testing: Principles and applications*. Upper Saddle River, NJ: Pearson.

Myers, L. B., & McCaulley, M. H. (1985). *Manual: A guide to the development and use of the MyersBriggs Type Indicator*. Palo Alto, CA: Consulting Psychologists Press.

Nunnally, J. C. (1978). *Psychomtietric theory*. New York: McGraw-Hill.

Osgood, C. E. (1962). Studies on the generality of affective meaning systems. *American Psychologist, 17*(1), 10-28.

Osgood, C. E., Suci, G., & Tannenbaum, P. (1957). *The measurement of meaning*. Urbana, IL: University of Illinois Press.

Pallant, J. (2010). *SPSS Survival manual*. Open University Press. New York: McGraw-Hill.

Patton, M. Q. (1987). *How to use qualitative methods in evaluation*. Newbury Park, CA: Sage.

Paulhus, D. L. (1991). Measurement and control of response bias. In J. P. Robinson, P. R. Shaver, & L. S. Wrightsman (Eds.), *Measures of personality and social psychological attitudes: Measures of social psychological attitudes* (Vol. 1, pp. 17-59). San Diego, CA: Academic Press.

Pilotte, W. J., & Gable, R. K. (1990). The impact of positive and negative item stems on the validity of a computer anxiety scale. *Educational and Psychological Measurement, 50*(3), 603-610.

Polkinghorne, D. E. (1995). Narrative configuration in qualitative analysis. *International Journal of Qualitative Studies in Education, 8*(1), 5-23.

Popper, K. R. (1959). *The logic of scientific discovery*. New York: Basic Books.

Raudenbush, S. W., & Bryk, A. S. (2002). *Hierarchical linear models: Applications and data analysis methods*. Sage Publications.

Reckase, M. D. (1997). The past and future of multidimensional item response theory. *Applied Psychological Measurement, 21*(1), 25-36.

Reckase, M. D. (2009). *Multidimensional item response theory*. New York: Springer.

Roussos, L. A., DiBello, L. V., Stout, W., Hartz, S. M., Henson, R. A., & Templin, J. L. (2007). The fusion model skills diagnosis system. In J. P. Leighton & M. J. Gierl (Eds.), *Cognitive diagnostic assessment for education: Theory and applications* (pp. 275-318). New York: Cambridge University Press.

Rust, J., & Golombok, S. (2005). 현대심리측정학 [*Modern psychometrics: The science of psychological assessment* (2nd ed.)] (김아영, 조영미 공역). 서울: 박학사. (원전은 1999년 에 출판).

Schwartz, S. A. (1978). A comprehensive system for item analysis in psychological scale construction. *Journal of Educational Measurement, 15*(2), 117-123.

Scott, J. (2000). *Social network analysis: A handbook*. CA: Sage.

Stake, R. E. (1995). *The art of case study research*. Thousand Oaks: Sage Publications.

Stephenson, W. (1953). *The study of behavior: Q-technique and its methodology*. Chicago, Illinois: University of Chicago Press.

Stevens, S. S. (1946). On the theory of scales of measurement. *Science, New Series, 103*(2684), 677-680.

Strauss, A. L., & Corbin, J. M. (1990). *Basics of qualitative research: Grounded theory procedures and techniques*. Newbury Park, CA: Sage.

Strauss, A. L., & Corbin, J. M. (1998). *Basics of qualitative research: Techniques and procedures for developing grounded theory*. Thousand Oaks, CA: Sage.

Strong, E. K. (1927). *Vocational interest blank*. Stanford, CA: Stanford University Press.

Tabachnick, B. G., & Fidell, L. S. (2013). *Using multivariate statistics* (6th ed.). New Jersey: Pearson Education, Inc.

Tan, X., & Michel, R. (2011). Why Do Standardized Testing Programs Report Scaled Scores?. *ETS R & D Connections, 16*, 1-6.

Teddlie, C., & Tashakkori, A. (2003). Major issues and controversies in the use of mixed methods in the social and behavioral sciences. In A. Tashakkori & C. Teddlie (Eds.), *Handbook of mixed methods in social & behavioral research* (pp. 3-50). Thousand Oaks, CA: Sage.

Teddlie, C., & Tashakkori, A. (2003). Major issues and controversies in the use of mixed methods in the social and behavioral sciences. In A. Tashakkori & C. Teddlie (Eds.), *Handbook of mixed methods in social & behavioral research*, (pp. 3-50). Thousand Oaks, CA: Sage.

Teddlie, C., & Yu, F. (2007). Mixed methods sampling: A typology with examples. *Journal of Mixed Methods Research, 1*(1), 77-100.

Templin, J. L., & Henson, R. A. (2006). Measurement of psychological disorders using cognitive diagnosis models. *Psychological Methods, 11*(3), 287-305.

Terman, L. (1916). *The measurement of intelligence*. Boston: Houghton Mifflin.

Thurstone, L. L., & Chave, E. J. (1929). *The measurement of attitude*. Oxford, England.

Vockell, E. L., & Asher, J. W. (1995). *Education research* (2nd ed.). New Jersey: Prentice Hall Inc.

von Davier, M., & Yamamoto, K. (2004). Partially observed mixtures of IRT models: An extension of the generalized partial-credit model. *Applied Psychological Measurement, 28*, 389-406.

Wasserman, S., & Faust, K. (1994). *Social network analysis: Methods and applications*. New York: Cambridge University Press.

Weber, R. P. (1990). *Basic content analysis* (2nd ed.). Newbury Park, CA: Sage.

Woolfolk, A. E. (2007). 교육심리학 [*Educational psychology* (10th ed.)]. (김아영, 백화정, 정명숙 공역). 서울: 박학사. (원전은 2007년에 출판).

[인명]

[내용]

저자 소개

김아영(Kim Ahyoung)

미국 University of Iowa, 교육심리학 Ph. D.
이화여자대학교 심리학과 명예교수

차정은(Cha Jung Eun)

이화여자대학교 심리학 박사
이화사회과학원 상임연구원

이채희(Lee Che-Hee)

이화여자대학교 심리학 박사
한국교육과정평가원 연구원

주지은(Joo Jieun)

이화여자대학교 심리학 박사
이화여자대학교 강사

임은영(Lim Eun Young)

미국 University of Illinois, Urbana-Champaign 교육심리학 Ph. D.
한국교육과정평가원 연구원

혼자 쓰는 연구 논문 -연구방법론-
Research Methodology - A Do-It-Yourself Guide-

2016년 1월 25일 1판 1쇄 발행
2023년 1월 20일 1판 6쇄 발행

지은이 • 김아영 · 차정은 · 이채희 · 주지은 · 임은영
펴낸이 • 김 진 환
펴낸곳 • (주) **학지사**
　　　　　04031 서울특별시 마포구 양화로 15길 20 마인드월드빌딩 5층
대표전화 • 02) 330-5114　　　팩스 • 02) 324-2345
등록번호 • 제313-2006-000265호

홈페이지 • http://www.hakjisa.co.kr
페이스북 • https://www.facebook.com/hakjisabook

ISBN 978-89-997-0857-2 93370

정가 **20,000원**

※ 이 책은 이화여자대학교 연구처의 지원으로 발행되었음.

출판미디어기업 **학지사**

간호보건의학출판 **학지사메디컬** www.hakjisamd.co.kr
심리검사연구소 **인싸이트** www.inpsyt.co.kr
학술논문서비스 **뉴논문** www.newnonmun.com
원격교육연수원 **카운피아** www.counpia.com